Bauwelt Fundamente 37

Herausgegeben
von Ulrich Conrads

Programmredaktion:
Hansmartin Bruckmann
Ulrich Conrads
Gerhard Fehl
Rolf-Richard Grauhan
Herbert Hübner
Frieder Naschold
Dieter Radicke
Mechthild Schumpp

Beirat:
Gerd Albers
Adolf Arndt
Lucius Burckhardt
Werner Kallmorgen
Julius Posener
Hans Scharoun

Gesellschaftsplanung in kapitalistischen und sozialistischen Systemen

11 Beiträge
herausgegeben von
Josef Esser
Frieder Naschold
Werner Väth

Bertelsmann Fachverlag

Quellennachweis für die Nachdrucke aus anderen Publikationen siehe Seite 309.
Die Namen der Übersetzer sind jeweils am Schluß der Beiträge angegeben.

© 1972 Verlagsgruppe Bertelsmann GmbH/Bertelsmann Fachverlag, Gütersloh · 1
Umschlagentwurf von Helmut Lortz
Gesamtherstellung Poeschel & Schulz-Schomburgk, Eschwege
Alle Rechte vorbehalten · Printed in Germany
ISBN 3-570-08637-2

Inhalt

Einleitung: Gesellschaftsplanung und Weltdynamik
Von Josef Esser, Frieder Naschold, Werner Väth — 7

1. Ökonomischer Kalkül und Eigentumsformen.
   Zur Theorie der Übergangsgesellschaft — 30
   Von Charles Bettelheim (auszugsw. Nachdruck)
2. Politische Ökonomie im 20. Jahrhundert — 76
   Von Radovan Richta und Kollektiv (auszugsw. Nachdruck)
3. Politische Ökonomie — 102
   Von Oskar Lange (auszugsw. Nachdruck)
4. Gesellschaftsplanung in der DDR — 107
   Von Josef Esser (Originalbeitrag)
5. Aufbau des Sozialismus oder kapitalistische Restauration?
   Zur Analyse der Wirtschaftsreformen in der DDR und
   der CSSR — 133
   Von Walter Lindner (auszugsw. Nachdruck)
6. Der Sozialismus als eigenständige Gesellschaftsformation.
   Zur Kritik der politischen Ökonomie des Sozialismus
   und ihrer Anwendung in der DDR — 160
   Von Philipp Neumann (Nachdruck)
7. Ansätze zu einer Theorie gesellschaftlicher Steuerung — 187
   Von Amitai Etzioni (Nachdruck)
8. Ein konzeptionelles Modell für die Analyse von
   Planungsverhalten — 212
   Von John Friedmann (Nachdruck)
9. Überlegungen zur mittel- und längerfristigen Aufgabenplanung und deren Einfluß auf die Vorbereitung der
   Haushaltsentscheidungen — 239
   Von Reimut Jochimsen (Nachdruck)
10. Moderne kapitalistische Planung: Das französische Modell — 259
    Von Stephen Cohen (auszugsw. Nachdruck)
11. Regulierung und Programmierung der kapitalistischen
    Wirtschaft: Wesen, Methoden und Widersprüche — 290
    Von L. Alter (Nachdruck)

Quellennachweis — 309

Einleitung:
Gesellschaftsplanung und Weltdynamik

Von Josef Esser, Frieder Naschold, Werner Väth

Politische Planung unterliegt in der gegenwärtigen Planungstheorie wie auch in der Planungspraxis kapitalistischer Gesellschaftssysteme meist einer dreifachen Verkürzung:
1. In ihrer Ansatzhöhe ist Planung häufig reduziert auf die Anwendung von Planungstechniken wie Operations Research oder mikro- und makro-ökonomische Optimierungsmodelle im Hinblick auf eine zielstrebige Steuerung von Organisations-, Koordinations- und Informationsprozessen in einzelnen gesellschaftlichen Sektoren. Ein derartig eingeschränkter Planungsansatz übersieht, daß die gegenwärtig entstehenden Planungssysteme als Erscheinungsform gesamtgesellschaftlicher Entwicklungstendenzen wie auch gleichzeitig als Mittel zu deren Steuerung sich zu einer gesamtgesellschaftlichen Steuerung, zu Gesellschaftsplanung ausweiten. Gesellschaftsplanung beinhaltet daher zweierlei: zum einen müssen Planungssysteme in ihrer Genese, Struktur und Funktion als Produkt gesamtgesellschaftlicher, vorwiegend politisch-ökonomischer Entwicklungsprozesse gesehen werden, zum anderen zielen die angestrebten Folgewirkungen dieser Planungssysteme tendenziell auf eine umfassende Steuerung der Gesellschaft insgesamt ab.
2. Eine Betrachtungsweise, die die gegenwärtigen Planungssysteme als generelles Merkmal »moderner Industriegesellschaften«[1] ansieht, kann allenfalls einige abstrakte Allgemeinheiten, nicht jedoch die entscheidenden Besonderheiten von Gesellschaftsplanung erfassen, die nur aus dem Kontext der je spezifischen historischen Gesellschaftsformationen zu begreifen sind: in kapitalistischen Gesellschaften stellt Planung die bisher höchstentfaltete Problemlösungsstrategie des politischen Systems dar und weist in ihrem nur instrumentellen Charakter strukturelle Ambivalenzen und Grenzen der politischen Steuerungsfähigkeit auf. In Übergangsgesellschaften vom Kapitalismus zum Sozialismus bildet Planung ein allgemeines, notwendiges und grundlegendes »gesellschaftliches Strukturprinzip«[2] einer zielstrebigen Gesellschaftsformation, dessen Entfaltung keine objektiven gesellschaftlichen Barrieren entgegenstehen.
3. Eine dritte Verkürzung der Planungsdiskussion liegt in ihrer

---

[1] Galbraith, J. K.: Die moderne Industriegesellschaft. München/Zürich, 1968.
[2] Altvater, E.: Plan und Markt. In: Stadtbauwelt 30, 1971.

überwiegend systeminternen, allenfalls komparativen Ausrichtung, die die »Weltdynamik« von Planungssystemen nicht adäquat erfassen kann. Ihren eigenen dynamischen Tendenzen nach können Planungssysteme nicht auf den nationalstaatlichen Bereich beschränkt bleiben, da die politisch zu steuernden Parameter zunehmend von den globalen Abhängigkeitsverhältnissen eines oligopolistisch-antagonistisch strukturierten Weltmarktes determiniert werden. Eine internationale Koordinierung der nationalen Planungen soll die aus der widersprüchlichen Dynamik des Weltmarktes resultierenden Tendenzen auffangen und steuern, wobei zu fragen ist, wie weit diese Planungssysteme nur mehr Reflex eben dieses Weltmarktes sind.

Die Überlegungen in dieser Einleitung wie die nachfolgende Textauswahl zielen auf die Reflexion dieser Verkürzungen und auf die (Wieder-)Gewinnung der gesamtgesellschaftlichen und globalen Dimensionen staatlicher Planungssysteme ab. Diese Verkürzungen dürfen jedoch ihrerseits nicht wiederum verkürzt als subjektive Fehleinschätzungen, sondern müssen als Ausdruck objektiver Grenzen und Widersprüche derartiger Planungspolitiken begriffen werden. Eine theoretische Analyse kann deshalb diese Verkürzungen selbst nicht auflösen. Sie vermag jedoch die objektiven Bedingungen, Folgewirkungen und Grenzen staatlicher Planungssysteme aufzuzeigen und mit der Einsicht in diese Zusammenhänge zu deren Überwindung beizutragen.

In der vorliegenden Einleitung sollen deshalb von den obengenannten Verkürzungen ausgehend, zunächst die Tendenzen, die systemspezifischen Unterschiede sowie die Weltdynamik von Gesellschaftsplanung umrißhaft erörtert werden. Diesen Ausführungen folgt eine kurze Darstellung der Hauptprobleme und Querbezüge der ausgewählten Texte.

1. Gesellschaftsplanung in Systemperspektive

Daß sich politische Planung heute in weltweitem Maßstab zu Gesellschaftsplanung ausgeweitet hat, ist schon aus dem Selbstverständnis von Planungstheorie und Planungspraxis in den jeweiligen Gesellschaftsformationen ablesbar.

Planung in kapitalistischen Ländern

Die gegenwärtige Planungsdiskussion in westlich-kapitalistischen Staaten kann in der Regel auf zwei Argumentationsketten zurückgeführt werden: auf eine Analyse der objektiven gesellschaftlichen Entwicklungstendenzen, die in zunehmendem Maße eine weitreichende Gesellschaftsplanung erforderlich machen, und auf eine Analyse des erforderlichen Anpassungsverhaltens des Staates, das auf den Aufbau immer umfassenderer politischer Planungssysteme abzielt. Beiden Argumentationsketten liegen im wesentlichen die folgenden Annahmen zugrunde.

Die zentrale Herausforderung westlicher Industriestaaten besteht immer weniger in sektoralen Produktionsproblemen, sondern zunehmend in einer umfassenden Steuerung des wissenschaftlich-technischen Fortschritts und seiner Folgewirkungen in Form von Infrastruktur- und Verteilungsproblemen. Wissenschaftlich-technischer Fortschritt erfordert und ermöglicht zugleich eine beträchtliche Ausdehnung der Steuerungskapazität des politischen Systems.[3]

Die am deutlichsten sichtbaren Folgewirkungen des wissenschaftlich-technischen Fortschritts liegen in der sich verschärfenden Disparität von öffentlicher Armut und privatem Reichtum, die weitreichende gesellschaftliche Strukturreformen erforderlich macht.[4]

Die zunehmenden gesellschaftlichen Ausdifferenzierungsprozesse führen zu einer so hohen Komplexität und Kompliziertheit der anstehenden Entscheidungsprobleme, daß gesellschaftliche Reformen nicht mehr mittels der überkommenen pluralistischen Prozeß- und Verteilungspolitik, der Politik des Inkrementalismus, sondern nur noch über eine umfassende »Systempolitik«, das heißt über umfassende Planungssysteme geleistet werden können.[5]

Planungssysteme haben vor allem auf eine effiziente wie effektive mittel- und längerfristige Ziel- und Ressourcensteuerung sowie auf deren wechselseitige Integration abzuzielen, wobei, je nach den spezifischen Problemlagen der einzelnen Staaten, unterschiedliche planerische Schwerpunkte zu setzen sind.[6]

Die von den Planungssystemen zu bewältigenden Entscheidungsprobleme sind weitgehend »pareto-optimal«, das heißt sie beinhalten ein politisch-ökonomisches Konfliktpotential und einen daraus resultierenden Konsensbedarf, der unterhalb eines vom gegebenen politischen System noch zu bewältigenden Schwellenwertes verbleibt.[7]

Die Notwendigkeit wie auch die Möglichkeit von Gesellschaftsplanung, von umfassender Steuerung möglichst aller gesellschaftlicher

---

[3] Bell, D.: Die nachindustrielle Gesellschaft. In: Das 198. Jahrzehnt. Hamburg, 1970.
[4] Galbraith, J. K.: Gesellschaft im Überfluß. München/Zürich, 1959.
[5] Luhmann, N.: Politische Planung. Köln/Opladen, 1971.
[6] Schick, A.: Systems Politics and Systems Budgeting. In: Public Administration Review, H. 2, 1969.
[7] Scharpf, F. W.: Planung als politischer Prozeß. In: Die Verwaltung, 1971.

Sektoren, wie sie sich im Bewußtseinsstand der politisch-administrativen und wissenschaftlichen Eliten niederschlägt, findet ihren realen Ausdruck im schrittweisen Aufbau umfassender staatlicher Planungssysteme. Diese Entwicklung vollzieht sich – idealtypisch gesehen – in drei Etappen:
einer Phase der punktuellen administrativen Interventionen des Staates gegenüber besonderen Engpässen einzelner gesellschaftlicher Sektoren nach dem ersten Weltkrieg bis zur Weltwirtschaftskrise Anfang der 30er Jahre;
einer bis zur Mitte der 60er Jahre reichenden Phase des systematischen Aufbaus sektoraler Planungssysteme zur Dauerregulierung der verschiedenen gesellschaftlichen Bereiche, bei der die administrative Steuerung zunehmend abgestützt wird durch eine informationelle und konsensbezogene Abstimmung von politisch-administrativer Planung mit den oligarchischen Spitzengremien der etablierten gesellschaftlichen Gruppierungen (von den Besonderheiten der weltweiten Kriegsökonomie sei hier abgesehen);
einer in den ersten Ansätzen erkennbaren dritten Phase staatlicher Planung, bei der sektorale Programmplanungen in einen längerfristigen und umfassenden Aufgaben- und Ressourcenrahmen eingepaßt und retrograd gesteuert werden, wobei in allen Phasen des Planungsprozesses ein enger Verbund »staatlicher« Agenturen und »gesellschaftlicher« Machtträger angestrebt wird.
Diese beginnende dritte Phase staatlicher Regulierungsprozesse ist gekennzeichnet durch die (»indirekte«) Vergesellschaftung politischer Steuerungsprozesse: der Zeithorizont der Planung erstreckt sich bis zu 50 Jahren, sachlich sind alle Gesellschaftsbereiche in einen integrierten Planungsrahmen eingepaßt, politisch ist Planung nicht mehr nur Angelegenheit zentraler administrativer Agenturen, sondern umfaßt – in instrumentalisierter Form – große Bereiche organisierter Gruppen und weitet sich – in der Perspektive politischer Akteure und wissenschaftlicher Ideologen – zur »planenden Gesellschaft«, zur »aktiven Gesellschaft«[8] aus.
Am Beispiel der BRD läßt sich aufzeigen, wie aus ökonomischen und politischen Notwendigkeiten heraus versucht wurde, die unzureichenden Regulierungen des Einjahres-Haushalts (Wirtschaftskrise 1966/ 1967) in den umfassenden Planungsrahmen einer volkswirtschaftlichen Globalsteuerung nach der Konzeption der »new economics« sowie in eine mittelfristige Finanzplanung einzupassen. Diese beiden Planungsinstrumente erfordern jedoch zu ihrer Effektivierung den Aufbau einer längerfristigen, umfassenden Aufgabenplanung, die

---

[8] Etzioni, A.: The Active Society. London/New York, 1968.

den ressourcenmäßigen wie programmatischen Gesamtrahmen staatlicher Tätigkeit in Abstimmung mit den übrigen Sektoren langfristig bestimmen soll.

Planung in »unterentwickelten Ländern«

Der Konzeption einer Gesellschaftsplanung kapitalistischer Staaten entspricht bei den »unterentwickelten Ländern« die Strategie einer umfassenden Entwicklungsplanung.[9] Bei allen entwicklungsgeschichtlichen und strategischen Divergenzen lassen sich für diese Länder als allgemeine Bestimmungen gesellschaftlicher Steuerung die folgenden Aussagen treffen:
als zentrale gesellschaftliche Problemlage wird das Aufholen des »Entwicklungsrückstandes« zu den industrialisierten Gesellschaften wahrgenommen;
zur Problemlösung erscheint einhellig die westlich-kapitalistische Strategie einer vergleichsweise naturwüchsigen Entwicklung ungeeignet, vielmehr wird allseitig die Notwendigkeit weitreichender Gesellschaftsplanung in Form umfassender Entwicklungsplanung anerkannt;
häufig wird für diese Länder eine noch offene Option zwischen den konkurrierenden Entwicklungsstrategien eines geplanten Kapitalismus oder einer sozialistischen Planungsvariante gesehen.
Jenseits dieser mehr formalen Übereinstimmung der Planungsnotwendigkeit in den unterentwickelten Ländern bestehen jedoch grundlegende Gegensätze vor allem in den beiden zentralen Fragen der Entwicklungsplanungsstrategie:
wird das Ziel der Gesellschaftsplanung in der Schaffung einer »modernen Industriegesellschaft« nach westlichem Vorbild gesehen, oder sind Industrialisierung und die Schaffung einer modernen Infrastruktur nur wichtige, jedoch nicht dominante Merkmale gesamtgesellschaftlicher Entwicklungsprozesse;[10]
wird Gesellschaftsplanung nur als Substitut fehlender oder Korrektiv mangelhafter Marktprozesse konzipiert oder aber bietet sie die Voraussetzung für eine sich planvoll entwickelnde, zielstrebige Gesellschaft.

---

[9] Gross, B. M. (Hrsg.): Action under Planning: The Guidance of Economic Development. New York, 1967.
[10] Bettelheim u. a.: Die Planungsdebatte in Kuba. Frankfurt, 1969. Che Guevara: Mensch und Sozialismus auf Kuba. In: Feltrinelli, G. (Hrsg.): Lateinamerika – ein zweites Vietnam? Reinbek, 1968.

Planung in Übergangsgesellschaften vom Kapitalismus zum Sozialismus

Besteht in zahlreichen unterentwickelten Ländern zumindest scheinbar eine beträchtliche Offenheit und Indeterminiertheit der einzuschlagenden Planungsstrategien, so liegt die Notwendigkeit wie die allgemeine Richtung der Gesellschaftsplanung in Übergangsgesellschaften weitgehend fest: Planung wird dort vom gesellschaftlichen Eigentum an den Produktionsmitteln erfordert und dient dem Aufbau der sozialistischen Wirtschaft zur Schaffung des notwendigen gesellschaftlichen Reichtums. Die sozialistische Rationalität der Wirtschaftstätigkeit, die nicht wie im Kapitalismus am Profit, sondern an den politisch zu ermittelnden Bedürfnissen der Menschen orientiert ist, erfordert die Unterordnung der von den einzelnen Produktionseinheiten[11] erstrebten Ziele unter die von der gesamten Gesellschaft zum Aufbau des Sozialismus für notwendig erachteten Ziele.[12]
Doch auch hier bestehen jenseits dieses Grundkonsenses erhebliche Divergenzen hinsichtlich der konkret einzuschlagenden Strategie der Gesellschaftsplanung, wie sie etwa in den unterschiedlichen Konzeptionen der Comecon-Staaten, Chinas, Kubas oder Jugoslawiens ihren Niederschlag finden und in den Diskussionen um eine Theorie der Übergangsgesellschaft zum Ausdruck kommen, auf die in Teil 2 noch eingegangen werden soll.
Die relative Unbestimmtheit des strategischen Aspekts der Gesellschaftsplanung in den unterentwickelten Ländern, Übergangsgesellschaften und kapitalistischen Ländern ist in der Regel weniger auf die Offenheit »innenpolitischer« Kräfteverhältnisse, als vielmehr auf »internationale« Tendenzen zurückzuführen, die auf nationale Gesellschaftsplanungen einwirken. Als zentraler Bestimmungsfaktor ist hier die konkrete historische Entwicklung des Weltmarkts anzusehen, wie er sich im 18. und 19. Jahrhundert herausgebildet hat. Der Weltmarkt als Produkt nationaler kapitalistischer Märkte unterliegt jedoch ähnlichen Transformationstendenzen wie seine regionalen Subsysteme. Wie in kapitalistischen Gesellschaften die Notwendigkeit staatlicher Planung der Produktion und Distribution unabweisbar ist, so wächst im Weltmaßstab – in der Perspektive der zentralen Akteure der kapitalistischen Großmächte – die Notwendigkeit supranationaler Dauerregulierungen: der kapitalistische Weltmarkt kann

---

[11] Der Unterschied zwischen kapitalistischen Unternehmen und sozialistischen Produktionseinheiten wird herausgearbeitet bei Bettelheim, Ch.: Ökonomischer Kalkül und Eigentumsformen. Berlin, 1970, S. 96 ff.
[12] Meißner, H. (Hrsg.): Bürgerliche Ökonomie im modernen Kapitalismus, Kap. 15. Berlin, 1967.

gemäß den Interessen der kapitalistischen Großmächte nur noch dann »funktionieren«, wenn er in zunehmendem Maße durch weltweite Koordination abgestützt wird; umgekehrt können auch einzelstaatliche Regulierungen nur dann »funktionieren«, wenn nationale Gesellschaftsplanungen durch globale Koordinationsversuche abgesichert werden. Von diesen Einschätzungen ausgehend zielen westlich-kapitalistische Planungsstrategien auf eine globale Perspektive ab, nach der sich auf der Basis planvoll organisierter, weltweiter ökonomischer Arbeitsteilung und Austauschbeziehungen interdependente regionale Teilsysteme einer Weltgesellschaft herausbilden, die durch ein »global guidance system«[13], eine politische Gesellschaftsplanung weltweiten Ausmaßes, zielstrebig gesteuert werden.

In einer allgemeinen, phänomenologisch von der Perspektive der einzelnen politischen Systeme ausgehenden Betrachtungsweise läßt sich somit abschließend feststellen, daß die gesellschaftliche Entwicklung in weltweitem Maßstab einen Stand erreicht hat, bei dem umfassende Gesellschaftsplanung im nationalen wie auch im globalen Ausmaß zur dominierenden politischen Problemlösungsstrategie geworden ist.

Daß eine derartige Betrachtungsweise zwar wichtige Tendenzen erfassen kann, dabei jedoch die Besonderheiten von Gesellschaftsplanungen der spezifischen Gesellschaftsformationen in ihrer zentralen theoretischen wie strategischen Bedeutung übersehen werden, soll im nächsten Abschnitt anhand der Konzeptionen kapitalistischer und sozialistischer Gesellschaftsplanung aufgezeigt werden.

2. Gesellschaftsplanung als spezifisch-historische Form des Vergesellschaftungsprozesses

In ihrer allgemeinen Bestimmung war Gesellschaftsplanung als die bisher höchstentwickelte politische Problemlösungsstrategie, als die gegenwärtig anzutreffende historische Form der Vergesellschaftung der Politik gekennzeichnet worden. In der westlichen Planungsdiskussion dominiert eine Interpretationsrichtung, die bei dieser allgemeinen Bestimmung stehenbleibt und alle planenden Gesellschaften relativ unterschiedslos dem folgenden allgemeinen, dreigliedrigen Erklärungsschema unterwirft:
einer universalen sozialen Evolutionstheorie,
einer universalen Theorie der Industriegesellschaft,
einer Erklärung der verbleibenden Restdifferenzen durch »Systemvergleich«.
Gemäß den vorherrschenden sozialen Evolutionstheorien, die jeweils

---

[13] Etzioni, A., a. a. O.

nur graduell voneinander abweichen, denen aber prinzipiell dieselbe Entwicklungslogik zugrundeliegt, entwickeln sich Gesellschaften durch Ausdifferenzierung und Spezialisierung von Subsystemen über verschiedene Stadien hinweg, so zum Beispiel von der traditionalen Gesellschaft über eine Anlaufphase zur Periode des wirtschaftlichen Aufstiegs, Entwicklung zur Reife und schließlich zum Stadium des Massenkonsums, zum Endzustand des »Industriezeitalters«.[14] Weiterhin führen in der modernen Industriegesellschaft Technologie und Organisation der Produktion in kapitalistischen wie sozialistischen Systemen dazu, daß sich ähnliche Strukturen mit ähnlichen, technisch bedingten Machtverhältnissen herausbilden, in denen die gleichen Ziele verfolgt werden. Die Struktur dieser beiden Industriesysteme ist dadurch bestimmt, daß
Wissenschaft und Technologie als wichtigste Produktionsfaktoren die Macht des Kapitals abgelöst haben;
die Unternehmensspitze allein für die Organisation der Produktion nicht mehr maßgebend ist, daß sie vielmehr Informationen bei der Entscheidungsvorbereitung benötigt, die von Wissenschaftlern, Technikern, bis hin zu Facharbeitern, geliefert werden müssen; diese Gruppen zusammen die »Technostruktur« bilden, die jetzt die entscheidende Macht in den Planungsprozessen ausübt. Die gleichlautenden Ziele dieser Technostruktur in Ost wie in West sind: langfristige Produktions- und Nachfrageplanung, Stabilität der Wirtschaft, Expansion, Wachstum, technischer und wissenschaftlicher Fortschritt.
Die modernen Großbetriebe des Westens sowie der moderne sozialistische Planungsapparat sind nach dieser Theorievariante nur zwei verschiedene Werkzeuge, die demselben Zweck dienen. Die primäre Funktion des Staates, der als Teilsystem des Industriesystems aufgefaßt wird, ist es, die für die langfristige Planung notwendige Autonomie der Technostruktur zu garantieren. Die Konvergenz aller Systeme der modernen Industriegesellschaft[15] wird vor allem auch darin gesehen, daß zum Beispiel in der BRD wie in der DDR für spezielle Probleme der Langfristplanung die gleichen Planungstechniken – nämlich Morphologie, Relevanzbaumverfahren, Delphi-Methoden – als die wichtigsten Planungsinstrumente angesehen werden. Was noch an Divergenzen verbleibt, wird im Rahmen dieser Prämissen mittels »Systemvergleich« durch Eliten-, Organisations- und ideologische Faktoren erklärt.
Eine solche universale Konvergenztheorie, die die Gesellschaftsplanungen kapitalistischer, sozialistischer und »unterentwickelter« Länder einem einzigen analytischen Schema unterwirft, erscheint aus zwei

---

[14] Rostow, W.: Stadien wirtschaftlichen Wachstums. Göttingen, 1961.
[15] Galbraith, J. K.: Die moderne Industriegesellschaft, a. a. O.

Gründen prinzipiell ungenügend: zum einen kann der empirische Befund nur sehr bedingt die generelle Hypothese unterstützen, zum anderen können auch – entgegen den Annahmen des Äquivalenzfunktionalismus – ähnliche Erscheinungsformen bei unterschiedlichen Systeminterdependenzen einen gänzlich anderen Stellenwert und Bedeutungsgehalt besitzen.[16] Ohne hier näher auf diese Thesen eingehen zu können, wird deshalb eine andere Erklärung vorgeschlagen: Die gegenwärtig sich entwickelnden Gesellschaftsplanungen sind in ihrer Bedingungskonstellation, ihren Zielsetzungen und Handlungsparametern nicht so sehr durch die »moderne Industriegesellschaft« bestimmt, sondern sind zuerst und vor allem eine Erscheinungsform spezifischer Gesellschaftsformationen und können letztlich nur durch die Analyse von deren Bewegungsgesetzen erklärt werden. Diese These soll nun im folgenden anhand einiger wichtiger Merkmale von kapitalistischer und sozialistischer Gesellschaftsplanung kurz illustriert werden.

Die Genese *kapitalistischer Gesellschaftsplanung* fällt mit dem endgültigen Zusammenbruch konkurrenzkapitalistischer Gesellschaftssteuerung zusammen, ihre Funktion ist in der substitutiven Steuerung ökonomischer Kapitalverwertungs- und politischer Systemstabilisierungsbedingungen zu sehen. Gesellschaftsplanung im Kapitalismus unterliegt somit einerseits den Gesetzmäßigkeiten ökonomischer Konjunktur- und Wachstumsprozesse einer von Konzentrations- und Zentralisationstendenzen bestimmten Wirtschaft, und ist andererseits komplementär auf politische Konsens- und Konfliktprozesse, auf eine Vergesellschaftung der Produktivkraft »politische Partizipation« angewiesen,[17] um die informationelle und konsensbezogene Basis staatlicher Planungen zu gewährleisten.

An vier zentralen Problembereichen staatlicher Planung soll illustriert werden, welchen (widersprüchlichen) Erfordernissen Gesellschaftsplanung ausgesetzt ist, wenn sie einerseits die von monopolistischen ökonomischen Entwicklungstendenzen, andererseits die von der staatlichen Funktionalisierung politischer Leistungsenergien produzierten Folgewirkungen auffangen soll. Die vier Bereiche sind die Probleme materieller Planrationalität, retrograder Zielplanung, die Verfügbarkeit über Ressourcen sowie die politische Konsensbildung.

Ein Kernproblem politischer Planung stellt die Frage der formalen und substantiellen Rationalität staatlicher Planziele dar. Zur Diskussion stehen somit die Formen des »Nutzwertkalküls« in der jewei-

---

[16] So auch Schmid, G.: Niklas Luhmanns funktional-strukturelle Systemtheorie. In: Politische Vierteljahresschrift, Heft 2-3, 1970.
[17] Naschold, F.: Zur Politik und Ökonomie von Planungssystemen. In: Politische Vierteljahresschrift, Sonderheft 1972.

ligen Gesellschaftsformation. Theoretisch gesehen können gesellschaftliche Nutzwerte über das monetäre Kalkül des Marktes, über politische Kalküle der politischen Willensbildung und gegebenenfalls über analytische Kalküle wissenschaftlicher Untersuchungen ermittelt werden. Die Rationalität des monetären Kalküls mit seiner Grundgleichung von Tauschwert = Gebrauchswert und der entsprechenden Annahme, daß Marktpreise Knappheitsrelationen und gesellschaftliche Bedürfnisse adäquat abbilden, kann grundsätzlich bezweifelt werden. Die historische Entwicklung hat zudem die faktischen Bedingungen dieses Kalküls – den Konkurrenzkapitalismus (wie er den meisten ökonomischen Theorien dieser Art implizite zugrundeliegt) – untergraben. Hinsichtlich des politischen Nutzwertkalküls muß zunächst die nicht belegte Annahme gemacht werden, daß in der kapitalistischen Gesellschaftsformation wenigstens teilweise eine gewisse Abtrennung der Produktionssphäre von der Distributions- und Zirkulationssphäre möglich ist und sich somit überhaupt erst ein relativ eigenständiges politisches Kalkül konstituieren kann.[18] Gegen die überkommene Form der gesellschaftlichen Nutzwertbestimmung durch eine pluralistische Prozeß- und Verteilungspolitik mit ihrem zu gering erachteten Potential kollektiver Rationalität wendet sich die gesamte Programmatik von Gesellschaftsplanung, von planvoller Systempolitik. Die Planrationalität einer Systempolitik ist ihrerseits in zwei Komponenten zu zerlegen:
in eine Formierung und Zentralisierung politischer Willensbildungsstrukturen gegenüber einer stärker fragmentierten Form politischer Entscheidungsprozesse;
in die systematische Einbeziehung von Analyse in den politischen Willensbildungsprozeß.
Unklar bleibt, wie von einer Zentralisierung politischer Willensbildungsstrukturen allein ein höheres Ausmaß kollektiver Rationalität zu erwarten ist. Zum weiteren basieren die meisten Instrumente wissenschaftlicher Analysen auf dem Paradigma einer Marktrationalität, die es ja gerade zu überwinden gilt.
Eng mit den Problemen der substantiellen Rationalität staatlicher Planungen zusammenhängend, stellt sich die Frage nach den Möglichkeiten retrograder Zielsteuerung. Längerfristige Aufgabenplanung als integraler Bestandteil von Gesellschaftsplanung ist darauf angelegt, erstens staatliche Politik stärker von Zielsystemen als von einem Budgetnegativismus[19] her zu steuern, zweitens die prospektive Ausrichtung von Programmplanungen mit ihren Fortschreibungstendenzen durch retrograde Steuerungselemente zu ergänzen, wenn nicht

---

[18] Kirchheimer, O.: Politische Herrschaft. Frankfurt, 1967.
[19] Sharkansky, I.: The Routines of Politics. New York, 1970.

gar zu ersetzen. Die Chancen der Realisierung derartiger strategischer Zielplanungen sind jedoch angesichts der realen Formationsprozesse innerhalb der politischen Strukturen als recht gering anzusetzen. Zum einen wirken nach wie vor die Bedingungen pluralistischer Prozeß- und Verteilungspolitik derartigen retrograden Zielplanungen entgegen, sie lassen diese meist gar nicht erst aufkommen. Gravierender noch ist der Tatbestand, daß derartige Konzeptionen einer längerfristigen Aufgabenplanung auf der in der marxistischen Wirtschaftstheorie für sozialistische Gesellschaften entwickelten Voraussetzung beruhen, nach welcher der politischen Steuerung und den materiellen Beziehungen des Reproduktionsprozesses das Primat gegenüber den wertmäßigen und den daraus abzuleitenden Finanzbeziehungen zukommt. Diese Annahme kann jedoch kaum auf »marktwirtschaftliche« Systeme übertragen werden:
in marktwirtschaftlichen Systemen greift der Staat in der Regel nicht direkt in die Produktionssphäre ein, sondern versucht auf diese indirekt mittels monetärer Ressourcensteuerung einzuwirken;
Einnahmen und Ausgaben des Staates sind in hohem Maße mit dem Marktgeschehen über finanzielle Ströme verflochten und von ihm abhängig;
die »Nicht-Neutralität« des Geldes, das heißt die Möglichkeit der Manipulation rein monetärer Größen führt in marktwirtschaftlichen Systemen zu Impulswirkungen auf Volumen und Struktur materieller Güterströme.[20]
Im Unterschied zu genuin sozialistischen Systemen kommt deshalb in marktwirtschaftlichen Systemen den monetären Ressourcen eine beträchtliche Eigendynamik zu. Die Finanzbeziehungen erhalten somit funktionell gesehen eine erhebliche Eigenständigkeit, so daß schon aus diesen Gründen der Konzeption einer strategischen Zielplanung mit retrograder Ausrichtung im Kontext politischer Formationsprozesse eines »staatlich-bürokratischen Substitutionalismus«[21] sehr enge Grenzen gesetzt sind.
Eine der am deutlichsten zu Tage tretenden Merkmale staatlicher Planungen resultiert zweifellos aus der großen Knappheit realer und monetärer Ressourcen. Dieser phänomenologisch richtige Tatbestand ist zunächst in zwei Komponenten zu zerlegen: zum einen ist der historische Entwicklungsstand der gegenwärtigen Gesellschaft in ihrer Auseinandersetzung mit der Natur noch nicht soweit fortgeschritten, daß die naturwüchsige Mangelsituation auf breiter Front überschrit-

---

[20] Naschold/Seuster/Väth/Zipfel: Untersuchung zur mehrjährigen Finanzplanung des Bundes. Bonn, 1971.
[21] Altvater, E.: Gesellschaftliche Produktion und ökonomische Rationalität. Frankfurt, 1969, Seite 193.

ten werden kann, zum anderen muß Ressourcenknappheit als relationales Phänomen auf die spezifische Gesellschaftsformation zurückgeführt und aus ihr erklärt werden. Für die zweite, hier besonders relevante Komponente sind als die wichtigsten Determinanten die staatliche Ausgaben- und Einnahmenentwicklung zu analysieren. Auf der Ausgabenseite staatlicher Budgets erfordern die zunehmende gesellschaftliche Form privatwirtschaftlicher Produktion, die kompensatorische Wohlfahrtspolitik anstelle einer ursachenorientierten Sozialpolitik, die zunehmende Absorption von Arbeitskräften aus produktiven Sektoren in die staatliche Verwaltung als ursächliche Folge der ersten beiden Tendenzen, einen immer höheren Einsatz staatlicher Finanzmittel. Dieser Ausgabendynamik steht eine ungenügende und unstetige Entwicklung der staatlichen Einnahmen gegenüber: die hohe Eigendynamik ökonomischer Konjunkturprozesse führt zur Anpassung insbesondere der staatlichen Investitionstätigkeit an die jeweils konjunkturell bedingte Einnahmenentwicklung; die Entzugseffekte staatlicher Besteuerung dürfen nicht diejenigen Schwellenwerte überschreiten, die das langfristige ökonomische Wachstum des privaten Sektors zu stark einschränken könnten; eine Ausdehnung des Staatsanteils am Bruttosozialprodukt ist aufgrund der politischen Machtstruktur in der Regel nur auf Kosten des privaten Konsums der breiten Bevölkerung und dadurch allenfalls graduell möglich. Diese Entwicklung der Einnahmen- und Ausgabenseite staatlicher Budgets führt zu dem Ergebnis, daß unter den gegebenen Tendenzen staatlicher Ausgaben- und Einnahmenentwicklung ein Ressourcendefizit, eine »Finanzkrise«[22] zunehmenden Ausmaßes entsteht, eine Entwicklung, die jeder staatlichen Gesellschaftsplanung enge Grenzen setzt.

Zu einer ähnlichen Einschätzung hinsichtlich der Merkmale und Grenzen kapitalistischer Gesellschaftsplanung gelangt man bei der Analyse der Konsensfähigkeit planerischer Politik. Ausgangspunkt der Überlegungen bildet die Notwendigkeit der Dezentralisierung von Planungssystemen durch Autonomisierung und erhöhte Partizipation gesellschaftlicher Gruppen, generell: die tendenzielle Notwendigkeit, die »requisite variety«[23] staatlicher Agenturen durch Einbeziehung der Produktivkraft politische Partizipation zu erhöhen. Im Rahmen staatlicher Planungssysteme müssen derartige Autonomisierungs- und Partizipationsbestrebungen jedoch in ihrer Ausbildung administrativ initiiert, in ihrer Zwecksetzung administrativ funktionalisiert und in ihren Entfaltungsmöglichkeiten administrativ kontrol-

---

[22] O'Connor, J.: The Fiscal Crisis of the State. In: Socialist Revolution, Nr. 1 und 2. 1970.
[23] Ashby, R.: An Introduction to Cybernetics. London, 1957.

liert werden. Entgegen den Annahmen von der Möglichkeit einer total manipulierbaren Gesellschaft deuten die bisherigen Untersuchungen jedoch eher darauf hin, daß ein derartiges administratives »Attitüden-Management«[24] zu sehr labilen und störanfälligen politischen Interaktionsmustern führt. Denn immer wieder treten in planerischen Zielfindungs- wie Implementierungsprozessen Verselbständigungen und autonome Motivationsbildungen der einbezogenen Gruppen auf. Diese durchbrechen die administrativ vorgegebenen Zweck/Mittelsetzungen und führen zu Abwehrstrategien, die je nach Problembereich und gesamtgesellschaftlicher Konstellation von politischer Apathie bis hin zur politischen Gegenmachtbildung reichen können.

Gesellschaftsplanung im Kapitalismus ist somit unlösbar in dessen politisch-ökonomische Bedingungskonstellation und Entwicklungstendenz eingebunden. Ihre Funktion liegt im Versuch, die politisch-ökonomische Struktur des Systems dem gesellschaftlichen Charakter der Produktion anzupassen, gleichzeitig jedoch die daraus resultierenden Konsequenzen einer Interessen- und Machtverschiebung zu umgehen. Das spezifische Merkmal von Gesellschaftsplanung im Kapitalismus ist darin zu sehen, daß sie nie die Formbestimmung einer zielstrebigen, planenden Gesellschaft, sondern letztlich immer nur technokratisches Steuerungsinstrument sein kann. Ihre nicht überwindbaren Schranken findet sie in den Grenzen staatlicher Planungsrationalität, retrograder Zielplanung, staatlicher Ressourcen und politischer Konsensbildung. Ihre Möglichkeiten sind letztlich – gleichsam gegenstrukturell – an die Manifestwerdung politischer Konfliktprozesse gebunden, die die notwendige Bedingung antikapitalistischer Gegenplanungen bilden.

Eine Analyse der *Gesellschaftsplanung in Übergangsgesellschaften vom Kapitalismus zum Sozialismus* hat, wenn sie nicht schon im Ansatz falsch sein soll, insbesondere die beiden Fehleinschätzungen zu vermeiden:
den zentralen Unterschied zwischen kapitalistischen und sozialistischen Ländern in der Dichotomie von Markt und Plan zu sehen[25];
den Aufbau sozialistischer Systeme als überwiegend lineare Entwicklung der gesellschaftlichen Planungssysteme zu interpretieren[26].
Beide Einschätzungen reduzieren die Planungsproblematik in sozialistischen (wie auch in kapitalistischen) Staaten auf die Erscheinungsformen gesellschaftlicher Steuerungsmechanismen, ohne diese auf die gesellschaftlich-politischen Kräfte zurückzuführen.[27]

---

[24] Etzioni, A., a. a. O.
[25] Bettelheim u. a.: Zur Kritik der Sowjetökonomie. Berlin, 1971.
[26] Ebenda.
[27] Bettelheim, C.: Ökonomischer Kalkül, a. a. O.

Ansatzpunkt jeder immanenten, theoretisch-empirischen Analyse sozialistischer Gesellschaftsplanung muß die zentrale Kategorie der Kritik der bürgerlichen politischen Ökonomie – die Kategorie der Ware – sein. Die Ware ist die Form, die ein Produkt gesellschaftlicher Arbeit unter den Bedingungen des Austauschs annimmt. Gesellschaftliche Teilung der Arbeit ist damit Existenzbedingung der Warenproduktion, umgekehrt ist Warenproduktion jedoch nicht Existenzbedingung gesellschaftlicher Arbeitsteilung. In der sachlichen Gestalt der Ware, die von unabhängigen Privatproduzenten hergestellt und auf einem Markt nach dem Äquivalenz-Prinzip getauscht wird, stellen sich dem einzelnen Menschen gesellschaftliche Verhältnisse als »Dinge« dar und verschleiern damit diesen gesellschaftlichen Zusammenhang. Die Überwindung dieser gesellschaftlichen Bedingungskonstellation kann nun aber nicht in einem einzigen revolutionären Akt vollzogen werden; vielmehr schließt sich an die Überwindung des kapitalistischen Privateigentums eine Übergangsperiode mit unterschiedlich lang sich hinziehenden gesellschaftlichen Auseinandersetzungen an. Aufgabe einer solchen Übergangsperiode muß es sein, die dargestellte »Verkehrung«, die sich ausdrückt im gesellschaftlichen Charakter der Privatarbeit, aufzuheben – und das kann nur geschehen, wenn der gesellschaftliche Charakter der Produktion auch als gesellschaftlicher anerkannt wird, das heißt die Individuen müssen sich als gemeinschaftlich produzierende verstehen und ihre Produktion nach gemeinsamem Plan vollziehen. Während also in kapitalistischen Systemen die Verteilung der Produktion der gesellschaftlichen Arbeit entsprechend dem Wertgesetz hinter dem Rücken der Produzierenden erfolgt, der Kapitalist also erst im Nachhinein feststellen kann, ob seine Pläne richtig oder falsch waren, kann es im Sozialismus nur darum gehen, die Anarchie der atomisierten Individuen durch geplante gesellschaftliche Aktivität zu ersetzen. Die Arbeit muß – vermittelt über den Plan, in dem die gesellschaftlichen Präferenzen bewußt ex ante festgelegt werden – direkt gesellschaftlich organisiert werden. Eine solche Auffassung von Planung als gesellschaftlichem Strukturprinzip muß der Übergangsgesellschaft zugrundeliegen und Schritt für Schritt dazu führen, die Merkmale der überwundenen kapitalistischen Gesellschaft abzubauen und die sozialistische Gesellschaft zu errichten.
Genau in dieser Problematik liegen die divergierenden Entwicklungen der verschiedenen Übergangsgesellschaften begründet. In den »revisionistischen« Ländern[28], wie der Sowjetunion und der DDR, strukturiert der Plan (gemäß den Theorien der sozialistischen Wa-

---

[28] Unger, F.: Zum Problem des Revisionismus in der Übergangsgesellschaft. In: Sozialistische Politik, Heft 4, 1969.

renproduktion) nicht die weitere gesellschaftliche Entwicklung, sondern der Plan nimmt Mittel-Charakter an; er dient im Sinne eines »irrationalen Zweck-Mittel-Verhältnisses«[29] lediglich zur Erreichung vorgegebener Ziele, die nicht Ausdruck einer von allen Individuen gemeinsam geplanten gesellschaftlichen Aktivität sind, sondern der Interessenausdruck einer von der Gesellschaft getrennten, auf eigene Machterhaltung und Privilegien ausgerichteten Schicht darstellen. Planung in diesem Sinne ist funktional-äquivalent der expost-Regulierung durch den Markt. Umso eher tendiert sie zur Dezentralisierung, zur Kombination von Plan- und Marktmechanismen, zur Ausdehnung statt zum Abbau von Warenproduktion und Ware-Geld-Beziehungen, ökonomischen Hebeln und materiellen Anreizen. Allerdings bleibt darauf hinzuweisen, daß diese Kritik noch keine konvergenztheoretischen Annahmen impliziert. Zwar besteht ständig die Gefahr des Zurückgleitens in kapitalistische Restauration (CSSR-Marktsozialismus, Jugoslawien), doch handelt es sich immer nur um Tendenzen. Vergesellschaftung der Produktionsmittel und Forcierung des Plans gegenüber Rückdrängung des Plans kann durch die Weiterentwicklung des innergesellschaftlichen und internationalen Klassenkampfes vorangetrieben werden.

In Übergangsgesellschaften wie China und Kuba hingegen wurde bisher zumindest der Intention nach versucht, die ursprüngliche Zielsetzung und Impulswirkung sozialistischer Gesellschaftsplanung aufrechtzuerhalten. »Wir können also sagen, daß die zentralisierte Planung das Wesen der sozialistischen Gesellschaft, die sie definierende Kategorie und der Punkt ist, an dem das Bewußtsein der Menschen es endlich erreicht, die Wirtschaft zusammenzufassen und auf ihr Ziel zu lenken: die völlige Befreiung des Menschen im Rahmen der kommunistischen Gesellschaft.«[30]

Diese zwischen den einzelnen Übergangsgesellschaften divergierenden Entwicklungsstrategien wirken sich somit in grundlegender Weise auf die konkreten Bedingungen, Funktionen und Folgewirkungen sozialistischer Gesellschaftsplanung aus. In den revisionistischen Ländern wird Gesellschaftsplanung tendenziell auf ihren bloßen Instrumentalcharakter reduziert, Entwicklung von Gesellschaftsplanung bedeutet primär den Aufbau technokratischer Steuerungssysteme und die Anwendung und Fortentwicklung planerischer Informationserfassungs-, Prognose- und Optimierungstechniken, während die planerischen Zielsetzungen weitgehend (je nach theoretischer Einschätzung) von einer »Bürokratie« (Altvater, Lindner), einer »Staatsbourgeoisie«

---

[29] Altvater, E.: Plan und Markt, a. a. O.
[30] Che Guevara: Die sozialistische Planung und ihre Bedeutung. Berlin, 1969.

(Bettelheim) oder vom kapitalistischen Weltmarkt her vorgegeben werden. In den nicht-revisionistischen Ländern hingegen bedeutet Gesellschaftsplanung die Entwicklung von Planungssystemen und ist primär organisierte und systematische politische Auseinandersetzung um gesellschaftliche Nutzwertkalküle und deren Implementierung, die in vergleichsweise hohem Maße – wie zum Beispiel Untersuchungen auch im Bereich von Gesundheit und Bildung zeigen[31] – von der Spontaneität wie Bewußtheit breiter Bevölkerungskreise getragen werden.

Daß diese divergierenden Entwicklungen in sozialistischen Übergangsgesellschaften wie auch die unterschiedlichen Tendenzen kapitalistischer Gesellschaftsplanung jedoch nicht nur »systemintern« bestimmt sind, sondern in hohem Maße von der »systemexternen« Weltdynamik von Gesellschaftsplanungen abhängen, soll im nächsten Abschnitt kurz aufgezeigt werden.

3. Gesellschaftsplanung in der ›Weltdynamik‹

Bei der Analyse kapitalistischer und sozialistischer Gesellschaftsplanungen wurde deutlich, daß diese Planungssysteme nicht nur jeweils von systeminternen gesellschaftspolitischen Kräften bestimmt sind, sondern über sich hinausweisen und in ausgeprägter Weise internationalen Einflußfaktoren unterliegen. Diese Tendenzen internationaler Prozesse, diese Weltdynamik als verfestigtes Interaktionsgefüge, das sich zum Teil aus den Bewegungen der Gesellschaftsplanungen selbst konstituiert und diese umgekehrt wieder in hohem Maße determiniert und limitiert, muß nun abschließend kurz skizziert werden.
Das internationale System in seiner globalen Dynamik bildet sich in seiner historischen Genese im 19. Jahrhundert über die weltweite Ausbreitung und Verflechtung von Produktion und Zirkulation heraus und konstituiert sich in seiner realen Einheit als kapitalistischer Weltmarkt. Die historisch spezifischen Erscheinungsformen der durch den kapitalistischen Weltmarkt bestimmten Weltdynamik wandeln sich im Zuge der »Weltentwicklung der Produktivkräfte«[32]. Im Verlauf zunehmender internationaler Oligopolisierungstendenzen bilden sich multinationale Korporationen mit zunehmenden, nationale Grenzen überschreitenden Verflechtungen aus, erfolgt eine Vermachtung des Weltmarkts und eine Aufteilung gemäß den konkurrierenden Verwertungsstrategien nationaler und internationaler Oligopole und den

---

[31] Entsprechende Ergebnisse zeigen sich in den bisherigen Voruntersuchungen zu Strukturproblemen des Erziehungs- und Gesundheitssektors.
[32] Trotzki, L.: Die permanente Revolution. Frankfurt, 1969.

durch diese vermittelten nationalstaatlichen Expansions- und Sicherungsbestrebungen. Die bisher regional begrenzten politisch-ökonomischen Gesellschaftstendenzen weiten sich dadurch global aus: die Wachstumserfordernisse kapitalistischer Produktion und zyklische Konjunkturschwankungen, die Entstehung sich ausweitender regionaler Disparitäten, die Herausbildung eines internationalen Klassensystems, und die dadurch mitverursachten (wenn auch nicht voll determinierten) politischen Krisen sind fortan die zentralen Merkmale einer Weltdynamik, die Richtung, Ausmaß und Intensität der Interaktionsprozesse des internationalen Systems bestimmen. Jede Gesellschaftsplanung wird von dieser Dynamik bestimmt, ja wird häufig sogar erst – so in vielen kapitalistischen Staaten – von dieser initiiert.
Angesichts der globalen Tendenzen zur Vergesellschaftung der Produktions- und Zirkulationsprozesse sind auf Seiten der kapitalistischen Staaten intensive Bestrebungen zum Aufbau regionaler und weltweiter Steuerungssysteme zu beobachten.[33] Nationale Planungssysteme sind, wie es besonders bei der französischen Planifikation deutlich wurde, bei hohem internationalem Verflechtungsgrad in starker Weise störanfällig und müssen deshalb ihre »offenen Flanken« abdecken. Dem dient insbesondere der Versuch, die zentralen Zielwerte von Wirtschafts-, Finanz- und Währungspolitik, in zunehmendem Maße jedoch auch Fragen der regionalen Strukturpolitik und der Sozialpolitik, wechselseitig abzustimmen. Die Errichtung regionaler Planungsverbundsysteme, wie zum Beispiel der EWG, der Aufbau supranationaler Kooperations- und Steuerungszentren wie der Weltbank, des IWF, des Zehnerclubs usw. sind die spezifischen Erscheinungsformen dieser Bemühungen um ein »global guidance system«. Eine sich tendenziell anbahnende kapitalistische »Weltplanung« soll dadurch der zunehmenden Störanfälligkeit des internationalen Weltmarktes mit seinen Auswirkungen auf einzelne nationale Gesellschaftsplanungen gegensteuern, das System internationaler Arbeitsteilung und Ausbeutung absichern und die dysfunktionalen Folgewirkungen internationaler Konjunktur- und Wachstumsprozesse für die kapitalistischen Führungsstaaten kompensieren. Angesichts dieser globalen Dynamik des kapitalistischen Weltmarkts und kapitalistischer Gesellschaftsplanungen können die Gesellschaftsplanungen in sozialistischen Übergangsgesellschaften sich nur dann realisieren, wenn sie sich von diesen Tendenzen gleichsam abhängen und eine selbständige, vom Weltmarkt unabhängige Entwicklungsplanung verwirklichen können. Derartige Gegenplanungen in Form von antikapitalistischen Durchbruchsversuchen gegenüber dem Weltmarkt und ihre

---

[33] Kidron, M.: Rüstung und wirtschaftliches Wachstum. Frankfurt, 1971.

machtpolitische Absicherung stellen die Versuche der Sowjetunion zum »Aufbau des Sozialismus in einem Lande« (Stalin), und die vielfältigen Integrations- und Kooperationsbemühungen sozialistischer Länder im Rahmen des Rates für gegenseitige Wirtschaftshilfe (RGW) einerseits, die Bestrebungen Chinas zur Selbständigkeit und Unabhängigkeit vom Weltmarkt[34] andererseits dar. Diese sozialistischen Gegenplanungen unterliegen jedoch nach wie vor der Dominanz des kapitalistischen Weltmarktes:
ökonomisch der Übernahme technologischer Entwicklungen der fortgeschrittenen kapitalistischen Länder mit ihren Auswirkungen auf die eigenen Produktionsverhältnisse bis hin zur Orientierung langfristiger Wirtschaftsprognosen am Weltmarkt;
politisch der ständigen Bedrohung imperialistischer Gegenstrategien, die ständig ökonomische Höchstleistungen erfordern;
ideologisch der Übernahme kapitalistischer Konsumgewohnheiten und genereller Wertvorstellungen.
Umgekehrt ist jedoch auch eine Penetration sozialistischer Gesellschaftsplanungen in kapitalistische Länder zu beobachten, wie sie sich ökonomisch in der erhöhten Notwendigkeit von Planung zur Erreichung hoher Wachstumsraten, politisch im Druck zur Verbesserung sozialpolitischer Standards, ideologisch in der Entwicklung von Verschleierungstheorien (wie zum Beispiel der Konvergenztheorie) niederschlägt.
Eine Gesamteinschätzung der aus diesen gegenläufigen Tendenzen kapitalistischer Gesellschaftsplanung und sozialistischer Gegenplanung resultierenden Weltdynamik von Planungssystemen ist nur schwer zu treffen und wird noch auf absehbare Zeit zwischen den beiden folgenden Interpretationen der gegenwärtigen Weltdynamik sich bewegen:
»Das ökonomische Ergebnis der Existenz der zwei gegenseitigen Lager ist, daß der einheitliche, allumfassende Weltmarkt zerfallen ist, und wir infolgedessen jetzt zwei parallele Weltmärkte haben, die ebenfalls einander gegenüberstehen«[35];
»Die Sowjetunion und China sind allenfalls Subsysteme des kapitalistischen Weltsystems bzw. des Weltsystems als kapitalistisches System. Nur von daher sind die Entwicklungen in der Sowjetunion, in Osteuropa und in China verständlich«[36].
Um Gesellschaftsplanung als gesellschaftliches Strukturprinzip erfolg-

---

[34] Bettelheim/Marchisio/Charriere: Der Aufbau des Sozialismus in China. München, 1969.
[35] Stalin, J.: Die ökonomischen Probleme des Sozialismus in der UdSSR. Stuttgart, 1952.
[36] Krippendorff, E.: Manuskript, Januar 1972.

reich durchsetzen zu können, erscheint als Resultat aus beiden Lageeinschätzungen für die sozialistischen Staaten wie auch für die Arbeiterbewegung in kapitalistischen Staaten die generelle strategische Perspektive sinnvoll, daß »der internationale Charakter der sozialistischen Revolution (...) sich aus dem heutigen Zustand der Ökonomie und der sozialen Struktur der Menschheit ergibt. Der Internationalismus ist kein abstraktes Prinzip, sondern ein theoretisches und politisches Abbild des Charakters der Weltwirtschaft, der Weltentwicklung, der Produktivkräfte und des Weltmaßstabes des Klassenkampfes. Die sozialistische Revolution beginnt auf nationalem Boden. Sie kann aber nicht auf diesem Boden vollendet werden. (...) Isoliert bleibend, muß der proletarische Staat schließlich ein Opfer dieser Widersprüche werden. Der Ausweg besteht für ihn nur in dem Siege des Proletariats der fortgeschrittenen Länder. Von diesem Standpunkt aus gesehen ist eine nationale Revolution kein in sich selbst verankertes Ganzes: sie ist nur ein Glied einer internationalen Kette. Die internationale Revolution stellt einen permanenten Prozeß dar, trotz aller zeitlichen Auf- und Abstiege.«[37]

Der endgültige Ausgang dieser konfliktintensiven Auseinandersetzung zwischen kapitalistischer Gesellschaftsplanung und sozialistischer Gegenplanung kann nicht allein theoretisch bestimmt werden, sondern bedarf der Ergänzung durch die Analyse der konkreten Entwicklung der internationalen Klassenkämpfe.[38] Absehbar jedoch ist, daß die gegenwärtige Konstellation der Instabilität der Weltdynamik trotz aller Planungen so lange andauern wird, wie die Dominanz des kapitalistischen Weltmarkts besteht.

4. Hauptprobleme und Querbezüge der Textauswahl

Die nachfolgende Textauswahl versucht, die in der Einleitung analysierten Tendenzen einer Gesellschaftsplanung zu dokumentieren, wie sie sich in den unterschiedlichen Formen technokratischer Steuerungsplanung und Planung als gesellschaftlichem Strukturprinzip niederschlagen. Diesem Programm entsprechend spiegeln die Texte eine breite Spannweite wissenschaftstheoretischer Orientierung wider, die von politökonomischen bis zu handlungstheoretischen Paradigmen in verschiedenen Varianten reichen. Analog den Intentionen der Einleitung ist auch die Textauswahl insbesondere auf die folgenden drei Zielsetzungen ausgerichtet:

---

[37] Trotzki, L., a. a. O., S. 29.
[38] Kidron, M., a. a. O. Albers/Goldschmidt/Oehlke: Klassenkämpfe in Westeuropa. Reinbek, 1971.

Reflexion der Verkürzung vorherrschender Planungsansätze, (Wieder-)Gewinnung der gesamtgesellschaftlichen Dimension von Planung,
Rekonstruktion und Neukonzeption der globalen Dimension von Gesellschaftsplanung.
Aus dieser theoretisch und politisch bestimmten Akzentuierung der Problemstellung zielt die Textauswahl primär auf eine schwerpunktmäßige Darstellung der unterschiedlichen Paradigmata von Gesellschaftsplanung ab, unter Vernachlässigung der statistischen Repräsentativität der Planungsliteratur.[39]
Diesen Zielsetzungen entspricht eine Gruppierung der Beiträge in drei inhaltlich unterschiedliche Blöcke.

Die Arbeit von Bettelheim bildet als die konzeptionell weitestgehende Theorie von Gesellschaftsplanung den Bezugsrahmen für die nachfolgenden Analysen.

Die Texte 2 bis 6 behandeln die Gesellschaftsplanung in Übergangsgesellschaften vom Kapitalismus zum Sozialismus, insbesondere am Beispiel der Gesellschaftsplanung in der DDR. Sie umschließt damit prinzipielle Fragestellungen einer von der marxistischen Analyse ausgehenden Gesellschaftsplanung und ihrer konkreten Ausformung in den einzelnen Übergangsgesellschaften.

Die Bemühungen um eine gesamtgesellschaftliche Steuerung in westlich-kapitalistischen Gesellschaften, deren theoretische Konzeptualisierung und praktische Implementierungsversuche, sowie deren Kritik von einer radikaldemokratischen Position (Cohen) und von der Theorie des staatsmonopolistischen Kapitalismus (Alter) aus, werden in den Texten 7 bis 11 dargestellt.

Die Rekonstruktion und Neukonzeption der globalen Dimension von Gesellschaftsplanung in der »Weltdynamik« konnte nicht an einem Text expliziert werden, da diese Diskussion über erste Anfänge noch nicht hinausgekommen ist. Aus diesem Grund wurde versucht, die in den ausgewählten Texten enthaltenen Ansätze in der vorliegenden Einleitung zu systematisieren und weiterzuführen.

Hinsichtlich der einzelnen Beiträge sollen abschließend – zur Erleichterung der Lektüre – jeweils die Aspekte hervorgehoben werden, die den Herausgebern als besonders wichtig für die gegenwärtige Planungsdiskussion erscheinen.

Die zentrale Aussage *Bettelheims* basiert auf der Unterscheidung eines »monetären«, das heißt auf Warenkategorien beruhenden, sowie eines »gesellschaftlich-ökonomischen«, das heißt von gesellschaftlichen Nutz-

---

[39] Ergänzend hierzu Ronge, V., G. Schmieg (Hrsg.): Politische Planung in Theorie und Praxis. München, 1971; sowie Naschold, F., W. Väth (Hrsg.): Politische Planungssysteme. Köln und Opladen, erscheint Herbst 1972.

effekten bestimmten Kalküls. Diese verschiedenen Kalküle begründen je verschiedene Planungstypen, wobei nur der gesellschaftlich-ökonomische Kalkül eine zielstrebige, über materiale Größen steuernde Gesellschaftsplanung ermöglicht. Auf diese Weise wird hier der bisher weitestgehende Versuch einer Planungstheorie unternommen, unter dessen kategorialen Bezugsrahmen alle anderen Ansätze subsumierbar sind.

Der *Richta*-Report, eine kollektive Arbeit der Prager Akademie der Wissenschaften, thematisiert Zusammenhänge zwischen ökonomisch-technologischer Entwicklung, gesellschaftlichem Wandel und dessen Steuerung. Der Revisionismus-Vorwurf, der bei dieser Art von Analyse gemacht wird, gründet auf ihrer zentralen Annahme, daß Möglichkeit und Notwendigkeit von umfassender Planung allein aus der Entwicklung neuer gesellschaftlicher Produktivkräfte hergeleitet werden. Trotz solcher Verkürzungen kann aber ein derartig konzipierter theoretischer Ansatz ins Zentrum seiner Analyse die individuellen und kollektiven Bedürfnisse des Menschen in der gesellschaftlichen Entwicklung stellen, ein Problem, das in systemtheoretischen Evolutionstheorien nur noch in rollentheoretischer Segmentierung behandelt wird.

Die Arbeit *Langes* steht als theoretische Begründung der praxeologischen Planungs-Variante in »revisionistischen« Übergangsgesellschaften. Sie begründet die Position einer Beibehaltung des Gewinns und der Ware-Geld-Beziehung auch im Sozialismus und diskutiert anschließend die methodologischen Grundprobleme der Koordinierung und Quantifizierung gesellschaftlicher Zielvorstellungen. Damit wird Planung nicht mehr als gesellschaftliches Strukturprinzip gesehen, sondern ihr wird lediglich Mittelcharakter zugeschrieben.

In dem Originalbeitrag *Essers* werden die bisherigen Versuche eines Systemvergleichs kapitalistischer und sozialistischer Gesellschaften als unzureichend kritisiert und die Grundlagen des DDR-Planungssystems nach eigenem Selbstverständnis entwickelt. Als adäquater Ansatzpunkt einer Kritik der DDR-Planung sowie eines neuen Ansatzes für einen Systemvergleich wird die Fortentwicklung der Theorie der Übergangsgesellschaft gesehen, deren bisherige Aussagen zur DDR-Planung zusammenfassend resümiert werden.

Lindners Beitrag ist eine Exemplifizierung der Theorie der Übergangsgesellschaft anhand des DDR-Planungssystems und des CSSR-Marktsozialismus. Materielles Ergebnis ist, daß beide Systeme – zwar mit beträchtlichen Unterschieden – eine Restauration des Kapitalismus ermöglichen können. An den konkreten empirischen Analysen Lindners werden sowohl die bisherigen theoretischen Mängel als auch die Ansätze zu einer fruchtbaren Weiterentwicklung der Theorie der Übergangsgesellschaft sichtbar.

In *Neumanns*[40] DDR-Analyse werden die Ambivalenzen einer Gesellschaftsformation deutlich, in der zwar die Frage des Eigentums an Produktionsmitteln sozialistisch gelöst wurde, die jedoch gleichzeitig in entscheidender Weise davon geprägt wird, ein Subsystem des kapitalistischen Weltmarkts (geblieben) zu sein. Theorie und Praxis des »Ökonomischen Systems des Sozialismus« in der DDR erzeugt nach Neumann einen Planungstyp, der die Widersprüche nur formal aufhebt, Krisenmanagement des Marktes ist, jedoch das Interessenproblem, das Klassenproblem, unberührt läßt. Es handelt sich um bürgerliche Planung. An der Deskription der Planungsstruktur der DDR werden formale Übereinstimmungen mit Konzeptionen eines Planungssystems der BRD sichtbar, die aber keine Ableitung konvergenztheoretischer Annahmen erlauben.

Etzionis Aufsatz steht für den in der »bürgerlichen« Theorie am breitesten angelegten Versuch der Begründung einer Theorie der gesamtgesellschaftlichen Steuerung. Trotz erheblicher analytischer Komplexität unterliegt er dabei jedoch typischerweise spezifischen Verkürzungen, vor allem der Vernachlässigung sozio-ökonomischer Strukturbedingungen, die den »Aktivitätsgrad« einer Gesellschaft determinieren. Das Problem einer gesamtgesellschaftlichen Entwicklungssteuerung wird dabei mit Hilfe von Konzepten thematisiert, die ihrem eigenen Anspruch nach das enge technokratische Planungsmodell transzendieren und eine Alternative zu marxistischen Erklärungsmodellen darstellen sollen.

In *Friedmanns* »konzeptionellem Modell« wird eine Typologie von Planungssystemen entwickelt, wobei Hauptkriterium der Typenbildung die unterschiedlichen Handlungsorientierungen im Planungsprozeß sind. In der Konzeption von Planung als kybernetischem Kontrollmodell muß allerdings eine Externalisierung der strukturellen Bedingungen erfolgen, so daß sozio-ökonomische Determinanten nur noch als planungsexterne Entscheidungs-Umwelt gefaßt werden können. Originell ist die Unterscheidung zwischen allokativer und innovativer Entscheidungslogik. Sie liegt einer Reihe von empirischen Planungsanalysen zugrunde.

Jochimsen, zur Zeit Leiter der Planungsabteilung im Bundeskanzleramt, gibt den gegenwärtigen Diskussionsstand zu einem längerfristigen Planungssystem der Bundesregierung wieder. Staatliche Aufgabenplanung stellt ab auf die umfassende Ermittlung des staatlichen Aufgabenrahmens und der strategischen Scharniere zwischen Makro- und Mikro-Ebene (Rahmen- und Detailplanung) und konstituiert

---

[40] S. hierzu auch Götze, K.-H.:, J. Harrer: Anmerkungen zu einer Kursbuch-Polemik gegen die politische Ökonomie des Sozialismus und ihre Anwendung in der DDR. In: Das Argument 68, Dez. 1971.

über diese Strukturparameter ein gesellschaftliches Steuerungssystem, das über die Intentionen zum Beispiel des PPB-Systems, in dem die strategische Zielkomponente fehlt, hinausreicht. Diese Art von Steuerungsplanung bleibt aber insofern ambivalent, als sie zur Bestimmung der strategischen Zielsetzungen gesellschaftlicher Mobilisierungsprozesse bedarf, die sie jedoch nicht selbst steuern kann.

Cohen, der Planung als politischen Prozeß begreift, geht von einer empirischen Analyse der französischen Planifikation aus und unterzieht diese Planungspraxis einer an einem radikaldemokratisch-partizipativen Standpunkt orientierten Kritik, wobei er im wesentlichen die Kritik der französischen Linken an der Planifikation aufarbeitet. Er bestätigt empirisch die gegen kapitalistische Gesellschaftsplanung vorgetragenen Argumente, ohne jedoch das handlungstheoretische Paradigma zu verlassen. *Cohen* entwickelt ein Konfrontationsmodell, in dem die Linke für ihre Zustimmung zur notwendigen Lohn- und Preispolitik substantielle Konzessionen der jetzigen politischen und ökonomischen Machtgruppen zugestanden erhält, das als interessanter Beitrag zur Strategie der Klassenkämpfe in Westeuropa angesehen werden dürfte.

Alter, ein sowjetischer Autor, versucht von der Theorie des staatsmonopolistischen Kapitalismus aus, die Notwendigkeit staatlicher Planung im Kapitalismus als qualitativ neuer Erscheinung durch die zunehmende Konzentration und Vergesellschaftung der Produktion, die Verschärfung der inneren Widersprüche des Kapitalismus sowie des wirtschaftlichen Wettbewerbs der beiden Weltsysteme zu begründen. Als letzte und komplizierte Reform staatlicher Regulierung sieht er die kapitalistische »Programmierung« an, die sich jedoch wegen fehlender struktureller Voraussetzungen von Planung fundamental unterscheidet. Auch wenn Alters Einschätzung der Genese und Funktion kapitalistischer Planung realistisch erscheint, bleiben die daraus abgeleiteten strategischen Argumente, daß antimonopolistische Kräfte die Planung in ihrem Sinne verändern könnten, zumindest umstritten.

1 Ökonomischer Kalkül und Eigentumsformen
Zur Theorie der Übergangsgesellschaft
Von Charles Bettelheim

Erster Teil:
Ökonomischer Kalkül und monetärer Kalkül

I. Problemstellung

Das Problem, das zu analysieren wir uns vornehmen, ist das des »ökonomischen Kalküls« in den Gesellschaftsformationen im Übergang zwischen Kapitalismus und Sozialismus. Dieses Problem erweist sich eng verknüpft zugleich mit dem der »Planung« und mit dem der Bedingungen der Produktenzirkulation. Ausgangspunkt unserer Analysen sind eine Reihe von theoretischen Sätzen über den ökonomischen Kalkül und den Plan in einer sozialistischen Gesellschaft; diese Sätze werden wir mit den tatsächlichen Praktiken in den Übergangsgesellschaften vergleichen.

1. Ein Text von Engels

Wir werden von einem wohlbekannten Text aus dem Anti-Dühring ausgehen. In diesem Text behandelt Engels das Problem der Bedingungen für die Ausarbeitung des »Produktionsplans« einer sozialistischen Gesellschaft.
Über diese Gesellschaft, die »sich in den Besitz der Produktionsmittel setzt und sie in unmittelbarer Vergesellschaftung zur Produktion verwendet«, schreibt Engels:
»Die unmittelbar gesellschaftliche Produktion wie die direkte Verteilung schließen allen Warenaustausch aus, also auch die Verwandlung der Produkte in Waren ... und damit auch ihre Verwandlung in Werte.«[1]
Von diesem eben zitierten Satz ausgehend, beschreibt Engels seine Konzeption vom ökonomischen Kalkül in einer solchen Gesellschaft:
»Die in einem Produkt steckende Menge gesellschaftlicher Arbeit braucht dann nicht erst auf einem Umweg festgestellt werden; die tägliche Erfahrung zeigt direkt an, wieviel davon im Durchschnitt nötig ist. Die Gesellschaft kann einfach berechnen, wieviel Arbeitsstunden in einer Dampfmaschine, einem Hektoliter Weizen der letz-

---

[1] *Anti-Dühring*, MEW Bd. 20, S. 288.

ten Ernte, in 100 Quadratmeter Tuch von bestimmter Qualität stekken ... Die Gesellschaft schreibt also unter obigen Voraussetzungen den Produkten auch keine Werte zu. Sie wird die einfache Tatsache, daß die 100 Quadratmeter Tuch meinetwegen 1000 Arbeitsstunden zu ihrer Produktion erfordert haben, nicht in der schielenden und sinnlosen Weise ausdrücken, sie seien 1000 Arbeitsstunden wert. Allerdings wird auch dann die Gesellschaft wissen müssen, wieviel Arbeit jeder Gebrauchsgegenstand zu seiner Herstellung bedarf. Sie wird den Produktionsplan einzurichten haben nach den Produktionsmitteln, wozu besonders auch die Arbeitskräfte gehören. Die Nutzeffekte der verschiedenen Gebrauchsgegenstände, untereinander abgewogen und gegenüber den zu ihrer Herstellung nötigen Arbeitsmengen, werden den Plan schließlich bestimmen. Die Leute machen alles sehr einfach ab, ohne Dazwischenkunft des vielberühmten ›Wertes‹.«[2]

Anmerkung:
Man wird bemerken, daß Engels in diesem Text von der tatsächlich verausgabten Arbeitszeit spricht und nicht von der gesellschaftlich notwendigen (auf diesen Punkt werden wir zurückkommen müssen). Man wird auch bemerken, daß Marx außerdem unterstrichen hat, daß die Rolle, die dem Kalkül in Arbeitszeit (oder Arbeitsmenge) zukommt, einem bestimmten Entwicklungsgrad der Produktivkräfte entspricht (zu diesem Punkt siehe die Analysen, die Marx den Auswirkungen der Maschinerie widmet, besonders in den Grundrissen (S. 590-600).

Dieser Text kann Ausgangspunkt eines Komplexes von Überlegungen sein, die alle zu entwickeln ich im Augenblick nicht vorhabe. Ich werde denn auch nur bei den Punkten verweilen, die von nun an unsere Aufmerksamkeit auf sich ziehen müssen und die zwei Arten von Problemen entsprechen:
1. Probleme, die sich aus dem Vergleich des Engelsschen Textes mit der Praxis sozialistischer Planung ergeben (ebenso könnte man zahlreiche andere Texte von Marx und Engels heranziehen).
2. Probleme, die durch die Untersuchung einiger der oben benutzten Formulierungen aufgeworfen werden.

2. Der Engelssche Text und die sozialistische Planungspraxis

Nach den oben zitierten Sätzen dürfen die Wert- und Preiskategorien in den für die sozialistische Planung notwendigen Kalkülen

---
[2] Ebenda, S. 288; Hervorhebung durch den Verfasser.

keine Rolle spielen. Diese Kalküle müssen auf dem Vergleich der »Nutzeffekte« der Gebrauchsgegenstände untereinander und gegenüber den zur Herstellung notwendigen Arbeitsmengen beruhen. Bekanntlich ist diese Vorausschau von Engels noch in keiner der gegenwärtigen »sozialistischen Wirtschaften« verwirklicht. In keiner dieser Gesellschaftsformationen werden die »ökonomischen Kalküle« unmittelbar in »Arbeitszeit« durchgeführt, sondern anscheinend immer, zumindest weitgehend, mit Hilfe der Warenkategorien, obwohl die Wirtschaftspläne, zum Beispiel bei der Formulierung von »gesellschaftlichen Prioritäten« oder »politischen Prioritäten«, andere Gesichtspunkte in der Veranschlagung der in Geld ausgedrückten »Kosten« berücksichtigen als jene, die in die »monetären Kalküle« eingehen.

a) Die monetären Kalküle

Solche »Kosten« ergeben sich in keiner Weise aus »Messungen« (in dem Sinn, wie man von Meßvorgängen in den »Naturwissenschaften« sprechen kann). Es sind einfache Rechengrößen, deren »Dimensionen« sich über ein »Preissystem« »spontan ergeben«; dieses System erscheint bald als »durch den Markt erzeugt«; bald als Ergebnis »administrativer« oder »reglementierender Entscheidungen«, aber das ändert nichts am einmal gegebenen Charakter der Preise; dieser Charakter ändert sich auch nicht durch die Verwendung von »erwarteten«, das heißt zukünftigen, oder »geplanten Preisen«, da in keinem Augenblick Messungen eine Rolle spielen, sondern nur mehr oder weniger komplexe tatsächliche oder fiktive, auf die Gegenwart oder auf die Zukunft gerichtete Rechenoperationen. Daher sind die unter solchen Bedingungen durchgeführten »ökonomischen Kalküle« nichts anderes als monetäre oder Rechenkalküle. Sie werden deshalb zwecks Einfachheit der Darstellung und wegen der Funktion, die diese Kalküle erfüllen, bei Gelegenheit mit dem Ausdruck »monetärer ökonomischer Kalkül« bezeichnet; dieser Ausdruck darf jedoch nicht über die ins Auge gefaßte Wirklichkeit hinwegtäuschen.

Das eben Gesagte impliziert, daß notwendigerweise ein radikaler Einschnitt besteht zwischen einem monetären Kalkül gleich welcher Art und einem ökonomischen Kalkül. Der ökonomische Kalkül bezieht sich entweder auf die Messung mehr oder weniger nützlicher Verausgabung von Arbeit oder auf den gesellschaftlichen Nutzen verschiedener Produktionen oder Tätigkeiten.

Der Kalkül in Geld hingegen verweist auf eine Recheneinheit, also faktisch auf eine Einheit, die tatsächlich in Tauschvorgängen interveniert und auf diese Weise vom Vorhandensein der Warenkategorien und der Wertform zeugt.

Anmerkung:
Man kann sich zweifellos das Vorhandensein einer »Recheneinheit« vorstellen, die nicht bei Austauschvorgängen auftreten würde, aber dann gibt es nur das eine oder das andere: entweder handelt es sich wirklich um eine Recheneinheit, die dieselbe Rolle spielt wie das Geld, ohne auf gesellschaftliche Verhältnisse zu verweisen, wobei die gesellschaftliche Funktion einer solchen »Rechnungsführung« nur sehr begrenzt sein könnte; oder aber diese Recheneinheit ist in Wirklichkeit eine Maßeinheit und das Wesen dieser wie die entsprechenden Verfahrensweisen müßten theoretisch definiert werden (sonst mißt man überhaupt nichts), um einen Bezug auf »gesellschaftliche Äquivalente« zu gewinnen. Eine solche »Einheit« wäre kein Geld mehr und die in ihr ausgedrückten »Größen« keine Preise mehr. Ob die Einschätzung des jeweiligen gesellschaftlichen Nutzens soweit formalisiert werden kann, daß eine wirkliche »Maßeinheit« definiert werden könnte, auf diese Frage steht die Antwort noch aus.

Das Vorhandensein der Wertform in Gesellschaftsformationen, die für »sozialistisch« gelten – und der sich daraus ergebende »Widerspruch« zu gewissen Lehrsätzen von Marx und Engels (wie der oben zitierte) –, hat Probleme aufgeworfen, die man oft durch den Verweis auf die Kategorie des »Überlebens« zu regeln versucht hat. Man sagt tatsächlich zuweilen, daß in den heutigen Übergangsgesellschaften ein »Überleben« der Warenkategorien vorläge. Das erklärt selbstverständlich gar nichts: man erklärt nicht ein Phänomen, indem man ihm einen Namen gibt, und man erklärt die Gegenwart nicht mit einem simplen Verweis auf die Vergangenheit.

Das Problem muß daher in sich untersucht werden. Es ist für uns von sehr großer Bedeutung, denn die gleichzeitige Berücksichtigung von »gesellschaftlichen und politischen Prioritäten«, von »gesellschaftlichen Zielen« usw. und von »in Geld durchgeführten Kalkülen« bedeutet, daß die gegenwärtige ökonomische Praxis die Überschneidung von zwei Arten des ökonomischen Kalküls kennt: einen »monetären Kalkül« und einen »nicht-monetären Kalkül«, wobei der erste im allgemeinen den zweiten verdeckt und offenbar dazu neigt, sich den zweiten einzuverleiben und ihn eine »untergeordnete« Rolle spielen zu lassen.

b) Die Überschneidung von zwei Arten des »ökonomischen Kalküls«

Der oben eingeführte, hier angewandte Ausdruck Überschneidung bezeichnet folgendes:
Einerseits führt man in der konkreten Praxis der »sozialistischen Län-

der« eine Anzahl von Kalkülen durch, die die effektiven (oder eventuellen) monetären Ausgaben und Einnahmen berücksichtigen. Die Gesamtheit dieser Kalküle wurde weiter oben mit »monetärem Kalkül« bezeichnet. Die finanzielle Bedeutung solcher Berechnungen ist einigermaßen klar: die ökonomische Bedeutung ist es viel weniger, besonders deshalb, weil die »Schlüsse«, die man aus solchen Berechnungen ziehen zu können glaubt, unter der strengen Abhängigkeit vom Preissystem stehen. Nun hat aber dieses Preissystem immer eine Vielzahl von Funktionen zu erfüllen (einschließlich der Funktionen der Wiederverteilung der Einkünfte unter die Produktionseinheiten oder der Ankurbelung oder Drosselung des Gebrauchs dieses oder jenes Produktes usw.), so daß die Bedeutung der mittels derartiger Preise durchgeführten Kalküle (besonders wenn es darum geht, einen über mehrere Jahre laufenden Plan aufzustellen) äußerst zweifelhaft bleibt (da man mit anderen Preisen zu anderen »Schlüssen« gekommen wäre[3]).

In der Praxis der »sozialistischen Länder« führt man andererseits »nicht-monetäre Kalküle« durch, d. h. einen Komplex von noch sehr dürftig formalisierten Rechenoperationen, die darauf abzielen, die Erfordernisse der erweiterten Reproduktion, der gesellschaftlichen und politischen »Prioritäten« sowie in der letzten Analyse die Erfordernisse des gesellschaftlichen Nutzens und der gesellschaftlichen Kosten der verschiedenen Produktionen der Tätigkeiten zu berücksichtigen.

Theoretisch gesehen scheint folgendes zu gelten: eine wirkliche gesellschaftliche Meisterung des Entwicklungsprozesses der Produktivkräfte und des Umformungsprozesses der Produktionsverhältnisse schließt ein, daß der zweite Kalkültyp, der gesellschaftlich-ökonomische Kalkül,

---

[3] In dieser Hinsicht nicht sehr weit führt der Versuch von Gregory Grossmann: *Gold and the Sword: Money in the Soviet Command Economy.* In: *Industrialization in Two Systems. Essays in Honour of Alexander Gershenkron. M. Rosovsky.* New York, 1966. Grossmann unterscheidet zwischen »passivem« und »aktivem« Geld, wobei das erstgenannte die sowjetische Wirtschaft charakterisiert, das letztgenannte die westlichen kapitalistischen Wirtschaften. Sobald nämlich die »Übertragung« (transcription) verschiedener »physischer Mengen« von Produkten in Geldeinheiten nicht mehr eine bloße »intellektuelle Übung« ist, sondern zum Handeln (das heißt zu »Entscheidungen«) anleitet, kann das Geld nicht mehr als passiv bezeichnet werden; gemäß dem für diese »Übertragung« verwandten »Code« (dem »Preissystem«) erscheint dieser oder jener Eingriff als »ökonomisch vernünftig« oder »gerechtfertigt«. Daß es nicht um die Frage der »Passivität« des »Geldes« gehen kann, wird vollends deutlich, wenn Bezeichnungen auftauchen wie »monetäre Kosten«, »Wiedererlangungsperiode« (der investierten Geldsummen) oder »monetäre Rentabilität«.

allein eine Rolle spielen darf (wie es der oben zitierte Engelssche Satz nahelegt), oder daß er zumindest eine dominierende Rolle spielen muß. Tatsächlich scheint in der heutigen ökonomischen Praxis meistens das Gegenteil der Fall zu sein; der »monetäre Kalkül« spielt die dominierende Rolle und der gesellschaftlich-ökonomische Kalkül nur eine untergeordnete und behelfsmäßige Rolle (in Form von »Korrekturen an den Schlußfolgerungen« die aus dem monetären Kalkül gezogen werden).

Im weiteren Verlauf unserer Analysen werden wir uns nach der Daseinsberechtigung dieser Dualität der »ökonomischen Kalküle« und des zumindest augenscheinlichen Übergewichts der »monetären Kalküle« zu fragen haben, aber zunächst müssen wir noch auf einige der von Engels formulierten Thesen zurückkommen.

3. Die Bedeutung einiger Formulierungen von Engels

Der oben zitierte Text von Engels enthält verschiedene Formulierungen, die unsere Aufmerksamkeit stärker beanspruchen sollen.

a) Die »Nutzeffekte« der verschiedenen Gebrauchsgegenstände

Zu allererst gilt es, den Engelsschen Satz zu beachten, in dem von der Notwendigkeit die Rede ist, die »Nutzeffekte« der verschiedenen Gebrauchsgegenstände zu vergleichen und sie zu den zu ihrer Herstellung notwendigen Arbeitsmengen ins Verhältnis zu setzen, um den Inhalt des Plans zu determinieren. Diese Formulierung wirft Probleme von entscheidender Tragweite für den ökonomischen Kalkül auf.

Es wird sich später noch die Gelegenheit ergeben, auf diese Probleme zurückzukommen, insbesondere, um den Inhalt des Begriffs der »gesellschaftlich notwendigen Arbeitszeit« (oder »Arbeitsmenge«) als eines für den ökonomischen Kalkül grundlegenden Begriffes zu präzisieren; im Moment will ich mich auf einige Bemerkungen zu den verschiedenen Punkten beschränken.

Interpretiert man den anfangs zitierten Satz von Engels im, wie ich glaube, notwendigen strengen Sinn, so wird man daraus schließen, daß in der sozialistischen Gesellschaft die Menschen sich die Mittel verschaffen müssen, um die gesellschaftlichen Nutzeffekte der verschiedenen Gebrauchsgegenstände miteinander zu vergleichen und sie zu den zu ihrer Herstellung notwendigen Arbeitsmengen ins Verhältnis zu setzen: das ergibt sich als eine Notwendigkeit für die Aufstellung eines Plans.

In der Tat können auf der Ebene der physischen Eigenschaften der verschiedenen Gegenstände deren »Nutzeffekte« nicht verglichen und noch weniger »untereinander abgewogen« und zu Arbeitsmengen ins Verhältnis gesetzt werden. In dem Raum ihrer physischen Eigenschaften sind die verschiedenen Gebrauchsgegenstände im allgemeinen radikal voneinander verschieden. So konnte Marx im Kapital von den ersten Seiten an zeigen, daß man nicht beanspruchen kann, in diesem »Raum« die Nutzeffekte der verschiedenen Gegenstände messen oder unmittelbar vergleichen zu wollen.

Wenn Engels von einem solchen Vergleich spricht, hat er folglich nicht die »physischen Eigenschaften« der verschiedenen Gegenstände im Auge, sondern ihre gesellschaftlichen Nutzeffekte.
Diese also müssen miteinander verglichen werden. Ein derartiger Vergleich erfordert die Konstruktion eines theoretischen »Raums«, der es ermöglicht, die Messung der gesellschaftlichen Nutzeffekte der Gegenstände sowie die Messung der zu ihrer Herstellung gesellschaftlich notwendigen Arbeitsmenge durchzuführen.

Bemerkungen zur Messung der »Nutzeffekte«:
Damit stellt sich ein Problem ein, das noch nicht vollständig gelöst ist. Seine theoretische Natur ist jedoch der vieler anderer Probleme analog, für die die Weiterentwicklung der Wissenschaften eine Lösung gebracht hat: es handelt sich darum, Begriffe zu schaffen, mit deren Hilfe man die gesellschaftlichen Nutzeffekte der verschiedenen Produktionen messen kann.
Jede Messung macht ja die Schaffung des Begriffs von dem erforderlich, was gemessen werden soll. Ein solcher Begriff, der notwendigerweise der Messung selber vorauszugehen hat, kann nur von einem Begriffssystem (système de concepts) ausgehend geschaffen werden, das heißt von einer Theorie, die ihm seinen Sinn gibt. Die Messung kann folglich kein isolierter Vorgang sein, sie ist ein Moment im Entstehungsprozeß von wissenschaftlichen Begriffen und durchläuft infolgedessen die experimentell-wissenschaftliche Erprobung, deren spezifische Form sie ist (was natürlich nicht heißen soll, daß das wissenschaftliche Experiment nur »Meßbares« liefern könne).
Wenn es die Illusion geben kann, daß der Kalkül die Messung ersetzen könne, dann deshalb, weil in der Regel (etwa in der Physik) das Experiment nicht »unmittelbar« ein »Maß« liefert: es liefert »Indizien« oder »materielle Indikatoren«, deren Variationen die Berechnung der Größen ermöglichen, die man mißt; aber dieser Kalkül (der oberhalb oder unterhalb des Experiments liegt [qui se place en amont ou en aval de l'expérimentation]) ist nur möglich, weil das begriffliche System, innerhalb dessen der Kalkül operiert, errichtet worden

ist.[4] (Es wird natürlich »neu aufgestellt« oder »umgearbeitet« werden müssen, wenn die quantitativen Ergebnisse, zu denen die von den beobachteten Variationen ausgehenden Kalküle führen, dem widersprechen, was die Theorie nahelegte.)
Dieser kurze Rückblick ist unerläßlich wegen der Verwirrung, die um die Bezeichnung des »ökonomischen Kalküls« immer dann herrscht, wenn dieser Ausdruck benutzt wird, um einen monetären Kalkül zu bezeichnen, das heißt einen »Kalkül«, der sich nicht auf zu messende, sondern auf »gegebene«[5] Größen erstreckt. Er verdeutlicht, daß das Maß immer aus einem Abstraktionsprozeß hervorgeht, der insgesamt und von Anfang an die »Eigenschaften« eliminiert. Daraus folgt – und nur so muß das noch nicht gelöste Problem angegangen werden –, daß qualitativ verschiedene »Nutzeffekte« vergleich- und meßbar werden durch Abstraktion von ihrer qualitativen Verschiedenheit.[6]
Diese Abstraktion kann selbstverständlich nur dann zu tatsächlichen »Maßen« führen, wenn die »Nutzeffekte« theoretisch meßbare Gegenstände sind, das heißt wenn die Unterschiede, die sie vorweisen, nicht rein qualitativ sind, sondern die Merkmale einer quantitativen Abstraktion besitzen. Wenn die »Nutzeffekte« tatsächlich solche Merkmale besitzen, dann deshalb, weil sie sich in eine gesellschaftlich organisierte Produktion und Konsumtion einfügen: hier liegt ihr

[4] Mit anderen Worten, das Problem der Messung kann nur im Rahmen des geregelten Prozesses der Produktion *eines theoretischen Wissens* gestellt werden. Es ist also immer von der *Praxis eines Kalküls* unterschieden.
[5] Wie man weiß, hat Marx sich mit dem seltsamen Phänomen einer »sich unmittelbar ergebenden« Größe (der Ware, die einen Preis hat) bei gleichzeitigem Fehlen jedes wissenschaftlichen Begriffs von dem, was diese Größe ist, zu Beginn des *Kapital* ausführlich befaßt und darauf eine Antwort gegeben.
[6] Ebenso *abstrahiert* man, wenn man die Temperatur verschiedener Gegenstände *messen* will, von ihrer Form, Farbe, Dichte usw., die hinsichtlich des Gegenstandes der Messung nur »Qualitäten« sind, im Gegensatz dazu muß man den *Begriff* der Temperatur setzen und den geregelten Prozeß ihrer Messung definieren.
Ebenso löst, woran Marx auch auf den ersten Seiten des *Kapital* erinnert, die Elementargeometrie das Problem der Messung der Flächeninhalte aller geradlinigen Figuren, indem sie von der Verschiedenheit ihrer Formen *abstrahiert*: »Um die Flächeninhalt aller gradlinigen Figuren zu bestimmen und zu vergleichen, löst man sie in Dreiecke auf. Das Dreieck selbst reduziert man auf einen von seiner sichtbaren Figur ganz verschiedenen Ausdruck – das halbe Produkt seiner Grundlinie mit seiner Höhe.«(»*Das Kapital*«, Bd. I, S. 51, MEW 23, Dietz-Verlag Berlin). Dank dieser doppelten Operation von *Reduktion* und *Deduktion* führt man die verschiedensten Figuren auf »ein Gemeinsames« zurück und mißt sie im Verhältnis zu diesem »Gemeinsamen«, das dem »Begriff« des Flächeninhalts entspricht.

gemeinsames Merkmal, von dem ausgehend der Begriff ihres Maßes erstellt werden kann.
Der Weg zu seiner Erstellung führt über die Einbeziehung der Substituierbarkeit der Arbeiten und ihrer Produkte. Das verhält sich deshalb so, weil die Möglichkeit sowie die quantitativen Merkmale dieser Substituierbarkeit (also auch ihre Grenzen) gesellschaftlich determiniert sind durch das effektive Eingefügtsein dieser Arbeiten und ihrer Produkte in einen wirklichen gesellschaftlichen Raum, in dem sie bald äquivalente, bald komplementäre Funktionen erfüllen.

Wie die Form des Wertes hinweist auf eine bestimmte Art von Substituierbarkeit (vermittelt durch den Austausch, durch determinierte Produktionsverhältnisse also), so weist die Form des Plans auf eine andere Art von Substituierbarkeit hin; sie ersetzt die Wertform und bringt sie zum Verschwinden, wenn die objektiven Bedingungen vorhanden sind, damit diese Art der Substituierbarkeit Gegenstand nicht nur einer »Schätzung« oder »Markierung« (»repérage«) sein kann (was gegenwärtig der Fall ist[7]), sondern Gegenstand einer wirklichen Messung; zweifellos setzt das die volle Entfaltung neuer Produktionsverhältnisse und, in deren Rahmen, einen zusätzlichen Fortschritt in der Vergesellschaftung der Produktivkräfte voraus.

Anmerkung:
Im Rahmen der kapitalistischen Produktionsverhältnisse (der vollendeten Form der Warenverhältnisse) nimmt die gesellschaftliche Arbeit die Form einer privaten Arbeit an; diese bestätigt ihren gesellschaftlichen Charakter nur über den Austausch. Deshalb geschieht es nur vermittels des Austauschs, daß sich die zur Herstellung der verschiedenen Waren gesellschaftlich notwendige Arbeitszeit in der Wertform manifestiert und zugleich verschleiert (und diese Arbeitszeit ist es, die den theoretischen Raum bildet, auf den die Preisanalyse bezogen ist). Eben weil die gesellschaftliche Arbeit hier nur in der begrifflichen Abstraktion faßbar ist, kann sie »abstrakte Arbeit« genannt werden

---

[7] Die Naturwissenschaften kennen in ihrer Entwicklung ebenfalls ein Stadium, in dem sie sich auf eine »Markierung« beschränken müssen. So sind auch die Temperaturen »markiert« (nach höheren oder niedrigeren Werten eingestuft) worden, bevor die klassische, später die statistische Thermodynamik es ermöglichte, die Temperatur zu *messen* (das heißt angeben zu können, daß eine Temperatur zweimal, dreimal, n-mal so groß ist wie eine andere). Jedoch setzt selbst die einfache »Markierung« den *Begriff* der Temperatur und ihrer *Artikulation* mit *anderen Begriffen*, etwa dem der *Ausdehnung*, voraus. (Die Anwendung einer experimentellen Anordnung, wie ein Thermometer – ein Markierungs- und kein Meßinstrument – sie darstellt, setzt in der Tat voraus, daß eine begriffliche Beziehung zwischen Temperatur und Ausdehnung vorhanden ist.)

(die naive Betrachtung entdeckt nur »private«, »isolierte« und »getrennte« Arbeiten). Sind die sozialistischen Produktionsverhältnisse einmal voll entfaltet, bringen sie den Widerspruch zwischen gesellschaftlicher Arbeit und privater Arbeit zum Verschwinden und schaffen die objektiven Bedingungen dafür, daß sich die gesellschaftliche Arbeit in einer anderen Form als der Wertform manifestiert; indessen muß diese Form wie jede andere analysiert werden, damit die Verhältnisse zutage treten, die sie verschleiert, damit die adäquaten Begriffe erstellt werden können für die Messung der gesellschaftlichen Arbeit, die nie unmittelbar im Raum der physischen Arbeit gegeben ist (deren Dauer in »Uhrzeit« gemessen wird), eben weil es sich hier um den Raum der gesellschaftlichen Arbeit handelt – und weil die für eine Produktion »gesellschaftlich notwendige« Arbeitszeit nur in Ausnahmefällen mit der tatsächlich dafür verausgabten Arbeitszeit übereinstimmt.

An dieser Stelle muß folgendes Problem bedacht werden: wenn in der kapitalistischen Produktionsweise das gesellschaftlich notwendige Arbeitsquantum das »Maß« des Wertes ist, also die gesellschaftlich notwendige Arbeit der theoretische Raum ist, auf den die Preisanalyse bezogen ist, dann bedeutet dies, daß die »gesellschaftliche Notwendigkeit«, die enthalten ist im Begriff der »gesellschaftlich notwendigen Arbeit«, die der Aneignung der Mehrarbeit ist. Denn die ist das eigentliche Ziel der kapitalistischen Produktionsweise, während die Befriedigung der »Bedürfnisse« oder der »Nachfrage« lediglich ein Mittel ist. Folglich drückt sich in der kapitalistischen Produktionsweise der »gesellschaftliche Nutzen« oder der »gesellschaftliche Nutzeffekt« der verschiedenen Arbeiten nur in ihrer Fähigkeit aus, Mehrwert zu schaffen oder zu seiner Schaffung oder Vergrößerung beizutragen (daher die »Rationalität« des Profitkriteriums für die kapitalistische Produktionsweise[8]).

Wenn die kapitalistische Produktionsweise der sozialistischen Platz macht, oder selbst wenn in einer Übergangsgesellschaft die sozialistischen Produktionsverhältnisse über die kapitalistischen vorherrschen,

---

[8] Daher auch die Tatsache, daß der Begriff der »gesellschaftlich notwendigen Arbeitszeit« im ersten Band des »Kapital« von Marx nur *gesetzt* und erst im dritten Band voll entwickelt wird. Erst dort sieht man tatsächlich, daß eine gleiche Beteiligung der in den verschiedenen Zweigen investierten Kapitalien (das heißt die Ausgleichung der Profitraten) die Bedingung darstellt, unter der die in den verschiedenen Zweigen verausgabten Arbeitsmengen die gesellschaftlich notwendigen Arbeitsverausgabungen sind (wenigstens so lange, wie die erweiterte Reproduktion der kapitalistischen Produktionsverhältnisse mittels der Konkurrenz der Kapitalien zwischen den verschiedenen Investitionssphären stattfindet).

ist der Zweck der Produktion nicht mehr die Aneignung des Mehrwerts als vielmehr die Befriedigung der gesellschaftlichen Bedürfnisse; von dem Moment an ist der theoretische Raum, auf den man sich bezogen sieht, nicht mehr der des Wertes oder der Preise, sondern der Raum der »Nutzeffekte« der Arbeiten, also der des gesellschaftlichen Nutzens. Der Begriff der »gesellschaftlich notwendigen Arbeit« erhält hier einen radikal anderen Sinn als den, den er bei der kapitalistischen Produktionsweise hat; hier ist sein Maß nicht mehr der produzierte Mehrwert (oder das Verhältnis der Mehrarbeit zur notwendigen Arbeit), sondern der von den verschiedenen Arbeiten produzierte »gesellschaftliche Nutzen«, der wiederum selbst je nach den Proportionen und je nach den gesellschaftlichen und materiellen Bedingungen variiert, in denen diese Arbeiten verrichtet worden sind. Das besagt: es »bleibt« das System von Begriffen und Verfahrensweisen explizit zu erklären, die es ermöglichen sollen, den »gesellschaftlichen Nutzen« der verschiedenen Arbeiten und Produkte (unter konkreten, festgelegten Bedingungen geliefert) zu messen, um auf der Grundlage dieser Messungen die Verteilung der Arbeiten (das heißt der gesellschaftlichen Arbeit) unter die verschiedenen Produktionsbereiche vorzunehmen.[9]

Zum gegenwärtigen Zeitpunkt beginnen verschiedene Versuche sich abzuzeichnen, die in die oben angedeutete Richtung weisen, allerdings mehr oder weniger blind, denn man ist gerade erst dabei, die Natur des Problems, um dessen Lösung man sich bemüht, soweit faßbar zu machen, daß es klar formuliert werden kann; daher die Langsamkeit, mit der man bei der Lösung des Problems des »gesellschaftlich-ökonomischen Kalküls« vorankommt.

Einige »Hemmnisse« in der Entwicklung des ökonomischen Kalküls

Die Langsamkeit, mit der man bei der Lösung des Problems des gesellschaftlich-ökonomischen Kalküls vorankommt, erklärt sich aus einer Reihe objektiver und subjektiver Gründe.

Die objektiven Gründe

Die objektiven Gründe sind zweierlei Art:
Die einen hängen mit der relativ schwachen Entwicklung der Produktivkräfte in den heutigen Übergangsgesellschaften zusammen. Dieser niedrige Entwicklungsstand hat zur Folge, daß in ihnen die Waren-

---

[9] Zu sagen, daß die Verteilung der Arbeiten sich nach dem gesellschaftlichen Nutzen dieser Arbeiten und ihrer Produkte »regeln« muß, heißt nicht, daß der gesellschaftliche Nutzen allein diese Verteilung regeln soll.

formen der Ökonomie fortbestehen (wir kommen weiter unten auf dieses Problem zurück).

Die anderen hängen mit der Natur der Produktionsverhältnisse selbst zusammen, wie sie in den Übergangsgesellschaften fortbestehen, denn einige dieser Verhältnisse verdoppeln sich notwendigerweise in Warenverhältnissen (worauf wir ebenfalls zurückkommen werden).

Die Existenz von Warenverhältnissen ist somit doppelt determiniert; nun hat aber, wie man weiß, der Markt die Eigenschaft, spontan und nach Gesetzmäßigkeiten, die für ihn spezifisch sind, die Produkte der verschiedenen Tätigkeiten zueinander in Beziehung zu bringen. Der Markt verursacht auf diese Weise das Auftreten »monetärer Größen«, die sich scheinbar einem »ökonomischen Kalkül« zur Verfügung stellen, der in Wirklichkeit aber nichts weiter ist als ein monetärer Kalkül.

Das Vorhandensein dieser »Größen« und die Möglichkeit, sie mehr oder weniger »auszurichten« (in Form von »geplanten Preisen«, die bestimmte gesellschaftliche und politische Einschätzungen in einem gewissen, wenn auch geringen Maße berücksichtigen), stellt ein Hemmnis dar für die Entwicklung einer Theorie der Messung zu vergleichender »Nutzeffekte« ebenso wie für die Entwicklung eines wirklichen gesellschaftlich-ökonomischen Kalküls.

Die objektive Möglichkeit, dank der Verwendung von »Marktpreisen« oder von Preisen, die davon abgeleitet sind, auf spontan vorhandene »Größen« zurückzugreifen, hat zur Folge gehabt, daß trotz aller Widersprüche, die die Verwendung solcher Preise hervorruft, die Notwendigkeit eines gesellschaftlich-ökonomischen Kalküls, in seinem eigentlichen Sinn, kaum verspürt worden ist.

In äußerst zweideutiger und widersprüchlicher Gestalt kam diese Notwendigkeit vor einigen Jahren in der Sowjetunion zum Vorschein; zum Beispiel in den von W. S. Nemtschinow und W. W. Nowoschilow unternommenen Versuchen eines »ökonomischen Kalküls«[10].

Die Versuche dieser Ökonomen sind zweideutig, denn sie legen nicht den Unterschied fest zwischen »ökonomischem« und »monetärem« Kalkül. Sie sind widersprüchlich, denn sie versuchen, die beiden »Kalkül«arten miteinander zu kombinieren. Trotzdem stellen sie einen Ausgangspunkt für jede Überlegung zu diesem Thema dar, sofern man der Tatsache Rechnung trägt, daß diese Versuche von ideologi-

---

[10] Vgl. V. V. Nowoschilow: *Mesures des dépenses (de production) et de leurs résultats en économie socialiste.* In: Rationalité et calcul économique en U. R. S. S., I. S. E. A. Februar 1964, S. 43–292. Man findet in diesem Band auch Hinweise auf Arbeiten von V. S. Nemtschinow und L. W. Katorowitsch; das Werk des letztgenannten *»Calcul économique et utilisation des ressources«*, ist ins Französische übersetzt worden. Dunod, 1963.

schen, nicht wissenschaftlichen Vorstellungen angesteckt und darüber hinaus von der Entwicklung der Warenverhältnisse in der Sowjetunion und anderen »sozialistischen« Ländern erstickt worden sind. Diese Entwicklung hat der Illusion neuen Auftrieb gegeben, daß die Marktpreise einem wirklichen ökonomischen Kalkül als Grundlage dienen könnten.

Anmerkung:
Es geht in der Tat um eine Illusion, den ökonomischen Kalkül gibt es nur, wenn es eine Vorherrschaft ökonomischer Größen durch den Kalkül, das heißt eine theoretische Kenntnis dieser Größen gibt. Nun ist ein Kalkül, der in Preisen durchgeführt wird, blind für das, worauf er beruht; deshalb behandelt er Rechengrößen, als seien sie unmittelbar ökonomische Größen. Auf diese Weise führt man, nach einer bereits getroffenen Unterscheidung, unter dem Namen des »ökonomischen Kalküls« bloße monetäre und finanzielle Kalküle durch. Auf diese Art kann man sicherlich die monetären Kosten eines gewissen Produkts oder eines gewissen Produktenkomplexes berechnen; man kann auch berechnen, wie (mit Hilfe gewisser Hypothesen) diese monetären Kosten auf ein Minimum zu beschränken sind; man kann gleichermaßen Berechnungen durchführen, die darauf abzielen, den von einer Investition gegebener Höhe zu erwartenden monetären Profit zu maximieren (unter diesen oder jenen Bedingungen, zu denen die gehören, die mit dem Preissystem und folglich auch den Löhnen verbunden sind). Solche Berechnungen sind sehr wichtig (ja wesentlich) für die Agenten des Kapitals, denn sie betreffen die Verwertung der investierten Fonds; sie liefern aber keine Erkenntnis über die Erfordernisse der Entwicklung sozialistischer Produktionsverhältnisse und über die Verbesserung der Arbeits- und Existenzbedingungen der Arbeiter. Es bedurfte des naiven Scharfsinns von Nationalökonomen und Ökonometrikern, um sich einzubilden, monetäre Kalküle könnten zu anderen »Schlüssen« führen als zu solchen, die sich auf die Kapital»verwertung« beziehen, vor allem um den illusorischen Anspruch zu erheben, aus ihnen die Mittel zur Bestimmung eines »ökonomischen Optimums« gewinnen zu können. Diese Bezeichnung kann im übrigen nur einen äußerst unbestimmten Inhalt haben, solange widersprüchliche wirtschaftliche Interessen vorhanden sind: bestenfalls kann sie das System produktiver Kombinationen bezeichnen, das innerhalb einer gegebenen Struktur der Preise, Löhne und Techniken ermöglichen würde, den globalen Mehrwert zu maximieren, den das Kapital aus der Ausbeutung der Arbeitskräfte ziehen kann.

Das hier erwähnte Problem umfaßt in Wirklichkeit zahlreiche Implikationen. Auf praktischer Ebene bedeutet es, daß in den Übergangsgesellschaften, so wie sie bis jetzt funktioniert haben, historisch gegebene Marktpreise existieren. Mit Hilfe dieser zwar fortlaufend nach den verschiedenen Erfordernissen geänderten, jedoch nicht als zusammenhängendes und spezifisches System »gedachten« und ausgearbeiteten Preise wurden bisher und werden immer noch in großem Maße diese »ökonomischen Berechnungen« durchgeführt, die – wir haben es bereits gesagt – in Wirklichkeit nur monetäre Berechnungen sind.

Anmerkung:
Ein sehr wichtiges Problem ist offenbar das folgende: welches sind die objektiven Gesetze, die die effektiven Preise und damit auch die Preisverhältnisse in den Übergangsgesellschaften bestimmen? Bei dem jetzigen Stand der Theorie ist es kaum möglich, auf diese Frage eine Antwort zu geben, und zwar im wesentlichen aus zwei Gründen:
a) In diesen Gesellschaftsformationen hängen die effektiven Preisverhältnisse nicht unmittelbar von der ökonomischen Ebene allein ab, sie sind wenigstens zum Teil unmittelbar durch die politische Ebene und, allgemeiner gesagt, durch die Politik, das heißt durch den Klassenkampf bestimmt.
Im Konkurrenzkapitalismus dagegen wird das Preisniveau unmittelbar durch die ökonomische Ebene determiniert, was besagt, daß die anderen Ebenen, die ideologische und die politische, im allgemeinen nur mittelbar und versteckt unter der Erscheinungsform »objektiver ökonomischer Gesetze« wirken, die um so leichter als »unumgänglich« »gedacht« werden können, als die gesellschaftlichen und politischen Zwänge, die sie, über die ökonomische Ebene vermittelt, ausüben, nicht als solche hervortreten.
Unter den Bedingungen des Monopolkapitalismus greift die politische Ebene viel direkter und sichtbarer in die effektiven Preisverhältnisse ein, indes sind diese, wenigstens dem Anschein nach, noch im wesentlichen durch die ökonomische Ebene determiniert.
Folglich, während es also scheint, daß man in den kapitalistischen Gesellschaftsformationen das Preissystem als grundlegend durch »ökonomische Gesetze« determiniert »denken« kann, ist dies in den Gesellschaftsformationen im Übergang zwischen Kapitalismus und Sozialismus nicht mehr möglich. Hier hängen die objektiven Gesetze, die die Preise determinieren, sichtbar sowohl von der ökonomischen als auch von der politischen Ebene ab, und die Intervention dieser Ebene zeigt sich besonders in der Festsetzung »ökonomischer Ziele«, die im allgemeinen von einer »Preispolitik« begleitet sein müssen.
b) Aus dem Gesagten geht hervor, daß in den Übergangsgesellschaften, in denen ein mehr oder weniger großer Teil der Preise entweder geplant oder zumindest administrativ »festgesetzt« wird, die

Preise von »Entscheidungen« der Planungsbehörden abzuhängen scheinen, da diese die historisch gebundenen Preise modifizieren. Indessen, wenn diese Entscheidungen gleichermaßen mit den Erfordernissen der Reproduktion wie mit den Planzielen (auf allen Ebenen, also auch auf der Ebene der strategischen Klassenziele) vereinbar sein sollen, können sie auf die Dauer nicht »willkürlich« sein. Die auf solchen Entscheidungen lastenden »Zwänge« bringen also objektive Gesetze zum Ausdruck, die gleichzeitig die der ökonomischen und unmittelbar die der politischen Ebene sind. Die Preise sind folglich auch durch objektive gesellschaftliche Gesetze determiniert. Die Tatsache, daß diese Gesetze die Preise mittels »Entscheidungen« bestimmen, darf genausowenig über ihren objektiven Charakter hinwegtäuschen wie die Tatsache, daß in der kapitalistischen Wirtschaft dem Anschein nach nie objektive Gesetze die Preise festsetzen, sondern die »Verkäufer« und die »Käufer«[11].

Da jedoch im letzteren Fall der Druck der objektiven Gesetze unmittelbar auf der ökonomischen Ebene für den Käufer oder Verkäufer spürbar wird, resultiert die Bezeichnung von »Preisen, die durch den Markt« oder »durch die Konkurrenz determiniert sind«, aus der geläufigen »ökonomischen Praxis«. Diese Bezeichnung ist offensichtlich illusorisch, denn der Markt determiniert nichts, er ist lediglich der fiktive Ort, wo sich die Erfordernisse des Wertgesetzes und folglich auch die der erweiterten Reproduktion der materiellen und gesellschaftlichen Produktionsbedingungen durchsetzen, also der fiktive Ort, wo gegebenenfalls die Praktiken der Wirtschaftsagenten, sofern sie mit den Erfordernissen der erweiterten Reproduktion nicht übereinstimmen, mit Sanktionen belegt werden.

In den Übergangsökonomien ist die Illusion des »preisbestimmenden« Marktes teilweise verschwunden, insoweit die Warenverhältnisse nicht vorherrschend sind; damit ist auch die Erscheinung der »Sanktionen« verschwunden, die der »Markt« den ökonomischen Agenten aufzuerlegen scheint, deren Praktiken nicht vereinbar sind mit den Erfordernissen der erweiterten Reproduktion und den Planzielen. In diesem Fall führt die Nichtbeachtung, wenn sie sich in Form »schlechtgeplanter Preise« darstellt, zu Auswirkungen (auf Grund der Natur der Produktionsverhältnisse, also der Formen gesellschaftlichen, kollektiven oder staatlichen Eigentums an den Produktionsmitteln), die schwer übersehbar sind und unter Umständen mit Verzögerungen »spürbar« werden. – Der diffuse Charakter

---

[11] Eben dieses Problem der »Überdeckung« (recouvrement) der Auswirkungen objektiver Gesetze durch »Entscheidungen« wirft E. Preobaschenski in seinem Buch »La nouvelle économique«. E.D.I., Paris 1966, besonders auf S. 56 auf.

dieser Auswirkungen, hervorgerufen durch die im Widerspruch zu den Planzielen (das heißt im Widerspruch zu den politischen Zielen selbst) festgelegten Preise, bedeutet insbesondere, daß diese Auswirkungen sich nicht unbedingt auf der Ebene der Produktionseinheiten oder auch nur in einigen von ihnen bemerkbar machen; sie können sich bemerkbar machen und tun es im allgemeinen auf der Ebene der Gesellschaft im Ganzen, etwa in Form einer Verschärfung der Klassengegensätze oder in Form von Gleichgewichtsstörungen bei der Entwicklung der verschiedenen Wirtschaftszweige oder als Verlangsamung des Fortschritts der Produktivkräfte usw.

Diese empirische Praxis ist möglich gewesen, weil die Warenkategorien tatsächlich fortbestanden und einen genügend starken Druck ausübten, um ein System von Preisen aufzuzwingen, das relativ eng sowohl mit den objektiven Erfordernissen der erweiterten Reproduktion, so wie sie sich durch den Warenaustausch manifestieren, als auch mit einem Komplex von »Zielen« in »Einklang« war, die, wenigstens zum Teil, ebenfalls von diesen Tauschvorgängen abhängen. Aus eben demselben Grund konnte es den Anschein haben, daß der monetäre Kalkül nicht in Widerspruch trat zu den Ansätzen von ökonomischem Kalkül, die eine Rolle spielen konnten. Weil der Markt und die Warenkategorien weiterfunktionierten, hat sich das Gefühl für die Notwendigkeit, den theoretischen Rahmen für einen marktunabhängigen Kalkül zu erstellen, der gleichzeitig gesellschaftliche Erfordernisse und den gesellschaftlichen Nutzen zum Ausdruck bringt, bisher noch kaum bemerkbar gemacht. Sicherlich wird mit der wachsenden Vergesellschaftung der Produktivkräfte[12] diese Notwendigkeit immer stärker sichtbar werden, denn

---

[12] Der Begriff der »Vergesellschaftung der Produktivkräfte« muß offenbar weiter entwickelt werden, denn es bestehen zweifellos mehrere »Typen der Vergesellschaftung«, insbesondere eine kapitalistische und eine sozialistische Vergesellschaftung der Produktivkräfte. Jedoch neigt sogar die kapitalistische Vergesellschaftung der Produktivkräfte dazu, die Rolle der unmittelbaren Arbeit in der Produktion von Gebrauchswerten zu reduzieren und die Rolle der »allgemeinen Arbeit« zu vergrößern, die weder unter den gleichen Bedingungen »gemessen« werden kann wie die unmittelbare Arbeit, noch demselben Typus von Warenverhältnissen unterworfen werden kann wie die letztgenannte. Eben dies deutet Marx in folgendem Text an: »In demselben Maße wie die Arbeitszeit – das bloße Quantum Arbeit – durch das Kapital als einzig bestimmendes Element gesetzt wird, in demselben Maße verschwindet die unmittelbare Arbeit und ihre Quantität als das bestimmende Prinzip der Produktion – der Schöpfung von Gebrauchswerten – und wird sowohl quantitativ zu einer geringen Proportion herabgesetzt, die qualitativ als ein zwar unentbehrliches, aber subalternes Moment gegen die allgemeine wissenschaftliche Arbeit, technologische Anwendung der Naturwissenschaf-

die objektiven Bedingungen für das Funktionieren der Warenkategorien verkümmern in Bereichen der Wirtschaft[13], so daß die Bezugspunkte, die das Funktionieren des Marktes (auch das kontrollierte) lieferte, ebenfalls verschwinden und die Marktpreise, selbst wenn sie mehr oder weniger modifiziert sind, nicht mehr »brauchbar« sind, zum Beispiel weil die Schlüsse, zu denen man durch Kalküle unter Zugrundelegung dieser Preise gelangt, im Widerspruch zu den Erfordernissen der Gesamtentwicklung der Gesellschaftsformation stehen.

Die eben erwähnten Widersprüche können dermaßen »sichtbar« sein, daß man sich, ohne irgendeine Theorie zu benötigen, zwangsläufig weigern muß, die Kalküle in Marktpreisen oder aus dem Markt abgeleiteten Preisen in Betracht zu ziehen, weil es offenkundig ist, daß sie nicht die geringste praktische Bedeutung haben.

Daher hat die Tatsache, daß die Produkte bestimmter Tätigkeiten gesamtgesellschaftliche Wirkungen haben (etwa die Tätigkeiten auf dem Gebiet der Ausbildung, der wissenschaftlichen Forschung, des Gesundheitswesens und, darüber hinaus, mehr und mehr die verschiedenen Produktionszweige, deren Entwicklung die allgemeinen Produktions- und Konsumtionsbedingungen tiefgreifend verändert, wie Transportwesen, Elektrizität, Elektronik usw.), zur Folge, daß der »Preis«, mit dem die Produkte dieser Tätigkeiten auf einem Markt verkauft werden können (selbst wenn einige von ihnen tatsächlich verkauft werden), seiner Bedeutung sichtbar beraubt ist.

Dieser »Bedeutungsschwund« der Preise, zu denen bestimmte Produkte auf einem Markt verkauft werden können oder könnten, betrifft die kapitalistische Produktion selbst, was heißen soll, daß von einem gewissen Grad der Vergesellschaftung der Produktivkräfte an der »Preismechanismus« für einen Teilbereich der kapitalistischen Produktion nicht mehr funktionieren kann, daher die Entwicklung »unrentabler Produktionen«, der Subventionspolitik usw. und der Rückgriff auf monetäre Kalküle, die andere Preise zur Wirkung bringen als die Marktpreise.

Jedoch ist im Rahmen der kapitalistischen Produktionsweise das

---

ten nach der einen Seite, wie [gegen die] aus der gesellschaftlichen Gliederung in der Gesamtproduktion hervorgehende allgemeine Produktivkraft ... Das Kapital arbeitet so an seiner eigenen Auflösung als die Produktion beherrschende Form.« *Grundrisse der Kritik der politischen Ökonomie*. Dietz-Verlag, Berlin 1953, S. 587 f.

[13] Die Interdependenz verschiedener Wirtschaftssektoren macht es zum Beispiel unmöglich, die Kosten, mit denen ein Sektor arbeitet, als unabhängig von den Kosten der anderen Sektoren anzusehen und damit auch unabhängig von den Rückwirkungen der Aktivität dieses Sektors auf die anderen.

Preissystem mit einer solchen ideologischen Macht ausgestattet und vor allem erfüllt es bei der Verteilung des Mehrwerts und im Klassenkampf (in dem den Lohnforderungen die »Rentabilitätserfordernisse« entgegenstehen) solche Funktionen, daß die »Marktpreise« als die »normalen« Preise erscheinen und es notwendig wird zu untersuchen, was sie »sein sollen«, wenn sie nicht spontan »gegeben« sind.
In den Übergangsgesellschaften ist der Bedeutungsschwund der Marktpreise, der mit der Vergesellschaftung der Produktivkräfte einhergeht, offenbar ebenso beträchtlich wie in den kapitalistischen Gesellschaftsformationen; deshalb erscheint bei einem bestimmten Vergesellschaftungsgrad dieser Kräfte die Fortführung monetärer Kalküle nicht nur mit ideologischen Gründen zusammenzuhängen, sondern auch mit den Auswirkungen von Klassenverhältnissen; ihre Fortführung geht einher mit einer Vertiefung der Widersprüche, die dem monetären Kalkül inhärent sind.
Solange diese Widersprüche relativ schwach sind, können sie mit empirischen Mitteln überwunden werden. Anders läuft es jedoch, wenn diese Widersprüche sich vertiefen. Man muß dann entweder zu neuen theoretischen und praktischen Schritten übergehen oder auf bestimmte politische Ziele und die zu ihrer Verwirklichung erforderlichen Planverhältnisse verzichten; wohlgemerkt, ein solcher Verzicht drängt sich nicht mechanisch auf, er ist überdeterminiert (surdéterminée) durch die Auswirkungen des Klassenkampfes, das heißt durch die Anstrengungen jener gesellschaftlichen Klassen, die Interesse an der Weiterentwicklung der Warenverhältnisse haben, um eben diese aufzuzwingen.

Die subjektiven Gründe

Wie es scheint, kommen zu den objektiven (und augenblicklich dominierenden) Gründen für die Langsamkeit der im Bereich des gesellschaftlich-ökonomischen Kalküls erzielten Fortschritte subjektive oder vielmehr ideologische Gründe hinzu, die wenigstens zwei wesentliche Aspekte darbieten:
1. Der erste Aspekt ist der, daß die Marxsche Werttheorie auf der radikalen Kritik an jeder Erklärung des Tauschwerts durch den »Gebrauchswert« aufbaut. Nun haben viele marxistische Ökonomen geglaubt, aus dieser Kritik den Schluß ziehen zu können, daß der ökonomische Kalkül von dem Gebrauchswert »abstrahieren« könne oder müsse, was genau deshalb unhaltbar ist, weil der ökonomische Kalkül sich in einem anderen Raum entwickelt als in dem des Wertes oder der Preise.
2. Der zweite Aspekt dieser »ideologischen Schwierigkeiten« ist

gleicher Natur: seit dem Ende des 19. Jahrhunderts mußten die marxistischen Ökonomen die Theorien über den Grenznutzen einer systematischen und, wegen der ideologischen Prämissen dieser Theorien, wissenschaftlich unentbehrlichen Kritik unterziehen. Diese Kritik zielte auf den Gebrauch, den die Verfechter der subjektiven Werttheorien von der »Grenzberechnung« (»calcul à la marge«) machten. Auch hier ergab sich ein doppeltes Abgleiten (double glissement): einerseits wollte man an bestimmten Formen des gesellschaftlich-ökonomischen Kalküls eine Kritik anbringen, die auf der Ebene der Werttheorie begründet war; andererseits hat man die gegen den »Marginalismus« vorgebrachte Kritik auf jede »Grenz«berechnung »verallgemeinert«. Dieses letztere »Abgleiten« kann nur in eine Sackgasse führen, denn die »Grenz«berechnung ist nichts anderes als der Differentialkalkül (calcul différentiel), auf den man unmöglich verzichten kann. Marx selbst hat übrigens in der Theorie über die Grundrente bestimmte Bedingungen angegeben, unter denen dieser Kalkül vorgenommen werden muß.

b) Die »Einfachheit« der Kalküle

Im zu Anfang des Buchs zitierten Text insistiert Engels darauf, daß sich die Probleme der Aufstellung des Plans »sehr einfach« ohne Dazwischenkunft des »Werts« regeln werden.
Diese Formulierung darf nicht täuschen. Es stimmt, daß die Eliminierung der Wertform – die Produktionsverhältnisse als Verhältnisse zwischen Dingen erscheinen läßt – erlaubt, die Probleme viel direkter zu regeln, als es über die Warenkategorien möglich ist; aber diese geringe Schwierigkeit und daher größere »Einfachheit« bedeutet nicht, daß die für die Ausarbeitung eines Plans notwendigen Operationen »leicht« zu bewerkstelligen wären.
Ohne die folgenden Entwicklungen vorwegnehmen zu wollen, ist es doch nützlich, daran zu erinnern, daß die Vergesellschaftung der Produktivkräfte, die schon für die kapitalistische Wirtschaft charakteristisch ist, zur Folge hat, daß fast jedes Produkt das Resultat der Arbeit der Gesamtgesellschaft ist und nicht nur die Arbeit desjenigen (Arbeiters oder Arbeiterkollektivs), der es materiell »hergestellt« hat, also der »Hände«, aus denen das Produkt »hervorgegangen« ist. In der Tat bearbeitet der »letzte Arbeiter« Gegenstände, die selbst schon von vielen anderen Arbeitern umgeformt worden sind. Diese Arbeit impliziert folglich das Zusammenwirken einer erheblichen Anzahl anderer Arbeiten (für die Lieferung der Arbeitsgegenstände, der Arbeitsmittel und der Hilfsmittel), die in einer hochkomplizierten gesellschaftlichen Organisation kombiniert

werden.¹⁴ Darüber hinaus ist es in den modernen Großunternehmen, wie etwa in der chemischen Großindustrie, im allgemeinen nicht möglich, die für eine besondere Produktion benötigte Arbeitszeit isoliert zu ermitteln. Die Mehrzahl der Produktionen sind das Werk von Arbeitskollektiven, die gleichzeitig eine Vielzahl verschiedener Produkte herstellen, so daß die Arbeitszeitrechnung für jedes dieser Produkte nicht »direkt gemessen« werden kann, daß sie vielmehr einer Analyse und einer Reihe komplexer Operationen bedarf.

Zum gegenwärtigen Zeitpunkt ist die Mehrzahl der Produkte das Ergebnis äußerst verschiedenartiger Tätigkeiten: Rohstoffindustrie, Energiewirtschaft, chemische Industrie, Transportwesen, Eisen- und Stahlindustrie, Maschinenbau usw. Deshalb ist das Problem der »Zuordnung« des Arbeitsquantums zu einem bestimmten Produkt (»l'imputation« à un produit déterminé) oder einer bestimmten Kategorie von Produkten, zu deren Herstellung dieses Arbeitsquantum aufgewendet wurde, verbunden mit einer großen Anzahl anderer Produkte, weit davon entfernt, lösbar zu sein.

In einer »Marktwirtschaft« braucht dieses Problem übrigens nicht gelöst zu werden. Dort hat jedes Produkt einen Preis, und obwohl dieser (in letzter Instanz und über einer Reihe von Schwankungen und Umwandlungen) durch die zu seiner Herstellung gesellschaftlich notwendige Arbeitszeit bestimmt ist, braucht niemand diese Zeit zu berechnen. Die »Regulierung« des Preises durch die Arbeitszeit ist das Ergebnis eines komplexen gesellschaftlichen Entwicklungsprozesses. Sie setzt sich in einem intensiven Kampf gegen die Marktschwankungen durch. Die einzige Sache, die jeden Kapitalisten beschäftigt, ist das Verhältnis zwischen seinem Kostpreis (der Gesamtsumme der monetären Ausgaben)¹⁵ und seinem Verkaufspreis. Nur die theoretische Analyse macht verständlich, daß es die gesellschaftlich notwendige Arbeitszeit ist, die letztlich die Preise regelt. Aber wenn die theoretische Analyse es auch erlaubt, den Begriff der »gesellschaftlich notwendigen Arbeitszeit« zu formulieren, so erlaubt dieser theoretische Begriff selbst noch nicht, diese Zeit empirisch zu messen.

Wenn das zur Herstellung jeder Kategorie von Produkten gesellschaftlich notwendige Arbeitsquantum einzeln genommen nicht unmittelbar »festgestellt« werden kann, so liegt das vor allem daran, daß die Ermittlung dieses Quantums nicht nur spezielle »Rechentechniken« erfordert (besonders durch die Anwendung von Analysen, die auf Tabellen intersektorieller Beziehungen beruhen); es

---

¹⁴ Zu diesem Punkt siehe das Marx-Zitat in der Anmerkung 12.
¹⁵ Was übrigens selbst schwierig zu berechnen ist, sobald es sich um komplexe und verflochtene Produktionen handelt.

liegt schließlich und vor allem daran, daß diese Ermittlung die genaue Ausarbeitung des Begriffs »gesellschaftlich notwendiges Arbeitsquantum« in der kapitalistischen Gesellschaft und in den Übergangsformationen zum Sozialismus erforderlich macht.
Während sich dieser Begriff von der »gesellschaftlich notwendigen Arbeitszeit« tatsächlich in der kapitalistischen Produktionsweise auf die Bedingungen der Extraktion von Mehrwert und seiner Verteilung auf die einzelnen Anteile des gesellschaftlichen Kapitals bezieht, verweist er unter den Bedingungen der Vorherrschaft sozialistischer Produktionsverhältnisse auf wesentlich anderes: auf die »gesellschaftlichen Nutzeffekte« der verschiedenen Arbeiten; nun aber werden diese »gesellschaftlichen Nutzeffekte« nicht mehr wie in der kapitalistischen Produktionsweise von den Erfordernissen der erweiterten Reproduktion des Kapitals bestimmt, sondern von den Erfordernissen einer wachsenden gesellschaftlichen Herrschaft der Produzenten über die Bedingungen ihrer Produktion und Konsumtion. Nur also, wenn man von einer Umformung des Begriffs des »gesellschaftlich notwendigen Arbeitsquantums« ausgeht, wird man Messungsverfahren für diese Größe definieren können. Zum gegenwärtigen Zeitpunkt ist dieses Problem noch weit von einer Lösung entfernt. Es ist vielleicht nützlich, noch einmal zu unterstreichen, daß die Lösung dieses Problems die Verwirklichung objektiver Bedingungen voraussetzt, nämlich eine wirkliche Vorherrschaft sozialistischer Produktionsverhältnisse über die Verhältnisse der Warenproduktion, und das heißt, einen ausreichenden Transformationsgrad der Übergangsgesellschaften.
Die Tatsache, daß das Problem der Messung der gesellschaftlich notwendigen Arbeitszeit noch nicht auf strenge Weise gelöst ist, hindert die Planwirtschaft nicht daran, tatsächlich zu funktionieren, denn genau gesagt setzt dieses Funktionieren einen weitgehenden Rückgriff auf »Kalküle« voraus, die mit Hilfe von Warenkategorien durchgeführt werden, das heißt auf einen monetären Kalkül (den ich auch »indirekten ökonomischen Kalkül« genannt habe). In Anbetracht dessen darf nicht vergessen werden, daß ein derartiger »Kalkül« kein wirklich ökonomischer Kalkül ist und daher nur indirekte und begrenzte Anhaltspunkte über den gesellschaftlichen Nutzen dieser oder jener Tätigkeit und Produktion oder dieser oder jener Investition liefert; vergißt man das, so kann das zu schweren »Irrtümern« führen.[16] An anderer Stelle wird man sehen, was sich aus diesem Stand der Dinge für die ökonomische Planung ergibt.

---

[16] Daß selbstverständlich diese »Fehler« gemacht werden, kann ganz bestimmten Klasseninteressen dienlich sein und bleibt nicht ohne Folgen für die Reproduktion dieser Fehler.

4. Gesamtüberblick über die Hemmnisse beim gesellschaftlich-ökonomischen Kalkül

Die vorangehenden Bemerkungen lassen erkennen, daß in der Übergangsperiode – oder zumindest in einer ihrer ersten Phasen – zwei Arten von Hemmnissen bei der Entwicklung eines gesellschaftlich-ökonomischen Kalküls, so wie er von Engels vorgesehen war, auftreten.

Die erste und grundlegendste Art von Hemmnissen hängt mit der noch relativ schwachen Entwicklung der sozialistischen Produktionsverhältnisse und der ihnen entsprechenden Produktivkräfte zusammen und daher auch mit der Ungleichheit dieser Kräfte sowie mit der Existenz eines kapitalistischen Weltmarktes.[17] Diese Situation hat zur Folge, was als »Überleben« der Wertform bezeichnet wurde. Es handelt sich also nicht um ein »Überleben«, sondern um ein Vorhandensein, um das Vorhandensein bestimmter Produktionsverhältnisse, die wir später analysieren werden. Die zweite Art von Hemmnissen spielt eine untergeordnete Rolle; sie ist mit der unzureichenden inhaltlichen Ausarbeitung des ökonomischen Kalküls verknüpft. Gewiß, die Grundsätze dieses Kalküls und der Platz, den er in der entwickelten sozialistischen Gesellschaft einnehmen soll, sind uns gegeben (besonders im oben kommentierten Text), aber – wie wir eben gesehen haben – der genaue Inhalt dieses Kalküls bleibt zum Teil noch zu definieren.

Zu der Zeit, als Engels den zitierten Text schrieb, konnte es ihm nicht darum gehen, über die Formulierung von Prinzipien hinauszugehen, denn er hat sich, und das mit Recht, immer geweigert, die »Fleischtöpfe der Zukunft zu kochen«.

Von den beiden Kategorien von Hemmnissen, die der Entwicklung eines gesellschaftlich-ökonomischen Kalküls entgegenstehen, ist die zweite, wie wir schon feststellten, der ersten streng untergeordnet; sie ist, auf der Ebene der Erkenntnis, die Folge der ersten. Das bedeutet offensichtlich nicht, daß nur das vollständige Verschwinden

---

[17] Das, was hier einfach aufgezählt wird, wird zum Teil später ausführlicher entwickelt werden. Die Analyse des Einflusses, der durch die Existenz eines kapitalistischen Weltmarktes ausgeübt wird (es handelt sich hier um eines der wichtigsten Hindernisse, die der vollen Entfaltung sozialistischer Produktionsverhältnisse im Wege stehen), kann hier jedoch nicht unternommen werden, denn das würde zu langwierige Ausführungen erfordern, die uns von den zentralen Problemen dieses Textes fortführen würden. Andeutungsweise können wir jedoch sagen: solange ein kapitalistischer Weltmarkt besteht, *durchdringen die kapitalistischen Verhältnisse auf Weltebene* den Produktionsprozeß der Übergangsgesellschaften, was eine Reihe von Auswirkungen mit sich bringt, auch auf der Ebene des ökonomischen Kalküls.

der objektiven Hemmnisse der vollen Entwicklung des gesellschaftlich-ökonomischen Kalküls gestatten wird, den Inhalt dieses Kalküls zu präzisieren. In der Tat gestattet die Entwicklung der Übergangsgesellschaften und sogar ihre »Rückschläge«, das Problem des ökonomischen Kalküls heute mit größerer Genauigkeit als früher zu stellen, und folglich, mit der Definition seiner Problematik einen Anfang zu machen.

Wenn es sich so verhält, dann läßt sich von jetzt an, wie schon verschiedentlich bemerkt, in der Praxis eine innige Vermischung zweier Arten von Kalkülen, eines monetären und eines nichtmonetären, beobachten. Der letztere befindet sich erst in seinen Anfängen, aber diese reichen schon dazu aus, daß die theoretische Analyse sich seiner bemächtigen kann, um seinen Inhalt und seine spezifischen Formen zu präzisieren.

Beim Versuch, diese Analyse (die hier nur umrissen ist) richtig durchzuführen, müssen wir die beiden Arten von Kalkülen, wie sie in den heutigen Übergangsgesellschaften auftreten, genauer prüfen. Wir werden sehen, welche Beziehungen zwischen ihnen bestehen und durch welche Unterschiede sie voneinander getrennt sind; aber die erste Frage, die wir prüfen müssen, ist die Frage nach den Produktionsverhältnissen, deren Bestehen durch das Vorhandensein der Warenkategorien angezeigt wird.

II. Das »Vorhandensein« der Warenkategorien

Zweiter Teil:
Staatseigentum, Unternehmen und Planung

III. Planung und Vorherrschaft des Staatseigentums

Die Vorherrschaft (prédominance) des Staatseigentums über den Besitz der ökonomischen Einheiten wird im wesentlichen ausgeübt durch einen Wirtschaftsplan imperativen Charakters. Dieser ist daher das Hauptinstrument der gesellschaftlichen Leitung der Ökonomie.

Ein solcher Plan bestimmt den Entwicklungsrhythmus der verschiedenen wirtschaftlichen und gesellschaftlichen Aktivitäten und damit die verschiedenen Produktionen und ihre Verwendung, insbesondere die Verteilung ihrer Produkte zwischen Akkumulation und unproduktiver Konsumtion. Ebenso ermöglicht er, die Umformung der Produktionsverhältnisse und der Produktivkräfte zu meistern. Innerhalb der Grenzen der bestehenden Produktivkräfte bestimmt ein derartiger Plan die Natur der in den technischen und ökonomischen Einheiten ausgeführten Arbeits- und Produktionsprozesse sowie einen Teil der Beziehungen zwischen diesen Einheiten.

Anmerkung:
Wenn dies nicht der Fall ist, wenn die Arbeitsprozesse und Produktionsprozesse nicht grundlegend vom Plan bestimmt werden, dann verwandelt sich der Besitz, den die technischen und ökonomischen Einheiten über ihre Produktionsmittel ausüben, in Eigentum im Sinne eines tatsächlichen Produktionsverhältnisses. (Eine solche Entwicklung hat die jugoslawische Wirtschaft durchgemacht.) Eine derartige Umformung schließt nicht aus, daß eine Art indikativer Planung oder eine Art »Lenkung« (guidage) der Wirtschaft angewandt wird; diese spielen aber dann nur eine zweitrangige Rolle, denn in diesem Fall ist es das Wertgesetz, das die entscheidenden Regulierungsfunktionen ausübt. Wir werden auf diese Frage zurückkommen.

Wenn der Wirtschaftsplan imstande ist, wirksam einen Teil der Beziehungen zwischen den ökonomischen Produktionseinheiten zu bestimmen, dann – wie oben angedeutet – eben deshalb, weil diese nicht ausschließlich die Fähigkeit besitzen, wirtschaftliche Beziehungen untereinander herzustellen, und zwar infolge der Dualität von Eigentum und Besitz, die kennzeichnend ist für einen bestimmten »Stand« der Produktivkräfte und Produktionsverhältnisse.
Aus dieser Dualität entsteht die Möglichkeit und, unter dem Gesichtspunkt der Entwicklung der Gesellschaftsformation zum Sozialismus, die Notwendigkeit einer Intervention der Planungsinstanzen auch auf der Ebene der Beziehungen zwischen den ökonomischen Produktionseinheiten.
Die Modalitäten einer solchen Intervention können außerordentlich variabel sein. Sie sind gleichzeitig von der Struktur der ökonomischen Ebene und von der Natur der herrschenden ideologischen Verhältnisse bestimmt. Die Verbindung dieser Verhältnisse und die Widersprüche, die sich zwischen ihnen entwickeln, bestimmen eine Periodisierung des Übergangs, die nicht die Gestalt einer linearen Entwicklung hat.

Auf der ökonomischen Ebene entwickelt sich die Verfügungsgewalt, die das Staatseigentum darstellt, in dem Maße, wie sich eine regelmäßigere und besser vorausbestimmbare Artikulation der von den verschiedenen ökonomischen Einheiten kontrollierten Produktionsprozesse durchsetzt. Eine solche Entwicklung erlaubt es gesellschaftlichen Institutionen, die sich von den ökonomischen Einheiten unterscheiden (und die zuerst die Form »staatlicher Organismen« annehmen), Beziehungen zwischen diesen Einheiten herzustellen und deren Nutzen unter dem Gesichtspunkt der ökonomischen, gesellschaftlichen und politischen Entwicklung zu kontrollieren.

Auf diese Weise kann die Planung konkret auf der operativen Ebene eingreifen, und nicht bloß auf abstrakte und allgemeine Weise, und zwar vermittels der Handhabung »ökonomischer Hebel« (Preise, Geldinvestitionen usw.). Eine solche Intervention trägt unmittelbar zur fortschreitenden Eliminierung der Wertform und zur Reduzierung des Wirkungsbereichs des Wertgesetzes bei.

Die gesellschaftlichen Institutionen, die auf diese Weise intervenieren können, stellen einen Teil der »Planungsorganismen« dar, und zwar denjenigen Teil, der auf der operativen Ebene eingreift. Solche Organismen können die Schaltstationen eines zentralen Planungsorganes sein.

Die verschiedenen Planungsorgane und -organismen können ihre Funktion nur dann sinnvoll erfüllen, wenn sie in der Lage sind, die grundlegenden Prozesse zu verstehen, die sich innerhalb der ökonomischen Einheiten vollziehen. Sie müssen in der Lage sein, mögliche Veränderungen, die an diesen Prozessen und an ihrer Kombinationsweise vorgenommen werden können, zu beurteilen und die von den verschiedenen Kombinationen zu erwartenden gesellschaftlichen Resultate abzuschätzen (wenn möglich in quantitativen Begriffen, sie also zu berechnen). Diese Organismen spielen also die Rolle von »Zentren der Berechnung und der gesellschaftlichen Verteilung der Arbeiten und Produkte«.

Mit fortschreitender Vergesellschaftung der Produktivkräfte und zunehmender Herrschaft der sozialistischen Produktionsverhältnisse kann die Fähigkeit, auf gesellschaftlich nützliche Weise Beziehungen zwischen den (technischen und wirtschaftlichen) Einheiten herzustellen, immer auf der Ebene der Planungsorgane konzentriert werden, die eng mit den verschiedenen Arbeitskollektiven verbunden sind, was einem tatsächlichen Fortschritt der gesellschaftlichen Aneignung entspricht.

1. Die Verhältnisse zwischen Politik und ökonomischer Ebene in den Gesellschaftsformationen im Übergang zwischen Kapitalismus und Sozialismus

Die Gestalt der Dualität Eigentum/Besitz hat eine andere strukturale Auswirkung (effet structural) von äußerster Wichtigkeit zur Folge, der wir uns nun zuwenden müssen: die Auswirkung der Herrschaft der Politik über die ökonomische Ebene.[18]
Infolge dieser Herrschaft verliert die ökonomische Ebene die relative Autonomie, die sie in der kapitalistischen Produktionsweise, hauptsächlich im Stadium des Konkurrenzkapitalismus, besessen hat.

Anmerkung:
Selbstverständlich kennzeichnet die Herrschaft der Politik über die ökonomische Ebene auch die »späteren Etappen« der Entwicklung der Gesellschaftsformation auf dem Weg zu einer wirklichen gesellschaftlichen Aneignung; aber es ist und kann auch nicht Gegenstand unserer Analyse sein, die noch unbestimmbaren Formen, die diese Herrschaft annehmen kann, zu untersuchen. Unser Gegenstand ist durch die aktuellen Probleme des Übergangs gegeben. Hier läßt sich jedoch eine Bemerkung formulieren: es muß unterschieden werden zwischen der dominierenden Rolle, die die Politik auch in den »späteren Etappen« der Entwicklung der Gesellschaftsformation behält, und den Interventionen der politischen Ebene (des Staates und des Rechts), die die Tendenz haben müssen zu verschwinden. Das ist deshalb möglich, weil das Ideologische (l'idéologique) Ort einer entscheidenden politischen Praxis ist.
Innerhalb der spezifischen Struktur der Gesellschaftsformationen im Übergang zwischen Kapitalismus und Sozialismus bildet eine der Äußerungen der Auswirkung der Herrschaft der politischen Ebene die Durchführung einer Politik der Umformung der Produktionsverhältnisse und der Entwicklung der Produktivkräfte. Die abgeschlossene Form dieser Politik der Umformung der Produktionsverhältnisse ist die ökonomische Planung.

Die Herrschaft der politischen Ebene über die ökonomische bedeutet selbstverständlich nicht, daß die ökonomische Ebene nicht die in letzter Instanz determinierende bleibt. Sie bedeutet, daß die Determi-

---

[18] Vgl. hierzu L. Althusser: *L'objet du capital*. In: *Lire le Capital*, Bd. II, besonders S. 151–156; und E. Balibar: *Sur les concepts fondamentaux du matérialisme historique*. Besonders S. 212 ff. (und S. 47–52 bzw. S. 101 f., neue Ausgabe Bd. II).

nation der ökonomischen Ebene vermittelt ist durch die politische Ebene. Die Beziehungen zwischen diesen beiden Ebenen sind nicht direkt sichtbar. Das hat seinen Grund in dem spezifischen Typ von Komplexität, der für die Struktur der Gesellschaftsformationen in der Übergangsperiode kennzeichnend ist.
Wie in anderen Fällen auch, nur unter anderen Formen, produziert diese Komplexität Verschleierungs- und Umkehrungseffekte, so daß die Illusion entsteht, die sichtbare Bewegung der sinnlichen Erscheinung, die Wirklichkeit* stelle die wirkliche Bewegung* dar, also den inneren Zusammenhang der Prozesse (la connexion interne des processus).
Auch hier kann dieser Zusammenhang nur durch die Analyse erfaßt werden. Daraus wird ersichtlich, daß, solange die sichtbare Bewegung nicht richtig analysiert worden ist, auch die innere wirkliche Bewegung[19] nicht wirklich erkannt worden ist. Wenn das so ist, dann ist nur in empirischer, partieller und deshalb immer unzureichender Weise eine Unterscheidung möglich zwischen der Rolle, die der politischen Ebene zukommt oder zukommen kann, und der Rolle, die der ökonomischen Ebene zukommt oder zukommen kann.
Es ist also, genauer gesagt, unmöglich, mangels einer Analyse, die konkret auf die Gesamtheit der Gesellschaftsformation (auf ihre ökonomische, politische und ideologische Ebene) sowie auf deren Beziehungen zu anderen Gesellschaftsformationen bezogen sein müßte, die Rolle, die die verschiedenen Ebenen spielen können und müssen, klar zu erfassen. Das gilt insbesondere für die Bestimmung der Rollen, die jeweils der ökonomischen und der politischen Ebene zukommen müssen, damit sich die Gesellschaftsformation zum Sozialismus entwickelt.
So ist es also möglich, daß die spezifische Struktur der Beziehungen zwischen der politischen und der ökonomischen Ebene, wobei die Dualität Eigentum/Besitz einen wesentlichen Aspekt dieser Struktur darstellt, zwei Arten von Illusionen produziert: einerseits die »ökonomistischen« und »juristischen« (»juridistes«) Illusionen, die den »gesellschaftlichen« Charakter des Staatseigentums als ein für allemal »gegeben« ansehen und ihn als ein immer wirksames Produktionsverhältnis betrachten. Entsprechend neigen sie dazu, die

---

* Wirklichkeit, wirkliche Bewegung: im Original in Deutsch
[19] Es ist bekannt, daß Marx die Aufgabe der Wissenschaften als die der Reduktion der sichtbaren auf die innere wirkliche Bewegung genau bestimmte: »... es [ist] ein Werk der Wissenschaft, die sichtbare, bloß erscheinende Bewegung auf die innere wirkliche Bewegung zu reduzieren ...« (»*Das Kapital*«, Bd. III, S. 324).

Rolle, die der politischen Ebene zukommt, einzuschränken unter dem Vorwand, deren Interferenz mit der ökonomischen Ebene sei »willkürlich«.
Andererseits die »subjektivistischen« und »voluntaristischen« Illusionen, die die Tendenz haben, die dominierende Rolle der politischen Ebene mit einer Art in letzter Instanz determinierenden Rolle zu identifizieren. Voluntarismus sowohl wie Subjektivismus sind charakteristisch für solche Wirtschaftspläne, die nicht auf der Grundlage einer strengen sozio-ökonomischen Analyse ausgearbeitet worden sind.

Anmerkung:
Die Unzulänglichkeiten der sozio-ökonomischen Analyse beruhen selbst auf Kräfteverhältnissen der Klassen, und zwar ebenso auf der ökonomischen Ebene (etwa die Tatsache der spezifischen »Undurchsichtigkeit« von Unternehmen oder der »Verschleierungen«, für die bestimmte Produktionsagenten verantwortlich sind), wie auf der politischen und ideologischen Ebene. Das trifft besonders zu für die ideologischen Klassenstandpunkte der wirtschaftlichen und politischen Leiter.

Der Umfang, den die Entwicklung des Voluntarismus in den Gesellschaftsformationen der Übergangsperiode erreichen kann, hängt offenbar mit der dominierenden Rolle der politischen Ebene in diesen Gesellschaftsformationen zusammen.
Es kann dann von »Voluntarismus« gesprochen werden, wenn der Eingriff der politischen Ebene in die ökonomische Ebene über jene Grenzen hinausgetrieben wird, innerhalb derer ein solcher Eingriff wirkungsvoll sein, das heißt die erwarteten Auswirkungen haben kann. Diese Grenzen sind nicht ein für allemal gegeben. Sie sind abhängig von der Gesamtheit der gesellschaftlichen Verhältnisse. Sind sie überschritten worden, so wird die Intervention der politischen Ebene inadäquat; sie erzeugt teilweise andere als die beabsichtigten Wirkungen. Solche »Abweichungseffekte der politischen Aktionen« können sogar das Gegenteil des Beabsichtigten erreichen; Stagnation statt Produktionszunahme, Stagnation der Produktivität; die Beziehungen zwischen den Wirtschaftszweigen entwickeln sich dann entgegengesetzt zu den Erwartungen oder die Warenbeziehungen dehnen sich aus, statt »zurückzuweichen«, etwa in Gestalt einer »Parallelwelt«, wie man es genannt hat, die eine Verdoppelung der »offiziellen« Welt darstellt.
Wie der Ökonomismus dazu tendiert, die politische Ebene auf die ökonomische Ebene »einzuebnen«, so tendiert der »Voluntarismus« dazu, die ökonomische Ebene auf die politische Ebene zu reduzieren,

ihre Existenz, ihre Gesetze und ihre in letzter Instanz determinierende Rolle praktisch zu ignorieren.
Im Gegensatz zu einer weitverbreiteten Darstellungsweise sind der »Ökonomismus« und der »Voluntarismus« keine bloßen ideologischen »Strömungen«. Sicher sind sie auch das, aber in den Übergangsgesellschaften haben sie ihre Wurzeln in spezifischen Formen der Fetischisierung der gesellschaftlichen Verhältnisse. Der Ökonomismus hat seine Wurzeln in Illusionen, die zusammenhängen mit der Existenz der Wertform. Der Voluntarismus hat seine Wurzeln im Doppelcharakter der Staatsmacht im Verlauf der Übergangsperiode, nämlich zugleich ökonomische und politische Macht zu sein, und in der dominierenden Rolle dieser Macht.
Der Doppelcharakter der Staatsmacht bringt die Tendenz zur Fetischisierung der Staatsmacht hervor (so wie man in anderen Gesellschaftsformationen eine Fetischisierung der Verwandtschaftsbeziehungen antrifft). Solange eine strenge Analyse der wirklichen Verhältnisse fehlt, können sich die Folgen einer solchen Fetischisierung in der Führung ebenso bemerkbar machen wie in den Massen. In einem solchen Fall entwickeln sich Darstellungen (des représentations), ideologische Verhältnisse, Ambitionen usw., die sich auf eine sozialistische Entwicklung der Gesellschaftsformation außerordentlich negativ auswirken können. Der Kampf gegen Ökonomismus und Voluntarismus erfordert deshalb die Analyse der wirklichen Verhältnisse, die Aufdeckung jener Grenzen, innerhalb derer die Intervention der politischen Ebene tatsächlich wirkungsvoll ist. Diese Grenzen können, da sie nie »gegeben« sind, nur durch das wissenschaftliche Experiment herausgefunden werden, durch eine kritische Analyse der vergangenen Aktionen, durch den Kampf gegen den Subjektivismus. Dieser Kampf verlangt, daß man »aus den Irrtümern der Vergangenheit lernt, um zu vermeiden, daß sie sich wiederholen«. Das bedeutet eine ständige Arbeit der Kritik und Selbstkritik.
Die möglichen Folgen des Voluntarismus liegen natürlich nicht nur auf der Ebene der »Festsetzung von Produktions-, Investitions- oder Konsumtionszielen«. Sie können auch darin liegen, daß »Organisationsformen«, das heißt explizite Beziehungen zwischen den Agenten der Produktionsprozesse eingesetzt werden, die nicht den tatsächlichen Verhältnissen entsprechen. In diesem Fall sind die Organisationsformen mehr oder weniger unwirksam und das ökonomische System funktioniert teilweise dank der Existenz anderer Beziehungen, die von den ersteren mehr oder weniger verdeckt sind.
Es handelt sich hier um eine der Existenzformen dessen, was man »parallele Wirtschaftswelt« genannt hat.
Infolge ihrer »unerwarteten« Auswirkungen sind die inadäquaten Interventionsformen der politischen Ebene imstande, auf spätere

Interventionsformen zurückzuwirken. Wir müssen uns einen Augenblick bei dieser Frage aufhalten, insbesondere weil die so entstehenden Verdunkelungseffekte im Verlauf einer Periode den Möglichkeiten des ökonomischen und sogar des monetären Kalküls zunehmend Grenzen setzen können.

2. Die »Verdunkelungseffekte«, die mit inadäquaten Interventionsformen zusammenhängen: ein Beispiel dieser Effekte

– – –

3. Die grundlegenden ökonomischen Gesetze der Gesellschaftsformationen im Übergang zwischen Kapitalismus und Sozialismus

Eine entscheidende Auswirkung der analysierten komplexen Struktur und ganz besonders der spezifischen Wirksamkeit der politischen Ebene, die sie kennzeichnet, besteht darin, daß die Wertform sich hier manifestieren kann, ohne daß das Wertgesetz notwendigerweise als Regulator der Produktions- und Reproduktionsprozesse der kapitalistischen Verhältnisse in Erscheinung tritt. Das ist deshalb so, weil diese Regulierungstätigkeit des Wertgesetzes die Auswirkung einer Struktur ist, die durch eine bestimmte – hier nicht gegebene – Form der Einheit von Privateigentum und privater Aneignung gekennzeichnet ist. Diese Form der Einheit ist kennzeichnend für die kapitalistische Produktionsweise, und ihr entspricht die vollständige Trennung der Produzenten von ihren Produktionsmitteln. Die Struktur der Ökonomie in der Übergangsperiode zwischen Kapitalismus und Sozialismus ist im Gegensatz dazu, wie wir festgestellt haben, gekennzeichnet durch eine bestimmte Form der Nichtübereinstimmung von Eigentumsverhältnissen und Aneignungsverhältnissen. Die ersteren sind Verhältnisse »gesellschaftlichen« Eigentums, die es den Arbeitern ermöglichen, durch die Intervention der politischen Ebene über die Produktionsmittel zu herrschen. Bei den letzteren handelt es sich noch um Verhältnisse »privater« realer Aneignung insofern, als sich die Aneignung innerhalb von Zentren der Aneignung der Natur vollzieht, die voneinander getrennt sind und nur in einem fortschreitenden Prozeß durch eine tiefgreifende Umformung der materiellen und gesellschaftlichen Produktionsbedingungen vereinigt werden können.

Anmerkung:
Das ist jener notwendige Umwandlungsprozeß, den Marx mit folgenden Worten beschrieben hat:

»Die Arbeiterklasse weiß, daß sie durch verschiedene Phasen des Klassenkampfes hindurch muß. Sie weiß, daß die Ersetzung der ökonomischen Bedingungen (Hervorhebung vom Autor) der Sklaverei der Arbeit durch die Bedingungen der freien und assoziierten Arbeit nur das progressive Werk der Zeit sein kann (jene ökonomische Umgestaltung), daß sie nicht nur eine Veränderung der Verteilung erfordern, sondern auch eine neue Organisation der Produktion, oder besser die Befreiung (Freisetzung) der gesellschaftlichen Formen der Produktion in der gegenwärtigen organisierten Arbeit (erzeugt durch die gegenwärtige Industrie) von den Fesseln der Sklaverei, von ihrem gegenwärtigen Klassencharakter, und ihre harmonische nationale und internationale Koordinierung.«[20]

Eine der Äußerungen der Nichtübereinstimmung von Eigentumsverhältnissen und Aneignungsverhältnissen ist, wie wir wissen, die Überlagerung des Staatseigentums an den Produktionsmitteln[21] über den Besitz dieser Produktionsmittel durch die ökonomischen Einheiten, von denen sie eingesetzt werden, also die Dualität von Eigentum und Besitz. Aufgrund dieser Dualität können diejenigen gesellschaftlichen Institutionen, die »Träger« des Staatseigentums sind, die wichtigen Aufgaben der verschiedenen ökonomischen Einheiten und die Modalitäten ihrer Beziehungen bestimmen. Sie können dies um so besser, je weiter die notwendigen ideologischen und politischen Bedingungen verwirklicht sind – Bedingungen, die weiter oben angeführt wurden.

Anmerkung:
Die gesellschaftlichen Institutionen, die Träger des Staatseigentums sind, sind einerseits den ökonomischen Einheiten gegenüber »äußere« Institutionen (etwa die Planungsorgane, die unter der Kontrolle der politischen Macht ihre Tätigkeit ausüben) und andererseits polit-ökonomische Einheiten, die die Aktivitäten der Produktionseinheiten koordinieren, die ihnen untergeordnet sind. In dem Maße, wie die Tätigkeit dieser Produktionseinheiten auch ökonomische Einhei-

---

[20] Karl Marx: *Der Bürgerkrieg in Frankreich.* Erster Entwurf, MEW 17, S. 546.

[21] Es muß hier nochmals unterstrichen werden, daß der Ausdruck »Staatseigentum« die Verfügungsgewalt bezeichnet, die die *politische Macht* über die Produktionsmittel ausübt, und daß er nicht beinhaltet, daß diese politische Macht mit Hilfe zentralisierender Institutionen (institutions centralisatrices) ausgeübt wird. Die Pariser Kommune und die chinesischen Volkskommunen können als Beispiel für eine solche »nicht zentralisierte« Form des Staatseigentums dienen.

ten (der Produktion und der Konsumtion) einbezieht, die nicht derselben politökonomischen Einheit angehören, ist es notwendig, daß eine diesen ökonomischen Einheiten »äußere« gesellschaftliche Institution interveniert, um eine Koordinierung zum Nutzen der Gesamtheit zu gewährleisten. *Eine solche Institution ist notwendigerweise entweder eine politische oder eine ideologische Institution.*

Wenn die Bedingungen zur Bestimmung der Aufgaben der ökonomischen Einheiten durch gesellschaftliche Institutionen gegeben sind, kann das Staatseigentum als Produktionsverhältnis intervenieren. Ist dieses Verhältnis vorherrschend, so beherrscht nicht mehr das Wertgesetz die Reproduktion und die Umformung der Produktionsbedingungen, sondern ein anderes Gesetz: das Gesetz der gesellschaftlichen Regulierung der Ökonomie. Dieses Gesetz stellt die für die Ökonomie der Übergangsperiode spezifische Weise dar, in der sich das Wirken der politischen Ebene auf die ökonomische Ebene unter den Bedingungen der Existenz der Wertformen manifestiert. Es ist das spezifische Gesetz der Reproduktion und Transformation der Produktionsverhältnisse der Gesellschaftsformationen im Übergang zwischen Kapitalismus und Sozialismus.

Dieses Gesetz ist selbst das Produkt der spezifischen Komplexität der Gesellschaftsformation in der Übergangsperiode. Aufgrund dieser spezifischen Komplexität entwickeln und verbinden sich zwei voneinander verschiedene strukturale Effekte, also zwei strukturale Gesetze: das Wertgesetz und das Gesetz der gesellschaftlichen Leitung der Ökonomie. Das letztgenannte kann in der Tat so lange nicht ausschließlich wirken, bevor nicht die Existenzbedingungen der Warenverhältnisse verschwunden sind. Solange das nicht der Fall ist, das heißt solange das Wertgesetz noch über ein Wirkungsfeld verfügt, verbindet sich das Wirken dieses Gesetzes mit dem des Gesetzes der gesellschaftlichen Leitung. Der Effekt dieses Zusammenwirkens soll hier bezeichnet werden mit dem Ausdruck »Gesetz der gesellschaftlichen Regulierung der Ökonomie«.

Mit anderen Worten, in der Übergangsperiode, wo sich das Wertgesetz noch manifestiert, erscheint das Gesetz der gesellschaftlichen Leitung der Ökonomie in der modifizierten Form des Gesetzes der gesellschaftlichen Regulierung.[22] Dieses Gesetz stellt somit das Resultat des Konflikts und der Verbindung zweier antagonistischer Gesetze dar (des Wertgesetzes und des Gesetzes der gesellschaftlichen Leitung der Ökonomie).

---

[22] Es handelt sich hier um die Präzisierung einiger Thesen, die in »*La transition vers l'économie socialiste*«, Bettelheim, Paris 1968, formuliert wurden.

Anmerkung:
Es wurden schon andere Formulierungen der ökonomischen Gesetze der Übergangsperiode vorgelegt, insbesondere von Preobaschenski und Stalin in den oben zitierten Werken. Wir ziehen die hier vorgeschlagene Formulierung deshalb vor, weil sie den Konflikt, der zwischen dem Wertgesetz und dem Gesetz der gesellschaftlichen Leitung besteht, und dem Effekt des Zusammenwirkens beider Gesetze zum Vorschein bringt. Es ist nicht überflüssig daran zu erinnern, denn es scheint allgemein in Vergessenheit geraten zu sein, daß Marx in seinem ersten Entwurf zum Bürgerkrieg in Frankreich dieses Problem angeschnitten hat. Er tut das in Sätzen, die unmittelbar auf die oben zitierte Textstelle folgen: »*Sie (die Arbeiterklasse) weiß, daß das gegenwärtige* ›*spontane Wirken der Naturgesetze des Kapitals und des Grundeigentums*‹ *nur im Verlauf eines langen Entwicklungsprozesses neuer Bedingungen durch* ›*das spontane Wirken der Gesetze der gesellschaftlichen Ökonomie der freien und assoziierten Arbeit*‹ *ersetzt werden kann.*«[23]
Der »*lange Entwicklungsprozeß neuer Bedingungen*« *ist jener, der im Verlauf der Übergangsperiode vonstatten geht. Während dieser Periode treffen zwei Typen von Gesetzen aufeinander und verbinden sich in ihren Auswirkungen miteinander, hauptsächlich in der Form des Gesetzes der gesellschaftlichen Leitung der Ökonomie einerseits und des Wertgesetzes andererseits.*
Man beachte, daß Marx in der endgültigen Fassung des Textes von einem »*gemeinsamen Plan*« *für die* »*Gesamtheit der Genossenschaften*« *spricht, nach dem diese die* »*nationale Produktion*« *regeln und damit* »*unter ihre eigene Leitung*« *nehmen.*[24]

Wenn die Wirkungsbedingungen des Wertgesetzes verkümmert sind, ist die Übergangsperiode abgeschlossen. Es herrscht dann allein das Gesetz der gesellschaftlichen Leitung der Ökonomie, während die Dualität von Eigentum und Besitz verschwunden ist und sich ein Prozeß gesellschaftlicher Aneignung unter Leitung der unmittelbaren Produzenten durchsetzt.

Anmerkung:
Im obenstehenden Text wird der Ausdruck »*Wertgesetz*« *im herkömmlichen (das heißt im engeren) Sinn verwandt. Damit ist also die spezifische Form bezeichnet, die das Gesetz der Verteilung der gesellschaftlichen Arbeit in Abhängigkeit von den Erfordernissen der Reproduktion und Umformung der Produktionsverhältnisse inner-*

---

[23] Karl Marx: *Der Bürgerkrieg in Frankreich*, a. a. O., S. 546.
[24] Karl Marx, ebenda, S. 343.

halb von Gesellschaftsformationen annimmt, in denen kapitalistische Produktionsverhältnisse existieren (Formationen, in denen die Wertform im Produktionsprozeß selbst gegenwärtig ist, woraus sich die Rolle ergibt, die die »Produktionspreise« spielen). Diese Präzisierung ist notwendig, da der Begriff des »Wertgesetzes« mitunter in einem weiteren Sinn benutzt wird, um das Gesetz der Verteilung der gesellschaftlichen Arbeit zu bezeichnen.

Im Zusammenhang mit dem Vorhergegangenen muß daran erinnert werden, daß die Wertform »ein antediluvianisches Dasein führt«, wie Marx sagt. Sie ist in der Tat in »vorkapitalistischen« Gesellschaftsformationen ebenso vorhanden wie im Verlauf der Übergangsperiode. Dennoch gilt, daß nur, wenn die kapitalistische Produktionsweise vorherrscht, das Wertgesetz (im engeren Sinne) herrscht und folglich die Reproduktion und Transformation der materiellen und sozialen Bedingungen der Produktion regelt.

In anderen als kapitalistischen Gesellschaftsformationen, in denen die Wertform existiert, ohne jedoch den Produktionsprozeß durchdrungen zu haben, verbindet sich das »Gesetz der Verteilung der gesellschaftlichen Arbeit«, das der Produktionsweise, die diese Gesellschaftsformation beherrscht, eigentümlich ist, mit den Auswirkungen der Warenbeziehungen; von daher die weitverbreitete Illusion, daß auch in diesen Gesellschaftsformationen das »Wertgesetz« interveniere, allerdings auf »andere Weise« als in Verhältnissen, in denen die kapitalistische Produktionsweise vorherrsche, und daß es folglich »mehrere Wertgesetze« geben könne, nämlich das der kapitalistischen Produktionsweise und das der »einfachen Warenproduktion«.

Die Vorherrschaft des Gesetzes der gesellschaftlichen Regulierung der Ökonomie ist selbstverständlich nicht »spontan«. Diese Vorherrschaft erfordert durch ihre Natur selbst die Intervention der politischen Ebene, und diese Intervention ist nur dann wirksam, wenn der Widerspruch zwischen dem Wertgesetz und dem Gesetz der gesellschaftlichen Leitung der Ökonomie in adäquater Weise behandelt wird.

Dieser Widerspruch selbst stellt die Entwicklung (also die verwandelte Form) des Widerspruchs zwischen der Aneignungsweise und der Eigentumsweise dar. Genauer, er ist das Produkt einer bestimmten Verbindung von Eigentum, Besitz und Innehaltung der Produktionsmittel und der Verfügung über die Produkte. Die Auswirkungen dieser Verbindung hängen nicht allein von der ökonomischen Instanz ab, sondern auch von den politischen und ideologischen Instanzen. Ebenso hängt die Umformung dieser Verbindung nicht allein von der zunehmenden Vergesellschaftung der Produktivkräfte ab, sondern auch von Umformungen auf der politischen und ideologischen Ebene.

4. Ergänzende Bemerkungen zu den Begriffen Innehaltung, Besitz und Eigentum

– – –

5. Zu den ökonomischen Gesetzen der Übergangsperiode

Unser Ziel ist es nicht, hier eine umfassende Diskussion des Problems der ökonomischen Gesetze der Übergangsperiode zu führen. Das würde uns weit von unserem Hauptgegenstand abbringen. In der Tat würde diese Diskussion von uns ein genaueres Studium der verschiedenen, weiter oben angegebenen Formulierungen bezüglich der ökonomischen Gesetze des Sozialismus verlangen; wir beschränken uns daher auf einige Bemerkungen zu diesen Formulierungen. Aus ihnen geht hervor, daß das, was von uns »das Gesetz der gesellschaftlichen Regulierung der Ökonomie« genannt wurde, eine besondere, vorübergehende und instabile Form der Verbindung des Wertgesetzes mit dem Gesetz der gesellschaftlichen Leitung der Ökonomie darstellt. Nur die konkrete Analyse der objektiven Bedingungen dieser Verbindung erlaubt es, den Platz zu bestimmen, der dem Wertgesetz zukommen kann und muß, und die Art und Weise, in der die Wertform gesellschaftlich in Anwendung gebracht werden kann.

Wir haben gesehen, daß eine der Modalitäten der gesellschaftlichen Anwendung des Wertgesetzes in der Bildung von Planpreisen besteht. Diese Preise müssen, um die erwartete Rolle (das heißt eine aktive Rolle bei der gesellschaftlich gesteuerten Transformation des Feldes Produktivkräfte/Produktionsverhältnisse) spielen zu können, in erster Linie nicht die Erfordernisse des Wertgesetzes zum Ausdruck bringen, sondern die der gesellschaftlichen Leitung der Ökonomie, also konkret des Wirtschaftsplanes, oder allgemeiner, der Wirtschaftspolitik.[25]

Diese letzte These bedeutet, daß die Politik beim Übergang zum Sozialismus über die Ökonomik herrschen muß (doit commander à l'économique); daß also die Verteilung der gesellschaftlichen Arbeit nicht von den Erfordernissen der Reproduktion der kapitalisti-

---

[25] Über das Problem der Preise sieht das sechste Kapitel meines Buches »La transition vers l'économie socialiste«, S. 235–260.

schen Produktionsverhältnisse beherrscht wird (die noch in den Warenbeziehungen, im Lohnverhältnis und in der Form des Unternehmens vorhanden sind, obwohl sie nur eine zweitrangige und untergeordnete Rolle spielen), sondern von den Erfordernissen des Aufbaus des Sozialismus. Der Aufbau impliziert die zunehmende Kontrolle der unmittelbaren Produzenten über die Produktion und somit auch die Entwicklung der Produktion im Dienst der gegenwärtigen und zukünftigen Bedürfnisse der Produzenten. Unter »Bedürfnissen der Produzenten« ist natürlich nicht nur zu verstehen, was zur »individuellen« Konsumtion sowie zur produktiven Konsumtion, sondern auch, was zur Produktionssteigerung notwendig ist, sowie alles, was zur Festigung des Arbeiterstaates – auch auf internationaler Ebene – erforderlich ist, wobei die Gesamtheit dieser Erfordernisse und Bedürfnisse politisch eingeschätzt wird.

Wenn dies der Fall ist, dann erfüllt das Wertgesetz lediglich eine sekundäre Funktion: es ist vor allem dann nicht das Wertgesetz, das Form und Ausrichtung der Akkumulation bestimmt, was unter anderem bedeutet, daß die Investitionsplanung nicht mehr einem (finanziellen oder monetären) »Rentabilitätskriterium« unterworfen ist; an die Stelle dieses Kriteriums tritt ein Kriterium ganz anderer Natur: das der gesellschaftlichen und politischen Wirksamkeit.

Anmerkung:
Über eine andere Art der Analyse finden wir so einige der Schlußfolgerungen wieder, zu denen auch J. Stalin in den oben zitierten Werken »Die ökonomischen Probleme des Sozialismus in der UdSSR« kam. Es sind insbesondere die folgenden:
»Das alles zusammengenommen führt dazu, daß der Wirkungsbereich des Wertgesetzes streng begrenzt ist und das Wertgesetz in unserer Ordnung nicht die Rolle des Regulators der Produktion spielen kann.« (a. a. O., S. 23.)
»Völlig falsch ist auch die Behauptung, daß in unserer gegenwärtigen ökonomischen Ordnung in der ersten Phase der Entwicklung der kommunistischen Gesellschaft das Wertgesetz angeblich die ›Proportionen‹ der Verteilung der Arbeit zwischen den verschiedenen Produktionsweisen reguliere.« (a. a. O., S. 25.) Man darf die »Rentabilität« nicht »vom Standpunkt einzelner Betriebe und Produktionszweige« betrachten »und nicht den Maßstab eines Jahres« anlegen, sondern muß sie »vom Standpunkt der gesamten Volkswirtschaft« betrachten »und den Maßstab von etwa 10 bis 15 Jahren anlegen«. (a. a. O., S. 25.)
Diese »Rentabilität«, die keine monetäre oder finanzielle Rentabilität ist, habe ich hier mit dem Ausdruck »gesellschaftliche und politische Wirksamkeit« bezeichnet.

Bevor wir untersuchen, was sich aus dem Vorausgegangenen für den monetären und ökonomischen Kalkül ergibt, möchte ich hinzufügen, daß ich deshalb die Begriffe des Gesetzes der »gesellschaftlichen Leitung« und des Gesetzes der »gesellschaftlichen Regulierung« vorgeschlagen habe, weil sie mir eher der wirklichen Bewegung Rechnung zu tragen scheinen als die Bezeichnung des »Gesetzes der harmonischen Entwicklung der Volkswirtschaft«, wie sie in dem oben zitierten Werk vorgeschlagen wird. Denn eine harmonische Entwicklung ist in der Tat nur die Folge einer richtigen gesellschaftlichen Regulierung, nicht das unmittelbare und notwendige Ergebnis einer Struktur, sondern das Produkt einer politischen Aktion, die durch eine bestimmte Struktur ermöglicht, aber eben nur ermöglicht wurde.

6. Wertgesetz, ökonomischer Kalkül und monetärer Kalkül

Wenn das Wertgesetz (im genau definierten Sinn eines »Gesetzes, das die Verteilung der gesellschaftlichen Arbeit entsprechend den Erfordernissen der Reproduktion der kapitalistischen Produktionsverhältnisse regelt«, insbesondere über ein Preissystem, das den Erfordernissen dieser Reproduktion entspricht) eine sekundäre Funktion erfüllt, bedeutet das einerseits, daß diese Funktion existiert, daß also die Wertform und die Preisform eine tatsächliche Rolle spielen. Aber das bedeutet auch andererseits, daß diese Funktion modifiziert ist, und zwar derart, daß, wenn sich der Übergang in Richtung auf den Sozialismus bewegt, die Preise nicht mehr ausschließlich und nicht einmal hauptsächlich durch den Markt bestimmt werden können, sondern durch den Plan.

Die Preise und das Geld »unterdrücken« (»supprimer«) zu wollen, hieße die spezifische Struktur der Ökonomie in der Übergangsperiode zu verkennen, das hieße die relative Unabhängigkeit der Produktionsprozesse und damit die Funktionen zu verkennen, die die ökonomischen Einheiten, insoweit sie Besitzer von Produktionsmitteln sind, noch notwendig erfüllen müssen.

Weigerte man sich, die Preise den Erfordernissen des Plans zu unterwerfen, würde man gleichermaßen die Struktur der Ökonomie der Übergangsperiode verkennen. Das hieße sich zu weigern, das Eigentum des Arbeiterstaates aktiv einzusetzen, das hieße also zuzulassen, daß sich der Besitz der Produktionsmittel in ein unter die Unternehmen aufgeteiltes Eigentum verwandelt und damit in ein Eigentum, das nicht das der unmittelbaren Produzenten sein kann, denn diese werden unter diesen Bedingungen den Erfordernissen der Reproduktion kapitalistischer Produktionsverhältnisse unterworfen (die zum Beispiel diese oder jene Änderung des Umfangs der Beschäftigung und der Produktion aufzwingen würden).

Zwei wesentliche Punkte müssen hier hervorgehoben werden:

1. Die Ersetzung des »Rentabilitäts«kriteriums durch das Kriterium der gesellschaftlichen und politischen Wirksamkeit bedeutet nichts anderes als die Ersetzung des monetären Kalküls durch einen gesellschaftlichen und ökonomischen Kalkül. Eines der Ziele des gesellschaftlich-ökonomischen Kalküls ist es folglich, eine Einschätzung der wirtschaftlichen, gesellschaftlichen und politischen Wirksamkeit dieses oder jenes Komplexes von Maßnahmen, die zu treffen sind oder schon getroffen wurden, möglich zu machen. Eine solche Einschätzung muß, um überhaupt einen Sinn zu haben, vom jeweils existierenden Preissystem unabhängig sein, denn sie muß eventuell dazu dienen, die bestehenden Preise zu ändern und neue Planpreise aufzustellen.

2. Wenn der gesellschaftlich-ökonomische Kalkül sich auch im Prinzip unabhängig vom bestehenden Preissystem vollzieht und gestattet, einen Komplex von Zielsetzungen für die Produktion und Konsumtion zu erstellen, die in sich kohärent sind und mit den politischen und gesellschaftlichen Zielsetzungen übereinstimmen, so ist – ausgehend von diesem Kalkül – nichtsdestoweniger die Aufstellung eines Preissystems notwendig (das es ermöglicht, monetäre Kalküle durchzuführen), denn der eigentliche gesellschaftlich-ökonomische Kalkül läßt sich nicht anders als auf »gesellschaftlicher Stufenleiter« bewerkstelligen. Nun bedeutet aber die Existenz von »Unternehmen« der Produktion (und ökonomischen Einheiten der Konsumtion) in der Übergangsperiode einerseits, daß die Produktions- und Konsumtionsprozesse in voneinander relativ unabhängiger Weise ablaufen, und daß andererseits die Bedingungen, unter denen sie ablaufen, relativ variabel und »individuell« schwierig vorauszubestimmen sind, obwohl sie Gegenstand globaler statistischer Vorausberechnungen sein können. Ein Preissystem ist unbedingt notwendig, damit den Unternehmen und Konsumtionseinheiten ermöglicht wird, ihre Aktivitäten so auszurichten, daß sie sich (trotz ihrer relativen Unabhängigkeit) plankonform verhalten. Ein solches System muß den Agenten, die diese relativ unabhängigen Prozesse beherrschen, das Wissen vermitteln, unter welchen Bedingungen diese Arbeitsprozesse in der den Erfordernissen des Plans am besten entsprechenden Weise ablaufen können. Das läßt sich – zumindest annähernd – durch ein Preissystem erreichen, das so beschaffen ist, daß die Agenten, die bestimmte Produktionsprozesse beherrschen, bei einer Minimierung ihrer Kostpreise sicher sein können, diejenigen Techniken und Mittel zu verwenden, die politisch und gesellschaftlich am wirksamsten sind; und das ohne jedesmal andere Produktionseinheiten oder Institutionen »konsultieren« zu müssen, was praktisch unmöglich ist.

Anmerkung:
Wenn gesagt wurde, daß der gesellschaftlich-ökonomische Kalkül (im Gegensatz zum monetären Kalkül) nur auf gesellschaftlicher Stufenleiter durchführbar ist, heißt das nicht, daß dieser Kalkül direkt auf der Ebene einer Gesellschaftsformation (eines Landes beispielsweise) intervenieren muß. Es scheint im Gegenteil in der Praxis notwendig zu sein, daß eine Verbindung (in Form einer Überlagerung) von Kalkülen existiert, die in »gesellschaftlichen Einheiten des Kalküls« mit relativ beschränktem Umfang durchgeführt werden, und anderen Kalkülen, die auf einer mehrere dieser Einheiten umfassenden Ebene durchgeführt werden, bis zu einer Ebene, die die Totalität der gesellschaftlichen Einheiten des Kalküls umfaßt. Der gesellschaftlich-ökonomische Kalkül erfordert in der Tat, daß ein direkter Vergleich zwischen den verschiedenen möglichen Aktivitäten, die effektiv ersetzbar sind, erreicht wird, sowie ein Vergleich der möglichen gesellschaftlichen Auswirkungen (dazu gehören selbstverständlich auch die Auswirkungen auf die Arbeits- und Lebensbedingungen der Produzenten) dieser Aktivitäten und ihrer Verbindungen. Nun ist aber ein Teil dieser Vergleiche nur bedeutsam für gesellschaftliche Einheiten relativ geringen »Umfangs«, während andere Vergleiche auf einer höheren Stufe geführt werden müssen; dazu gehört auch der Vergleich auf der Stufe der Gesellschaftsformation in ihrer Gesamtheit. Berechnungen, die auf dieser Ebene durchgeführt werden, haben nur dann einen Sinn, wenn sie sich auf die gesellschaftlich-ökonomischen Kalküle stützen, die auf der Ebene der verschiedenen gesellschaftlichen Einheiten des Kalküls durchgeführt worden sind. Die durch diese verschiedenen Kalküle aufgeworfenen Probleme müssen in einem späteren Text näher untersucht werden.

Das Vorangegangene bedeutet einerseits, daß die Wertform benutzt wird, um auf die Produktion einzuwirken, und zwar auf solche Aspekte der Produktion, die nicht Gegenstand einer unmittelbaren gesellschaftlichen Leitung sein können. Es heißt andererseits, daß das Wertgesetz (im strengen Sinn) die Produktion nicht »reguliert«, wie es vermittels der »Marktpreise« geschieht.[26]
Daraus geht hervor, daß die Existenz eines Systems von Planpreisen und der wirtschaftlichen, ideologischen und politischen Verhältnisse, die bewirken, daß dieses System eingehalten wird und eine tatsächliche Rolle spielt, eine sekundäre Form des monetären Kalküls hervorbringt. Es handelt sich dabei um einen »Kalkül in Preisen«, der sich offenbar auf gleiche Weise abwickelt wie ein »Kalkül in durch den Markt gegebenen Preisen«. Da jedoch die Preise nicht »durch

[26] Vgl. ebenda, S. 241.

den Markt gegeben«, sondern durch den Plan festgesetzt sind, weist der »Kalkül in Preisen«, obwohl er in monetären Ausdrücken durchgeführt wird, auf andere als bloße Warenverhältnisse hin, nämlich auf Planverhältnisse. Wenn die letztgenannten und die ihnen entsprechenden Planpreise das Resultat eines ökonomischen Kalküls sind, dann sind die ausgehend von Planpreisen und den Planzielen durchgeführten monetären Kalküle in Wirklichkeit indirekte ökonomische Kalküle, das heißt solche, die, obwohl in Geld durchgeführt, doch ökonomische Kalküle sind.

In meinem Buch über den Übergang zur sozialistischen Wirtschaft »La transition vers l'économie socialiste« habe ich einige der Bedingungen angegeben, unter denen sich ein System von Planpreisen, die dem Kriterium der politischen und gesellschaftlichen Wirksamkeit genügen, errichten läßt. Was ich damals ausführte, bedarf sicher bestimmter Berichtigungen und einer Reihe ergänzender Ausführungen, die in einem späteren Text Platz finden müssen. Mein Ziel in der vorliegenden Arbeit ist es, besser als ich es in dem oben zitierten Buch leisten konnte, die Natur der verschiedenen Typen von Kalkülen und ihre Beziehungen zu den Strukturen der Gesellschaftsformation in der Übergangsperiode sichtbar zu machen. Ich komme jetzt auf diese Frage zurück.

IV. Die Strukturen der Produktionsprozesse, das Geld und der Plan

Die Übergangsperiode zwischen Kapitalismus und Sozialismus ist nicht gekennzeichnet durch eine relativ strenge Artikulation der Produktionsprozesse, sondern durch die relative Unabhängigkeit einer großen Zahl dieser Prozesse. Aus eben diesem Grund kann ein Teil der Produktionsmittel nicht a priori auf gesellschaftlich wirksame Weise unter die ökonomischen Einheiten der Produktion und Konsumtion verteilt werden, deshalb auch interveniert das Geld in diesen Distributionsprozeß, der selbst integraler Bestandteil des gesellschaftlichen Reproduktionsprozesses ist. Wenn das Geld in die Beziehungen zwischen den ökonomischen Einheiten eingreift, können diese ja nach dem Bedarf der Produktionsprozesse, die sich in ihnen vollziehen, bestimmte Produkte »erwerben«, also auch dann, wenn diese Produkte für sie notwendig sind.

Die Struktur der Produktionsprozesse in der Übergangsperiode und die gesellschaftlichen Bedingungen ihrer Artikulation sind eine Erklärung dafür, daß selbst, wenn die Produktionsmittel a priori verteilt werden, diese einen Preis haben können, der keinesfalls »fiktiv« ist, denn die ökonomischen Einheiten müssen ihn (selbst wenn ihnen die

Produkte auf dem Weg der Verteilung zugewiesen sind) entweder tatsächlich bezahlen oder aber in ihren Kostpreis-, Amortisationsberechnungen usw. berücksichtigen. Wenn ein System signifikativer Preise (das heißt ein System, das mit den Produktionsbedingungen und Erfordernissen der Planung übereinstimmt) fehlt, wäre überhaupt keine gesellschaftliche Kontrolle über die Verwendung der Arbeitsprodukte durch die Unternehmen möglich, was die Planung selbst unmöglich machen würde. Wenn das Preissystem allgemein ist und wenn die Preise tatsächlich gezahlt werden, existiert Geld, das die Funktion eines allgemeinen Äquivalents hat. Diese Funktion als allgemeines Äquivalent kann übrigens nur potentiell sein. Das ist zum Beispiel immer dann so, wenn ökonomische Organismen einen Komplex von Regeln auferlegen, die begrenzen oder spezifizieren, wozu und in welchem Umfang die ökonomischen Einheiten die ihnen zur Verfügung stehenden Gelder benutzen.

Allgemein läßt sich sagen, daß diese Regeln darauf abzielen zu gewährleisten, daß die Rolle der Bestätigung des gesellschaftlichen Charakters der Arbeit, die der Verkauf eines Produktes spielt, soweit wie möglich übereinstimmt mit der Rolle der Antizipation dieses gesellschaftlichen Charakters, die der ökonomische Plan spielt. In dem Maße, wie der Plan seine antizipierende Funktion wahrnimmt, ist die Arbeit nicht mehr nur gesellschaftliche Arbeit, sondern nach dem Ausdruck von Marx vergesellschaftete Arbeit. Mit diesem Ausdruck wird die Tatsache bezeichnet, daß die Arbeit unter der Kontrolle der assoziierten Produzenten verausgabt wird.

Der Funktion des Geldes als allgemeinem Äquivalent (zumindest potentiell), die es zwischen den ökonomischen Einheiten erfüllt, steht die Funktion als Rechenkategorie gegenüber, die es in den Beziehungen zwischen den »technischen Einheiten« (etwa zwischen den verschiedenen »Werkstätten« oder Abteilungen einer Fabrik) wahrnimmt. Der Ausdruck »technische Einheiten« wurde gewählt, weil die Unterteilung einer ökonomischen Einheit in »technische Einheiten« in der Hauptsache technisch determiniert ist. Jedoch enthält eine solche Unterteilung auch gesellschaftliche Bestimmungen: sie kann tatsächlich je nach den ideologischen und politischen Verhältnissen verschieden sein. So kann sie etwa entweder ein Mittel der Konsolidierung der Herrschaft der Produzenten oder der Nichtproduzenten über die Teilung der Arbeit innerhalb einer gegebenen ökonomischen Einheit sein. Die »technischen Einheiten« erfüllen also hauptsächlich technische Funktionen (der materiellen Produktion), aber auch politische (der Leitung) sowie ideologische. Folglich sind die Bedingungen, unter denen sie unterteilt sind, weit davon entfernt, »rein« technischer Natur zu sein.

In den Beziehungen zwischen den technischen Einheiten einer ökono-

mischen Einheit erfüllt das Geld hauptsächlich die Funktion der Rechnungsführung. Diese Rechnungsführung führt nicht zur Einschaltung »effektiver« Preise, das heißt sie führt nicht zu Zahlungen. Das Geld ist hier gewissermaßen imaginär. Es dient nicht der Ausführung von Vorschriften; es ist kein »Instrument, das den gesellschaftlichen Charakter der Arbeit« bestätigt.
Unter diesen Bedingungen sind die Preise in den Beziehungen der Werkstätten untereinander im wesentlichen Ausdruck der Verausgabung gesellschaftlicher Arbeit; Verausgabungen, deren Einschätzungsbedingungen gesellschaftlich festgesetzt wurden.

Anmerkung:
Wenn wir sagen, daß die Preise der zwischen den technischen Einheiten einer ökonomischen Einheit zirkulierenden Produkte Ausdruck der Verausgabung gesellschaftlicher Arbeit sind, so heißt das, daß es sich hier nicht um eine einfache »Übersetzung in monetäre Ausdrücke« der effektiven, für die verschiedenen Produkte erforderlichen Arbeitsverausgabung handelt, sondern um etwas viel Komplexeres (wie es der Wert der Produkte selbst ist), das nicht beurteilt werden kann, ohne den Verbindungen der Produktionen untereinander (l'interconnexion des productions) sowie ihrer konkreten gesellschaftlichen Auswirkungen Rechnung zu tragen.[27] *In dem Maße, wie diese Preise nicht durch den Markt »gegeben« sind, sondern sich aus gesellschaftlichen Einschätzungen ergeben, die den Erfordernissen einer durch die Planung konkretisierten ökonomischen Politik entsprechen, sind die Preise nicht mehr ganz und gar »Preise«. Sie sind es zum Teil jedoch noch deshalb, weil sie in Geld »ausgedrückt« werden.*

Auf der Ebene der technischen Einheiten sind also die Preise wesentlich Instrumente der Buchführung, denn die Produktion dieser verschiedenen Einheiten wird nicht auf ihrer Ebene determiniert. Diese Determination bildet eine der Leitungsfunktionen der ökonomischen Einheit.

Anmerkung:
Die Notwendigkeit einer »Leitung« ergibt sich objektiv aus der Kooperation der Arbeiter, die an der Gesamtheit der in einer gegebenen ökonomischen Einheit stattfindenden Prozesse beteiligt sind. Je nach den vorherrschenden politischen und ideologischen Verhältnissen kann diese Leitungsfunktion von verschiedenen gesellschaftlichen Organen wahrgenommen werden (dem Direktor, dem Direktionskomitee, dem revolutionären Komitee usw. Ein solches Organ hat die Aufgabe, die

[27] Vgl. ebenda, S. 236–240.

Arbeitsprozesse innerhalb der ökonomischen Einheit zu koordinieren und diese gegenüber den anderen ökonomischen Einheiten und sonstigen Institutionen zu »vertreten«. Dadurch spielt dieses Organ eine aktive Rolle in der Artikulation der Produktionsprozesse der von ihm geleiteten ökonomischen Einheit sowie der »außerhalb« dieser ökonomischen Einheit liegenden Produktionsprozesse.
Diese Doppelfunktion der Leitung im Innern und der Artikulation nach außen stellt sich in Form der »Verwaltung« dar. Diese ist immer den externen gesellschaftlichen Erfordernissen entweder des »Marktes« oder des »Plans« untergeordnet. Im Rahmen der Planung hat diese Unterordnung direkt politischen Charakter, da der Plan konkreter Ausdruck der ökonomischen Politik ist.

Die Funktion der Leitung eines Unternehmens »setzt sich« nicht von selbst »durch«. Sie ist nur unter bestimmten Bedingungen gewährleistet: als erste Bedingung eine bestimmte Struktur der Arbeitsprozesse, die aus dem »Unternehmen« eine tatsächliche (einfache oder komplexe) ökonomische Einheit macht, weiterhin bestimmte ideologische und politische Verhältnisse, durch die die Autorität der Leitung sich durchsetzt, das heißt ihre Macht.
Ist die Macht der Leitung eines Unternehmens im Verlauf der Übergangsperiode nicht tatsächlich wirksam, kann das Funktionieren des Geldes in den Beziehungen der ökonomischen Einheiten untereinander selbst die Beziehungen zwischen den technischen Einheiten beeinträchtigen (etwa infolge fehlgeleiteter Produkte, die nach außen verkauft wurden).
Daß solche Erscheinungen möglich sind, bestätigt die Funktion des Geldes als potentielles allgemeines Äquivalent. Selbst innerhalb des Unternehmens kann diese potentielle Funktion zur Wirklichkeit werden, wenn die Macht der Leitung der Unternehmen nicht mehr gesichert ist.
In den Beziehungen der ökonomischen Einheiten untereinander können Fälle von Übertretung der Grenzen, die der Funktion des Geldes als allgemeinem Äquivalent gesellschaftlich gesteckt wurden, objektiv mit größerer Häufigkeit auftreten, und zwar deshalb, weil auf dieser Ebene das Geld fortwährend als Zahlungsmittel eingesetzt wird, was seinen Grund hat in der Natur der Beziehungen, die sich zwischen den ökonomischen Einheiten herstellen.
Eines der Probleme, die sich in den Gesellschaftsformationen in der Übergangsperiode zwischen Kapitalismus und Sozialismus ergeben, ist daher, zu gewährleisten, daß das Geld in den Grenzen der Funktionen beschränkt bleibt, die ihm zukommen müssen. Ihre Mißachtung kann zur vollständigen Autonomie der ökonomischen Einheiten, also zu ihrer Nichtunterordnung unter den Plan, führen.

Der Widerspruch zwischen »Geld« und »Plan« stellt, so lange wie die Intervention des Geldes zum Funktionieren der Wirtschaft noch notwendig ist, nur eine der Formen dar, in denen sich der Widerspruch zwischen Warenverhältnissen und Planverhältnissen und damit auch der Widerspruch zwischen dem Wertgesetz und dem Gesetz der gesellschaftlichen Leitung der Ökonomie manifestiert.

Wie wir schon feststellten, handelt es sich hierbei um einen objektiven Widerspruch, den zu »leugnen« zu nichts führt, und den »abschaffen« zu wollen, etwa durch die Unterdrückung der monetären Operationen zwischen staatlichen Unternehmen, vergeblich wäre. Eine solche Unterdrückung würde die »Undurchsichtigkeit« der Wirtschaft nur verstärken, da die Funktionen des Geldes weiter unter anderen Formen erfüllt würden, sie wären jedoch nicht mehr erkennbar oder beherrschbar. Würde man sich weigern sie zu sehen, würde man sie in eine »ökonomische Parallelwelt« verdrängen.

Das wirkliche Problem ist also, zu jedem Zeitpunkt unter Berücksichtigung des Entwicklungsniveaus der Produktivkräfte und der Gesamtheit der gesellschaftlichen Verhältnisse objektiv die Bedingungen zu bestimmen, unter denen es möglich ist, das Geld auf diejenigen Funktionen zu beschränken, die es erfüllen kann, wobei es gleichzeitig zur Realisierung des Plans beiträgt. Die nähere Untersuchung dieses Problems würde uns aus dem Bereich unserer gegenwärtigen Untersuchung herausführen. Dennoch muß hier betont werden, daß aufgrund der Struktur der Gesellschaftsformationen in der Übergangsperiode diese Bedingungen zugleich abhängig sind von der politischen Ebene (etwa von den Modalitäten und der Qualität der Kontrolle, die über die Institutionen ausgeübt wird, denen monetäre Funktionen übertragen werden) und von den Formen, in denen diese Ebene in die ökonomische Ebene eingreift (zum Beispiel von einer richtigen Planung der Preise und der Versorgung), sowie schließlich von der ideologischen Ebene (Disziplin, Ehrlichkeit, Sinn für das öffentliche Interesse usw.). Die effektive Intervention des Geldes in die Beziehungen zwischen ökonomischen Subjekten bedeutet, daß man sich nicht wie Stalin in einem oben zitierten Text damit begnügen kann zu sagen, daß der Staat die »Produktionsmittel« unter die produktiven ökonomischen Einheiten »verteilt«. Faktisch, wie wir wissen, verteilt er im allgemeinen auch Geld, meistens durch die Kanäle des Staatshaushaltes und des Banksystems. Mit diesem Geld können die ökonomischen Einheiten die Produktionsmittel – hauptsächlich die Arbeitsgegenstände, deren sie bedürfen – kaufen, wobei sie im Prinzip die Qualität dieser Mittel und den Kaufzeitpunkt ihrem Bedarf anpassen.

Die Intervention des Geldes und der Warenkategorien ist also keineswegs nur »imaginär« oder bloß »rechnerisch«, sie ist effektiv, und zwar deshalb, weil diese Intervention von der Struktur der Produk-

tionsprozesse aufgezwungen ist. Die Struktur ist derart beschaffen, daß eine direkte Verteilung der Arbeitsmittel und -gegenstände in Naturalform allgemein unvereinbar wäre mit einem gesellschaftlich wirksamen Einsatz dieser Produktionsmittel.
Wenn hier gesagt wird, daß die produktiven ökonomischen Einheiten »im Prinzip« die Qualität der Produkte, die sie kaufen, und den Zeitpunkt, zu dem sie diese kaufen, ihrem Produktionsbedarf anpassen können, dann deshalb, weil man in der Praxis vieler Übergangsgesellschaften glaubte, die Entscheidungen der ökonomischen Einheiten durch Entscheidungen von Organismen außerhalb dieser Einheiten ersetzen zu können. Das hat oft zur Folge, daß die Lieferungen an die ökonomischen Einheiten nicht ihrem Bedarf angepaßt werden, ohne daß eine politische Notwendigkeit dazu besteht.
In der Tat ist es eine Sache, ob Planungsorgane a priori eine Verteilung der Arbeitsgegenstände durchführen (diese Organe erfüllen dann Funktionen der Verwaltung), und es ist eine andere Sache, wenn diese Organe zu der Warenzirkulation bestimmte Verteilungsregeln hinzufügen (Kontingentierung des Gebrauchs bestimmter Güter, vorrangige Zuteilung bestimmter Produktionsmittel an bestimmte Fabriken usw.), was von der Planung abhängig ist.
Es ist offensichtlich falsch, die Durchsetzung bestimmter Regeln der Verteilung mit einer objektiven Transformation der Artikulation der Produktionsprozesse zu verwechseln – einer Transformation, die das Verschwinden der Wertform ermöglichen würde. Faktisch bringt die Anwendung von Verteilungsregeln oft, wenn sie ein gestörtes Gleichgewicht zwischen den verfügbaren Mengen und dem Bedarf, also »Knappheiten« oder »mangelnde Abstimmung«, zur Ursache hat (désajustements), objektiv die Folgen einer mangelnden Koordination der Produktionsprozesse zum Ausdruck. Die Reglementierung zielt in dem Fall darauf ab, die Auswirkungen einer mangelnden Koordination zu begrenzen, die jene Grenzen überschreiten, innerhalb derer das Geld seine Funktion in Übereinstimmung mit den Imperativen des Plans erfüllen kann.
Es muß im übrigen hervorgehoben werden, daß die staatliche Reglementierung nur eine der möglichen Arten einer gesellschaftlich befriedigenden Verteilung der in relativ unzureichenden Mengen verfügbaren Produkte darstellt. Sie stellt eine Form der Intervention dar, die sich von »außen« den ökonomischen Einheiten aufzwingt und die einen eventuellen Rückgriff auf rechtliche Sanktionen impliziert.
Eine andere Art der Verteilung setzt die Entwicklung sozialistischer ideologischer Verhältnisse voraus; sie wird gebildet durch die Kooperation der Produktionseinheiten im Hinblick auf die optimale gesellschaftliche Realisierung eines Komplexes wirtschaftlicher und politischer Ziele. Eine derartige Kooperation gewährleistet eine »soziali-

stische Interdependenz« der Produktionseinheiten (die folglich weder eng »technisch« noch »ökonomisch« ist). Die Verallgemeinerung einer solchen Kooperation entspricht, so scheint es, einem neuen Entwicklungs»stadium« der Gesellschaftsformationen im Übergang zum Sozialismus, das durch die zunehmende Einschränkung des Wirkungsbereichs sowohl des Geldes als auch der Staatsintervention gekennzeichnet ist, wie durch eine Ausdehnung des Wirkungsbereichs der unmittelbaren Produzenten, ihrer Herrschaft über die Bedingungen der Produktion und Reproduktion.

Ganz allgemein zeugt die Existenz von Reglementierungsmaßnahmen, die sich zugleich dem Plan und dem Geld überlagern, in der ersten Phase des Übergangs von einer Schwäche der gesellschaftlichen Herrschaft über die Gesamtheit der Produktionsprozesse. Diese Schwäche bringt für den sozialistischen Staat die Notwendigkeit mit sich, der Auswirkung des Wirkungsbereichs der Warenkategorien reglementierende Maßnahmen entgegenzustellen. Blieben diese aus, dann würden die Warenbeziehungen zwischen den Produktionseinheiten eine zunehmend größere Rolle spielen, so daß die Aktivitäten der ökonomischen Einheiten immer weniger den Erfordernissen des Plans entsprächen und immer mehr denen des Wertgesetzes.

Es ist indes klar, daß über einen bestimmten Grad mangelnder Abstimmung der verschiedenen Produktionsprozesse hinaus reglementierende Maßnahmen nicht mehr wirksam sein können: es sind die objektiven ökonomischen Mißverhältnisse selbst, die verringert werden müssen. Die Weigerung, diese Notwendigkeit anzuerkennen, kann zu einer mehr oder weniger starken Desorganisation der Wirtschaft führen und unter Umständen zu vergeblichen Versuchen, »das Geld abzuschaffen«, wobei das Geld gewissermaßen »verantwortlich« gemacht wird für das gestörte Gleichgewicht, das es lediglich zum Ausdruck bringt.

Das bestätigt, was weiter oben gesagt wurde. Das rechtliche Eigentum des Staates an den Produktionsmitteln genügt nicht, um die gesellschaftliche Einheit oder Koordination der Produktionsprozesse zu garantieren. Aus diesem Grund hängt das Verschwinden der Warenverhältnisse von Umformungen ab, die viel komplexer sind.

Wie weiter oben betont wurde, bedeutet das Verschwinden der Warenverhältnisse nicht, daß auch der ökonomische Kalkül verschwindet. Im Gegenteil, das Verschwinden der Warenbeziehungen muß die Entwicklung eines wirklichen gesellschaftlich-ökonomischen Kalküls gestatten. Dieser ist zugleich Bedingung und Folge einer vollkommenen Meisterung der Produktionsmittel und der Resultate ihrer Arbeit durch die Arbeiter. Mit dieser Perspektive, so scheint mir, kann und muß die Analyse der verschiedenen Modalitäten des ökonomischen und monetären Kalküls unternommen werden.

2 Politische Ökonomie des 20. Jahrhunderts
Zivilisation am Scheideweg
Von Radovan Richta und Kollektiv
(Richta-Report)

1. Zum Charakter der wissenschaftlich-technischen Revolution

Tiefenwirkung, Schnelligkeit und Ausdehnung der Umwälzungen in der Produktion, der technischen Neuheiten und wissenschaftlichen Entdeckungen in der Welt lassen erkennen, daß gegenwärtig Prozesse in Gang kommen, die von Grund auf die traditionelle Struktur der Produktivkräfte der Gesellschaft, die materielle Basis des menschlichen Lebens ändern und weit über die Grenzen der bisherigen Vorstöße der Zivilisation überhaupt hinausgreifen. Der Zustrom wissenschaftlicher Erkenntnisse beschleunigt sich zusehends, die Frequenz der Erfindungen wird bereits nach Sekunden gezählt; technische Neuheiten, die noch am Anfang des Jahrhunderts in der Regel kleine Produktionszuwachsraten von einigen Prozenten einbrachten, verändern heute immer öfter von Grund auf ganze Produktionsprozesse. Der Mensch dringt ins Innere der Materie vor und eröffnet sein kosmisches Zeitalter. Vor unseren Augen verändern sich der Charakter der Tätigkeit und die Umrisse des Lebens der Menschen, werden die Entfernungen kürzer, wird die Zeit intensiver genutzt, die natürliche Umgebung weicht überall einer künstlich geschaffenen, die Wissenschaft dringt in das gesamte soziale Leben ein und öffnet der Bewegung ständig neue Dimensionen. Die Menschen gewinnen immer mehr Macht über die Basis ihrer eigenen Existenz. Während bisher jede Generation von ihren Vorgängern die Voraussetzungen für ihre Tätigkeit und Lebensweise als eine fertige Größe übernahm, die Vorzeichen für ihre ganze Lebensdauer setzte, wird man in Zukunft offenbar damit rechnen müssen, daß jede Generation während ihrer Lebenszeit mehrmals einen Umbau ihrer zivilisatorischen Voraussetzungen und der gesamten Struktur des menschlichen Lebens mitmachen wird.

Wenn wir diese in ihren Anfängen begriffenen oder als Anzeichen auftretenden Entwicklungen zu Ende denken, zeichnet sich uns als Perspektive kommender Jahrzehnte das Bild eines durchdringenden und weitgehenden Umschwungs im geschichtlichen Prozeß der Weltveränderung und der Selbstgestaltung des Menschen ab: Wir stehen zweifellos an der Schwelle einer wissenschaftlich-technischen Revolution.

1.1. Wandlung der Struktur und Dynamik der Produktivkräfte des menschlichen Lebens

Worin besteht das Wesen dieser Umwälzungen und wodurch unterscheiden sie sich vom bisherigen Fortschritt der Zivilisation?

1.1.1. Die industrielle Revolution als Ausgangspunkt

Die Zivilisation, die in den verflossenen 150–200 Jahren entstand und deren Grenze wir heute erreicht haben, stützt sich auf die fabrikmäßige industrielle Massenerzeugung, die die Dominante der gesamten Volkswirtschaft darstellt und dem menschlichen Leben ihren Charakter aufgeprägt hat. Maschinen, Maschinenaggregate, Fließbänder – und daneben ganze Armeen von Arbeitern, die sie bedienen, wobei ein jeder sich auf dem engsten Abschnitt der gesamten kombinierten Tätigkeit geltend macht – das ist das grundlegende Produktionselement dieser industriell hochentwickelten Gesellschaft. Der Kapitalismus hat auf Kosten ganzer Generationen von Proletariern eine solche Entwicklung der Produktionsbasis erzwungen, die sich – zum Unterschied von der Kleinerzeugung – allseits keineswegs auf individuelle Produktionsfaktoren (Werkzeuge und die Fertigkeit der Handwerker), sondern auf gesellschaftliche Produktivkräfte stützt: auf die Verwendung von Maschinen und die darauf fußende Kombination von Arbeitern.

Die industrielle Revolution machte sich in verschiedenen Erscheinungsformen geltend, aber ihr Wesen blieb immer gleich: Marx und Engels haben es schon im »Kommunistischen Manifest«[1] als fortwährende Umwälzung in den Produktionsmitteln (dem Grundelement der Produktivkräfte) definiert. Die sich unaufhörlich entwickelnde Maschine – das war der grundlegende Vermittler, der aktive Nerv der industriellen Produktivkräfte. Er schob den neben ihm stehenden Arbeitsgegenstand auf ein Nebengeleise (der Arbeitsgegenstand unterlag leichter unwesentlichen Veränderungen); und als sein ewiges und untrennbar mit ihm verbundenes Gegenstück forderte und setzte er die (im wesentlichen immer gleiche) einfache Arbeitskraft einer Masse von Arbeitern ein.

Die Arbeitsmaschine, die die Operationen der menschlichen Hand zerlegte und übernahm; die Bewegungsmaschine, die den Menschen vom Antrieb ausschaltete; vermittelnde Transmissionen – so waren – in aller Kürze – die Komponenten und Stufen beschaffen, aus denen sich das mechanische Prinzip rekrutierte: Zergliederung komplizier-

---

[1] Marx, K., F. Engels: Manifest der Kommunistischen Partei. Marx, K., F. Engels, Werke, Bd. 4, Berlin, 1959.

ter, ursprünglich handwerklicher Arbeitsvorgänge in abstrakte, einfache Elemente, in denen sodann die entscheidenden ausführenden Operationen ein Mechanismus übernahm, während dem Menschen nur dessen Bedienung blieb.

Das Ergebnis war das maschinelle System, das die ganze Werkstatt oder den Betrieb ausfüllt und die gesamte Masse der Arbeitskräfte in Anspruch nimmt: entweder in Form einer Reihe von Universal- oder Spezialmaschinen und einer Reihe von Arbeitern-Operatoren neben ihnen (in der traditionellen europäischen Industrie), oder als Fließband, das sämtliche Operationen in einer mehr oder minder ununterbrochenen Bewegung von Mechanismen vereinheitlicht, die den Strom des Materials und menschlicher Tätigkeit dirigieren (amerikanischer Typ). Am Rand und in den Poren des mechanischen Maschinensystems ist der Masse der Arbeiter nur die einfache operative oder regulierende Ergänzung ihrer Funktion geblieben.

Ausgangspunkt der industriellen Revolution war die Arbeitsmaschine (erste Industrierevolution)[2]; ihre massenhafte Verbreitung wurde jedoch erst durch ihre Verbindung mit der Bewegungsmaschine ermöglicht, wie sie die Dampfmaschine darstellte (zweite Industrierevolution)[3], durch die Entwicklung von Transmissionselementen, Fließbändern, Transporteinrichtungen und vor allem der elektrischen Kaftübertragung (die wir als dritte Industrierevolution bezeichnen könnten); damit ist die eigentliche Entwicklung der industriellen Basis unserer Zivilisation im wesentlichen abgeschlossen.

Die industrielle Revolution hat den Produktionsprozeß von den Maßstäben und dem Rhythmus der individuellen Handarbeit befreit. Die ursprünglich subjektive Einheit der Produktion, die sich auf den Erzeuger (Handwerk) oder eine Summe zu Einzeloperationen zergliederter Arbeit (Manufaktur) gründete, hat sich hier aufgelöst und ist von neuem in Form einer objektiven Einheit im maschinellen System in Erscheinung getreten, einem System, das sich den »Gesamtarbeiter« unterwirft.

Die Industrialisierung, die die Produktionsbasis der Epoche des Kapitalismus darstellte, hat diese Struktur der Produktivkräfte in der Fabrik zur Allgemeingeltung erhoben; in ihren stofflichen Formen ist

---

[2] »... daß ... die industrielle Revolution nicht von der bewegenden Kraft ausgeht, sondern von dem Teil der Maschinerie, den der Engländer die working machine nennt ...« (Marx in einem Brief an Engels vom 28. 1. 1863; Marx-Engels: Ausgewählte Briefe. Berlin, 1953, S. 167).
[3] »... nach dieser ersten großen Industrierevolution war die Anwendung der Dampfmaschine als einer Bewegung erzeugenden Maschine eine zweite ...« (Industrierevolution). (Marx' Hefte zur Technik, zitiert nach der Zeitschrift »Bolsevik« 1-2, 1932).

diese Struktur veränderlich, aber in ihrem inneren Zwiespalt von Mechanismus und Arbeitskraft stabil.

1.1.2. Das Wesen der wissenschaftlich-technischen Revolution

In den verflossenen Jahrzehnten begann eine jähe Entfaltung der Wissenschaft und Technik diesen Kreis der industriellen Revolution zu durchbrechen; sie bringt eine neue Struktur und Dynamik der Produktivkräfte des menschlichen Lebens hervor.
a) Die Arbeitsmittel sprengen nunmehr infolge ihrer Entwicklung den Rahmen der mechanischen Maschinen; sie nehmen Funktionen an, die sie im Grunde zu einem ganzen eigenständigen Produktionskomplex machen; die Veränderungen in der modernen Technik reichen auf diese Weise über den Horizont der Umwälzungen im Bereich der Produktionsinstrumente hinaus.
b) Der Fortschritt bemächtigt sich nunmehr weitgehend auch des Arbeitsgegenstands – eines Jahrtausende hindurch stabilisierten Materialkreises, in dem die Industrierevolution höchstens die Proportionen verändert hat (Eisen, Holz, landwirtschaftliche Rohstoffe usw.).
c) In Bewegung gerät der gesamte jahrhundertelang unveränderliche »subjektive Aspekt« der Produktion; Schritt für Schritt fallen alle unmittelbaren Produktionsfunktionen fort, die die einfache Arbeitskraft ausübte; die Technik schaltet den Menschen aus seinen unmittelbar ausübenden, bedienenden, operativen und schließlich auch aus den regulierenden Funktionen innerhalb der unmittelbaren Produktion aus.
d) In den Produktionsprozeß dringen auf breiter Front neue gesellschaftliche Produktivkräfte ein, vor allem die Wissenschaft und ihre technologische Applikation, und mit ihr ihre Basis: die soziale Integration und schließlich die Entfaltung der menschlichen Kräfte, die hinter aller schöpferischen Tätigkeit steht.

Was das Spezifische der sich anbahnenden Bewegung bestimmt, was ihr eine neue Dimension verleiht und sie zur wissenschaftlich-technischen Revolution macht, ist somit zunächst die Tatsache, daß sie zu einer universalen Wandlung der gesamten Produktivkräfte führt, daß sie deren ganze elementare Struktur in Bewegung versetzt – und damit prinzipiell die Stellung des Menschen verändert. Alles läßt darauf schließen, daß es sich hier nicht mehr lediglich um die unablässige Entwicklung eines der objektiven Faktoren der Produktivkräfte (nämlich des Arbeitsmittels) – wie bei der Industrialisierung – oder um die einmalige Einführung dieser oder jener neuen Produktion handelt, die Aufsehen erregt, das Zivilisationsniveau anhebt und um die es wieder still wird. Hier geht es im Gegenteil um eine unaufhörliche und sich beschleunigende Bewegung, einen Strom grundlegender Wandlungen sämtlicher Produktivkräfte, der objektiven wie der subjektiven Faktoren der Produktion menschlichen Lebens. Der Ansturm der Technik schaltet die begrenzten physischen und geistigen Kräfte des Menschen innerhalb der unmittelbaren Produktion aus, so daß diese nunmehr zur inneren technischen Einheit gedeiht, zur Grundlage der Selbstbewegung der Produktion wird. Die wissenschaftlich-technische Revolution knüpft dort an, wo die analytische Zergliederung der Arbeit in ihre einfachsten Elemente aufhörte (in diesem Sinne führt sie die komplexe Mechanisierung zur letzten Konsequenz); die ihr eigene Methode ist jedoch im Gegenteil die Synthese des vom Menschen eingesetzten, von ihm adoptierten – und daher lenkbaren – natur-technischen Prozesses, der Sieg des automatischen Prinzips im breiten Sinn des Wortes (auf welcher konkreten technologischen Basis immer). Zwischen den Menschen und die Natur schiebt sich hier nicht mehr nur das Werkzeug oder das Arbeitsmittel, sondern der ganze eigenständige technische Produktionsprozeß, in dem so oder so die Interaktion des Mittels und des Gegenstandes synthetisiert ist und der eine innere Modellstruktur und -dynamik erhält.

Der eigentliche Ausgangspunkt der automatischen Erzeugung ist nicht mehr die einzelne Maschine, sondern der gesamte ununterbrochen mechanisierte Produktionsprozeß[4]: Die kontinuierlichen Erzeugungen in der Energetik, Chemie, Metallurgie, bei der Herstellung von Zement, die massenweise Fließbandproduktion in der verarbeitenden Industrie ebenso wie die Standardprozesse in der Administrative – das ist der Boden, in dem das automatische Prinzip am schnellsten Wurzeln schlägt.

Der Mensch wird hier neben den unmittelbaren Produktionsprozeß (Fertigungsprozeß) gestellt, während er zuvor sein unmittelbarer Hauptfaktor war.[5] Die einfache Arbeitskraft des Menschen kann mit der Leistungsfähigkeit der technischen Komponenten der Produktion

---

[4] Die Suche nach dem Ausgangspunkt der gegenwärtigen Umwälzungen führt manche Autoren auch weiterhin zur Arbeitsmaschine (Zvorykin); andere erblicken diesen Ausgangspunkt in der Bewegungsmaschine (Friedmann, Osipov); weitere schließlich in der Veränderung im Bereich der Rohstoffe (Forbes). Theoretische Erwägungen und praktische Erfahrungen lassen allerdings immer mehr darauf schließen, daß der wirkliche Ausgangspunkt der wissenschaftlich-technischen Revolution der gesamte zergliederte Produktionsprozeß (das mechanische Fließband) als Resultat der industriellen Entwicklung ist, also alle Komponenten, die sich zur Synthese des neuen Charakters der Produktion als Anwendung der Wissenschaft zusammenschließen.

[5] Marx, K.: Grundrisse der Kritik der politischen Ökonomie. Berlin, 1953, S. 593.

nicht konkurrieren: die durchschnittliche physische Kapazität der menschlichen Arbeitskraft erreicht kaum 20 Watt, die Geschwindigkeit des Reagierens der Sinne beträgt etwa $^1/_{10}$ Sekunde, das mechanische Gedächtnis ist begrenzt und wenig zuverlässig.[6] Nur mit dem Umfang seiner schöpferischen Fähigkeiten und mit seiner Aufgeschlossenheit gegenüber seiner Kultivierung steht der Mensch hoch über seinen gewaltigsten Schöpfungen. Die traditionelle Verwendung des Menschen als bloß einfache, unqualifizierte Arbeitskraft wird deshalb notwendig auf einem Abschnitt nach dem andern zu einer Bremse der Produktivkräfte und zur unwirtschaftlichen Verschwendung menschlicher Fähigkeiten.

In dem Maß, wie der Mensch die Erzeugnisse seiner früheren Tätigkeit als Naturkräfte wirken läßt und wie somit aus dem unmittelbaren Produktionsprozeß seine einfache Arbeitskraft schwindet[7], schaltet sich eine viel mächtigere Kraft der menschlichen Gemeinschaft in die Produktion ein: die Wissenschaft als unmittelbare Produktivkraft, die auf der Basis einer gesamtgesellschaftlichen Kombination wirksam ist. Der unmittelbare Produktionsprozeß hört in diesem Sinne auf, Arbeitsprozeß zu sein; anstelle der einfachen Arbeit tritt als dessen tragender Pfeiler das »Naturverständnis des Menschen« in Erscheinung, das zugleich eine Aneignung »seiner eignen allgemeinen Produktivkraft« ist – das heißt die Wissenschaft, das »akkumulierte Wissen der Gesellschaft«.[8] In den gegenwärtigen Umwälzungen der Produktion dringt die Wissenschaft in den gesamten Erzeugungsvorgang ein, wird nach und nach zur zentralen Produktivkraft der Gesellschaft und auch praktisch zum »entscheidenden Faktor« des Wachstums der Produktivkräfte.[9]

Je mehr der Mensch aufhört, das zu tun, was er seine Schöpfungen für sich machen lassen kann, desto mehr öffnen sich ihm Räume, die ihm ohne Basis seines eigenen Schaffens unzugänglich wären.

---

[6] Vgl. Steinbuch, K.: Automat und Mensch, kybernetische Tatsachen und Hypothesen. Berlin/Heidelberg/New York, 1965, S. 193 u. a.; Turing, A. M.: »Computing machinery and Intelligence«, Mind 236/1950 u. a.
[7] N. Wiener hat diese Entwicklung mit der Verfügungskraft des Menschen über »eine leistungsfähige Sammlung mechanischer Sklaven verglichen«, die einer »Abwertung der menschlichen Arbeit«, d. h. einfacher ausführender Tätigkeit gleichkommt (siehe Cybernetics or Control and Communication in the Animal and the Machine. Paris, 1948, S. 37); er spricht von einem neuen Modell der Produktivkräfte und war der Wahrheit viel näher als jene, die sich ihm gegenüber auf die Autorität empirischer Industriestatistiken beriefen.
[8] Marx, K.: Grundrisse der Kritik der politischen Ökonomie, S. 586, 593, 600.
[9] Programm der KPdSU, in Materialy XXII sjezda KPSS. Moskau, 1961, S. 415.

1.1.3. Die Einheit technologischer, Rohstoff- und energetischer Umwälzungen

Ihrem Charakter nach hat die wissenschaftlich-technische Revolution eine viel breitere Skala von Möglichkeiten, in Erscheinung zu treten, als dies bei der industriellen Revolution der Fall war. Wenn wir hier im weiteren Sinn des Wortes vom automatischen Prinzip[10] (Überführung der Produktion auf einen vom Menschen beherrschten natürlichtechnischen Prozeß) sprechen, haben wir eine Reihe seiner Komponenten vor Augen:

a) Die Kybernetisierung ist eine klassische Methode. Automatisierungseinrichtungen sind als Mittel innerer Selbstbewegung in den höchstentwickelten mechanischen Systemen zustande gekommen. Ihre Keimzelle stellen die technischen Fühlergeräte (»künstliche Sinnesorgane«) dar, die die Reste einer operativen menschlichen Bedienung ausschalten und lediglich eine Regulierung der entsprechenden Anlagekomplexe notwendig machen.

Wenn diese Mittel sich des gesamten Maschinensystems bemächtigen, verwandeln sich die Knotenpunkte der Kontrolle und der selbsttätigen Zielsuchlenkung zu einem System technischer Reflexion (einem »Nervensystem«), das eine rückwirkende Schaltung garantiert und nur noch der äußeren Lenkung mittels besonderer Apparaturen (Leitpulte) oder einer Programmierung bedarf: es verlagert die Funktionen des Menschen an den Rand des unmittelbaren Fertigungsprozesses.

Ihre dritte und höchste Stufe erreicht die Automatisierung, wenn sich der ununterbrochenen Produktion in ihrem gesamten Umfang als neue innere Dominante der Rechenautomat (das »Elektronenhirn«) bemächtigt, eine Anlage, die die Informationskomplexe ganzer Werkstätten, Betriebe und Kombinate auswertet und deren technisierten Prozeß vereinheitlicht; dadurch verdrängt sie die menschliche Tätigkeit aus der unmittelbaren Produktion überhaupt in die vorproduktiven Stufen, die Vorbereitung der Technik, Forschung, Wissenschaft und in die Sphäre der sozialen Vorsorge.

Weniger hohe Formen von Automatisierungsanlagen sind heute in der mechanisierten Industrieproduktion durchaus geläufig; hochentwickelte kybernetische Einrichtungen, die ganze Produktionskom-

---

[10] Die abkürzende Bezeichnung »automatisches Prinzip« wird hier nicht im engeren Sinne einer teilweisen Maschinenautomatik verwendet, die nur eine Richtung der gegenwärtigen Produktionsumwälzungen darstellt, sondern im weiteren Sinne einer Summe technologischer, Rohstoff- und energetischer Umwälzungen, weil in diesem Begriff zugleich eine grundlegende Wandlung summarisch ausgedrückt ist: die Ausschaltung des Menschen aus dem unmittelbaren Fertigungsprozeß.

plexe automatisch steuern, sind inzwischen noch selten und werden offenbar erst in der nächstfolgenden Etappe überwiegen; die Zahl »mathematischer Maschinen«[11] (Computer), die in der Welt verwendet werden, hat bereits rund 50 000 erreicht (davon etwa 1000 Leitungscomputer); am Anfang der 70er Jahre wird sie offenbar die 100 000-Grenze überschreiten und die Computertechnik wird dabei ins Innere der Produktion eindringen; um das Jahr 2000 wird diese vermutlich bereits ein normaler Bestandteil der Industrieproduktion, aber auch des Verkehrs, Handels und der Dienstleistungen sein.
b) Die Chemisierung ist eine weitere charakteristische Form. Die Industrierevolution gab vorwiegend nur den auf der aktiven Rolle mechanischer Arbeitsmittel fußenden Produktionszweigen Raum. Erst die wissenschaftlich-technische Revolution öffnet allen jenen Erzeugungen einen Weg, in denen das automatische Prinzip auch auf Grund der Entwicklung und aktiven Position des Arbeitsgegenstands (Rohstoffs) zur Geltung kommen kann, denn dieser kommt infolge seiner absichtsvoll gewählten und beherrschbaren Eigenschaften selbst dem Produktionsziel entgegen, das heißt er ersetzt kurzschlußartig die mehrstufige – daher oft unterbrochene – äußere mechanische Einwirkung auf den passiven Gegenstand. Einerseits sind die chemischen Erzeugungen darum relativ sparsamer in bezug auf einfache Arbeitskräfte, sie haben eine höhere Qualifikationsstruktur menschlicher Arbeit, eröffnen der Anwendung der Wissenschaft unabsehbare Möglichkeiten und sind besonders der Automatisierung zugänglich; andererseits stellt die Chemisierung in der Volkswirtschaft eigentlich selbst ein Automatisierungselement von außergewöhnlicher Wirksamkeit dar, und man kann ihr Niveau als verläßlichen Maßstab der Entfaltung der wissenschaftlich-technischen Revolution betrachten. Die Chemieproduktion wächst heute in der Regel zweimal schneller als die übrige Industrie. Die Weltproduktion neuer, vom Menschen geschaffener Werkstoffe und Plaste hat sich innerhalb von 5–6 Jahren ungefähr verdoppelt, und dieses Wachstum müßte die Erzeugung

---

[11] Die technologische Terminologie unterscheidet bisher noch ganz ungenügend die Entwicklungsstadien der Technik. Darum erblickt sie oberflächlich in der Maschine ein vervollkommnetes Werkzeug und im Automaten eine vervollkommnete Maschine. In Wirklichkeit ist eine Maschine kein bloßes Werkzeug, sondern im Gegenteil ein über eigene Werkzeuge verfügender Mechanismus; es kommt hier zu einem Standortwechsel zwischen Subjekt und Objekt. Während der Mensch das Werkzeug anwendet, bedient sich die Maschine im Gegenteil des sie bedienenden Menschen. Ein automatisches System ist wiederum keine Maschine, sondern eine Anlage oder vielmehr ein Prozeß, der Maschinen steuert und anwendet; es entsteht hier eine neue Ebene der Subjektivität; **daher hat der Automat eine ganz andere Bedeutung für den Menschen als die Maschine.**

synthetischer Stoffe um die Jahrhundertwende auf ein der heutigen Stahlproduktion vergleichbares Niveau heben. Wesentlich ist jedenfalls, daß die Chemisierung den Menschen aus dem begrenzten Kreis natürlicher Rohstoffe mit ihren gegebenen Eigenschaften herausführt und auf deren Ersatz durch eine ganze Reihe synthetischer Materialien abzielt, die über vorsätzlich dem Zweck angepaßte Eigenschaften verfügen. Damit macht sie es möglich, in der Produktion massenhaft höhere Bewegungsprinzipien als die mechanischen zur Geltung zu bringen.

In der Perspektive ähnliche (technisch bisher nicht überblickbare) Möglichkeiten einer automatischen Technisierung öffnen sich auch der biologischen Produktion, in der eine noch höhere Struktur und reichere innere Bindungen der Gegenstände genutzt werden können – und dies erhält eine kaum vorstellbare Bedeutung im Zusammenhang mit dem Eindringen der Wissenschaft in das Wesen der Lebensvorgänge und mit der Entwicklung und Anwendung der Bionik. Die Anwendung von Antibiotika hat erstmalig die Möglichkeit einer Biologisierung der Produktionsprozesse erwiesen.

c) Die Realisierung automatischer Erzeugungsprinzipien stellt hohe Anforderungen an die Energiequellen: die Produktion elektrischer Energie nimmt in der UdSSR alle 10 Jahre dreifach, in den USA um das Doppelte zu; der Trend ist hier exponentiell, die klassischen Quellen genügen offenbar nicht. Es scheint, daß die Nutzung der Kernenergie heute die Ansprüche des universalen Wachstums der technischen Produktivkräfte zu befriedigen und unerschöpfliche Energie zu liefern vermag, aus Quellen, die zudem auf Grund des automatischen Prinzips erschlossen werden, das hier eine Notwendigkeit darstellt. Die veröffentlichten Perspektivpläne der technisch hochentwickelten Länder rechnen damit, daß schon am Ende dieses Jahrhunderts fast der gesamte Zuwachs und ein großer Teil (50 %) des Bedarfs an Eltkraft aus diesen Quellen gespeist wird.

In den Jahrzehnten, denen wir entgegengehen, wird der Anteil an verausgabter menschlicher Energie in der Produktion menschlichen Lebens im Vergleich mit den technischen Quellen auf den Bruchteil eines Prozents zurückgehen; vermutlich nach der Jahrhundertwende wird die Kernenergie in der energetischen Bilanz den Vorrang vor allen übrigen Quellen überhaupt haben.

d) Aus der Kombination all dieser Tendenzen ergibt sich ein Bild ständiger grundlegender Wandlungen der Struktur der industriellen Produktion: mit Vorsprung wächst der Anteil der progressiven Zweige (Elektronik, Chemie usw.), während derjenige der traditionellen Zweige sinkt (Kohlenförderung u. a.); es verändert sich das gesamte Profil der Industrieproduktion.

Je nach dem Niveau der technischen Selbstbewegung durchläuft das automatische Prinzip eine Reihe von Stufen: wo der Produktionsprozeß in Zyklen zergliedert bleibt, zwischen denen die Kontinuität unterbrochen ist, macht sich die teilweise Automatisierung der Systeme, Werkstätten, Hallen, Fertigungsstrecken geltend. Wo der ununterbrochene Prozeß der Massenproduktion Ausgangspunkt ist, kommt es zu Vollautomatisierung, entsteht der automatische Betrieb. In einer Reihe von Fällen und in ganzen Produktionsbranchen verlangt die Anwendung des automatischen Prinzips jedoch den vorhergehenden Übergang zu einer neuen kontinuierlichen Technologie (etwa in der Chemie). Die modernen elastischen Formen der Automatisierung (Baukastensystem, Programmsysteme usw.) dringen schließlich rückwirkend auch in die Kleinserien- und unter Umständen auch in die Stückproduktion ein. Der Übergang zum automatischen Produktionsprinzip steht noch im Anfang und beträgt auch in den fortgeschrittensten Erzeugungen und Ländern nicht mehr als einige Prozent der Produktionskapazität (z. B. in den USA werden 6–8 % angeführt). Der Fortschritt ist jedoch durchdringend: in der UdSSR werden nunmehr alljährlich viele hundert bis zu einem gewissen Grad automatisierte Fertigungsstrecken und Werkstätten in Betrieb gesetzt: bis 1975 soll ihre Anzahl 35 000 betragen. Die ersten vollautomatischen Betriebe tauchen auf, in denen der Gesamtprozeß (von der Zulieferung der Rohstoffe bis zur Expedition der fertigen Produkte) ohne den Eingriff einer Menschenhand vor sich geht. Obwohl es noch wenige sind, bezeichnet ihre Existenz die neue Grenzlinie, die die Zivilisation nunmehr erreicht hat. Allgemein wird vorausgesetzt, daß sich das automatische Prinzip bis zum Jahrhundertende des überwiegenden Teils der industriellen Massenfertigung bemächtigt und dadurch die gesamte bisherige Produktionsstruktur umstürzt.[12]

Die Industrialisierung hat das Gesicht der grundlegenden Zweige der Industrie sowie des Verkehrs- und Bauwesens verändert; sie hat rückwirkend die Landwirtschaft beeinflußt; doch sie hat den sogenannten Tertiärsektor (Handel, Dienstleistungen, Administrative usw.) bis vor kurzem ohne große qualitative Veränderungen weiterexistieren lassen. Die wissenschaftlich-technische Revolution erfaßt von Anfang an ganz offensichtlich nicht nur die Industrie, sondern sämtliche Sphären der Zivilisation[13] der menschlichen Tätigkeit, des

---

[12] Z. B. erwartet S. Lilley (Automation and Social Progress. London, 1957), daß wir uns um die Jahrhundertwende im Zeitalter der »vollautomatischen Industrieproduktion« befinden könnten.

[13] Diejenigen Konzeptionen, die die Anfänge der wissenschaftlich-technischen Revolution als »neue«, »zweite« und »dritte« Industrierevolution charakterisieren (z. B. Z. Brandt, C. Schmid, G. Friedmann, W. Buckingham,

Lebens, – sie ruft in ihnen sogar oft noch heftigere Bewegung hervor als in der eigentlichen Industrieproduktion.[14]

Außer auf einigen wenigen Gebieten der Land- und Forstwirtschaft, des Fischfangs und sodann der Dienstleistungen ist für die Zukunft die Möglichkeit einer komplexen Automatisierung der Grundprozesse der Produktion und des Wirtschaftslebens bereits durch die gegenwärtigen Erkenntnisse der Wissenschaft der Welt theoretisch erwiesen – sogar in solchen Bereichen, wo davon noch vor 20 Jahren keine Rede sein konnte (z. B. im Bergbau oder in der Administrative). Man diskutiert intensiv über Projekte einer Automatisierung des Verkehrs, des Handels und der Dienstleistungen. Man hat kybernetische Maschinen vorgeschlagen, die sich den Bedingungen anzupassen und sich selbsttätig zu reproduzieren imstande sind; es scheint, daß die Zukunft die Möglichkeit einer automatischen Produktion von Automaten eröffnen wird, die den Gipfel der wissenschaftlich-technischen Revolution darstellen würde. Darüber hinaus deuten die Perspektiven der Wissenschaft noch eine Reihe bekannter, aber bislang noch nicht abzuschätzender Möglichkeiten an, die in den kommenden Jahrzehnten die Technologie der Produktion und die Lebensweise des Menschen umwälzen könnten: die Nutzung des magnetoplasmodynamischen Effekts, die Verwendung von Quantengeneratoren elektromagnetischer Strahlen (LASER und MASER), die Lenkung der Mutagenese, Eingriffe in die Struktur der Organismen usw. Obwohl die praktische Verwendung dieser Errungenschaften noch verhältnismäßig lange nicht in Frage kommt, nötigt uns ihre Existenz, die tiefgreifenden inneren Akzelerationstendenzen der wissenschaftlich-technischen Revolution im Auge zu behalten.

M. Pyke u. a.), sehen sich immer öfter der Tatsache gegenüber, daß die gegenwärtigen Umwälzungen den Rahmen der Industrie sprengen und darin rational nicht mehr erfaßbar sind.
[14] In den fünfziger Jahren wuchs z. B. in den USA die Leistung einer Stunde menschlicher Arbeit in der Landwirtschaft fast doppelt so schnell wie in der Industrie. Die Zivilisationsentwicklung in der Landwirtschaft wies dabei jedoch eine niedrigere technische Zusammensetzung als in der Industrie und in anderen Wirtschaftszweigen auf und bewegte sich in noch stärkerem Maß auf der Linie der elementaren Mechanisierung; erst die zeitgenössische Chemie und Biologie öffnet dem automatischen Prinzip in der Landwirtschaft neuen Raum.

1.1.4. Umwälzungen in der »subjektiven Komponente« der Produktion und die Stellung des Menschen in der Zivilisation

Ihrem Wesen nach ist die Automatisierung und der gegenwärtige technische Fortschritt überhaupt nicht nur eine Fortsetzung oder Ergänzung der Mechanisierung, sondern im Gegenteil ein höheres Prinzip des Fortschritts in der Produktion.[15] Was den »menschlichen Faktor« betrifft, haben die industrielle und die wissenschaftlich-technische Revolution geradezu entgegengesetzte Wirkungen. Die Mechanisierung gliedert die ursprünglich handwerkliche Arbeit auf, führt die Arbeitsteilung zu ihrer letzten Konsequenz, macht die einfache, monotone Anwendung der Arbeitskraft (eines jeden auf einem eng bemessenen Abschnitt) zur Grundlage der modernen Industrie.[16] Je mehr die Industrialisierung und die ihr entsprechende Fabriktechnik fortschreitet, desto abstrakter wird die menschliche Arbeit, desto größere Armeen von Arbeitern der einfachen Handgriffe werden in sie hineingezogen und desto bedrohlicher klaffen die Disparitäten dieser Zivilisation auseinander.

[15] J. Diebold, der zu den ersten Bahnbrechern des Begriffs »Automatisierung« gehört, betrachtet diesen Prozeß nicht vom Standpunkt des Inhalts, der Struktur der Produktivkräfte her, sondern von dem der bloßen technischen Form. Obwohl er oft betont, daß es sich um einen »Bruch« handelt, um eine »grundlegende Wandlung der Produktionsphilosophie«, um die Einführung eines neuen Typs des Produktionssystems, »der sich selbst regelt«, faßt er die Automatisierung gelegentlich doch wieder nur als »besondere Phase des industriellen Fortschritts« und als »Teil des langdauernden Prozesses der menschlichen Mechanisierung des menschlichen Schaffens« auf (Automation. The Advent of the Automatic Factory. Princetown, 1952, S. 6 u. f.). So entgeht ihm die entscheidende Bedeutung der veränderten Position des Menschen in der Welt der Produktivkräfte, die die technische Form nicht erkennen läßt. Einen ähnlichen Gedanken, daß die Automatisierung eine bloße verlängerte Mechanisierung darstellt, enthalten die Analysen J. R. Brights und der Bericht der Nationalen Kommission für Technik, Automatisierung und Wirtschaftsfortschritt der USA (Technology and the American Economy. Washington, 1966). Besonders stark betonen H. Schelsky (Die sozialen Folgen der Automatisierung. Düsseldorf/Köln, 1957, S. 36) und einige Teilnehmer der 2. internationalen Beratung der IG Metall (Automation – Risiko oder Chance. Oberhausen, 1965) die Übereinstimmung von Automatisierung und Mechanisierung.
[16] Die Rationalisierung durch die Fließband-Massenproduktion nach dem Prinzip F. M. Taylors (»eine jede Arbeit in ihre Elementaroperationen zergliedern«) und H. Fords (»das Motto der Massenproduktion ist Einfachheit«) ist nur die bis ins Extrem weitergeführte letzte Stufe jener Industrieentwicklung, die schon Marx definiert hat: »... le travail simple est devenu le pivot de l'industrie« (Marx, K.: Misère de la philosophie. MEGA, Abt. I, Bd. 6, Berlin, 1932).

Die Automatisierung in ihrer Konsequenz, das heißt als Modell verstanden (wir sehen vorläufig von der Tatsache ab, daß bei nur teilweiser Automatisierung auf der anderen Seite die Menge einfacher Hilfstätigkeit wachsen kann), gebietet dieser Tendenz Einhalt und kehrt sie um.[17] Sie schaltet die Masse einfacher Arbeit der Hilfs- und sodann auch der Maschinenbedienungskräfte aus, ebenso wie die der traditionellen Beamten usw.[18] – verschiedenen Schätzungen zufolge potentiell bis zu 80–90 %. Sie ersetzt sie zunächst durch neue Typen von Arbeiterprofessionen am Rand der unmittelbaren Produktion (Einsteller, Instandhalter usw.), die vorwiegend eine weitere Skala und einen höheren Gehalt an wissenschaftlichen Elementen in der Arbeit aufweisen: ihr Anteil steigt in fortschrittlichen Produktionen und in Betriebsabschnitten, die von der Automatisierung erfaßt sind, über 50 %. In groben Umrissen kann vorausgesetzt werden, daß in den kommenden Jahrzehnten in der unmittelbaren Produktion die Zahl der Einsteller, Instandhalter, Laboranten usw. überwiegen wird (Einfluß der teilweisen Automatisierung im Zusammenhang mit der relativ noch geringen Vollkommenheit und Zuverlässigkeit der inneren Bindung automatischer Systeme); später (zusammen mit der Komplettierung der Automatik und Strukturveränderungen) wird ihr Anteil weitgehend dem der Techniker, Ingenieure und ähnlicher Berufe Platz machen. Immer deutlicher kommt eine dauerhafte Tendenz zum Ausdruck: die Umschichtung der Grundmasse menschlicher Arbeit in die Phase der Produktionsvorbereitung, der technischen Leitung, Projektierung und Konstruktion, der Forschung und Entwicklung und dergleichen.[19]

[17] »Die Automatisierung ist keine einfache Verlängerung der Mechanisierung, ... die Automatisierung ist ein zeitgenössisches Phänomen von revolutionärem Charakter« (Vincent, C., W. Grossin: L'enjeu de l'Automatisation. Paris, 1958, S. 26).
[18] Die entsprechenden Daten enthalten für die UdSSR: Spravocnyje Materialy po trudu i zarabotnoj plate. Moskau, 1960; für die USA: Factory Mangement and Maintenance. New York, 1967. Eine Analyse der Daten präsentiert J. Auerhan in den Arbeiten: Automatizace a jeji ekonomicky vyznam (Die Automatisierung) und: Technika, kvalifikace, vzdelani (Technik, Qualifikation, Bildung). Prag, 1965.
[19] »Die Automatisierung wird darauf abzielen, ... daß die Energie des Menschen und seine Kräfte im Bereich der materiellen Produktion nicht nur für die Leitung der Produktionsprozesse und um so weniger für die physische Arbeit, sondern für die Konzeption und Realisierung neuer technischer Gedanken voll genutzt werden kann.« (Trapeznikov, V. A.: Avtomatizacija i celovecestvo. Ekonomiceskaja gazeta, 29. 6. 1960). »Die unmittelbare menschliche Arbeit wäre zu einem großen Teil aus der Produktion ausgeschaltet und im wesentlichen der Analyse des ganzen Prozesses vorbehalten, der Ausarbeitung des Produktionsprogramms, der Instandhaltung und Ein-

Am Ausgang des Jahrhunderts wird die Produktion in den fortgeschrittensten Ländern heutigen Einschätzungen zufolge aufhören können, ein Arbeitsprozeß im derzeitigen Sinn des Wortes (das heißt im Sinne der einfachen aufgegliederten Arbeit) zu sein; ein beträchtlicher und ständig wachsender Teil der mit der Beschaffung der zum Leben notwendigen Mittel verbundenen menschlichen Tätigkeit kann den Charakter einer ingenieurtechnischen (oder vielmehr diesen entsprechenden oder gleichgestellten) Tätigkeit annehmen.

Wie man sieht, ist die wissenschaftlich-technische Revolution wesenhaft mit der Umwandlung der grundlegenden Schicht der menschlichen Tätigkeit verbunden, mit der neuen Position des Menschen in der Welt der Produktivkräfte – und damit zugleich mit der neuen Situation des Menschen überhaupt.[20] Diese weitgehende gesellschaftlich-menschliche Wandlung gehört zur Grunddimension der wissenschaftlich-technischen Revolution; ihr Wesen läßt sich offenbar überhaupt nicht erfassen, wenn wir sie als bloße Umwälzung innerhalb der Technik verstehen. Alle Forschungen, die die gegenwärtigen Tendenzen nicht aus dem Gesichtswinkel der Situation des Menschen in der Welt der Produktivkräfte beurteilen, sondern einzig und allein aus dem der technischen Mittel, der Energetik usw., bleiben daher auch in der Zwickmühle der unlösbaren Frage[21]: woraus soll man schließen, ob die gegenwärtigen technischen Errungenschaften tatsächlich revolutionären Charakters sind? Jede technische Neuheit ist doch in ihrer Art revolutionär. In der Tat, von diesem Standpunkt aus ist es ganz und gar unmöglich, Maßstäbe für den revolutionären Charakter der zeitgenössischen Wandlungen zu fin-

---

stellung der Maschinen, ebenso wie der Leitung des Unternehmens« (W. S. Buckingham in: The Challenge of Automation. Washington, 1955, S. 32).
[20] Die marxistische Forschung gelangt nun immer mehr zur Schlußfolgerung, daß es notwendig ist, auch bei der Verfolgung rein technischer Veränderungen den Reflex von Veränderungen im Bereich der Produktivkräfte und der Situation des Menschen im Auge zu behalten. Siehe z. B. Tessemann, K.: Probleme der technisch-wissenschaftlichen Revolution. Berlin, 1962; Heyden, G.: Die marxistisch-leninistische Philosophie und die technische Revolution. Deutsche Zeitschrift für Philosophie, Sonderheft 1965.
[21] In dieser Sackgasse ist auch der im übrigen breit fundierte Bericht der Nationalen Kommission für Technologie, Automatisierung und Wirtschaftsfortschritt der USA steckengeblieben: »Wir können nicht wissen, ob der Computer, die Kernenergie und die Molekularbiologie quantitativ oder qualitativ »revolutionärer« sind als das Telefon, die Elektrizität und die Bakteriologie ... Unsere allgemeine Schlußfolgerung lautet, daß sich der Fortschritt technologischer Wandlungen in den verflossenen Jahrzehnten vergrößert hat und sich auch in Zukunft vergrößern kann.« (Technology and the American Economy. Washington, 1966, S. 1).

den; auf diesem Weg ist also auch keine Antwort auf die Frage nach dem Charakter der gegenwärtigen Zivilisationsepoche zu erhalten. Wenn wir jedoch den tiefergreifenden Gesichtspunkt der Wandlungen in der Struktur und Dynamik der Produktivkräfte und insbesondere in der Position des Menschen in der Welt der Produktivkräfte in Betracht ziehen, wird der revolutionäre Charakter der kommenden Veränderungen in scharfumrissenen, nachweisbaren Formen sichtbar.[22] Anders als zur Zeit der Industrialisierung, da das Anwachsen der Produktion vom steigenden Beschäftigungsgrad in den Industrieproduktionsbranchen begleitet wurde, lassen schon die Anfänge der wissenschaftlich-technischen Revolution die entgegengesetzte Tendenz erkennen: die Produktion wächst, ohne daß das Quantum der in dem Fertigungsprozeß angewandten Arbeit zunehmen würde; im Gegenteil ist bei der traditionellen, unmittelbar produktiven Arbeit eine bisher mäßige, aber stetige Abnahme oder Verkürzung festzustellen. Zunächst ist das relativ (Verschiebung in die »nichtproduktive« Sphäre) und dann absolut: in den USA bleibt die durchschnittliche Menge verwendeter Arbeit in der unmittelbaren Produktion schon ganze Jahrzehnte lang ungefähr konstant (etwa 75 Milliarden Stunden jährlich) und sinkt nunmehr öfter ab. Im Zeitraum 1953 bis 1963 nahm die Zahl der Werktätigen im Bergbau um 25,6%, in der Landwirtschaft um 24,7 %, im Kommunikationswesen, in der Erzeugung von elektrischer Energie und Gas sowie im Verkehrswesen um 7,2 %, in der verarbeitenden Industrie um 1,4 % ab[23]; wöchentlich schaltet hier die Technik 30 000–40 000 Arbeitsgelegenheiten aus; dabei setzt sich der »feste Kern« der Arbeitslosen aus 59 % unqualifizierten, 19 % angelernten, 19 % Beamtenkräften zusammen; Bauwesen, Dienstleistungen, neue Fächer usw. absorbieren zwar vorläufig noch die überwiegende Mehrzahl der durch die Technik ausgeschalteten

---

[22] Die Automatisierung »bringt eine neue Stufe in dieser besonderen Entwicklung hervor, durch deren Vermittlung der Mensch Schritt für Schritt sich aus den Operationen in der Industrie löst und, wie es der Philosoph sagen würde, aufhört, Objekt zu sein, um nur noch Subjekt zu bleiben«. (Friedmann, G.: Industrial Society. Glencoe, 1955, S. 174–175). »Die Automatisierung erscheint tatsächlich als technisches Werkzeug der Wendung von der Quantität zur Qualität. Denn der soziale Prozeß der Automatisierung ist Ausdruck einer Transformation oder vielmehr Transsubstantiation der Arbeitskraft, in der diese, vom Individuum getrennt, zum unabhängig produzierenden Objekt wird ... Das wäre eine geschichtliche Transzendenz in Richtung zu einer neuen Zivilisation« (Marcuse, H.: One-dimensional Man. Boston, 1964, S. 36–37).
[23] Year-Book of Labour Statistics. Geneva, 1955 und 1965, Statistical Abstract of the US 1954–1964.

Arbeitskräfte, aber die Tendenz zur Ausschaltung der traditionellen Industriearbeit wird ständig deutlicher.[24]
Schon das industrielle System begann der Wissenschaft als unmittelbarer Produktivkraft den Weg freizugeben; sein Funktionieren blieb jedoch fortlaufend meist von empirischen traditionellen und gewohnheitsmäßigen, generationenlang angehäuften Methoden abhängig. Nunmehr weitet sich die Anwendung der Wissenschaft jedoch wesentlich aus; sie verdrängt überall die vom akkumulierten menschlichen Wissen nicht umgeschmolzenen Routine-Elemente. Sie überführt den gesamten Produktionsstrom von Anfang bis Ende auf die rational beherrschte Basis der Gleichungen und Algorithmen und bereitet sie so für den Einsatz des automatischen Prinzips vor. Die Wissenschaft beginnt heute universal als unmittelbare Produktivkraft zu wirken, und die Industrie verwandelt sich umgekehrt in ihrem ganzen Umfang zur »technischen Applikation der Wissenschaft«; wir sehen uns einer Wandlung des Produktionsprozesses »vom einfachen Arbeitsvorgang zum wissenschaftlichen Prozeß« gegenüber.[25]
Die Stelle der einfachen, aufgegliederten Arbeit, die bisher der Produktion zugrunde lag, nimmt nunmehr die Wissenschaft und ihre in der Technik, Organisation, Qualifikation usw. verborgene Applikation ein. Ein Bereich, der einst von der Produktion getrennt war und in beschränktem Umfang von Zeit zu Zeit von außen her in die Erzeugung hineingetragen wurde, dringt ins Innere des Fertigungsprozesses und des gesamten sozialen Lebens ein; eine Sphäre, die man noch kürzlich nach Hunderten oder Tausenden Angehörigen zählte, wird zu einer ungeheuren materiellen Macht, die neben einer ausgedehnten technischen Basis über eine Armee von 3,5 Millionen Fachleuten verfügt und mit der in der Welt insgesamt 11 Millionen Menschen verknüpft sind. Schätzungen verschiedener Spezialisten zufolge werden in historisch absehbarer Zeit (nächstes Jahrhundert) in Wissenschaft und Forschung 20 % der Gesamtzahl aller arbeitenden Menschen beschäftigt sein.[26]
Hinsichtlich Umfang und Bedeutung wird der Bereich der Wissen-

[24] B. B. Seligmann spricht von der Perspektive einer dramatischen Reduktion und Eliminierung des Produktionspersonals (Automation und technischer Fortschritt in Deutschland und den USA. Frankfurt a. M., 1963); E. R. F. W. Crossmann von der »völligen Eliminierung der menschlichen Arbeit als Faktor der Erzeugung von Waren und in starkem Maß auch in den Dienstleistungen« (Automation, Skill and Manpower Predictions. Vortrag im Brookings-Institute, 15. 4. 1965).
[25] Marx, K.: Grundrisse der Kritik der politischen Ökonomie, S. 587, 588.
[26] Bernal, J. D.: World without War. London, 1958, S. 88. Noch höhere Schätzungen (bis zu 50 %) stammen von N. N. Semjonov und P. Kapica.

schaft und Forschung allmählich die Industrie einholen, um sodann zur entscheidenden Sphäre menschlicher Tätigkeit überhaupt zu werden. Diese Prognosen stützen sich auf die bewundernswerte innere Dynamik des wissenschaftlichen Lebens, die – in diesem Ausmaß – in keinem anderen Bereich menschlicher Tätigkeit ihresgleichen findet: je mehr nämlich die Wissenschaft zur Anwendung gelangt, desto zahlreicher werden die Möglichkeiten dieser Anwendung. Infolgedessen haben immer neue Komponenten der Wissenschaft die Wirkung produktiver Faktoren (nicht mehr nur die mechanischen, sondern sämtliche Natur- und nach und nach auch die Gesellschaftswissenschaften); andererseits verwandeln sich ständig neue Produktionsbereiche in »Experimentalwissenschaft«.
Diese Wandlung der äußeren Funktion der Wissenschaft wird von einer solchen des Charakters der Wissenschaft begleitet und bedingt. Die Summe dieser Veränderungen in der »subjektiven Komponente« der Produktion bedeutet eine qualitative Umwälzung in der Struktur der Produktivkräfte und öffnet zugleich den Bereich der Produktivkräfte des menschlichen Lebens ständig neuen und wirksameren Faktoren – Produktivkräften, die unmittelbar in der Entwicklung der Gesellschaft und letztlich des menschlichen Wesens wurzeln. Hier erreicht die Dynamisierung der Produktivkräfte, der Zivilisationsbasis des menschlichen Lebens ihre radikalste, das heißt stabile und zugleich ständig offene Form.

1.1.5. Veränderungen in den Modellen des ökonomischen Wachstums

Jede Produktionsweise hat ihre Prinzipien und Wachstumsparameter. In der handwerklichen Kleinproduktion war die Zahl und Qualität der Arbeitenden entscheidend; in der industriellen Produktion wurde die Masse der Arbeitsmittel (des Kapitals) und der eingesetzten Arbeitskräfte zur bestimmenden und limitierenden Voraussetzung. Mit den gegenwärtigen Veränderungen in den Produktivkräften beginnt jedoch die Entfaltung der Produktion offensichtlich mehr vom Gesamtstand der Wissenschaft und ihrer Anwendung abhängig zu sein, mag es sich nun um einen Fortschritt in der Technologie oder in der Leitung, Organisation und Qualifikation handeln, als von der Menge der für die unmittelbare Erzeugung aufgewandten einfachen Arbeit und von der Menge der Produktionsmittel und des Umfangs verstofflichter Arbeit – somit vom Quantum des Kapitals insgesamt. Diese Veränderungen innerhalb der Produktivkräfte, auf die sich das gegenwärtige Wirtschaftswachstum stützt, haben eine nicht abzusehende Bedeutung für sämtliche Bereiche des sozialen Lebens und der menschlichen Tätigkeit.

Die verschiedenen Produktivkräfte haben als Wachstumsquellen durchaus unterschiedliche ökonomische Charakteristiken. Für die beiden grundlegenden Produktivkräfte, auf die sich die Industrialisierung stützte, galt schon so oder so ein komplizierteres Gefüge: das Wachstum der Masse des nutzbaren Produkts entsprach in groben Umrissen immer von neuem der Masse der insgesamt in der Produktion engagierten lebenden und materialisierten Arbeit. Zur Gewinnung eines größeren Quantums von Gebrauchswerten waren stets mehr Fabriken, mehr Maschinen und Arbeitskräfte, war mehr Kapital oder »Kapital und Arbeit« notwendig.[27] Wenn wir das Verhältnis zwischen der Produktion und den Quellen lebender und verstofflichter Arbeit »integrale Produktivität«[28] nennen, dann ist die Industrialisierung als Grundtypus des ökonomischen Wachstums – wiewohl das überraschen mag – ein im großen und ganzen durch Stabilität, durch die unveränderlich »integrale Produktivität«[29] gekennzeichneter Zeitabschnitt. Daraus ergibt sich (sofern die Arbeitskraft dabei durch die Technik ersetzt wird), daß in der Industrialisierung das Verhältnis zwischen dem konstanten Kapital und der Produktion (sogenannter Kapitalkoeffizient) unaufhörlich wächst[30], und daß zugleich die Sicherstellung eines stetigen Produktionswachses notwendig eine Erhöhung der Rate zusätzlicher Investitionen verlangt – so daß die Akkumulation des Kapitals hier das Wirtschaftswachstum beherrscht.[31] Da die quantitative Erweiterung der Indu-

[27] In der marxistischen Terminologie handelt es sich ganz einfach um die Masse des Kapitals, in der auch die ausgezahlten Löhne enthalten sind (variables Kapital).
[28] In der ökonomischen Literatur begegnen wir gewöhnlich den Grenzwerten dieses Verhältnisses unter der Bezeichnung »totale Produktivität«. Siehe z. B. Domar, E. D.: On the Total Productivity and All That. In: The Journal of Political Economy, December 1962; analog Kendrick, J. W.: Productivity Trends in the US. Princeton, 1961.
[29] Daher die tief verwurzelte Ansicht der klassischen politischen Ökonomie über den »fixen Wirkungsgrad des Kapitals«, auf den schon Marx hingewiesen hat (vgl. Das Kapital I. Berlin, 1953, S. 640) und die sich bis heute als Axiom erhalten hat (siehe z. B. J. Robinson, R. Harrod u. a.); Marx versteht allerdings den Begriff Kapital als Summe des konstanten (des »Kapitals« in der Sprache der klassischen politischen Ökonomie) und des variablen Kapitals (das in der ökonomischen Literatur oft als »Arbeit« auftritt).
[30] Entscheidend haben zur Feststellung des säkulären Trends des »Kapitalkoeffizients« (für die Epoche der Industrialisierung) die Berechnungen von S. Kuznets und H. W. Goldsmith beigetragen.
[31] Die Theorien des ökonomischen Wachstums gingen von der These aus, daß in der »Industriegesellschaft« das Kapital Grundfaktor ist (siehe z. B. Domar, E. D.: Essays in the Theory of Economic Growth. New York, S. 18). Gegenüber diesen ursprünglichen Ausgangspunkten zeigt es sich je-

strieproduktion Grundtypus des Wachstums der Produktivkräfte in der Epoche der Industrialisierung und die im wesentlichen stabile Struktur der Produktivkräfte bleibt – also der Bau neuer Fabriken mit ständig verbesserten Arbeitsmitteln und die zusätzliche Aufnahme neuer Arbeitskräfte –, kann gelten, daß die Industrialisierung das extensive Element der wirtschaftlichen Entfaltung darstellt.

Ein anderes Bild zeigt eine Gesellschaft, in der Struktur und Dynamik der Produktivkräfte die industrielle Grenze überschreiten. Die eigenständige Bedeutung der Wissenschaft und ihrer Anwendungen als Wachstumsfaktor wurzelt tief in ihrer ökonomischen Charakteristik, die sich von der abstrakten Arbeit unterscheidet. Schon Marx wies darauf hin, daß »das Produkt der geistigen Arbeit... immer tief unter ihrem Wert... steht, weil die Arbeitszeit, die nötig ist, um sie zu reproduzieren, in gar keinem Verhältnis steht zu der Arbeitszeit, die zu ihrer Originalproduktion erforderlich ist«.[32] Die Anwendung der Wissenschaft stellt jenen Bereich menschlicher Aktivität vor, in dem der Mensch lernt, Quellen und Kräfte der Natur, die kostenlos wirken, unmittelbar zu nutzen.[33]

Wo die Wissenschaft – gleich ob durch Vermittlung der Technik, Organisation oder Qualifikation – in ihrem Gesamtumfang in die Produktion eintritt und zum grundlegenden Wachstumsfaktor wird, löst sich notwendig die Wachstumskurve der Produktion von jener der gesamten verausgabten menschlichen Arbeit, der lebenden wie der materialisierten. Es kommt zu einem Wachstum der »integralen Produktivität«; die »Kapitalkoeffizienten«[34] müssen nicht mehr zwangsläufig steigen.

---

doch, daß der Fortschritt der Wissenschaft, Technik, Organisation, Qualifikation – so oder so – als selbständige Größe betrachtet werden muß, die oberhalb einer gewissen Zivilisationsgrenze in steigendem Grad das wirtschaftliche Wachstum beeinflußt (siehe z. B. Solow, R.M.: Technical Change and the Aggregate Production Function. In: The Review of Economics and Statistics. August, 1957 u. a.). Andeutungen dieser Auffassung waren in der marxistischen Theorie der Arbeitsproduktivitätsfaktoren seit den zwanziger Jahren enthalten. Diese Tatsache verleiht der modernen Wachstumstheorie eine neue, tiefere Bedeutung – weil sie ihren ursprünglichen umkehrt.

[32] Marx, K.: Theorien über den Mehrwert. Marx-Engels Werke. Berlin, 1965, Bd. 26/1, S. 329.

[33] »Soweit die natural philosophy (Naturwissenschaft) ohne aid of machinery (Hilfe von Maschinerie) oder nur mit derselben Maschine wie früher (vielleicht noch wohlfeiler ...), Menschenarbeit durch natural agents ersetzen lehrt, kostet sie dem Kapitalisten (auch der Gesellschaft) nichts und verwohlfeilert die Waren absolut.« (Marx, K.: Theorien über den Mehrwert. Berlin, 1959, S. 950).

[34] Vgl. Creamer, D., S. P. Dobrovolsky, I. Borenstein: Capital in Manu-

Zugleich schwindet die fatale Notwendigkeit der steigenden Akkumulationsrate. An dieser Grenze hört der Prozeß der Selbstvermehrung, des Kapitalwachstums auf, auch rein ökonomische Voraussetzung des allgemeinen Fortschritts der Produktion zu sein. Mit anderen Worten: die Wissenschaft wird nunmehr zur grundlegenden Variablen im System der Volkswirtschaft und zur entscheidenden Größe des Zivilisationswachstums überhaupt. Es treten Merkmale einer neuen Dynamik, eines neuen (»Postindustrial-«) Typus des Wachstums auf, der sich auf die ständig vor sich gehenden Strukturwandlungen der Produktivkräfte stützt, in denen nicht die wachsende Quantität der Produktionsmittel und Arbeitskräfte entscheidet, sondern ihre sich verändernde Qualität, der Grad der Nutzung neuer Produktivkräfte. Hier kommen die intensiven Wachstumselemente zustande, hier entspringt die innerlich mit der wissenschaftlich-technischen Revolution verbundene Beschleunigung.

Das gegenwärtige ökonomische Wachstum ist allerdings die resultierende Summe dieser beiden Tendenzen. Wenn unter seinen Quellen das Wachstum des Fonds der Arbeit und der Reserven an Produktionsmitteln (des Kapitals) überwiegt, wenn die Wirtschaftsentfaltung in entscheidendem Maß durch das Anwachsen des Kapitals (»Kapital und Arbeit«) gewährleistet wird – und das sind die charakteristischen Bedingungen der Epoche der Industrialisierung –, dann können wir von einem extensiven Wachstumstypus sprechen. Dort hingegen, wo unter den Quellen die Qualität und die Nutzungsrate des Fonds »Kapital und Arbeit« das Übergewicht gewinnen – also Faktoren, die sich aus dem wissenschaftlich-technischen Fortschritt im weit gefaßten Sinn, aus den Strukturwandlungen der Produktivkräfte ergeben –, dort kommt es zu einem intensiven ökonomischen Wachstum mit neuen und eigenartigen inneren Gesetzmäßigkeiten und Bedeutungen.[35] Es ist allerdings klar, daß eine

facturing and Mining, its Formation and Financing. Princeton, 1961; Michalevskij, B. N.: Perspektivnyje rascoty na osnove prostych dinamiceskich modelej. Moskau, 1964. Es scheint, daß die Tendenzen eines Absinkens des Kapitalkoeffizienten, die immer wieder in den industriell meist entwickelten Ländern in Erscheinung treten, eine Reflexion der Anfänge der wissenschaftlich-technischen Revolution darstellen.

[35] Eine mathematische Unterscheidung beider Typen kann man aus der Interpretation ableiten, die R. M. Solow der Produktionsfunktion gab, indem er den technischen Fortschritt so in sie einbaute, daß er die Niveaukonstante (R) dynamisierte. Als Tempo des Nationaleinkommens (Y) im Verhältnis zu den »Kapitalkosten« (K) und der »Arbeit« (L) resultiert:

$$\frac{\triangle Y_t}{Y_t} Z = \frac{\triangle K_t}{K_t} + (1-\alpha) \frac{\triangle L_t}{L_t} + \frac{\triangle R_t}{R_t}$$

grundlegende Wandlung der Wachstumstypen erst auf einer ganz bestimmten, verhältnismäßig hohen Stufe der gesellschaftlichen Entwicklung erfolgen kann, im Grunde erst, wenn die Industrialisierung des Landes durchgeführt ist. Die Versuche einer Klassifizierung der Quellen des Wirtschaftswachstums führen uns zur Schlußfolgerung, daß noch am Anfang dieses Jahrhunderts an die 70 % des wirtschaftlichen Wachstums (Daten der USA) von den extensiven Faktoren abhängig waren; gegenwärtig sind wiederum etwa 70 % des Wachstums (in den USA ebenso wie in den westeuropäischen Ländern mit dem schnellsten Wirtschaftswachstum) den intensiven Faktoren zuzuschreiben, die mit der Anwendung der Wissenschaft, der neuen Technik, mit der Rationalisierung der Organisation und Leitung, der Steigerung der Qualifikation usw. zusammenhängen. Die letzten Jahrzehnte lassen sogar schon die historische Beglaubigung der Tatsache zu, daß das intensive Wachstum zu überwiegen beginnt – in eben dem Maß, wie der Industrialisierungsprozeß seiner Vollendung entgegengeht und wie die wissenschaftlich-technische Revolution zu Wort kommt.

1.1.6. Die neuen Dimensionen des Zivilisationswachstums

Zusammen mit der wissenschaftlich-technischen Revolution und den von ihr bestimmten Veränderungen in den ökonomischen Wachstumsmodellen erscheinen auf einer gewissen Stufe sämtliche Gesetzmäßigkeiten und Proportionen der Gesellschaftsentwicklung in einem neuen Licht. Das gilt vor allem vom Verhältnis zwischen Wissenschaft, Technik und unmittelbarer Produktion; man kann sagen, daß diese Bindungen von einer bestimmten Scheidelinie des Wachstums an einen ähnlich richtungweisenden Charakter erkennen lassen, wie ihn zur Zeit der Industrialisierung das Verhältnis zwischen der I. und II. Gruppe der unmittelbaren Produktion gewann. Zum Entwicklungsgesetz der Produktivkräfte wird unter den Bedingun-

Nach dem relativen Anteil des Wachstumstempos der »integralen Produktivität«

$$\left(\frac{\triangle R_t}{Y_t} : \frac{\triangle Y_t}{Y_t}\right)$$

können wir leicht beide Wachstumstypen danach unterscheiden, welche Elemente (die extensiven oder die intensiven) vorherrschen. (Hajek, M., M. Toms: Determinanty ekonomickeho rustu a integralni produktivita (Die Determinanten des ökonomischen Wachstums und die integrale Produktivität). Politicka ekonomie Nr. 10, 1966). Ein ähnliches Ergebnis erhalten wir, wenn wir von anderen Wachstumsmodellen Ausgang nehmen (z. B. vom Modell Kaleckis haben K. Kouba, J. Goldmann und V. Nachtigal eine ähnliche Bestimmung abgeleitet).

gen der wissenschaftlich-technischen Revolution die höhere Priorität, das heißt der Vorsprung der Wissenschaft vor der Technik und der Technik vor der unmittelbaren Produktion. Der Präsident der Akademie der Wissenschaften der UdSSR, M. Keldys,[36] formulierte: »In der neuen historischen Situation ... ist es notwendig, daß unsere Technik schneller wächst und sich entfaltet als die Schwerindustrie, und daß die Naturwissenschaften, die die prinzipielle Basis jedes technischen Fortschritts bilden und die Hauptquelle der tiefsten technischen Ideen vorstellen, ihren Vorsprung vor dem Entwicklungstempo der Technik halten.«

Wir begegnen hier einer neuen Relation, die die Industrierevolution nicht kannte – und die die strikte Voraussetzung des intensiven Wachstums darstellt: zur Bedingung wird die ständige Einsatzfähigkeit einer solchen Forschungskapazität, eines solchen Vorrats wissenschaftlicher Erkenntnisse, der es gestattet, mit immerwährendem (und ständig wachsendem) Vorsprung neue, effektivere technologische, organisatorische und ähnliche Lösungen zur Geltung zu bringen und auf diese Weise das Anwachsen der Kapitalkoeffizienten und der Zunahme der Akkumulationsrate zu verhindern. Nur so können die enormen Kosten, die die gegenwärtigen Umwälzungen in der technischen Produktionsbasis verursachen, kompensiert und in Gewinn verwandelt werden.[37]

Vom Standpunkt der Schaffung und Vermehrung der gesellschaftlichen Produktivkräfte kann in diesem Fall (jenseits einer gewissen Grenze und in einer gewissen Proportion) die Entfaltung der Wis-

---

[36] Keldys, M. V.: Sovetskaja nauka i strojitelstvo kommunizma. In: Pravda, 13. 6. 1961; einen ähnlichen Gedanken finden wir bei S. Kuznets angedeutet: Six Lectures on Economic Growth. Glencoe, 1959, S. 30); bei J. D. Bernal ist dieser Zusammenhang mathematisch bearbeitet: der Fortschritt der Technik entspricht der ersten Derivation der Produktionskurve, der Fortschritt der Wissenschaft der zweiten Derivation.

[37] Je schneller die Wissenschaft fortschreitet, desto mehr Bereiche neuer, revolutionärer Lösungen erweisen sich als höchst effektiv. Wenn über die Chemisierung und andere moderne Produktionsprinzipien bereits allgemein bekannt ist, daß sie zu jenen Typen von Technik gehört, die »Kapital sparen«, dann lassen die Erwägungen einer Reihe von Ökonomen (A. Vincent, W. Grossin, Z. Chrupek, H. Flakiersi, G. M. und P. S. Amber u. a.) den Schluß zu, daß sich heute auch die Automatisierungsanlagen und in der Perspektive sogar die Kerntechnik derselben Situation nähern: sie beginnen, bei der Installation geringere Kosten – im Verhältnis zur Produktion – in Anspruch zu nehmen, als sie die Errichtung traditioneller Industriebetriebe erfordert. Es unterliegt allerdings keinem Zweifel, daß außerhalb des Umkreises der unmittelbaren Produktion die Summe der zur Entfaltung der zeitgenössischen Wissenschaft erforderlichen Mittel (z. B. der Kostenauf-

senschaft und Forschung viel bedeutsamer sein als die Erweiterung der unmittelbaren Produktion: die Strukturveränderungen der Technik, die Modernisierung, Rationalisierung der Leitung, Entfaltung der Bildung, der Sorge für den Menschen usw. können eine viel durchdringendere Wirkung haben als der Bau neuer Fabriken des bisherigen Niveaus und die Hinzunahme traditioneller Arbeitskräfte. Diese Bindungen entstehen zusammen mit der wissenschaftlich-technischen Revolution. Unterhalb einer gewissen Grenze der Produktivkräfte (und damit auch der Anhäufung von Kapital) wäre für das weitere Wachstum stets eine Konzentration sämtlicher Mittel in die unmittelbare Produktion vorteilhafter. Oberhalb dieser Scheidelinie verändert sich die Situation zu ihrem geraden Gegenteil. Dieser merkwürdige Bruch geht durch unsere ganze heutige Zeit, um überall die stabilisierten Verhältnisse umzustürzen. Wir haben uns zur Zeit der Industrialisierung daran gewöhnt, daß die Menge der in die Erweiterung des Netzes der Betriebe investierten Mittel Maßstab des Wirtschaftswachstums ist. Aber nun zeigt es sich, daß jenseits einer gewissen Grenzlinie und in gewissen Proportionen mehr die Menge der aus der unmittelbaren Produktion freigemachten[38] und aus der vorproduktiven Phase sowie der den sozialen Belangen der Menschen zugewiesenen Mittel zu entscheiden beginnt. Bisher hing der Fortschritt der Zivilisation vom Wachstum des Kapitals und der Einschaltung immer größerer Massen an Arbeitskräften in die Industrie ab, heute hingegen ist die Ausschaltung von Arbeitskräften aus der Industrieproduktion durch die Technik und die »Freisetzung von Kapital« ein Merkmal wachsender Produktivkräfte. Die Beschränkung des Verbrauchs der Massen auf den Bereich der Reproduktion der Arbeitskraft war früher Bedingung allgemeinen Wachstums, heute erscheint sie als sein Hindernis; und an ihre Stelle tritt als ebenso unerläßliche Bedingung des zeitgenössischen Wachstums ein bestimmtes Maß erweiterten Verbrauchs (sogar desjenigen der Massen) usw. In dieser Situation macht sich mit aller Schärfe die dringliche Notwendigkeit einer wissenschaftlichen, dynamischen Orientierung unter den Bedingungen der Entfaltung der Produktivkräfte geltend. Hier wurzelt der schnelle Erfolg der »Wachstumstheorien« in unserer Zeit.

Die neuen Produktivkräfte, die die moderne Produktion menschlichen Lebens durchdringen, haben dabei andere menschliche Para-

wand für ein wissenschaftliches Laboratorium) in unserer Zeit im Gegenteil stark gewachsen ist.
[38] Schon K. Marx hat auf die umwälzende Bedeutung der Tendenzen zur »Freisetzung von Kapital« hingewiesen (Das Kapital III-1, S. 132, Berlin 1953), die seitdem einen ungeheuren Umfang angenommen haben.

meter: die Wissenschaft und ihre verschiedenartige Anwendung hängt viel enger und ursächlicher mit der Entfaltung des Menschen zusammen als die einfache, abstrakte menschliche Arbeit.[39] Im industriellen Wachstumsmodell der Produktivkräfte hat der Mensch im Grunde einen einzigen Gebrauchswert: sofern er eine weitere einfache Arbeitskraft vorstellt. In der wissenschaftlich-technischen Revolution ist vielmehr das Gegenteil der Fall: es kommt jetzt viel mehr darauf an, wie der ergiebige Inhalt der Wissenschaft – als Produktivkraft – durch die menschliche Tätigkeit zum Einsatz gelangt.[40] Da der Fortschritt der Wissenschaft und Technik weitgehend vom Entwicklungsgrad der schöpferischen Kräfte des Menschen abhängt, somit von den Menschen selbst, sehen wir uns hier einem neuen Gefüge des Wirtschaftswachstums und sodann auch des zeitgenössischen historischen Prozesses überhaupt gegenüber – einem Gefüge, das uns das Geheimnis der wissenschaftlich-technischen Revolution unserer Zeit verrät:

Auf einer bestimmten Entwicklungsstufe der modernen Zivilisation muß es sich notwendig zeigen, daß zur effektivsten Art und Weise der Vermehrung der Produktivkräfte der Gesellschaft und des menschlichen Lebens unmittelbar die Entfaltung des Menschen selbst wird, das Wachsen seiner Fähigkeiten, seines Schöpfertums – die Entfaltung des Menschen als Selbstzweck.[41]

---

[39] »Die Entwicklung der Wissenschaft, dieses ideellen und zugleich praktischen Reichtums, ist aber nur eine Seite, eine Form, worin die Entwicklung der menschlichen Produktivkräfte, i. e. des Reichtums erscheint.« (Marx, K.: Grundrisse der Kritik der politischen Ökonomie. Berlin, 1953, S. 439.)
[40] Nehmen wir als Einheit der Produktivkraft die Menge des Jahresprodukts der einfachen Arbeitskraft in der unmittelbaren Produktion an, so erreicht dem Akademiemitglied Strumilin zufolge (von ähnlichen Erwägungen läßt sich der amerikanische Ökonom Schultze leiten) schon ein qualifizierter Arbeiter den »Nutzeffekt« von etwa 1,5 Arbeitskräften (Effektivnost obrazovanija v SSSR. In: Ekonomiceskaja gazeta, 14/1962). Wenn wir den aus realisierten Verbesserungsvorschlägen resultierenden Effekt auf die Ersparnisse der gesamten gesellschaftlichen Arbeit umrechnen, kommt darüber hinaus noch (für die UdSSR im Jahre 1960) ein Äquivalent von 0,7 bis 0,9 Arbeitskraft (also im Ganzen 2,2 bis 2,4 Arbeitskräfte) hinzu: bei den Rationalisatoren und Technikern von Rang macht das sogar 5–20 Arbeitskräfte aus. Schätzungen des sowjetischen Fachmanns Kurakov zufolge erspart ein Durchschnittswissenschaftler jährlich etwa 36 Arbeitskräfte. Es ist klar, daß außer der Kraft des menschlichen Wissens keine andere Macht der Welt der menschlichen Arbeit eine solche Durchschlagskraft zu geben vermag.
[41] Erst dort, wo die »allseitige Entwicklung jedes individuellen Produzenten« mit dem »größten Aufschwung der Produktivkräfte der gesellschaftlichen Arbeit« (Marx, K.: Brief an die Redaktion der Otecestvennyje zapisky, 1877. Marx/Engels, Ausgewählte Briefe. Berlin, 1953, S. 370–381) zusam-

Gegenüber der Epoche der Industrialisierung, in der das allgemeine Wachstum vor allem von der Quantität des Kapitals (»Kapital und Arbeit«) abhängig war, während die Entfaltung des Menschen aus der Ökonomik als im großen und ganzen gleichgültige, sie nicht beeinflussende Tendenz ausfiel, macht sich heute – durch Vermittlung des wissenschaftlichen und technischen Fortschritts sowie der Umwälzungen in Qualifikation und Organisation, die er mit sich bringt – das Wachsen der menschlichen Kräfte als immer ausgeprägterer Faktor des Aufschwungs der Zivilisation geltend. In eben diesem praktischen Zusammenhang entstehen heute in den technisch fortgeschrittensten Ländern der Welt theoretische Disziplinen, die die Registrierung der ökonomischen Bedeutungen der sozialen Fürsorge und somit auch der Entfaltung des Menschen (»Ökonomik der menschlichen Quellen«) zum Ziel haben. Ein neues Gefüge der Entfaltung der Zivilisation kommt auch in einer solchen Terminologie zum Ausdruck, wie »Investitionen in den Menschen« und »menschliches Kapital«[42]; es wird ausgelöst durch die Anfänge der wissenschaftlich-technischen Revolution.[43]

Wir befinden uns offenbar an einem Wendepunkt, wo sich die Produktivkräfte der Gesellschaft in anderen Bereichen und anderen Proportionen herausbilden, als dies in der Epoche der Industrialisierung der Fall war. Oberflächlich und ungenügend erscheint in diesem Licht nunmehr die alte Einteilung in »produktive« und »nichtproduktive« Bereiche, »produktive« und »nichtproduktive« Arbeit[44] usw. und die auf dieser Basis entstandenen Präferenzen – sofern diese nicht Rücksicht darauf nehmen, wo und bis zu welchem Grad die Produktivkräfte der Gesellschaft zustande kommen und

menfällt, kann die Entfaltung des Menschen als Selbstzweck zum Gesetz der Geschichte werden. Wenn es zwischen ihnen keine Identität gäbe, wären alle humanistischen Bestrebungen im vorhinein als Donquichotterien zum Scheitern verurteilt.

[42] T. V. Schulz in einer Ansprache auf dem Ökonomenkongreß in den USA im Jahre 1960. Ähnlich Tinbergen, Correa, Denison u. a. Die Konferenz über »Investitionen in menschliche Wesen« in den USA 1961 versuchte, Investitionen in das »menschliche Kapital« unter die Wachstumsfaktoren einzureihen.

[43] Als »wesentlichste Folgerung« anerkennt auch C. C. Killingsworth, abgesehen von seiner ausgeprägt einseitigen Konzeption, daß »die Automatisierung und die sich verändernde Basis des gesellschaftlichen Bedarfs die Bedeutung von Investitionen in die menschliche Persönlichkeit als Faktor des ökonomischen Wachstums stark erhöht haben« (Automation, Jobs and Manpower. In: Manpower Revolution, 1963–1964).

[44] Eine offene, bisher noch nicht behandelte Frage bleibt, wie sich diese veränderte Situation in der Logik des Geschichtsprozesses äußern wird.

sofern die traditionellen Prioritäten nicht dieser neuen und höheren Dynamik untergeordnet werden. Die ganze Skala dieser Kehrtwendungen auf der Scheidelinie, die im historischen Prozeß der Umgestaltung der Welt und der Selbstgestaltung des Menschen durch das Auftreten der wissenschaftlich-technischen Revolution zustande kommt, zeigt die tiefe innere Verknüpfung dieser Zivilisationswandlungen mit der sozialen Revolution. Die wissenschaftlich-technische Revolution stellt eigentlich zugleich eine Kulturrevolution in einem neuen, viel tieferen und weiteren Sinn dar, weil sie sich nicht auf diese oder jene Veränderungen innerhalb der Kultur beschränkt, sondern die Situation der Kultur im Leben der Gesellschaft überhaupt umstürzt, um sogar die Herausbildung der materiellen Voraussetzungen der Zivilisation direkt von der Kultivierung der menschlichen Kräfte abhängig zu machen.

3 Politische Ökonomie
Von Oskar Lange

Die Planung der gesellschaftlichen Wirtschaft – die Realisierung der Rationalität in der Wirtschaft auf gesellschaftlicher Stufenleiter

Die Rationalität der Wirtschaftstätigkeit auf gesellschaftlicher Stufenleiter erfordert eine Unterordnung der von den einzelnen Unternehmen erstrebten Ziele unter ein den gesamten gesellschaftlichen Produktions- und Distributionsprozeß umfassendes Ziel; mit anderen Worten, sie erfordert eine Koordinierung der Tätigkeit der einzelnen Unternehmen, eine Integration ihrer Ziele durch ein gemeinsames Ziel, das die Wirtschaftstätigkeit der Gesellschaft steuert. Eine solche Koordinierung bezeichnet man als Planung der gesellschaftlichen Wirtschaft. Eine gewisse Notwendigkeit zur Überschreitung der Schranken der privatwirtschaftlichen Rationalität und die Notwendigkeit der Koordinierung einzelner Unternehmen, also die Notwendigkeit der Planung, tritt noch im Kapitalismus auf. Sie erscheint im Rahmen der kapitalistischen Unternehmensverbände, wie Konzerne, Trusts, Kartelle, wie sie in der monopolkapitalistischen Periode entstanden sind, sowie infolge der Übernahme gewisser Gebiete der Wirtschaftstätigkeit durch den Staat. Angesichts des Privateigentums an den Produktionsmitteln kann eine solche Planung jedoch nicht die Gesamtheit der gesellschaftlichen Wirtschaft umfassen, und infolgedessen erweitert sie zwar den Bereich der privatwirtschaftlichen Rationalität, ändert aber nicht deren beschränkten Charakter und deren antagonistische Wirkungsweise. Darüber hinaus haben angesichts des Privateigentums an den Produktionsmitteln solche Pläne, die eine Gruppe kapitalistischer Unternehmen umfassen, nur beschränkte Exekutivkraft gegenüber den einzelnen Unternehmen. Aus Gründen, die in diesem Buch im weiteren noch erläutert werden, sind auch die vom Staat festgelegten Pläne nur begrenzt durchführbar, vor allem gegenüber großen Monopol- oder Oligopolunternehmen, es sei denn, daß diese Pläne die Zusammenfassung ihrer gemeinsamen privatwirtschaftlichen Ziele sind. Aber auch in diesem Fall ist die Rationalität solcher Pläne durch den antagonistischen Charakter der kapitalistischen Produktionsverhältnisse entstellt.
Die Planung der gesellschaftlichen Wirtschaft, also die Realisierung der Rationalität des Produktions- und Distributionsprozesses auf der gesellschaftlichen Stufenleiter, ist erst in der sozialistischen Produktionsweise möglich. Das gesellschaftliche Eigentum an den Produk-

tionsmitteln verwandelt den Charakter des Unternehmens, das zum sozialistischen Unternehmen wird. Die Maximierung des Gewinns hört auf, Selbstzweck des Unternehmens zu sein. Die Tätigkeit des sozialistischen Unternehmens wird dem allgemeinen gesellschaftlichen Ziel untergeordnet, das im Plan der gesellschaftlichen Wirtschaft zum Ausdruck kommt. Der Plan der gesellschaftlichen Wirtschaft bestimmt das Ziel in quantifizierter, quantitativ meßbarer Form: in der Regel in Form des Nationaleinkommens. Der Plan bestimmt in der Regel auch die wichtigeren Mittel, die zur Realisierung dieses Zieles dienen, etwa die Höhe und die Verteilung der Investitionen, die Produktion einzelner Industrie- und Landwirtschaftszweige, die Distribution usw., und er stellt den Unternehmen eine bestimmte Aufgabe.

Die Kategorie des Gewinns bleibt im sozialistischen Unternehmen aufrechterhalten, hört aber auf, Selbstzweck seiner Tätigkeit zu sein. Er wird zu einem Mittel, das dem gesellschaftlichen Ziel des Planes untergeordnet ist. Der Gewinn dient als Stimulus zur Erfüllung der Planaufgaben und als Prüfstein für das Handeln nach dem Wirtschaftlichkeitsprinzip. So kommt es in der sozialistischen Produktionsweise zur Integration der Ziele der Tätigkeit der einzelnen Unternehmen durch ein gemeinsames gesellschaftliches Ziel, das im Plan der gesellschaftlichen Wirtschaft festgelegt wird. Der Wirkungsbereich dieser Integration kann verschieden sein, er stimmt aber mit dem Wirkungsbereich der Gesellschaft überein.[1] In den Ländern, in denen gegenwärtig die sozialistische Produktionsweise herrscht oder entsteht, deckt sich dieser Wirkungsbereich mit dem der staatlichen Organisation der Gesellschaft, er umfaßt also die gesamte Volkswirtschaft. Auf der weiteren Entwicklungsstufe der sozialistischen Produktionsweise wird der Wirkungsbereich der Planung der gesellschaftlichen Wirtschaft ohne Zweifel einen internationalen Charakter tragen; schon heute werden deren erste Keime sichtbar.[2]

Die hierarchische Struktur der Ziele als ein Merkmal der sozialistischen Planung

Die Unterordnung der Tätigkeit des sozialistischen Unternehmens unter das Ziel, das im Plan der gesellschaftlichen Wirtschaft festge-

---

[1] Wie weiter oben erläutert wurde, verstehen wir unter Gesellschaft alle Menschen, die durch Verhältnisse der Kooperation und der Arbeitsteilung miteinander verbunden sind, also die Menschen, die miteinander zusammenarbeiten und die füreinander arbeiten.
[2] Eine solche Keimzelle ist die teilweise Abstimmung der Volkswirtschaftspläne im Rat für gegenseitige Wirtschaftshilfe, dem die Sowjetunion und die europäischen Volksdemokratien angehören; an seinen Arbeiten nehmen auch nichteuropäische sozialistische Staaten teil.

legt wird, kann direkten oder indirekten Charakter haben. Im Rahmen des Volkswirtschaftsplanes können beispielsweise Pläne der verschiedenen niederen – territorialen oder anderen – Ebenen existieren. Das sind zum Beispiel Bezirks- und Kreispläne sowie Pläne für bestimmte Gruppierungen von Unternehmen, etwa der Plan des Maschinenbaus oder der Plan der Vereinigung der Braunkohlenbetriebe. Die Tätigkeit der Unternehmen kann dem Plan einer niederen Ebene und nicht unmittelbar dem Gesamtplan der gesellschaftlichen Wirtschaft untergeordnet sein. Alle Pläne der niederen Ebene sind jedoch dem Gesamtplan der gesellschaftlichen Wirtschaft untergeordnet; die in ihnen festgelegten Ziele stellen Mittel zur Realisierung des im Gesamtplan der gesellschaftlichen Wirtschaft festgelegten Ziels dar. Darüber hinaus ist es möglich, daß einige Unternehmen überhaupt keine Planaufgaben erhalten und nach dem Prinzip der Gewinnmaximierung verfahren. Durch die Bestimmung der Bedingungen, nach denen die Gewinnmaximierung durchzuführen ist, bestimmt der Plan zugleich das Ergebnis der Tätigkeit solcher Unternehmen. Das ist ebenfalls eine Art der indirekten Unterordnung der Tätigkeit des Unternehmens unter das Ziel, das der Plan der gesellschaftlichen Wirtschaft verfolgt.
Die Integration der Ziele der sozialistischen Unternehmen in einem gemeinsamen Ziel, das im Plan der gesellschaftlichen Wirtschaft festgelegt ist, führt zum Entstehen einer hierarchischen Struktur der Ziele. An der Spitze dieser Struktur befindet sich das Hauptziel, das heißt das des Plans der gesellschaftlichen Wirtschaft, das wir auch als Ziel erster Ordnung bezeichnen werden. Die Mittel, die direkt der Realisierung dieses Zieles dienen, stellen Ziele zweiter Ordnung dar. Die Mittel, die direkt der Realisierung der Ziele zweiter Ordnung dienen, bilden die Ziele dritter Ordnung usw. Die Ziele für die Tätigkeit der verschiedenen Unternehmen sind auf den verschiedenen Ebenen dieser Hierarchie angesiedelt. Die Eisenbahnen und großen Stahlwerke realisieren beispielsweise Ziele zweiter Ordnung, während die örtliche Schmiede oder eine Knopffabrik Ziele realisieren, die auf der unteren Ebene dieser Hierarchie angesiedelt sind. Der Platz, den das Ziel für die Tätigkeit des Unternehmens in dieser Hierarchie einnimmt, entscheidet gewöhnlich darüber, ob die Verbindung des Unternehmens mit dem Plan der gesellschaftlichen Wirtschaft direkt oder indirekt ist, und darüber, welchen Grad und Charakter diese indirekte Verbindung hat.
Die hierarchische Struktur der Ziele ist eine Eigenschaft der sozialistischen Produktionsweise, so wie die Existenz voneinander unabhängiger, gleichlaufender Ziele der einzelnen Unternehmen – der der Maximierung des Profits – Eigenschaft der kapitalistischen Produktionsweise ist. Die hierarchische Struktur der Ziele ist nämlich der

Ausdruck für die Planung der gesellschaftlichen Wirtschaft, für die Integration der Ziele der einzelnen sozialistischen Unternehmen durch das im Plan der gesellschaftlichen Wirtschaft festgelegte Hauptziel. Sie ist zugleich ein Ausdruck für die Rationalität auf der gesellschaftlichen Stufenleiter in der sozialistischen Produktionsweise. Diese Rationalität, die in der hierarchischen Struktur der Ziele ihren Ausdruck findet, tritt nicht in fertiger Gestalt mit der sozialistischen Produktionsweise in Erscheinung, sondern entwickelt sich allmählich und mühevoll mit der Entwicklung der sozialistischen Produktionsweise.

Die sozialistische Produktionsweise übernimmt von der kapitalistischen Produktionsweise neben den Produktivkräften nur die Methodik der privatkapitalistischen Rationalität der kapitalistischen Unternehmen, insbesondere die Kalkulation und die im Zusammenhang mit ihr entstandene Buchhaltung, sowie die Idee vom Prinzip des rationalen Wirtschaftens selbst. Das ist ein großes historisches Erbe, aber dieses Erbe genügt nicht, um die Rationalität der Produktion und der Distribution auf gesellschaftlicher Stufenleiter zu verwirklichen. Es eröffnet die Möglichkeit zur Anwendung des Wirtschaftlichkeitsprinzips im Bereich eines einzelnen Unternehmens, zeigt aber nicht, wie die Tätigkeit der Unternehmen mit der hierarchischen Struktur der Ziele, die der Realisierung des Hauptziels untergeordnet ist, verbunden werden kann. Die sozialistische Gesellschaft muß sich diesen Weg erst im Verlauf ihrer eigenen Entwicklung erarbeiten.

Methodologische Grundprobleme der Planung der gesellschaftlichen Wirtschaft

In der Anfangsperiode der Entwicklung der sozialistischen Produktionsweise stoßen die Koordinierung der verschiedenen Ziele der Wirtschaftstätigkeit und ihre Einreihung in die hierarchische Struktur der Ziele, die ein Ausdruck des Prinzips des rationalen Wirtschaftens auf gesellschaftlicher Stufenleiter ist, auf Schwierigkeiten. Vor allem die Überreste der früheren Produktionsweisen – wie der Sektor der kapitalistischen Produktion und zuweilen auch feudale Elemente – ordnen sich nur mit Schwierigkeiten und Widerstand der Planung der gesellschaftlichen Wirtschaft unter. Keine leichte Aufgabe ist auch die Planung der Tätigkeit des Sektors der kleinen Warenproduktion. Außerdem existieren noch zwei weitere Schwierigkeiten. Die eine besteht darin, daß die Planziele der gesellschaftlichen Wirtschaft nicht koordiniert und oft auch nicht quantifiziert sind, daß es also nicht nur ein Ziel gibt, dem man die übrigen Ziele hierarchisch unterordnen könnte. Erst allmählich, mit der fortschreitenden Planungspraxis, kristallisieren sich das Hauptziel und die Integration aller anderen Ziele zur hierarchischen Struktur der Ziele heraus. Die zweite Schwierigkeit besteht darin, daß sich die Art und Weise, wie eine solche Integration durchzuführen ist, noch nicht herausgebildet hat. Die Überwindung dieser Schwierigkeiten liegt in der weiteren Entwicklung der Planungsmethodologie für die gesellschaftliche Wirtschaft. Die Methodologie der Planung der gesellschaftlichen Wirtschaft spielt in der sozialistischen Produktionsweise eine analoge Rolle wie die Kalkulation und die Buchführung in einem kapitalistischen Unternehmen. Kalkulation und Buchführung sind auch der historische Ausgangspunkt für die Methodologie der Planung in der gesellschaftlichen Wirtschaft. Bereits Marx machte darauf aufmerksam, daß in der sozialistischen Ordnung die Buchführung, ein Entwicklungsprodukt des Kapitalismus, bei der Planung der gesellschaftlichen Wirtschaft zur Anwendung kommen wird. Marx schreibt darüber, daß »nach Aufhebung der kapitalistischen Produktionsweise, aber mit Beibehaltung gesellschaftlicher Produktion ... die Regelung der Arbeitszeit und die Verteilung der gesellschaftlichen Arbeit unter die verschiedenen Produktionsgruppen, endlich die Buchführung hierüber, wesentlicher denn je wird«[3]. Bereits früher hatte Marx auf die Notwendigkeit hingewiesen, dabei das Prinzip des rationalen Wirtschaftens anzuwenden. »Ökonomie der Zeit, sowohl wie planmäßige Verteilung der Arbeitszeit auf die verschiedenen Zweige der Produktion, bleibt also erstes ökonomisches Gesetz auf der Grundlage der gemeinschaftlichen Produktion. Es wird sogar in viel höherem Grade Gesetz.«[4] Mit besonderem Nachdruck unterstrich Lenin die Notwendigkeit der Anwendung der Buchführung wie auch der Wirtschaftsstatistik in der sozialistischen Wirtschaft. Er betrachtete die im Maßstab der ganzen Volkswirtschaft angewendete Buchführung als wesentliches Merkmal der sozialistischen Produktionsweise. »Das bedeutet eine gesamtstaatliche Buchführung, eine gesamtstaatliche Rechnungsführung über die Produktion und die Verteilung der Produkte, das ist sozusagen das Gerippe der sozialistischen Gesellschaft.«[5]

---

[3] K. Marx: *Das Kapital*, Bd. III. In: MEW, Bd. 25, S. 859 (Hervorhebung – O. L.). Siehe auch K. Marx: *Das Kapital*, Bd. II. In: MEW, Bd. 24, Dietz Verlag, Berlin, 1953, S.137: »Die Buchführung als Kontrolle und ideelle Zusammenfassung des Prozesses wird um so notwendiger, je mehr der Prozeß auf gesellschaftlicher Stufenleiter vorgeht und den rein individuellen Charakter verliert; also notwendiger in der kapitalistischen Produktion als in der zersplitterten des Handwerks- und Bauernbetriebs, notwendiger bei gemeinschaftlicher Produktion als bei kapitalistischer.«
[4] K. Marx: *Grundrisse der Kritik der politischen Ökonomie*, a. a. O., S. 89.
[5] W. I. Lenin: *Werke*, Bd. 26, Dietz Verlag, Berlin, 1961, S. 89 f.

4 Gesellschaftsplanung in der DDR[1]

Von Josef Esser

1. Einleitung

Seitdem Planung auch in der seit ihrem Entstehen stark von neoliberalen und somit »antiplanerischen« Leitsätzen geprägten BRD[2] aufgrund sozio-ökonomischer Entwicklungstendenzen und daraus folgenden politisch-ökonomischen Notwendigkeiten als »die bisher letzte und damit auch am weitesten fortgeschrittene Problemlösungsstrategie«[3] erkannt und seit Mitte der 60er Jahre auch offiziell institutionalisiert wurde, hat sich – zumindest tendenziell – sowohl bei an privatkapitalistischen Wertvorstellungen orientierten Sozialwissenschaftlern als auch bei einigen in der Bonner Planungspraxis tätigen Politikern eine interessante Perzeptionsverschiebung hinsichtlich der Planungstheorie und -praxis in sozialistischen Staaten vollzogen. Zwar wird im großen und ganzen die zentrale Planung aller Bereiche von Staat und Gesellschaft, wie sie beispielsweise in der DDR vorherrschend ist, immer noch als mit der totalitären, diktatorischen oder autoritär-technokratischen Staatsordnung zusammenhängend undifferenziert diffamiert. Doch wächst zumindest das Interesse derjenigen, die für die kapitalistische Bundesrepublik die Notwendigkeit langfristig konzipierter Aufgabenplanung einsehen und deshalb von nur mittelfristigen und bisher relativ erfolglosen Einzelplänen abrücken,[4] an Prognoseverfahren, Planungsmethoden und -techniken, wie sie in

---

[1] Diese Arbeit entstand als Teilergebnis eines längerfristigen Forschungsprojekts, das der Verfasser gemeinsam mit Frieder Naschold durchführt.
[2] Daß Planung in der BRD erst seit Mitte der 60er Jahre institutionalisiert wird, hängt weniger mit der privatkapitalistischen Struktur der BRD als mit spezifischen anderen Faktoren zusammen, wie beispielsweise die französische Planifikation beweist. Zu diesen Faktoren siehe Hirsch, J.: Wissenschaftlich-technischer Fortschritt und politisches System. Frankfurt, 1970, sowie: Hirsch, J., S. Leibfried: Materialien zur Wissenschafts- und Bildungspolitik. Frankfurt, 1971. Zur Planung in kapitalistischen Ländern allgemein: Shonfield, A.: Geplanter Kapitalismus. Köln, 1969.
[3] Naschold, F.: Zur Politik und Ökonomie von Planungssystemen. In: Politische Vierteljahresschrift, Sonderheft 1972 (im Druck), S. 1.
[4] Als Beispiel für diese Auffassung Jochimsen, R.: Zum Aufbau und Ausbau eines integrierten Aufgabenplanungs- und Koordinationssystems der Bundesregierung, in: Bulletin des Presse- und Informationsamtes der Bundesreg. Nr. 97, vom 16. 7. 70; sowie der Jochimsen-Beitrag in diesem Band.

der DDR entwickelt und angewendet werden – und dies alles mit dem Hintergedanken, von diesen Methoden für die Entwicklung der eigenen Planungssysteme einiges lernen zu können.[5] Diese Bemühungen scheinen an einem zentralen Mangel zu leiden: in der DDR haben wir es mit einer von der Bundesrepublik völlig verschiedenen gesellschaftlichen und politischen Struktur zu tun, über die auch nicht die im Westen immer zahlreicheren Schriften zur Entwicklung einer Konvergenz kapitalistischer und sozialistischer Gesellschaften hinwegtäuschen können. Diese sich als sozialistisch verstehende Gesellschaftsform der DDR unterscheidet sich im wesentlichen durch die fast totale Vergesellschaftung der Produktionsmittel und die damit eng verbundene zentral gesteuerte Planung aller Bereiche der DDR-Gesellschaft durch politische Instanzen von der privatkapitalistisch strukturierten BRD, in der das Privateigentum an Produktionsmitteln unangetastet gilt und eine irgendwie geartete Planung bestenfalls Teilbereiche der Gesellschaft einschließen kann. Aus diesem Grund kann der Versuch, losgelöst vom gesamtgesellschaftlichen Kontext, sozusagen in technokratischer Verkürzung des Problems, Planungsmethoden isoliert zu betrachten und darauf zu untersuchen, ob sie im Planungsmodell eines total entgegengesetzten Kontextes anwendbar sind, nur scheitern. Und auch das empirische und in dieser Arbeit noch zu belegende Ergebnis, daß Planungstechniken im Osten und im Westen ähnlich sind, besagt noch überhaupt nichts darüber, ob sie (die Mittel) die im jeweiligen Planungssystem gesetzten Ziele verwirklichen können. Unsere bisherigen Ergebnisse zur Untersuchung der DDR-Planung jedenfalls legen den Schluß nahe, daß Planungssysteme in kapitalistischen gegenüber solchen in sozialistischen Gesellschaften eine »strukturell bedingte andersartige Funktion und daraus folgend andersartige Aufbau- und Ablauforganisationen besitzen«.[6]

Gegenüber den in der BRD unternommenen Versuchen, von neoliberalen oder konvergenztheoretischen Annahmen aus Vergleiche zwischen kapitalistischen und sozialistischen Gesellschaften anzustellen und darin die jeweiligen Planungssysteme einzuschließen, ist das Ziel dieser Arbeit viel bescheidener. Zunächst soll eine kurze Kritik dieser neoliberalen und konvergenztheoretischen Ansätze die These stützen, daß eine Methodologie eines Systemvergleiches noch nicht existiert und bestenfalls Ziel noch intensiverer Forschungsbemühungen

---

[5] Ergebnis der empirischen Untersuchungen des Forschungsprojekts Naschold/Seuster/Väth/Zipfel: Untersuchungen zur mehrjährigen Finanzplanung des Bundes. Bonn 1971.
[6] Esser/Naschold: Zwischenbericht zum Systemvergleich der Planungssysteme BRD-DDR. Vervielfältigtes Manuskript. Konstanz, 1971.

sein kann.⁷ Das Hauptinteresse dieser Arbeit liegt dann darin, die umfassende Gesellschaftsplanung in der DDR, vom eigenen Anspruch her konzipiert als Aufbau der entwickelten sozialistischen Gesellschaft, in ihrer wesentlichen Aufbau- und Ablaufstruktur historisch-deskriptiv dem westlichen Leser vorzustellen und dabei zu versuchen, den Fehler zu vermeiden, dieses System an der Elle kapitalistischer oder industriegesellschaftlicher Wertvorstellungen zu messen. Dieser Fehler soll dadurch vermieden werden, daß diese Beschreibung aus der Sicht und in der Terminologie der DDR-Gesellschaftswissenschaften vorgenommen wird, was zusätzlich bedeutet, daß ihr die in der DDR etablierte Variante der marxistisch-leninistischen Gesellschaftstheorie zugrunde liegt. Doch auch wenn eine adäquate Vergleichsmethodologie noch nicht existiert, dürfte bereits deutlich geworden sein, daß bei jedem Bemühen um Gesellschaftsanalyse der jeweilige Wertkontext und das erkenntnisleitende Interesse⁸, von dem aus die Untersuchung erfolgt, mitreflektiert und in die Analyse einbezogen werden muß. Da jedoch das DDR-Planungssystem von seinem eigenen Selbstverständnis her nur zu verstehen ist als notwendiger Bestandteil zum Aufbau einer sozialistischen Gesellschaft, kann dieser Versuch nur adäquat beurteilt werden, indem Form und Inhalt zurückgeführt werden auf das, was nach marxistischer Auffassung sozialistische Gesellschaft überhaupt heißen kann. Deshalb scheint die einzige Möglichkeit einer Auseinandersetzung mit dem DDR-Planungssystem von der Ebene aus möglich zu sein, die in der westlichen marxistischen Diskussion als Kontroverse über die »Theorie der Übergangsgesellschaft« (vom Kapitalismus zum Sozialismus nämlich) bekannt ist. Eine kurze Zusammenfassung dieser Diskussion soll deshalb den Abschluß dieser Arbeit bilden.

2. Zur Kritik vorliegender DDR-Analysen

Wie H. Meißner in einem informativen Artikel über die »bürgerliche Auseinandersetzung mit der sozialistischen Produktionsweise«⁹ feststellt, gibt es »seit der Existenz des sozialistischen Gedankens antisozialistische [...] Literatur«¹⁰ Meißner zeigt, daß seit der Okto-

---

⁷ Allerdings leistet der von marxistischen Autoren mit dem anspruchsvollen Titel: BRD–DDR, Vergleich der Gesellschaftssysteme, Köln, 1971, verfaßte Band diesen Vergleich auch nicht.
⁸ Habermas, J.: Erkenntnis und Interesse. In: ders.: Technik und Wissenschaft als »Ideologie«. Frankfurt, 1969.
⁹ Meißner, H. (Hrsg.): Bürgerliche Ökonomie im modernen Kapitalismus. Berlin, 1967, S. 526 ff.
¹⁰ Ebenda, S. 526.

ber-Revolution und dem damit verbundenen ersten Versuch der praktischen Verwirklichung sozialistischer Planung die Sozialwissenschaftler des westlichen Auslandes zunächst den Zusammenbruch dieses Versuches,[11] als dieser dann nicht eintrat, die Unmöglichkeit von rationaler Wirtschaftsrechnung im Sozialismus,[12] und als auch das widerlegt war, schließlich die mangelnde Effizienz gegenüber dem Kapitalismus als jeweilige Einschätzungen anführten.

Ähnlich verfährt die bundesrepublikanische Wirtschaftswissenschaft, seitdem sie sich ab 1949 mit der DDR als konkreter Realität sozialistischer Planung auseinandersetzen muß. Zusammenfassend wird etwa so argumentiert: die DDR-Planung sei nicht in der Lage, mit den anfallenden Fragen fertig zu werden, ein Hin- und Her-Lavieren zu mehr Zentralisierung und mehr Dezentralisierung, zu mehr Eigeninitiative der Betriebe, dann wieder stärkerer Bevormundung durch die staatlichen Organe, die Einführung von »ökonomischen Hebeln« usw. belege, daß eine »Zentralverwaltungswirtschaft« eben nicht mit der Effizienz eines marktwirtschaftlichen Systems vergleichbar sei und nur ideologische Scheuklappen die DDR-Planer daran hinderten, endlich wieder zur viel besseren Marktwirtschaft zurückzukehren.[13]

Abgesehen davon, daß diese Argumentation nicht so recht mit solchen Tatsachen wie der achtbaren Entwicklung der DDR-Wirtschaft fertig wird, die andere nüchternere Beobachter wohl anerkennen[14], und weiter abgesehen davon, daß diese Bewunderer der freien Marktwirtschaft nicht zu sehen scheinen, daß auch in westlichen Ländern das Lavieren der Wirtschaftspolitik und Wirtschaftstheorie vom Neoliberalismus zum Keynesianismus, zu Friedmans Geldtheorie, von Stop-and-go-Politik zu Policy mixed, von Stabilitätsgesetzen und konzertierten Aktionen zurück zum »freien Spiel der Kräfte« an der Tagesordnung sind,[15] scheint sie im wesentlichen an Theoriemangel zu leiden. Sie

---

[11] Wilton, R.: Russia's Agony. New York, 1919. Sombart, W.: Sozialismus und soziale Bewegung. Jena, 1919.
[12] Siehe die Auseinandersetzung zwischen L. von Mises und F. Hayek auf der einen sowie O. Lange und M. Dobb auf der anderen Seite.
[13] Statt vieler: DDR-Wirtschaft. Eine Bestandsaufnahme. Herausgegeben vom DIW Berlin. Frankfurt, 1971; Hoffmann, J.: Zentralverwaltungswirtschaft am Beispiel der SBZ. Frankfurt, 1966; Thalheim, K. (Hrsg.): Wachstumsprobleme in den osteuropäischen Volkswirtschaften. 2 Bände. Berlin, 1968 und 1970.
[14] Leptin, G.: Die deutsche Wirtschaft nach 1945. Köln/Opladen, 1971. Raupach, H.: System der Sowjetwirtschaft. Hamburg, 1968. Materialien zum Bericht zur Lage der Nation 1971. Bonn, 1971.
[15] Als Beispiel sei nur auf die Wirtschaftspolitik im fortgeschrittensten kapitalistischen Land, den USA, von Roosevelt über Eisenhower, von Kennedy/Johnson zu Nixon hingewiesen.

ist nämlich nicht in der Lage, die DDR-Gesellschaft als eine Totalität zu begreifen, die als historisch gewachsene nur analysiert werden kann, wenn man der Analyse den dieser Gesellschaft spezifischen ökonomischen, sozialen, politischen und kulturellen Kontext zugrundelegt. Die konkreten Probleme dieser Gesellschaft können nur von diesem Kontext her erklärt werden.[16]
Nur wenn ein Forschungs-Ansatz diese Zusammenhänge mitreflektiert, kann er zu plausiblen Erklärungen kommen, die sich freizumachen versuchen von in anderem gesellschaftlichen Kontext entstandenen Schablonen.
Diese allgemeine Einschätzung soll an den zwei Hauptrichtungen westlicher DDR-Analyse verdeutlicht werden, wobei die hier gebotene Kürze selbst nur globale Argumentationen zuläßt und zahlreiche Differenzierungen übersehen muß.

2.1. Der traditionell-normative Ansatz

Diese Bezeichnung wählt Ludz[17] für die westliche Totalitarismusforschung der 50er bis Mitte der 60er Jahre; sie läßt sich jedoch ebenfalls auf die neoliberale Wirtschaftstheorie übertragen.
Wird beim Totalitarismuskonzept die parlamentarische Demokratie »in ihrer idealen Reinheit, nicht in ihrer konkreten Befindlichkeit, als Norm gesetzt«[18], so geht die hauptsächlich von W. Eucken[19] und der »Freiburger Schule« entwickelte neoliberale Wirtschaftstheorie davon aus, daß es während der gesamten Menschheitsgeschichte nur zwei Typen von Wirtschaftssystemen gegeben habe und weiterhin geben werde: die freie Verkehrswirtschaft oder Marktwirtschaft und die Zentralverwaltungswirtschaft. In Euckens nur scheinbar »formal-ökonomischer Typisierung«[20] kommt der ideologische Inhalt darin zum Ausdruck, daß Marktwirtschaft mit Demokratie, Zentralverwaltungswirtschaft mit totalitärer Staatsform harmoniere. Ahistorisch wird die Theorie dadurch, daß bei der freien Verkehrswirtschaft kein Unterschied gemacht wird zwischen marktwirtschaftlichen Versuchen des Mittelalters, dem Konkurrenzkapitalismus des 19. Jahrhunderts und

---

[16] Ähnlich argumentiert Kosta, J.: Wirtschaftssysteme (I). In: Wirtschaftswoche Nr. 4, 26. Jg. (1972), S. 29 ff.
[17] Ludz, P. C.: Die soziologische Analyse der DDR-Gesellschaft. In: Wissenschaft und Gesellschaft in der DDR. München, 1971, S. 11 ff.
[18] Ebenda, S. 12.
[19] Eucken, W.: Grundsätze der Wirtschaftspolitik. Hamburg, 1959.
[20] Fangmann, H. D.: Staatliche Wirtschaftsplanung und Staatsrechtsideologie. In: Kritische Justiz. Heft 1, 1972, S. 3.

monopolkapitalistischen Entwicklungen des 20. Jahrhunderts, und daß der Idealtypus Zentralverwaltungswirtschaft so verschiedene Konzeptionen wie Sklavenwirtschaft der Antike, sozialistische Planwirtschaft der Sowjetunion und faschistische Kriegswirtschaft im Dritten Reich umschließt.

Auch wenn Eucken und insbesondere Hensel[21] die Funktionsfähigkeit dieser Zentralverwaltungswirtschaft ausdrücklich anerkennen, messen sie sie doch mit Maßstäben, die aus der »reinen«, dazu »natürlichen«, nach ihrem Verständnis offenbar qualitativ höherstehenden Marktwirtschaft gewonnen wurden. Besonders deutlich wird bei an dieser Konzeption orientierten Untersuchungen die ideologische Voreingenommenheit, wenn es um einen Effizienzvergleich geht. Die Orientierung am kapitalistischen Rationalitätskriterium der Profitmaximierung, das einmal mit »stärkerer Ökonomisierung«, als wenn es *die* Ökonomisierung gäbe, einmal als »Einsicht in wirtschaftliche Zusammenhänge«[22] umschrieben wird, ist so offensichtlich, daß derartige Analysen, außer daß sie oft gute Zusammenstellungen von Fakten bieten, keinerlei ernstzunehmende Aussagen über die Beurteilung der DDR-Planung machen können.[23]

2.2. Konvergenztheoretische Ansätze

Gemeinsames Postulat aller Varianten der Konvergenztheorie ist die Aussage, daß zwischen den hochentwickelten Gesellschaftssystemen in Ost und West ein stetiger Annäherungsprozeß vor sich gehe. Beide sozio-ökonomischen Systeme, sowohl Kapitalismus als auch Sozialismus, hätten die gleichen technischen, ökonomischen und sozialen Probleme zu lösen, woraus resultiere, daß sie sich immer ähnlicher würden.[24]

---

[21] Hensel, P.: Einführung in die Theorie der Zentralverwaltungswirtschaft. Stuttgart, 1959, 2. Aufl.
[22] Mitzscherling, P.: Die Wirtschaft der DDR - Bestandsaufnahme und Aussichten. Vervielfältigtes Manuskript. Berlin, 1971; Melzer, M., A. Rüger: Wirtschaftssysteme II u. III. In: Wirtschaftswoche, Nr. 5 u. 6, 26. Jg. (1972).
[23] Einen Versuch der Gegenüberstellung von kapitalistischer und sozialistischer Rationalität bietet Lange, O.: Politische Ökonomie, Bd. 1. Frankfurt/Wien, 1970, S. 185 ff.
[24] Statt vieler: Rostow, W.: Stadien wirtschaftlichen Wachstums. Göttingen, 1961; Aron, R.: Die industrielle Gesellschaft. Frankfurt und Hamburg, 1964; Tinbergen, J.: Kommt es zu einer Annäherung zwischen den kommunistischen und den freiheitlichen Wirtschaftsordnungen? In: Hamburger Jahrbuch für Wirtschafts- und Gesellschaftspolitik, 1963; Galbraith, J. K.: Die moderne Industriegesellschaft. München/Zürich, 1968. Kritisch dazu:

Unterschiedliche Konzepte bestehen hinsichtlich der Frage, ob die Entwicklung mehr zu einer marktwirtschaftlichen, mehr zu einer sozialistischen oder mehr zu einer qualitativ neuen Struktur, die Elemente aus beiden Systemen in sich enthalte, gehen werde. Die in dieser Hinsicht am weitesten entwickelte Konzeption ist die der »modernen Industriegesellschaft«[25], die gewissermaßen eine Vereinigung der Vorzüge beider Ordnungen und Ausklammerung ihrer jeweiligen Nachteile ist. Auch der kritisch-positive Ansatz[26] zur Analyse der DDR-Gesellschaft läßt sich dieser Industriegesellschafts-Konzeption subsumieren. Zwar wird argumentiert, sozialistische Gesellschaften könnten nicht auf ihren industriegesellschaftlichen Charakter reduziert werden, sie seien jedoch auch, und zwar sehr wesentlich, Industriegesellschaft.[27] Sowohl für diesen Ansatz, der für die Analyse der DDR-Gesellschaft in den westlichen Sozialwissenschaften entwickelte theoretische Konzepte wie Integrationstheorie, Konflikttheorie oder Theorie des sozialen Wandels heranzieht, gilt ebenso wie für alle anderen Konzepte, daß sie erstens die technologische Entwicklung als alleinigen Indikator für gesellschaftliche Entwicklung und gesellschaftlichen Wandel ansehen, zweitens der Frage nach den konkreten Eigentums-, Herrschafts- und Klassenverhältnissen der jeweiligen Gesellschaft keinerlei Relevanz zubilligen. Da jedoch gerade das dialektische Wechselverhältnis von Produktivkräften und Produktionsverhältnissen, die wesentlich durch die Eigentums- und Klassenverhältnisse bestimmt sind, für eine marxistische Gesellschaftsanalyse zentraler Bestandteil bleibt[28], genau diese Kategorien aber bei allen »Industriegesellschaftsanalysen« fehlen, ist ihr eindeutig an westlichen Maßstäben fixierter Wertgehalt belegt. Weiterhin dürfte offensichtlich sein, daß sie nicht in der Lage sind, eine adäquate Beschreibung einer »Übergangsgesellschaft« vom Kapitalismus zum Sozialismus zu geben.

Weber, W., C. Seidl: Die Konvergenzthese und ihre Problematik. In: Jahrbuch der Wirtschaft Osteuropas, Bd. 2, 1971, S. 205 ff.; Raupach, H.: Antagonismus – Koexistenz oder Konvergenz westöstlicher Wirtschaftssysteme. In: Politische Studien, Heft 189, 1970; Meißner, H.: Konvergenztheorie und Realität. Berlin, 1971; Rose, G.: Konvergenz der Systeme. Köln, 1970.
[25] Galbraith, a. a. O.
[26] Ludz, a. a. O., S. 11 ff.; Bress, L.: Die Gestaltung des Wirtschaftssystems der DDR als strukturelles und organisationstheoretisches Problem. In: Wissenschaft und Gesellschaft in der DDR, a. a. O.; Kade/Zubrod/Hujer: Organisationsprobleme der Wirtschaftsreformen in der UdSSR und der DDR. Wien/New York, 1971.
[27] Ludz, a. a. O., S. 14.
[28] Bettelheim, C.: Ökonomischer Kalkül und Eigentumsformen. Zur Theorie der Übergangsgesellschaft. Rotbuch 12. Berlin, 1970, S. 77 f.

3. Zur Gesellschaftsplanung in der DDR

3.1. Vorbemerkung

Bevor im einzelnen die Struktur des DDR-Planungssystems aufgezeigt wird, muß auf ein prinzipielles Problem hingewiesen werden, das sich für den aus dem kapitalistischen Ausland kommenden Beobachter beim Studium des DDR-Planungssystems ergibt.
Das hier beschriebene Planungs-System ist die Darstellung eines Sollzustandes. Die für den westlichen Beobachter zugänglichen Quellen bestehen aus den Veröffentlichungen, die im offiziellen Buch- und Zeitschriftenhandel der DDR vertrieben werden – und diese enthalten, von einigen mehr zu Spekulationen als zu fundierter Erkenntnis verleitenden eingestreuten Bemerkungen abgesehen, wenig von dem, was man empirische Forschung nennt. Dieser Mangel, der meines Wissens allen westlichen Untersuchungen zur DDR-Forschung anhaftet, ist meiner Einschätzung nach speziell bei Untersuchungen zum Planungssystem auf zwei Gründe zurückzuführen:
erstens werden in der DDR alle Fragen der gesellschaftlichen und wirtschaftlichen Organisation in dem großen Zusammenhang einer weltweiten Auseinandersetzung zwischen Sozialismus und Kapitalismus gesehen.[29] Aus dieser politisch-ideologischen Einschätzung heraus folgert man, sich in einem Stadium des verschärften Klassenkampfes zu befinden, in dem die BRD der Hauptfeind sei. Da Wissenschaft und Forschung innerhalb der BRD ganz eindeutig Klassencharakter hätten, also fast ausschließlich der herrschenden Klasse zugute kämen, empfehle es sich, möglichst wenige Informationen über das herzugeben, was effektiv in der DDR geschehe;
zweitens dürften für diese Geheimhaltung einfach praktische Gründe maßgeblich sein. Das ökonomische System des Sozialismus (ÖSS) wurde erst 1967 eingeführt und soll Ende des Perspektivplan-Zeitraumes 1971 bis 1975 vollendet sein. Seinen entscheidenden Neuerungen wird sowohl von den Planungs-Theoretikern der DDR als auch von der politischen Spitze selbst Experimentiercharakter zugeschrieben. Die DDR-Wissenschaftler dürften demnach heute selbst kaum schon in der Lage sein, nach strengen Kriterien empirischer Sozialforschung erprobte und abgesicherte Ergebnisse vorzulegen.

---

[29] Politische Ökonomie des Sozialismus und ihre Anwendung in der DDR. Berlin, 1969, S. 195 (im folgenden abgekürzt: Pol. Ök.).

3.2. Zur Entstehungsgeschichte der entwickelten sozialistischen Gesellschaft

Auf einen wichtigen Tatbestand zur Erklärung der Entwicklung, die die DDR seit 20 Jahren genommen hat und deren sozialer und ökonomischer Ausdruck heute die Konzeption der entwickelten sozialistischen Gesellschaft mit ihrem Kernstück, dem ökonomischen System des Sozialismus (ÖSS), darstellt, weist die DDR-Forschung zu Recht hin, nämlich auf die Analyse der historisch-ökonomischen Ausgangsbedingungen der damaligen sowjetischen Besatzungszone:[30]
1. Die Spaltung Deutschlands ergab für die DDR schwerwiegende Disproportionalitäten zwischen Schwer- und Leichtindustrie;
2. die Rohstoffbasis reichte längst nicht aus, unabhängig von Zulieferern die Industrie in Gang zu bringen;
3. die aufgrund des Potsdamer Abkommens von ganz Deutschland zu entrichtenden Reparationen mußten, nachdem der entstehende Kalte Krieg die Westmächte bewog, die der Sowjetunion rechtmäßig zustehenden Lieferungen vor allem aus dem Ruhrgebiet einzustellen, fast ausschließlich von der DDR bezahlt werden, und zwar nach anfänglichen Demontagen bestehender Fabriken bis 1955 aus der laufenden Produktion;[31]
4. die traditionellen Außenhandelsbeziehungen waren zerstört;
5. der Aufbau einer sozialistischen Gesellschaft konnte nicht mit der traditionellen nationalsozialistisch oder kapitalistisch denkenden Führungsschicht vorgenommen werden. Das Auswechseln der Führungsschicht jedoch nahm längere Zeit in Anspruch, da es »so viele überzeugte antifaschistisch-demokratische Kräfte und überzeugte Genossen, die gleichzeitig Wirtschaftsexperten sein mußten, nicht gab«[32];
6. die bis 1961 offene Grenze zum Westen führte zum Verlust von vielen hochqualifizierten Arbeitskräften und ermöglichte zahlreiche Störmaßnahmen des Westens;
7. die DDR war seit ihrem Bestehen dem Druck des Ost-West-Vergleichs ausgesetzt, der anfangs für sie schon deshalb negativ ausfallen

---

[30] Müller H., K. Reißig: Wirtschaftswunder DDR. Berlin, 1968; Damus, R.: Demokratischer Zentralismus im ökonomischen System der DDR. In: Stadtbauwelt 30, 62. Jg. (1971). BRD–DDR, a. a. O.; Nick, H.: Gesellschaft und Betrieb im Sozialismus. Berlin, 1970; Leptin, a. a. O.; Mitzscherling, a. a. O.; Bress, a. a. O.; Richert, E.: Das zweite Deutschland. Gütersloh, 1964.
[31] Schwarz, H. P.: Vom Reich zur Bundesrepublik. Neuwied, 1966. Badstübner, T.: Restauration in Westdeutschland. Berlin, 1965. Hartwich, H. H.: Sozialstaatspostulat und gesellschaftlicher Status quo. Köln/Opladen, 1970; Conert, H.: Kalter Krieg und Teilung Deutschlands. In: Das Argument, Nr. 48, 10. Jg. (1968).
[32] Damus, a. a. O., S. 115.

mußte, da sie einmal wegen der bereits angeführten ungleichen Ausgangsbedingungen kaum mit der durch Marshall-Plan-Hilfen und Korea-Boom aufblühenden BRD Schritt halten konnte, andererseits das bis 1952 nicht geklärte Verhältnis der Sowjetunion zu ihrer Besatzungszone – Beute oder Partner? – viele Schwankungen brachte und eine sinnvolle Planung der Wirtschaft torpedierte;
8. die Bevölkerung der DDR identifizierte sich nicht mit dem Aufbau des Sozialismus in ihrem Lande, da sie im Ulbricht-Regime nur eine »Marionetten-Regierung von sowjetischen Gnaden« sah.[33]
Der Aufbau einer sozialistischen Gesellschaft erfordert Planung als notwendiges »gesellschaftliches Strukturprinzip«[34] zu seiner Voraussetzung[35] und nicht nur – wie auch im Kapitalismus möglich – Planung als Leitungsmechanismus, mit dem bestimmte Ziele realisiert werden können. Es stand jedoch außer Zweifel, daß unter den konkreten historisch-politischen Bedingungen sowohl in der DDR als auch in allen anderen Volksdemokratien Osteuropas das Planungs- und Lenkungssystem – so wie es unter Stalin in der Sowjetunion entwickelt worden war[36] und auch in den 30er und 40er Jahren seine Bewährungsprobe bestanden hatte – auf diese in ihrer sozio-ökonomischen Struktur so grundverschiedenen Länder übertragen wurde.
Also glaubte man, der ökonomischen Notlage nur mit einer straffen zentralistischen Planung und Leitung der Volkswirtschaft Herr werden zu können. Man versuchte möglichst rasch, die bestehenden Disproportionalitäten zu überwinden, indem vor allen anderen Industriebereichen das extensive Wachstum der Grundstoffindustrie vorangetrieben wurde.[37]
Die Aufgabenstellungen der Perspektivpläne wurden primär durch die Extrapolation, das Weiterrechnen vorhandener bekannter Strukturen, gewonnen. Der laufende Nachfrage-Überhang verlangte, um die Ziele des Aufbaus zu gewährleisten, ein »relativ hohes Maß administrativer Verteilung der Ressourcen«.[38] Nur geringe Mittel konnten für den Ersatz und die Modernisierung vorhandener Produk-

---

[33] Ebenda, S. 115.
[34] Altvater, E.: Plan und Markt. In: Stadtbauwelt, a. a. O., S. 111.
[35] Siehe dazu Teil 6 dieser Arbeit und die Einleitung zu diesem Band.
[36] Stalin, J.: Ökonomische Probleme des Sozialismus in der UdSSR. Berlin, 1958. Zur Kritik an diesem Planungssystem, die hier nicht geleistet werden kann: Altvater, E., C. Neusüß: Bürokratische Herrschaft und gesellschaftliche Emanzipation. In: Neue Kritik, Heft 51/52, 1969; Bettelheim, a. a. O.; Lindner, W.: Aufbau des Sozialismus oder kapitalistische Restauration. Erlangen, 1971; in diesem Band S. 133 ff.; Mandel, E.: Marxistische Wirtschaftstheorie. Frankfurt, 1968, Kap. 15.
[37] Nick, a. a. O.
[38] Ebenda, S. 22.

tionsanlagen verwendet werden, der Gewinn wurde zentralisiert und umverteilt, den Betrieben war die Verantwortung für die Reproduktion ihrer Produktionsmittel entzogen.«Die betrieblichen Teilsysteme wurden volkswirtschaftlich über eine größere Zahl von Volumenkennziffern (Warenproduktion, Gewinn, Lohnfonds, Investitionen, Export, Import usw.) gesteuert, die Jahr für Jahr verändert wurden und zugleich ein relativ hohes Maß operativer Eingriffe zentraler Wirtschaftsorgane in den betrieblichen Reproduktionsprozeß erforderten.«[39] Ende der 50er Jahre zeigte der straff organisierte Aufbau die intendierten Erfolge an: die industriellen Disproportionen waren weitgehend überwunden, mit Hilfe der wissenschaftlich-technischen Revolution mußte jetzt die vorwiegend extensive Reproduktion durch die qualitätssteigernde intensive Reproduktion abgelöst werden, wollte man ein angemessenes Wirtschaftswachstum gewährleisten.[40] Vor allem mißt die DDR-Forschung dem Bau der Mauer in Berlin, wodurch »erhebliche äußere Störquellen des sozialistischen Aufbaus beseitigt«[41] wurden, erhebliche Bedeutung bei für die Tatsache, daß die objektiven Bedingungen in den politischen, ökonomischen und materiell-technischen Verhältnissen qualitative Veränderungen im System der Planung und Leitung der Volkswirtschaft und im gesamten ökonomischen System erforderten.

Der erste Schritt in diese Richtung erfolgte mit der Einführung des »Neuen ökonomischen Systems der Planung und Leitung der Volkswirtschaft« (NÖSPL) auf dem VI. Parteitag der SED 1963, der auf wirtschaftspolitischem Gebiet folgende Neuerungen brachte: systematische Verwirklichung der wissenschaftlich-technischen Revolution; Intensivierung des Reproduktionsprozesses; Ausarbeitung des NÖSPL, das als Vorstufe eines noch zu schaffenden ökonomischen Systems des Sozialismus konzipiert war.

Auf dem VII. Parteitag der SED im April 1967 schließlich wurde beschlossen, ein ökonomisches System zu schaffen, das das Kernstück des entwickelten gesellschaftlichen Systems des Sozialismus sein sollte, also alle Elemente dieses Systems befruchten und von allen Teilelementen Impulse erhalten und das folglich nicht nur das System der Planung und Leitung, sondern alle Seiten der sozialistischen Produktionsweise umfassen sollte.

Der VIII. Parteitag 1971 hat – soweit bisher absehbar – an den Grundsätzen der DDR-Gesellschaftsplanung nichts Wesentliches geändert. Ob und wieweit das Abgehen vom Begriff »entwickeltes ge-

---

[39] Ebenda, S. 22 f.
[40] Zu dieser mechanistischen Gegenüberstellung von extensiver und intensiver Wachstumsphase siehe die Kritik von Altvater/Neusüß, a. a. O.
[41] Nick, a. a. O., S. 19.

sellschaftliches System des Sozialismus« und seine Ersetzung durch den Begriff der »entwickelten sozialistischen Gesellschaft«[42] sowie die Kritik an der übermäßigen Anwendung kybernetischer und systemtheoretischer Terminologie[43] in der marxistisch-leninistischen Gesellschaftstheorie als auch die zur Hauptaufgabe erklärte Vervollkommnung des materiellen und kulturellen Lebensniveaus der Menschen und deren Vorrang vor der Entwicklung von Wissenschaft und Technik[44] Änderungen an dem hier beschriebenen Planungssystem mit sich bringen, kann derzeit noch nicht beurteilt werden, scheint jedoch zweifelhaft zu sein.

Eine Neuerung besteht jedoch darin, daß man eine weitere Vervollkommnung des Planungssystems dadurch erreichen will, daß für die nächsten Jahre ein schrittweiser Übergang zu einer längerfristigen Planung in der Volkswirtschaft und in wichtigen Zweigen und Bereichen angestrebt wird.[45] Über diese langfristige Planung läßt sich – wie die bisher in der DDR intensiv geführte Diskussion zeigt[46] – nur folgendes sagen: sie soll Verbindungsglied zwischen Prognosephase und Perspektivplanung sein, soll Zeiträume von 15 bis 20 Jahren umfassen, soll als konkrete Bestimmung der Strategie der Entwicklung bereits verbindliche Ziele enthalten, den schon materiell abgesteckten Rahmen für die Perspektivplanung bilden und soll darüber hinaus in allen RGW-Ländern gleichzeitig über ein sogenanntes Komplexprogramm[47] zur weiteren Vertiefung und Vervollkommnung der wirtschaftlichen und der wissenschaftlich-technischen Zusammenarbeit sowie der weiteren Integration der RGW-Länder beitragen.

Betrachtet man die Darstellung von 20 Jahren Wirtschafts- und Gesellschaftspolitik, so wie sie in der DDR-Forschung entwickelt wird,

---

[42] Hager, K.: Die entwickelte sozialistische Gesellschaft. In: Einheit, Heft 11, 1971, S. 1203 ff.
[43] Ebenda, S. 1207.
[44] Dokumente des VIII. Parteitags der SED. Berlin, 1971.
[45] Ebenda, S. 63.
[46] Schilling, G., H. Steeger: Der VIII. Parteitag der SED und die weitere Vervollkommnung der Planung der Volkswirtschaft. In: Wirtschaftswissenschaft, Heft 10, 19. Jg. (1971), S. 1425 ff. Piepow, R.: Zur langfristigen Planung. In: Wirtschaftswissenschaft, Heft 1, 20. Jg. (1972), S. 17 ff.; Kern, E., K. Werner: Probleme der Koordinierung der Pläne für eine längere Perspektive zwischen den RGW-Mitgliedsländern. In: Wirtschaftswissenschaft, Heft 11, 1971, S. 1609 ff.; Ebert, G., H. Milke: Aktuelle Probleme unserer sozialistischen Planung. In: Einheit, Heft 12, 1971.
[47] »Komplexprogramm für die weitere Vertiefung und Vervollkommnung der Zusammenarbeit und Entwicklung der sozialistischen ökonomischen Integration der Mitglieder des RGW. In: Neues Deutschland v. 7. 8. 1971; Kern/Werner, a. a. O.

kritisch, so fällt auf, daß die durchgängige Tendenz aller Publikationen die ist, eine kontinuierliche, von Partei- und Staatsführung bewußt gesteuerte und von keinerlei Auseinandersetzungen um Grundsatzfragen getrübte Entwicklung von den Anfängen der SBZ/DDR bis hin zum heutigen ÖSS zu unterstellen, und daß demgemäß das ÖSS die zwangsläufige Folge und vorerst vollkommenste Stufe einer sozialistischen Gesellschaft darstellt. Ausgeklammert bleiben bei solchen Darstellungen die zahlreichen Konflikte, Parteikursveränderungen, Säuberungsmaßnahmen, Machtkämpfe, die ebenfalls zur DDR-Planungsgeschichte gehören.[48]

3.3. Zum Konzept der »entwickelten sozialistischen Gesellschaft«

Seit dem VII. Parteitag der SED 1967 ist der Aufbau des entwickelten gesellschaftlichen Systems des Sozialismus – ab 1971 entwickelte sozialistische Gesellschaft – Hauptaufgabe der DDR. Diese Konzeption wird im einzelnen getragen von:
ihrem Kernstück, dem ökonomischen System des Sozialismus;
dem vom demokratischen Zentralismus bestimmten System der sozialistischen Demokratie;
dem einheitlichen sozialistischen Bildungssystem;
der Durchdringung aller Sphären des gesellschaftlichen Lebens mit der sozialistischen Ideologie;
der stetigen Verbesserung der Arbeits- und Lebensbedingungen seiner Mitglieder;
dem System der Landesverteidigung.[49]
In zweierlei Hinsicht gilt sie als »Weiterentwicklung der langfristigen strategischen Konzeption des sozialistischen Aufbaus, die zugleich eine außerordentlich bedeutsame Bereicherung der marxistisch-leninistischen Theorie«[50] darstellt:
Erstens wird der Sozialismus nicht mehr – wie noch von Marx – als eine kurze Übergangsphase in der Entwicklung der Gesellschaft definiert, sondern als »eine relativ selbständige sozio-ökonomische Formation in der historischen Epoche des Übergangs vom Kapitalismus zum Kommunismus im Weltmaßstab«.[51] Daraus wird die Konse-

---

[48] Da es in dieser Arbeit im wesentlichen um »Selbstdarstellung« geht, kann eine ausführliche Kritik nicht geleistet werden. Verwiesen sei jedoch auf Teil 6 und die dort angeführte Literatur.
[49] Pol. Ök., a. a. O., S. 188 ff.; Wörterbuch der Ökonomie Sozialismus. Berlin, 1969, S. 229 ff. (abgekürzt: Wörterbuch).
[50] Nick, a. a. O., S. 25.
[51] Ebenda, S. 26.

quenz gezogen, daß der Sozialismus einer relativ langen Entfaltung seiner Vorzüge und Triebkräfte bedarf, daß alle Grundfragen des sozialistischen Aufbaus nicht aus der Sicht seiner Überwindung, sondern seiner Entfaltung in Angriff genommen werden müssen, und schließlich erst der umfassende Aufbau der sozialistischen Gesellschaftsordnung Voraussetzung und Grundlage des späteren Übergangs zum Kommunismus ist.[52]
Zweitens gilt es, in allen Bereichen der Gesellschaft ein System-Denken zu entwickeln, wozu vor allem ein hohes Niveau solcher Wissenschaften wie der Kybernetik, Organisationswissenschaft usw. erforderlich ist.[53]

4. Planungsstruktur und -ablauf im ökonomischen System des Sozialismus

Das ökonomische System des Sozialismus[54] beruht auf dem entscheidenden Grundgedanken, die zentrale staatliche Planung und Leitung der Grundfragen des gesellschaftlichen Gesamtprozesses organisch mit der eigenverantwortlichen Planungs- und Leitungstätigkeit der sozialistischen Warenproduzenten und der örtlichen Staatsorgane zu verbinden. Seine vier entscheidenden Merkmale sind:
1. die wissenschaftliche Führungstätigkeit mittels Prognosen und einer modernen Wissenschafts- und Wirtschaftsorganisation;
2. die zentrale staatliche Planung mit dem Perspektivplan als Hauptsteuerungsinstrument und dem jährlichen Volkswirtschaftsplan;
3. die Eigenverantwortung der Betriebe und Kombinate auf der Grundlage des zentralen staatlichen Planes unter Ausnutzung der Ware-Geld-Beziehungen und der materiellen Interessiertheit mit der wirtschaftlichen Rechnungsführung;
4. die unmittelbare Teilnahme der Werktätigen an der Planung und Leitung (sozialistische Demokratie).

---

[52] Ansätze einer Kritik des Sozialismus als eigenständige Gesellschaftsformation bei Hager, a. a. O.
[53] Nick, a. a. O., S. 27. Kritisch dazu Hager, a. a. O.
[54] Pol. Ök., a. a. O., S. 202 ff.; Wörterbuch, a. a. O., S. 587 ff.; Ulbricht, W.: Zum ökonomischen System des Sozialismus. 2 Bde., Berlin, 1968; Ebert, G., u. a.: Ökonomische Gesetze im gesellschaftlichen System des Sozialismus. Berlin, 1969.

4.1. Die Prognosetätigkeit

Prognosen haben das Ziel, die Entwicklung der Volkswirtschaft und des gesamten gesellschaftlichen Lebens langfristig vorauszubestimmen, davon ausgehend Entscheidungen über die künftige Struktur der Volkswirtschaft abzuleiten und ihre schrittweise Durchsetzung in den Perspektivplänen als verbindliche Zielstellung festzulegen. Die DDR-Prognostiker fassen gemäß der marxistisch-leninistischen Theorie die gesellschaftliche Entwicklung als eine durch objektive Gesetze determinierte dialektische Bewegung auf, deren Gesetze der Mensch erkennen und bewußt zu nutzen vermag, insofern er die kapitalistische Gesellschaftsordnung überwunden hat.[55]
Seit 1968 wird intensiv in zahlreichen vom Ministerrat zentral geleiteten, jedoch auch im Auftrag der Kombinate, VVB und Territorien eigenverantwortlich arbeitenden Prognosegruppen an Prognosen auf gesellschaftlichem, ökonomischem, wissenschaftlich-technischem Gebiet gearbeitet, die je nach dem Teilgebiet oder Teilbereich Zeiträume von 10 bis 30 Jahren umfassen.
Ausgangspunkt aller weiteren Prognosetätigkeit ist die gesellschaftliche Gesamtprognose. In ihr, die die DDR-Entwicklung bis zum Jahre 2000 bestimmen soll, werden die einzelnen Bereiche des gesellschaftlichen Gesamtsystems in ihren Wechselbeziehungen sowie ihrem zukünftigen Zustand modelliert. Sie setzt sich zusammen aus:
der Prognose der Entwicklungstendenzen von Wissenschaft und Technik;
der Prognose der Entwicklung des Systems der Planung und Leitung;
der Prognose der Entwicklung der Klassen und Schichten;
der Prognose der Entwicklung des sozialistischen Bewußtseins, der Bildung und Kultur sowie der Lebens- und Verhaltensweisen der Menschen;
der Prognose der Bedingungen und Methoden zur Sicherung der Einheit zwischen gesellschaftlichen und individuellen Interessen im entwickelten gesellschaftlichen System des Sozialismus;
der Prognose der wesentlichen Entwicklungen des internationalen Klassenkampfes und des internationalen Kräfteverhältnisses;
der Prognose der Entwicklung des politisch-ideologischen und organisatorischen Einflusses der Partei.[56]

---

[55] Nach der Lehre von Marx verhindert die kapitalistische Produktionsweise mit den hinter den Rücken der vereinzelt agierenden Kapitalisten spontan wirkenden Marktgesetzen von vornherein eine planmäßige und damit prognostizierbare Entwicklung der Gesellschaft.
[56] Hochschule für Ökonomie, Berlin-Karlshorst: Territoriale Ökonomie und Planung. Grundlehrbriefe 1–5. Berlin, 1969.

Aus der gesellschaftlichen Gesamtprognose, die im hierarchischen Aufbau der verschiedenen Prognosen an oberster Stelle steht, werden alle anderen Prognosen abgeleitet. Weitere wesentliche Prognosen sind:
die Prognose der Entwicklung volkswirtschaftlicher Hauptfaktoren,

Schaubild I

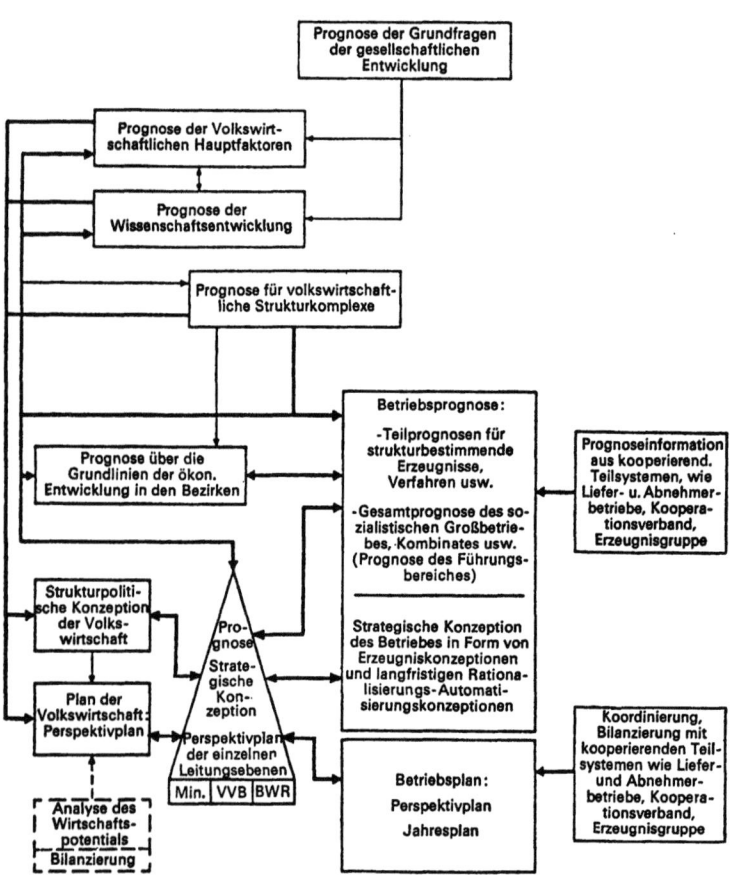

Quelle: Wörterbuch der Ökonomie Sozialismus. Berlin, 1969, S. 665.

die, ausgearbeitet von der staatlichen Plankommission, alle makroökonomischen Größen und Prozesse der Volkswirtschaft erfaßt;
die Prognose für volkswirtschaftliche Komplexe, die der Vorbereitung von Strukturentscheidungen über die künftige Entwicklung wesentlicher Gebiete der Volkswirtschaft dient;
die Prognose der rationellen Standortverteilung der Produktivkräfte, die darauf gerichtet ist, eine effektive Territorial-Struktur zu gestalten (Siehe Schaubild I).
Nach allen bisherigen Veröffentlichungen und nach den Beschlüssen des Staatsrates der DDR von 1970, der die bisherigen Prognoseerfahrungen der DDR-Planer zusammenfaßt, ist die prognostische Tätigkeit darauf gerichtet, den künftigen Welthöchststand auf ausgewählten strukturbestimmenden Gebieten zu ermitteln, was in mehreren Varianten geschehen soll und Berechnungen über Aufwand und Ertrag einschließt. Diesen Welthöchststand versucht man durch Orientierung an den »Entwicklungstendenzen von Wissenschaft und Technik in den sozialistischen Bruderländern, den hochentwickelten kapitalistischen Industriestaaten und der Entwicklung der Erschließung neuer Rohstoffquellen in den anderen Ländern der Erde«[57] zu fixieren.[58]
Bei Auswertung der Literatur war es weder möglich, über den Inhalt der vorliegenden Prognosen Näheres zu erfahren, noch läßt sich empirisch rekonstruieren, wie der Gang der Entscheidungsfindung zwischen den verschiedenen Prognosegruppen beim Ministerrat, bei den Bezirken, Kreisen sowie bei den Kombinaten und volkseigenen Betrieben vor sich geht.
Die angewandten Prognosemethoden entsprechen den auch im Westen gebräuchlichen.[59] Im einzelnen werden angeführt: Zeitreihenforschung, Strukturforschung, Invarianzenforschung, Verflechtungsanalyse, Grenzwertforschung, Schwellwertforschung, Substitutionsanalyse, strategische Analyse.[60]

[57] Gellrich, W.: Kennziffern im Dienste der Messung, Regelung und Steuerung in der sozialistischen Wirtschaft. In: Bichtler, K. (Hrsg.): Wirkungsmechanismus des ökonomischen Wachstums. Berlin, 1968, S. 174.
[58] Gegen diese Orientierung am Welthöchststand wird vorgebracht, daß sie eine Unterwerfung unter die Entwicklungsrichtung des kapitalistischen Weltmarktes impliziere und eigene politische Grundentscheidungen verhindere. Neumann, Ph.: Der »Sozialismus als eigenständige Gesellschaftsformation«. In: Kursbuch 23, 1971, S. 96 ff.; in diesem Band S. 160 ff.; dagegen Damus, a. a. O.
[59] Was jedoch keinerlei Konvergenz der Systeme bedeuten muß. Vgl. Teil 1 und 2.
[60] Haustein, H. D.: Wirtschaftsprognose. Berlin, 1969; Bönisch, A.: Futurologie. Frankfurt, 1971, S. 88 ff.; Rüger, A.: Die Bedeutung »strukturbestimmender Aufgaben« für die Wirtschaftsplanung und -organisation der DDR. Berlin, 1969.

Einen echten Durchbruch auf dem Gebiet der Prognosetechnik sieht die DDR-Forschung in der Delphi-Methode für die Verbesserung des intuitiven Denkens, in dem morphologischen Herangehen an die Erkundungsprognosen und den Prinzipien der Zielbaummethode als Grundlage für die Ausarbeitung von normativen Prognosen.[61] Schließlich wird als neue Methode zur Erarbeitung prognostischer Weltstandsvergleiche das KORTER-Verfahren entwickelt, das im wesentlichen gekennzeichnet ist durch die Kombination von Regressionsanalyse, Trendrechnung und variablem Erkundungsbaustein zur Aufdeckung qualitativer Umschlagpunkte.[62]

4.2. Die strukturpolitische Konzeption

Als Bindeglied zwischen den längerfristig angelegten Prognosen und dem die Volkswirtschaft effektiv steuernden Perspektivplan fungiert die strukturpolitische Konzeption, aus der die strukturbestimmenden Aufgaben als vorrangig zu verwirklichende Aufgaben der Volkswirtschaft abgeleitet werden. Sie beruht einmal auf der Prognose des gesellschaftlichen Gesamtsystems, der langfristigen strukturpolitischen Entwicklung der Gesamtwirtschaft, den Prognosen für strukturbestimmende Aufgaben und den aus den Prognosen abgeleiteten wissenschaftlich-technischen Konzeptionen für die strukturbestimmenden Haupterzeugnisse.

Die eigenständige Aufgabe der strukturpolitischen Konzeption besteht darin, in einem iterativen Prozeß die aus der Prognostik bereitgestellten Varianten auf eine Grundvariante der volkswirtschaftlichen Entwicklung hinzuführen. Dabei geht es darum, die Variante zu finden, die für lange Sicht das günstigste ökonomische Ergebnis sichert – und dessen Maßstab ist die maximale Steigerung des Nationaleinkommens. Die strukturpolitische Konzeption erfordert, daß sich der Prozeß der Perspektivplanung in zwei Zeitabschnitten vollzieht. Zunächst werden die strukturbestimmenden Aufgaben vorgegeben, beraten, präzisiert und beschlossen. Erst in einem weiteren Schritt wird dann der Perspektivplan umfassend ausgearbeitet und bilanziert, wobei die strukturbestimmenden Aufgaben sein inneres Gerüst darstellen.

Erstmals wurde eine strukturpolitische Konzeption im Sommer 1968 von einer Arbeitsgruppe beim Ministerrat erarbeitet. Sie gibt an, wel-

---

[61] Hochschule für Ökonomie, Lehrbrief: Die volkswirtschaftliche Prognostik, a. a. O., S. 65 ff.; Bönisch, a. a. O., S. 88 ff.
[62] Kube, W., V. Liers: Zur Methodik prognostischer Weltstandsvergleiche. In: Wirtschaftswissenschaft. Juni 1971, S. 832 ff.

che Industriezweige und Erzeugnisgruppen das Wirtschaftswachstum entscheidend bestimmen und darin beschleunigt entwickelt werden sollen.[63]

4.3. Der Perspektivplan

Wurden früher die Perspektivpläne (5- bis 7-Jahrespläne) vor allem auf dem Weg der Extrapolation gegebener Strukturen, der Weiterrechnung vorhandener, bekannter Entwicklungstendenzen abgeleitet, so »ist das spezifisch Neue des Perspektivplans im ÖSS, seine grundlegenden Aufgabenstellungen, auf dem Weg der Rückrechnung aus längerfristigen Prognosen zu gewinnen«.[64] Als Hauptsteuerungsinstrument der DDR-Volkswirtschaft enthält der Perspektivplan sachlich und zeitlich bestimmte Aufgaben, wobei – wie bereits in 4.2. ausgeführt – die strukturbestimmenden Aufgaben sein inneres Gerüst bilden.

4.4. Der Jahresvolkswirtschaftsplan

Auf der Grundlage des Perspektivplans wird jährlich der Jahresvolkswirtschaftsplan ausgearbeitet. Er konzentriert sich auf die Realisierung der Perspektivplanaufgaben und auf die Verwirklichung neuer strukturpolitischer Entscheidungen, die durch die permanente Prognosetätigkeit vorbereitet werden.

4.5. Territorialplanung und eigenverantwortliche Planung
der Konzerne und Betriebe

Sowohl Territorialplanung als auch eigenverantwortliche Planung der Konzerne und Betriebe, im ÖSS unter dem Obertitel »eigenverantwortliche Planung der Führungsbereiche auf allen Ebenen« als wesentliche Veränderung des Planungssystems apostrophiert, soll zwei Aufben erfüllen[65]:
Einmal soll die Dezentralisierung das DDR-Planungssystem effizienter und aufnahmebereiter für Informationen aus den einzelnen Gesellschaftsbereichen machen. Zum zweiten manifestiert sich in dieser Dezentralisierung jedoch auch der Anspruch auf Verwirklichung der

---

[63] Rüger, a. a. O., S. 12 f.
[64] Nick, a. a. O., S. 186.
[65] Ebenda, S. 201 ff.

sozialistischen Demokratie, die für die Planung die unmittelbare Teilnahme aller Werktätigen an der Planung und Leitung voraussetzt.[66] Die wesentliche Aufgabe der Territorialplanung besteht darin, die von den zentralen Planungsinstanzen aufgrund langfristiger Prognosen erstellten Generalpläne (Generalverkehrsplan, Generalbebauungsplan, Plan für das gesamte Bildungswesen) für das entsprechende Territorium kleinzuarbeiten und in konkrete Maßnahmen umzusetzen. An der Territorialplanung sind beteiligt: die im Territorium liegenden Betriebe, die Räte der zum Territorium gehörenden Kreise und Städte, die entsprechenden Partei- und Gewerkschaftsorganisationen.

Die Konzerne und Betriebe müssen auf der Grundlage der vorgegebenen strukturkonkreten Aufgaben und normativ festgelegten langfristigen Wirtschaftsbedingungen alle konkreten Zielstellungen, wie die Entwicklung des Gewinns, der Warenproduktion, der Investitionen usw. selbst erarbeiten. Eine Kontrolle und Steuerung dieser betrieblichen Teilplanungen durch den Staat werden im wesentlichen erreicht durch:
die Aufgaben der strukturkonkreten Planung;
die planmäßige Gestaltung der Bedingungen der Gewinnbildung durch den Staat;
die planmäßige Gestaltung der Bedingungen der Gewinnverwendung.[67]

4.6. Das Kennziffernsystem des ÖSS

Da sich alle Prozesse der Planung, Leitung, Abrechnung und Kontrolle der DDR-Volkswirtschaft über informationelle Beziehungen vollziehen, mißt man der Vervollkommnung und der rationalen Gestaltung des Informationssystems eine große Bedeutung zu. Als Bindeglied zwischen Reproduktionsprozeß und dem Planungs- und Lei-

---

[66] Auch wenn das Problem der sozialistischen Demokratie und ihre Verwirklichung in der DDR zu den entscheidenden Fragen einer Gesellschaft gehört, die aufgrund der Lehre von Karl Marx den Abbau von Herrschaft, die Befreiung des Menschen von kapitalistischer Ausbeutung und seine Selbstverwirklichung in der Interaktion mit den Mitmenschen postuliert, kann diese Frage hier in ausreichender Weise schon deshalb nicht beantwortet werden, da empirische Untersuchungen über konkrete Entscheidungsabläufe bei der Planung nicht vorliegen. Als Darstellung der Demokratievorstellung in der DDR siehe Haney, G.: Die Demokratie – Wahrheit, Illusionen und Verfälschungen. Berlin, 1971; ebenso Damus, a. a. O.; dagegen Bettelheim, a. a. O.
[67] Nick, a. a. O., S. 201 ff.

tungssystem soll es das Hauptziel des Informationssystems sein, den von der Planung und Leitung des materiellen Reproduktionsprozesses her bestimmten Bedarf an Informationen zu decken und damit zur Objektivierung der durch die Leitungsorgane zu treffenden Entscheidungen beizutragen. Dieses einheitliche, pyramidenförmig aufgebaute Informationssystem umfaßt als Kernstück ein in sich geschlossenes System von Kennziffern, die zur Messung, Regelung und Steuerung ökonomischer Erscheinungen und Prozesse dienen. An diesem den neuen Anforderungen entsprechenden Kennziffern-System wird in der DDR noch gearbeitet. Grundsätzlich lassen sich folgende Kriterien für das neue System angeben:
während vor der Einführung des ÖSS die Betriebe mit umfangreichen Kennziffer-Programmen versehen wurden, ist für das neue Planungssystem die Übergabe weniger volkswirtschaftlich entscheidener Kennziffern bezeichnend;
das Kennziffern-System muß die Bestimmung, die Definition, die Abgrenzung, Klassifizierung und Gruppierung der inhaltlich unterschiedlichen Bestandteile und Elemente umfassen;
es geht um die einheitliche Kennzeichnung und Chiffrierung inhaltlich gleichartiger ökonomischer Erscheinungen;
es geht um die Bestimmung des Inhalts und Umfangs der Kennziffern, das heißt um den Informationsgehalt, die Informationsbreite und -tiefe und um die Periodizität ihrer Weitergabe, Auswertung und Gültigkeit.[68]

5. Stellung der Finanzplanung in ÖSS

5.1. Funktionen der Finanzen im System der DDR-Planwirtschaft

Die Bestimmung der Funktionen der Finanzen im System der DDR-Planwirtschaft hat davon auszugehen, daß der Prozeß der erweiterten Reproduktion sich unter den Bedingungen der Warenproduktion vollzieht, der in der DDR-Theorie entgegen der Lehre von Marx eine neue »sozialistische Qualität« zugesprochen wird, die nichts mit den Konsequenzen der Warenproduktion im Kapitalismus gemein haben soll.[69] Vermittelt werden Gebrauchs- und Tauschwert der Waren auch in der sozialistischen Gesellschaft durch das Geld; man spricht in der DDR von der Ware-Geld-Wirtschaft als Grundlage des gesell-

---

[68] Gellrich, a. a. O. Planung der Volkswirtschaft in der DDR. Herausgegeben von einem Autorenkollektiv der Staatlichen Plankommission. Berlin, 1970, S. 217 f.
[69] Zur näheren Begründung der Warenproduktion: Pol. Ök., a. a. O.

schaftlichen Reproduktionsprozesses.[70] Diese Funktion des Geldes, allgemeines Äquivalent zur Vermittlung von Produktion, Zirkulation, Distribution und Konsumtion zu sein, führt jedoch auch in einer sozialistischen Gesellschaft zu einer Verselbständigung der Geldbewegung gegenüber der Warenbewegung. Durch diese Verselbständigung der Geldbewegung erhält der Reproduktionsprozeß eine eigenständige, finanzielle Seite. Um jedoch die Verhältnismäßigkeit des Umschlags der materiellen in die wertmäßige Seite des Reproduktionsprozesses planmäßig zu sichern, bedarf es der Steuerung und Regelung der Finanzen durch den Staat. Diese Steuerung der gesellschaftlich wichtigen Geldströme und die Regelung der Art und Weise, wie die Geldfonds in der Volkswirtschaft gebildet, verteilt und verwendet werden, ist Aufgabe des Finanzsystems, dem zwar eine »außerordentlich aktive Rolle«[71] zugesprochen wird, jedoch im System der Wechselbeziehungen zwischen materieller und finanzieller Planung nur eine von der materiellen Planung abgeleitete Stellung zukommt. Im einzelnen haben die Finanzen in der DDR folgende drei Funktionen:
1. Verteilungsfunktion, das heißt Finanzierung des planmäßigen Ablaufs des Reproduktionsprozesses;
2. Hebelfunktion, das heißt Stimulierung der Anstrengungen der Betriebe zur Erhöhung der Effektivität der Reproduktion;
3. Kontrollfunktion, das heißt Bildung, Verteilung und Verwendung des gesellschaftlichen Produktes und des Nationalvermögens im Sinne der zentralen Planung zu überwachen.[72]

5.2. Die Rolle des Staatshaushaltes

Innerhalb des sozialistischen Finanzsystems ist der Staatshaushalt das »Instrument zur unmittelbaren Zentralisierung finanzieller Mittel in den Händen«[73] des Staates. Durch ihn werden aus den Teilen des Nationaleinkommens und des übrigen Volksvermögens diejenigen Geldfonds gebildet und verwendet, die der Staat zur Verwirklichung seiner politischen, ökonomischen, sozialen, kulturellen und militärischen Ziele benötigt.
Das ÖSS erforderte auch eine neue Denkweise im Finanzwesen der

---

[70] Vogel, E., G. Kaltofen: Zur Rolle des Staatshaushalts bei der Gestaltung des entwickelten gesellschaftlichen Systems des Sozialismus. In: Sozialistische Finanzwirtschaft, 1967, S. 37 ff.
[71] Pol. Ök., a. a. O., S. 402.
[72] Ebenda, S. 401.
[73] Vogel/Kaltofen, a. a. O.

DDR, nämlich den Übergang zur prognostisch und perspektivisch orientierten Arbeit der zentralen und örtlichen Finanzen. Daraus folgt für den Staatshaushalt eine Konzentration auf drei Aufgaben:
1. Instrument zu sein zu einer wissenschaftlich gegründeten Führungstätigkeit des Staates gegenüber der Volkswirtschaft;
2. der auf die Perspektive gerichteten zentralen Planung der gesamtgesellschaftlichen Entwicklung zum Durchbruch zu verhelfen;
3. die Steuerung und Regulierung des Reproduktionsprozesses zu ermöglichen.

5.3. Die Finanzplanung

Die eben angeführten Funktionen der Finanzen und insbesondere des Staatshaushalts haben für eine Volkswirtschaft, die mit Einführung des ÖSS ihre Strategie immer mehr von langfristigen Prognosen und deren Überleitung in den mittelfristigen Perspektivplan abhängig macht, zur Folge, daß auch der Finanzbedarf des Staates sich auf diese langfristige Orientierung einstellen muß. Zu diesem Zweck ist die DDR seit 1967 dazu übergegangen, finanzökonomische Prognosen aufzustellen sowie die finanzielle Perspektiv-Planung auszubauen.[74]

6. Zur Gesellschaftsplanung in der Übergangsgesellschaft

Wie bereits im zweiten Teil dieser Arbeit dargelegt, scheinen die bisherigen Versuche »bürgerlicher«[75] Sozialwissenschaft zur kritischen Analyse der DDR-Gesellschaftsplanung fehlgeschlagen zu sein. Das liegt im wesentlichen in der marktwirtschaftlichen oder industriegesellschaftlichen Wertorientierung dieser Autoren begründet und weist gleichzeitig darauf hin, daß jeder Versuch von Gesellschaftsanalyse ohne eine solche Wertorientierung nicht auskommt, auch wenn empirisch-analytische oder kritisch-positive Ansätze noch so sehr eine Trennung von Analyse und Wertvorstellung postulieren. Hinter ihrem Rücken, um das bekannte Bild von Marx abzuwandeln, schleichen sich bestimmte Normen und erkenntnisleitende Interessen doch wieder ein.
Ist dieser Zusammenhang einmal akzeptiert, so erscheint es plausibel,

---

[74] Ebenda. Ausführlicher wird dieser Teil behandelt in Esser/Naschold, a. a. O.
[75] Der Begriff »bürgerlich« soll keine Polemik ausdrücken, vielmehr dient er zur Klassifizierung einer Sozialwissenschaft, die sich streng an den Wertvorstellungen westlicher parlamentarisch regierter Gesellschaften orientiert.

nur noch solchen Versuchen der DDR-Analyse einige Relevanz zuzubilligen, die vom Boden der Marxschen Theorie her ihre Untersuchung beginnen. Denn sie – und nur sie – wollen bei der Analyse der historisch-konkreten Formen von Sozialismus nicht diesen Sozialismus prinzipiell abschaffen und durch andere Gesellschaftsformationen ersetzen, sondern für sie ist die Analyse Eckpfeiler einer eigenen revolutionären und sozialistischen Strategie.[76]
Solche Versuche, mittels der materialistisch-dialektischen Methode[77] von Marx historisch-konkrete Formen des Sozialismus zu untersuchen, liegen seit längerem vor und sollen zum Abschluß dieser Arbeit hinsichtlich ihrer Kritik an der Gesellschaftsplanung in der DDR resümiert werden.[78]

6.1. Zum Begriff Übergangsgesellschaft

Das gemeinsame Konzept all dieser Versuche drückt sich aus im Begriff Übergangsgesellschaft, der deshalb kurz vorgestellt werden soll. Als Übergangsgesellschaft wird von Karl Marx[79] eine Gesellschaft bezeichnet, in der erstens durch welche politischen Umwälzungen auch immer (Revolution, Wahl usw.) die Arbeiterklasse als Klasse die politische Macht übernommen (Diktatur des Proletariats) und zweitens mittels dieser Macht als ersten Schritt eine Enteignung der bisherigen Produktionsmittelbesitzer hin zur Vergesellschaftung dieser Produktionsmittel durchgeführt hat. In einer solchen Übergangsgesellschaft bestehen kapitalistische und sozialistische gesellschaftliche Verhältnisse nebeneinander in ständigem Widerspruch. Es gibt noch keine herrschende Produktionsweise. Nach Bettelheim kann der Weg zum Sozialismus nur darin bestehen, daß die Politik in die Ökonomie interveniert, die Warenverhältnisse während der Übergangszeit sy-

[76] Lindner, a. a. O., S. 1.
[77] Korsch, K.: Marxismus und Philosophie. Frankfurt, 1966.
Kofler, L.: Die Wissenschaft von der Gesellschaft. Köln, 1971.
Hickel, R.: Zur Methode der Politischen Ökonomie. In: Marx, K.: Das Kapital, 3. Bd., Studienausgabe. Berlin, 1971.
[78] Bettelheim, a. a. O.; Bettelheim u. a.: Zur Kritik der Sowjetökonomie, Rotbuch 11. Berlin, 1969. Strotmann, P., in Bettelheim u. a., a. a. O.; Neumann, a. a. O.; Lindner, a. a. O.; Altvater/Neusüß, a. a. O.; Hoffmann, J.: Zur allgemeinen Bestimmung des Begriffs »Planung« in Übergangsgesellschaften. In: Stadtbauwelt, a. a. O.; Stölting, E.: Sozialistische Politik und Organisationstheorie. In: Stadtbauwelt, a. a. O.; Altvater: Plan und Markt, a. a. O.; Unger, F.: Zum Problem des Revisionismus in der Übergangsgesellschaft. In: Sozialistische Politik, Heft 4, 1969, S. 104 ff.
[79] Marx, K.: Kritik des Gothaer Programms. In: Marx/Engels: Ausgewählte Schriften, Bd. 2. Berlin, 1966.

stematisch zurückgedrängt werden, die Gesellschaft permanent revolutioniert wird.[80] Der unentschiedene Charakter der Übergangsgesellschaft bedeutet auch, daß die Möglichkeit der Restauration des Kapitalismus nicht endgültig beseitigt ist. Erlahmt die von der politischen Ebene ausgehende Revolution der ökonomischen Ebene, können die restaurativen Tendenzen die Oberhand gewinnen.

6.2. Kritik an der Übergangsgesellschaft DDR

Die wesentlichen Kritikpunkte, die von dieser Übergangsgesellschafts-Konzeption aus an der DDR-Planung vorgetragen werden, sind:
1. Zwar habe die DDR durch die Vergesellschaftung der Produktionsmittel einen ersten Schritt zum Aufbau des Sozialismus getan, sie befinde sich jedoch immernoch in der Übergangsphase zum Sozialismus, wie Erscheinungen wie Warenproduktion oder sozialistisches Wertgesetz hinlänglich beweisen. Aus diesem Grunde sei die Theorie vom Sozialismus als eigenständiger Gesellschaftsformation, den die DDR bereits erreicht habe, reine Phraseologie.[81] Andererseits berge das Zurückfallen in kapitalistische Regelungsmechanismen seit den ökonomischen Reformen Gefahren für eine Restauration des Kapitalismus in sich.[82]
2. Planung muß in einer Übergangsgesellschaft als »gesellschaftliches Strukturprinzip« aufgefaßt werden, über das die vergesellschafteten Individuen ex ante die vergesellschaftete Produktion lenken.[83] In der DDR werde der Plan nicht mehr als gesellschaftliches Strukturprinzip sondern allein als Mittel zur Erreichung bestimmter Ziele aufgefaßt. Es werde behauptet, daß eine Kombination von Plan und Markt sinnvoll und effizienzsteigernd sei. »Doch können Plan und Markt nicht im Sinne eines funktionalen Zusammenwirkens kombiniert werden. Denn die Prinzipien der gesellschaftlichen Planung und des Wertgesetzes (Markt) stehen im Widerspruch zueinander.«[84]
3. Daraus folge, daß die systematische Ausweitung der Warenproduktion und die Entwicklung statt Zurückdrängung der Ware-Geld-Beziehungen (Wertgesetz) in der DDR klar den Vorstellungen widersprächen, die Marx und Engels vom Sozialismus als Übergangsgesellschaft zum Kommunismus entwickelt hätten.[85]

---

[80] Bettelheim, a. a. O.
[81] Neumann, a. a. O.; Strotmann, a. a. O.
[82] Lindner, a. a. O.; Bettelheim, a. a. O.
[83] Altvater, a. a. O.; Bettelheim, a. a. O.; Hoffmann, a. a. O. Siehe auch Einleitung dieses Bandes.
[84] Altvater, a. a. O., S. 112.
[85] Strotmann, a. a. O.

4. Der Primat der Politik über alle Gesellschaftsbereiche, vor allem der Ökonomie, der erforderlich sei, den Übergang zum Kommunismus voranzutreiben, habe sich in sein Gegenteil verkehrt. Politik sei relative Anpassung an fetischisierte ökonomische Erfordernisse, es gelte ein Primat der Wirtschaftspolitik.[86]
5. Es genüge jedoch nicht, diese Entwicklung zu erklären, indem man das Problem an dem Widerspruch Plan versus Markt festmache.[87] Wiedereinführung des Marktes, ökonomische Hebel und materielle Interessiertheit seien nicht Ursprünge, sondern Resultate. Es komme jedoch darauf an, die diesen Ursachen zugrunde liegenden gesellschaftlichen Widersprüche aufzudecken. Man dürfe nicht den Fehler machen, als Primärfaktor statt des Klassenverhältnisses das Marktverhältnis anzunehmen.[88]
Jedoch fällt die Analyse dieser gesellschaftlichen Widersprüche verschieden aus: eine Gruppe meint, das Proletariat dieser »revisionistischen«[89] Länder habe die Macht an eine neue Bourgeoisie verloren.[90] Eine andere Gruppe möchte den Begriff der Bourgeoisie für die Klassenverhältnisse kapitalistischer Länder reservieren. Sie argumentiert, in der DDR oder anderen revisionistischen Ländern existiere eine privilegierte Schicht, die Bürokratie, die alles Interesse habe, ihre Privilegien und damit den status quo aufrechtzuerhalten.[91] Zwar leite sie ihre Legitimationsgrundlage aus der Revolution ab, doch wachse ihre Unsicherheit, je mehr sie diese Legitimation verliere, was wiederum zu einem ständigen Legitimationsdruck führe. Ökonomische Effizienz und demnach hohe Wachstumsraten sei die ihr einzig mögliche Antwort auf dieses Dilemma.
Daß diese hier nur summarisch vorgestellten Ansätze nicht einheitlich sind, noch vor vielen offenen Fragen stehen und sich gleichzeitig in der politischen Auseinandersetzung verschiedener Fraktionen der »Linken« bewähren müssen,[92] sei hier nicht unterschlagen. Trotzdem scheinen sie mir der derzeit einzige plausible Weg zu sein, Kategorien zur Beurteilung von Gesellschaftsplanung in der DDR oder anderen Übergangsgesellschaften zu entwickeln; Kategorien, die schließlich auch zulassen könnten, an System-Vergleiche zwischen kapitalistischen und sozialistischen Gesellschaften heranzugehen.

[86] Ebenda.
[87] Bettelheim, u. a., a. a. O.; Unger, a. a. O.
[88] Ebenda.
[89] Unger begründet ausführlich, warum er diese Länder revisionistisch nennt.
[90] Bettelheim, a. a. O., S. 89 ff.
[91] Altvater/Neusüß, a. a. O.; Lindner, a. a. O.
[92] Die hier vorgetragene Kritik wird in der DDR beispielsweise als »links- oder rechtsrevisionistisch« bezeichnet.

5 Aufbau des Sozialismus oder kapitalistische Restauration? Zur Analyse der Wirtschaftsreformen in der DDR und der CSSR

Von Walter Lindner

Einleitung: Das Stalin'sche ökonomische System und Grundzüge der Reformen
- - -

Theoretische Grundlagen

I. Warenproduktion in der Übergangsgesellschaft

Die in den Übergangsgesellschaften immer wieder diskutierten und umstrittenen beiden Fragen: ob in diesen Ländern die Produkte Warencharakter annehmen oder nicht, und ob das Wertgesetz wirkt oder nicht – diese Fragen erscheinen vielleicht als bloße Wortklauberei und »dogmatische Spitzfindigkeiten«. Gerade durch diese beiden Fragen wird indes die entscheidende Problematik der Übergangsgesellschaft angerissen. Allein die periodisch wiederkehrenden Diskussionen in der Sowjetunion (zuletzt 1956–1958), die Planungsdebatte in Cuba (1963 bis 1965) und die Tatsache, daß Sik beim Aufbau seines Modells hier ansetzt, beweisen, daß hier der Springpunkt zum Verständnis der Übergangsgesellschaften liegt. Auch wenn heute in allen osteuropäischen Ländern offiziell gilt, daß die »sozialistische Warenproduktion« entfaltet werde, und daß das Wertgesetz wirke und bei der Preisbildung berücksichtigt werden müsse, sind damit die Diskussionen keineswegs abgeschlossen. Neue Widersprüche werden entstehen und neue Diskussionen provozieren.

Es wird notwendig sein, zu den Marxschen Kategorien zurückzugehen, nicht nur, weil die osteuropäischen Ökonomen zumindest verbal sich darauf berufen, sondern weil nur von dort aus ein Verständnis des Problems möglich wird.

Das Problem liegt – das sei vorweggenommen – darin: wenn Warenproduktion vorliegt, wenn also die Produktionskollektive als Warenproduzenten auftreten, die Produkte Warencharakter annehmen, hat das weitreichende ökonomische und soziale Implikationen für die betreffende Gesellschaft:

1. Jede Warenproduktion erzeugt in irgendeiner Form das Phänomen der Verdinglichung. Die Überwindung der Verdinglichung,

des »falschen« Bewußtseins und der »falschen« Interessen- und Motivationsstruktur ist identisch unter anderem mit der Beseitigung der Warenproduktion.
2. Mit der Warenkategorie sind eine Reihe von anderen Kategorien verbunden: Wert; Geld (mit allen seinen Funktionen und nicht nur als Verrechnungsmittel); das Wertgesetz ist noch in Kraft; daher – unter der Voraussetzung dezentralisierter Betriebe – die Notwendigkeit der »wirtschaftlichen Rechnungsführung« oder der Sinn von einzelbetrieblicher Rentabilität überhaupt; Lohn und daher das System der materiellen Interessiertheit ... In dem Maße, in dem Warenproduktion noch existiert, bleiben diese Kategorien (wenn auch in modifizierter Form) in Kraft, das heißt sie spiegeln adäquat die Realität wider.
3. Mit der Existenz von Warenproduktion ist folglich eine bestimmte Art von Wirtschaftspolitik verbunden. Existiert Warenproduktion und wird das ignoriert, setzen sich die durch sie implizierten Gesetze »blind«, unkontrollierbar dennoch durch und stören daher den geplanten Reproduktionsprozeß. Der Zusammenhang kann auch umgekehrt sein: die volksdemokratischen Regierungen streben eine gewisse Dezentralisierung an; nicht jedenfalls, weil vollständige Warenproduktion vorliegt, sondern aus anderen Gründen. Das läßt sich bequem damit begründen, es liege Warenproduktion vor. Konsequenterweise heißt es sowohl bei Sik als auch im DDR-Lehrbuch: es liegt Warenproduktion vor, weil die Betriebe dezentralisiert sind. Die Betriebe müssen dezentralisiert sein, weil Warenproduktion vorliegt.
4. Mit der Einschätzung des Problems der Warenproduktion in der Übergangsgesellschaft korreliert die Einschätzung der Übergangsgesellschaft überhaupt, das heißt mit dem Problem sind auch allgemein politische Implikationen verbunden.

1. Der Begriff der »Ware« bei Marx

Genau wie jede ökonomische Kategorie können »Warenproduktion« und »Ware« sich nur auf eine bestimmte historische Form beziehen. Es hat weder immer Warenproduktion gegeben, noch wird es sie immer geben; nicht jedes Produkt ist eine Ware, sondern es nimmt diesen Charakter erst im Rahmen einer ganz bestimmten gesellschaftlichen Form an. Durch die Identifizierung der Begriffe Ware und Produkt wurde gerade von dieser historisch besonderen gesellschaftlichen Form abstrahiert und die Kategorie damit ihres historischen Charakters und jedes Aussagengehaltes entkleidet. Die Kategorie würde zu einer hohlen Worthülse, unter die ganz verschiedene Formen, unter denen Produkte erscheinen, subsumiert würden. Die historischen und gesellschaftlichen Unterschiede zwischen den Formen würden verwischt, die Kategorie absolut und zeitlos gesetzt und die banale Gegenwart daher in die Vergangenheit und Zukunft extrapoliert. Die apologetische Funktion derartiger Begriffsbildungen liegt auf der Hand.

Die kritische Intention der Marxschen Kategorien besteht gerade darin, mit solchen geschichtslosen Abstraktionen aufzuräumen. Eine Ware ist nur noch ein solches Produkt, das von unabhängigen Privatproduzenten hergestellt und auf dem Markt nach dem Äquivalenzprinzip getauscht wird. Dadurch, daß zwei Warenbesitzer sich auf dem Markt selbständig gegenübertreten und den Austausch vollziehen, ist die spezifische Bestimmtheit des Marxschen Begriffs gegeben. Ein Produkt wird insofern zur Ware, als es von vornherein für den durch den Markt vermittelten Konsum eines anderen bestimmt ist. Weder die arbeitsteilig hergestellten Produkte in einer sozialistischen Gesellschaft, noch die Produkte, die innerhalb einer Fabrik in eine andere Abteilung übergehen, nehmen Warencharakter an. In beiden Fällen ist der Markt nämlich nicht vermittelndes Regulativ, vielmehr der ex ante hergestellte Planungszusammenhang.

Wenn das Produkt als Ware erscheint, impliziert es gleichzeitig die Kategorie des »Wertes«. Der Wert wird bestimmt durch die gesellschaftlich notwendige Arbeitszeit, die zur Produktion der Waren erforderlich ist. Er ist nur ein bestimmtes Quantum vergegenständlichter abstrakt-menschlicher Arbeit (abstrakt, weil von der konkreten Bestimmtheit der verschiedenen Arbeiten, die im Tausch gleichgesetzt werden, abstrahiert wird). Für Marx ist dabei entscheidend nicht das Verhältnis, in dem zwei Waren sich vertauschen, also die Wertgröße, sondern die Erscheinung, daß sie überhaupt getauscht werden, also die Wertform. Die Tatsache der quantitativen Gleichsetzbarkeit setzt eine gemeinsame Qualität des Verglichenen voraus. Im Austausch wird gerade die Abstraktion der Wesensgleichheit sinnlich verschiedener Arbeitsprodukte vollzogen.

Waren und Wert sind also Kategorien, die nur in einer bestimmten gesellschaftlichen Form der Produktion erscheinen. Sie können nur durchschaut werden, wenn diese Form genau von der stofflichen Substanz unterschieden wird, wenn also die »Zwieschlächtigkeit« aller ökonomischen Erscheinungen im Auge behalten wird: die Ware spaltet sich in »nützliches Ding« (Gebrauchswert) und »Wertding« (Wert).

Im Gegensatz zu einem Produkt, das frei oder nach einem bestimmten Schlüssel von vornherein verteilt wird, wird ein Produkt zur Ware, weil es auf dem Markt ausgetauscht wird. Was als Privatarbeit der einzelnen Warenproduzenten erscheint, ist letztlich gesellschaftliche Arbeit, denn die Arbeit wird ja für den Austausch geleistet. Aber der gesellschaftliche Charakter der Privatarbeiten realisiert sich erst im nachhinein, auf dem Markt. Er ist also nur mittelbar gegeben, die Arbeit ist nicht nach einer bewußt und ex ante vorgenommenen Arbeitsteilung unmittelbar vergesellschaftet. Es stellt sich erst ex post heraus, ob die geleistete Arbeit gesellschaftlich notwendig war oder nicht. Der Mechanismus, der die Vermittlung zwischen den privaten Arbeiten und den gesellschaftlichen Bedürfnissen leistet, ist das Wertgesetz. Auch hier galt das Interesse Marx' primär nicht der Wertgröße, welcher Aspekt indes von der herkömmlichen Marx-Rezeption allein behandelt wird (Preise gravitieren nach dem Wert), sondern der Wertform. Eine Ökonomie der Arbeitszeit in Vorwarengesellschaften, die interne Verrechnung und Kalkulation innerhalb eines Industriebetriebs hat nichts mit dem Wertgesetz zu tun.

2. Verdinglichung

Die Existenz der Warenkategorien und das Wirken des Wertgesetzes haben soziale Implikationen, die Marx vor allem im ersten Kapitel des ersten Bandes des »Kapital« analysiert: »Der Fetischcharakter der Ware und sein Geheimnis[1]«. Aus der Marxschen Analyse und Kritik der kapitalistischen Gesellschaft folgt, daß die Aufgabe der Übergangsgesellschaft nur darin bestehen kann, das »Absterben der Warenkategorien« herbeizuführen. Gelingt das nicht, löst sich die ganze Marxsche Vorstellung vom Kommunismus in eine Illusion auf.
»Eine Ware scheint auf den ersten Blick ein selbstverständliches, triviales Ding. Ihre Analyse ergibt, daß sie ein sehr vertracktes Ding ist, voll metaphysischer Spitzfindigkeit und theologischer Mucken. Soweit sie Gebrauchswert, ist nichts Mysteriöses an ihr ... Der mystische Charakter der Ware entspringt also nicht aus ihrem Gebrauchswert. Er entspringt ebensowenig aus dem Inhalt der Wertbestimmungen ... In allen Zuständen mußte die Arbeitszeit, welche die Produktion der Lebensmittel kostet, den Menschen interessieren, obgleich nicht gleichmäßig auf verschiedenen Entwicklungsstufen.« Er entspringt also nicht aus der Wertgröße. »Endlich, sobald die Menschen in irgendeiner Weise füreinander arbeiten, erhält ihre Arbeit auch eine gesellschaftliche Form. Woher entspringt also der rätselhafte Charakter des Arbeitsprodukts, sobald es Warenform annimmt? Offenbar aus dieser Form selbst. Die Gleichheit der menschlichen Arbeiten erhält die sachliche Form der gleichen Wertgegenständlichkeit der Arbeitsprodukte, das Maß der Verausgabung menschlicher Arbeitskraft durch ihre Zeitdauer erhält die Form der Wertgröße der Arbeitsprodukte, endlich die Verhältnisse der Produzenten, worin jene gesellschaftlichen Bestimmungen ihrer Arbeiten betätigt werden, erhalten die Form eines gesellschaftlichen Verhältnisses der Arbeitsprodukte.

Das Geheimnisvolle der Warenform besteht also einfach darin, daß sie den Menschen die gesellschaftlichen Charaktere ihrer eigenen Arbeit als gegenständliche Charaktere der Arbeitsprodukte selbst, als gesellschaftliche Natureigenschaften dieser Dinge zurückspiegelt, daher auch das gesellschaftliche Verhältnis der Produzenten zur Gesamtarbeit als ein außer ihnen existierendes gesellschaftliches Verhältnis von Gegenständen... Es ist nur das bestimmte gesellschaftliche Verhältnis der Menschen selbst, welches hier für sie die phantasmagorische Form eines Verhältnisses von Dingen annimmt. Um daher eine Analogie zu finden, müssen wir in die Nebelregion der religiösen Welt flüchten. Hier scheinen die Produkte des menschlichen Kopfes mit eigenem Leben begabte, untereinander und mit den Menschen im Verhältnis stehende selbständige Gestalten. So in der Warenwelt die Produkte der menschlichen Hand. Dies nenne ich den Fetischismus, der den Arbeitsprodukten anklebt, sobald sie als Waren produziert werden, und der daher von der Warenproduktion (von jeder, also auch der ›sozialistischen Warenproduktion‹!) unzertrennlich ist... (Weil die privaten Produzenten erst in gesellschaftlichen Kontakt treten durch den Austausch) erscheinen auch die spezifisch gesellschaftlichen Charaktere ihrer Privatarbeiten erst innerhalb dieses Austausches... (Ihnen) erscheinen daher die gesellschaftlichen Beziehungen ihrer Privatarbeiten als das, was sie sind, das heißt nicht als unmittelbar gesellschaftliche Verhältnisse der Personen in ihren Arbeiten selbst, sondern vielmehr als sachliche Verhältnisse der Personen und gesellschaftliche Verhältnisse der Sachen... Ihre eigene gesellschaftliche Bewegung besitzt für sie (daher) die Form einer Bewegung von Sachen, unter deren Kontrolle sie stehen, statt sie zu kontrollieren.«
Anders in einer sozialistischen Gesellschaft, in der die Produkte nicht mehr Warencharakter haben – die historischen Bedingungen dafür siehe in Abschnitt 3.»Stellen wir uns endlich, zur Abwechslung, einen Verein freier Menschen vor, die mit gemeinschaftlichen Produktionsmitteln arbeiten und ihre vielen individuellen Arbeitskräfte selbstbewußt als eine gesellschaftliche Arbeitskraft verausgaben... Das Gesamtprodukt des Vereins ist ein gesellschaftliches Produkt. Ein Teil dieses Produkts dient wieder als Produktionsmittel. Er bleibt gesellschaftlich. Aber ein anderer Teil wird als Lebensmittel von den Vereinsgliedern verzehrt. Er muß daher unter sie verteilt werden. Die Art dieser Verteilung wird wechseln... Die gesellschaftlichen Beziehungen der Menschen zu ihren Arbeiten und ihren Arbeitsprodukten bleiben hier durchsichtig einfach in der Produktion sowohl als in der Distribution.«[1]

---

[1] Marx, K.: Das Kapital, Bd. I. Berlin, 1969, S. 85 ff.

Der Sozialismus tritt mit dem Anspruch auf, alle Formen von Verdinglichung zu überwinden. Im Kapitalismus, wo die Koordinierung zwischen Produktion und Nachfrage erst ex post über den Markt erfolgt, vollziehen sich die ökonomischen Gesetzmäßigkeiten gleichsam hinter dem Rücken der Produzenten. Jeder handelt zunächst einmal, ohne die Handlungen der anderen zu kennen. Dennoch haben seine Handlungen in einer hochgradig arbeitsteiligen, warenproduzierenden Gesellschaft gesellschaftlichen Charakter. Deshalb handelt er ohne Bewußtsein der Folgen seiner Handlungen.

In diesem Chaos werden die privaten Handlungen durch ein vom Willen der Produzenten unabhängiges, daher objektives Gesetz, das Wertgesetz, auf ihren gesellschaftlichen Nenner gebracht. Der Sozialismus hingegen soll zu einer immer besseren Beherrschung der gesellschaftlichen Abläufe führen, so daß »die von ihnen in Bewegung gesetzten gesellschaftlichen Ursachen vorwiegend und in stets steigendem Maß auch die von ihnen gewollten Wirkungen haben«.[2] Das ist für Marx und Engels schlechterdings die Voraussetzung, Freiheit aus einer Phrase in Realität zu verwandeln.

3. Das Absterben der Warenkategorien

Für den Versuch, eine sozialistische Gesellschaft aufzubauen, stellt sich die Frage, ob eine Überwindung der Kategorien der Warenproduktion (und das meint klarerweise auch der ihnen zugrunde liegenden Warenverhältnisse) überhaupt möglich ist. Zweitens stellt sich die Frage, ob die Warenkategorien in den heutigen Übergangsgesellschaften noch in Kraft sind?
Wenn das Fortbestehen der ökonomischen Kategorien Ware, Wert, Geld, Preis, Lohn, Profit usw. in einer Übergangsgesellschaft erörtert werden soll, so ist vom widersprüchlichen Charakter einer solchen auszugehen, der durch die Tatsache bedingt ist, daß sie Übergangscharakter hat. Die Produkte nehmen Warencharakter in einer spezifischen Form der Zirkulation, dem Austausch, an. Diese Struktur der Zirkulation ist aber determiniert durch eine spezifische Struktur der Produktionsverhältnisse. Im Rahmen der gesellschaftlichen Arbeitsteilung wird für gesellschaftliche Bedürfnisse produziert. Aber die gesellschaftliche Produktion wird von unabhängigen Warenproduzenten betrieben; die gesellschaftliche Arbeit stellt sich dar als Privatarbeit. Die privat geleistete Arbeit wird erst im nachhinein durch den Austausch auf dem Markt gesellschaftlich vermittelt, auf ihren gesellschaftlichen Nenner gebracht. Die Warenkategorie weist auf diese spezifische Form der Vermittlung hin.

[2] Engels, F.: Anti-Dühring. Berlin, 1968, S. 264.

Mit der Entwicklung der kapitalistischen Produktionsweise wird die Vergesellschaftung der Arbeit immer stärker. Die gesellschaftliche Produktion kommt mit der privaten Aneignung in Widerspruch, der gesellschaftliche Charakter der Arbeit setzt sich gegen die kapitalistischen Produktionsverhältnisse durch.

Mit der sozialistischen Revolution, mit der Machtergreifung durch das Proletariat kann die Revolutionierung der Ökonomie erst beginnen. Durch diese Revolutionierung muß die Trennung der Arbeiter von den Produktionsmitteln und die Trennung der Produktionseinheiten untereinander aufgehoben werden. Erst wenn diese Trennung aufgehoben ist, ist die Wertform überwunden. Solange existiert die Wertform fort, wenn auch die spezifisch sozialistischen Produktionsverhältnisse ständig gegen das Wertgesetz, gegen die Vorherrschaft der Wertform ankämpfen. Die Warenverhältnisse werden also überlagert durch sozialistische Produktionsverhältnisse: Staatseigentum und Plan. Das Absterben der Wertform setzt ein hohes Entwicklungsniveau der Produktivkräfte voraus, weil sonst der Vergesellschaftungsgrad der Arbeit zu niedrig, die einzelnen Produktionsprozesse real unabhängig voneinander sind. Das Absterben der Wertform hängt aber auch von spezifischen Produktionsverhältnissen ab. Die Produktionskräfte existieren nicht »an sich«, sondern immer vermittelt über die Produktionsverhältnisse.

Diese Produktionsverhältnisse manifestieren sich darin, daß die revolutionierte politische Ebene ständig in die Ökonomie interveniert, um die doppelte Trennung aufzuheben. Es wäre blanker Ökonomismus, anzunehmen, die Entwicklung der Produktivkräfte würde automatisch die Wertform absterben lassen. In den sozialistischen Ländern erfüllt eine solche Theorie apologetische Funktionen: der Kampf gegen das Wertgesetz und die Transformation der Produktionsverhältnisse zur Aufhebung der Wertform wird nicht mehr als Aufgabe erkannt.

In dem Maß, in dem die Wertform abstirbt, werden die Produktionsprozesse nicht mehr ex post über den Markt, sondern ex ante durch die bewußte Planung vermittelt. An die Stelle des Austausches tritt die Verteilung.

Diese Phase ist in keinem sozialistischen Land noch erreicht. Aber die Wertform ist zum Teil erheblich eingeschränkt durch die Eingriffe des Staatseigentums und der Planung.

Die Überschneidung von Warenproduktion und Nichtwarenproduktion fand ihren Ausdruck etwa bei Stalin. In seiner ökonomischen Theorie[3] kam der widersprüchliche Charakter der Übergangsgesell-

---

[3] Stalin, J.: Ökonomische Probleme des Sozialismus in der UdSSR. Berlin, 1958.

schaft noch zum Ausdruck, wenn auch in verzerrter Form. Unfähig, zwischen ökonomischen und juristischen Kategorien zu unterscheiden, führte Stalin das Überleben der Warenkategorien darauf zurück, daß neben dem staatlich-sozialistischen noch der genossenschaftliche Sektor existiere. Innerhalb des staatlichen Sektors würden die Produkte nicht zu Waren werden, anders beim Handel mit genossenschaftlichen Betrieben. Die »moderne« Kritik in der DDR wie in der CSSR hat es daher leicht, in Kritik dieser Simplifikation auch das ganze richtige Prinzip zu verurteilen, das eben den widersprüchlichen Charakter der Übergangsgesellschaft hervorstreicht.

Die Übergangsgesellschaft ist dadurch gekennzeichnet, daß vor allem in der Konsumgüterproduktion eine Domäne der Warenproduktion existiert, daß ferner die Übergangsgesellschaften über den Außenhandel mit dem kapitalistischen Weltmarkt verbunden sind und dadurch die Warenkategorien in sie hineinwirken. Es wäre daher in jedem Fall scholastisch, in Stalinscher Manier schematisch zwischen Waren- und Nichtwarenproduktion zu trennen oder gar die Produkte ein- und derselben ökonomischen Einheit als Waren oder Nichtwaren zu betrachten, je nachdem, an wen sie geliefert werden. Waren- und Nichtwaren-Verhältnisse durchdringen sich vielmehr gegenseitig, wobei in der Abteilung I die Warenproduktion erheblich eingeschränkt ist.

In der DDR etwa werden die Produktionsmittel planmäßig verteilt und nur die Überschüsse durch zwischenbetriebliche Vereinbarungen abgesetzt. Für diese Verteilung kann allerdings gelten: »In der Tat ist es eine Sache, ob Planungsorgane a priori eine Verteilung der Arbeitsgegenstände durchführen (diese Organe erfüllen dann Funktionen der Verwaltung) und es ist eine andere Sache, wenn diese Organe zu der Warenzirkulation bestimmte Verteilungsregeln hinzufügen (Kontingentierung des Gebrauchs bestimmter Güter, vorrangige Zuteilung bestimmter Produktionsmittel an bestimmte Fabriken usw.), was von der Planung abhängig ist.

Es ist offensichtlich falsch, die Durchsetzung bestimmter Regeln der Verteilung mit einer objektiven Transformation der Artikulation der Produktionsprozesse zu verwechseln – einer Transformation, die das Verschwinden der Wertform ermöglichen würde. Faktisch bringt die Anwendung von Verteilungsregeln oft, wenn sie ein gestörtes Gleichgewicht zwischen verfügbaren Mengen und Bedarf zur Ursache hat, das heißt ›Knappheiten‹ oder ›mangelnde Abstimmung‹ (désajustements), objektiv die Folgen einer mangelnden Koordination der Produktionsprozesse zum Ausdruck. Die Reglementierung zielt in dem Fall darauf ab, die Auswirkungen einer mangelnden Koordination zu begrenzen, die jene Grenzen überschreiten, innerhalb derer das Geld seine Funktion in Übereinstimmung mit den Imperativen des Plans erfüllen kann.«[4] Das ist vor allem bei der »strukturkonkreten« Planung des ÖSS zu beachten.

Für das vorliegende Thema ist primär die Einsicht notwendig, daß der Warencharakter den Produkten nicht als unveränderliche Eigenschaft anhaftet und daß die Aufgabe der Übergangsgesellschaft gerade in der Zurückdrängung der Warenverhältnisse besteht; und daß bereits in den historisch-konkreten Übergangsgesellschaften die Warenkategorien nicht mehr (oder noch nicht?) voll in Kraft sind. Daß daher die Theorien über »sozialistische Warenproduktion« in allen osteuropäischen sozialistischen Ländern unmarxistisch und Rechtfertigungsideologien sind.

Dagegen stellt die Abteilung II eine Domäne der Warenproduktion dar. Aber schematisch zu erklären, die Produkte der Abteilung I »sind keine Waren«, die der Abteilung II dagegen schon (Mandel), hilft ebensowenig weiter, wie den entscheidenden Unterschied beider Abteilungen (wenigstens im alten System und noch immer etwa in der DDR!) zu vernachlässigen (Bettelheim). Wenn die Übergangsgesellschaften widersprüchlich sind, so können diese Widersprüche nicht in hohle Schemata eingefangen werden.

Die Frage des Absterbens der Warenkategorien ist der entscheidende Ansatz für die Entwicklung einer marxistischen Theorie der Übergangsgesellschaft. Dieser Abschnitt ist dennoch so kurz gehalten, weil es sich dabei um ein überaus diffiziles Problem handelt – die vereinfachte Darstellung auf den letzten Seiten soll darüber nicht hinwegtäuschen – so daß es keinem erspart bleiben wird, die marxistische Diskussion aufzuarbeiten.

4. Zusammenfassung

Ich fasse noch einmal zusammen, warum die zunächst als Spitzfindigkeit erscheinende Frage nach dem Warencharakter der Produkte schlechthin die entscheidende Frage zum Verständnis der Dynamik einer Übergangsgesellschaft ist. Wenn die Produkte Warencharakter hätten und das Wertgesetz wirkte, und das nicht ein zum Teil bereits aufhebbarer Zustand wäre, sondern zumindest solange fortdauern würde, daß jede strategische Orientierung beim Aufbau des Sozialismus von der Existenz und Ausnützung der Warenkategorien auszugehen hätte, dann bedeutete das, daß die Marxsche Vorstellung vom Sozialismus sich als Illusion erwiesen hätte und eine strategische Umorientierung stattfinden müßte. Die existierenden »sozialistischen« Gesellschaften könnten nicht mehr als Übergangsgesellschaften an-

---

[4] Bettelheim, Ch.: Ökonomischer Kalkül und Eigentumsformen – Zur Theorie der Übergangsgesellschaft. Berlin, 1970, S. 144.

gesehen werden, denn Übergang wozu? Sie wären vielmehr als autonome gesellschaftliche Formationen anzusehen, denen nichts Transitorisches mehr anhaftete.

An dieser Stelle wird deutlich, daß der Zusammenhang auch umgekehrt sein kann. Wenn die Ideen der Herrschenden stets die herrschenden Ideen sind, ist einsichtig, daß deren Interesse, nicht mit dem wirklichen sozialistischen Aufbau auch die Basis ihrer Privilegien zu unterminieren und daher die gegebene gesellschaftliche Struktur wenn schon nicht für ewig, so doch für langfristig zu erklären, sich widerspiegeln wird in der Verdrängung des Gedankens des »Kampfes zweier Gesetze«: Wertgesetz kontra »Gesetz der sozialistischen Akkumulation«[5]. An die Stelle dieses Kampfes, der ja nichts anderes ist als Klassenkampf auf der kategorialen Ebene, tritt die »Entwicklung aller Elemente des Systems in ihrer harmonischen Einheit« (Ulbricht), wobei die bürokratische Herrschaft auch als ein Element, das »harmonisch« entwickelt werden soll, begriffen wird.

Ich habe gezeigt, daß die Frage nicht so gestellt werden kann: ob die Produkte Waren sind oder nicht, sondern in welcher Richtung die Entwicklung geht. Es leugnet niemand, daß sich Warenproduktion und Wertgesetz nicht nach Belieben wegdekretieren lassen. Aber es ist eben ein Unterschied, ob eine Regierung die Domäne der Warenproduktion tendenziell einschränken und mehr und mehr zur bewußten, planmäßigen Verteilung übergehen, oder ob sie im Gegenteil die »sozialistischen Warenbeziehungen« (das Beiwort »sozialistisch« ändert nichts an ihrem Charakter) entfalten will (DDR wie CSSR) oder sich gar den Kommunismus als System von Warenbeziehungen vorstellt (wie der führende jugoslawische Ökonom Horvath[6]). Es ist deshalb ein Unterschied, weil diese Theorie auf der kategorialen Ebene den Versuch ausdrückt, die Kontinuität zwischen Sozialismus und Übergangsgesellschaft zu unterbrechen und die gegebene gesellschaftliche Struktur zu konservieren; und weil die Warenkategorie auch alle anderen Kategorien der Warenproduktion impliziert und deshalb eine ganz andere Wirtschaftspolitik bedingt. Die mit der Warenkategorie verbundenen Kategorien sind das Geld, das wiederum die Grundlage für Lohn und Preis ist. Wenn die Ware–Geld-Beziehungen entwickelt werden sollen, heißt das: keine weitere Förderung der freien Güterverteilung, wo dies möglich ist; strikteste Bindung des Lohns an das Quantum der Arbeitsleistung. Ware–Geld-Beziehungen können nur über Betriebe abgewickelt werden, die relativ autonom sind: daher einzelbetriebliche Rechnungsführung und Rentabili-

---

[5] Preobrazhensky, E.: The New Economics. Oxford, 1965.
[6] Horvath, B.: Towards a Socialist Theory of Planned Economy. Belgrad, 1964.

tät, die selbständige Mittelaufbringung und -verwendung; daher ein Kredit- und Banksystem, das der Form nach so funktioniert wie im Kapitalismus usw. Diese Zusammenhänge können hier nicht im einzelnen ausgeführt werden, ich verweise auf die kubanische Planungsdebatte. Die in Kuba schließlich eingeschlagene konträre Wirtschaftspolitik hat bewiesen, daß auch andere Wege möglich sind.

Soweit sind die theoretischen Grundlagen der Reformmodelle in der DDR und CSSR gleich: Sik zieht aus der Existenz von Ware–Geld-Beziehungen (besser: aus der Absicht, sie zu fördern!) den Schluß, der Markt als Regulativ sei deshalb das allein angemessene Instrument der Güterverteilung. Sein Modell eines »Marktsozialismus« ist seiner eigenen Logik nach auch konsequent. Die DDR-Theoretiker hingegen erklären, die Wiederbelebung des Marktes sei offene Konterrevolution, ein Schritt zurück in Richtung Kapitalismus. Beide jedoch fußen auf der Vorstellung, daß Ware–Geld-Beziehungen nicht nur kein Überrest des Kapitalismus, sondern im Gegenteil ein höchst positives, zu entwickelndes Element des Sozialismus sei. Beide müssen daher ein Rückzugsgefecht gegen den Marxismus führen, wobei in der CSSR bedeutend unbeschwerter »alte Dogmen« über Bord geworfen wurden. Was bürgerliche Kommentatoren völlig unqualifiziert als Widerspruch zwischen »orthodoxen Dogmen« und als progressiv apostrophierter pragmatischer Wirtschaftspolitik konstatieren, ist in verzerrter Form genau das.

II. Rückzugsgefechte gegen den Marxismus

Nach den analysierten Zusammenhängen, nachdem gezeigt wurde, daß ein scheinbar so abstraktes Problem, ob die Produkte Waren sind, die gesamte Wirtschaftspolitik und die Entwicklungsrichtung der Gesellschaft determiniert, verwundert es nicht, daß genau hier sowohl »Reformer« als auch DDR-Theoretiker ansetzen. Um ihre Strategien »marxistisch« zu legitimieren, müssen sie »beweisen«, daß erstens durchgehend Warenproduktion vorliegt, daß dies sich in absehbarer Zeit nicht ändern lasse und daß schließlich gerade die Entfaltung der Ware–Geld-Beziehungen erstrebenswert sei. Der nächste Schritt zum »Markt« macht den »Reformern« keine großen Schwierigkeiten, denn Ware–Geld-Beziehungen können sich eben nur auf einem funktionierenden Markt entfalten.

Damit das geschehen kann, müssen die marxistischen Begriffsbestimmungen über Bord geworfen werden, und nicht nur die Sprache – wie sich das im Extremfall CSSR zeigt –, sondern auch die Denkmethode der »westlichen Wirtschaftswissenschaft« übernommen werden. Vor allem heißt das: die Begriffe müssen zu absoluten, ewigen gemacht werden, die historische Spezifität muß verschwinden. »Der Marktmechanismus – sofern er funktioniert (!) – ist eine Grundbedingung für die Entwicklung der (!) Produktion und damit (!) auch der sozialistischen Produktion.«[7] Hier ist der Punkt erreicht, wo das schlechthin entscheidende Problem jeder Übergangsgesellschaft gar nicht mehr als Problem erkannt wird. Es bleibt es dennoch, aber nur, indem es die Entwicklung der Gesellschaft auch hinter dem Rücken der »Reformer« determiniert.

1. CSSR

Bei dem Nachweis, daß es sich bei den ökonomischen Beziehungen in der CSSR durchwegs um Ware–Geld-Beziehungen handle, setzt Sik (wie alle Reformtheoretiker) bei einer Kritik der Stalinschen Konzeption an. Stalin erklärte die teilweise Existenz der Ware–Geld-Beziehungen aus den verschiedenen Formen des Eigentums. Ich habe gezeigt, daß in dieser Theorie sich in verzerrter und simplifizierter Form die richtige Strategie widerspiegelt, die Ware–Geld-Beziehungen tendenziell aufzuheben. Es ist hier nicht der Ort, diese Theorie mit der Marxschen zu konfrontieren, zumal sie als solche in keinem Land Osteuropas mehr akzeptiert wird. Dennoch kann die Entwicklung der gegenwärtigen ökonomischen Theorien in den sozialistischen Ländern nur ausgehend von der Stalinschen Theorie verstanden werden. Marx ist dort durch Stalin der Gegenwart vermittelt.

Wurde in der DDR diese Theorie als »einseitig« und »vereinfachend« kritisiert, ohne daß klar gesagt worden wäre, worin denn die Vereinfachung bestünde, die Theorie im übrigen aber keiner detaillierten Analyse unterzogen, so fährt Sik mit schwerem Geschütz gegen sie auf. Genausowenig freilich, wie die DDR-Theoretiker angeben können, inwiefern Stalins Theorie unrichtig ist, genausowenig lassen die Vorstellungen Siks sich aus seiner Kritik an Stalin ableiten. Außer einem deklamatorischen besteht kein Zusammenhang. In Wahrheit stehen die Kritik an Stalin und am alten System und die Reformkonzeption mehr oder weniger unvermittelt nebeneinander. Die Reformen ergeben sich nicht zwingend aus der formulierten Kritik, sie ergeben sich freilich zwingend aus dem nicht formulierten Gesamtkonzept.

Nach Sik geht die »vulgäre« Stalinsche Theorie von »einer spezifischen Auffassung der abstrakten Kategorien ›Produktionsverhältnisse‹

---

[7] Sik, O.: Probleme des neuen Systems der planmäßigen Leitung. In: Wiener Studien zur Wirtschafts- und Sozialpolitik. Wien, 1966, Heft 6, zitiert nach: Hensel, P.: Die sozialistische Marktwirtschaft in der Tschechoslowakei. Stuttgart, 1968, S. 11.

und ›Eigentum‹ aus, woraus sich dann seine Ware–Geld-Theorie ganz logisch ergebe. Diese wiederum sei zum »Axiom ganzer Generationen von Marxisten« geworden und hätte ihnen die unselige Vorstellung eingeimpft, daß Plan und Markt tendenziell unvereinbar seien. Der von Sik kritisierte Hauptfehler ist die »metaphysische Auffassung des Eigentums«, womit er den Unterschied zwischen realer und formaljuristischer Verfügungsgewalt anspricht. Dadurch habe Stalin die Existenz von Warenbeziehungen von einem bloßen Willensakt abhängig gemacht – ob man sich als staatliches Eigentum definiere oder nicht. Er erklärt im Gegenteil, daß die Existenz objektiver Kategorien nicht Resultat eines Willensaktes, sondern Ausdruck des Entwicklungsniveaus der Produktivkräfte sei. Diese zweifellos richtige, abstrakte Aussage wird dann allerdings so ausgelegt, als ob prinzipiell alle ökonomischen Beziehungen Warenbeziehungen seien. Letzteres geht genausowenig aus seiner Stalin-Kritik hervor, wie er es im zweiten Teil seines Buches[8] positiv nachweisen kann. Dagegen wird von Anfang an deutlich, daß es Sik gar nicht um die theoretische Frage – ob Warenproduktion oder nicht – geht, sondern einfach darum, die Notwendigkeit »materieller Interessenstimuli«, der einzelbetrieblichen Rentabilität und letztlich des »Marktes« zu rechtfertigen. Dazu ist aber jene Behauptung am besten geeignet.

Die Quintessenz der geplanten Wirtschaftsreform ist es, die »administrative Leitung« durch »ökonomische Hebel« zu ersetzen, wobei völlig außer Betracht bleibt, daß ja nicht die unmittelbare Wirtschaftslenkung an sich, sondern deren spezifische bürokratische Form zur Krise geführt hat. Mit der Aussparung dieser Differenzierung bleibt überhaupt die politische Dimension außer Betracht. In Wahrheit ist die Siksche Alternative: Plan oder Markt bereits falsch: die ganze Reform ist zu einem bloß technischen Problem geworden, bei dem es um ein möglichst reibungsloses funktionales Zusammenwirken von Plan und Markt geht.

Marx hat nie ein System positiver Vorstellungen über die Übergangsgesellschaft entwickelt. Wenn Marx sich darüber äußerte, so nur negativ, indem er gegenüber der kapitalistischen Gesellschaft konträre Vorstellungen entwickelte. Die Revolution implizierte daher für ihn die vollständige planmäßige Leitung der Produktion verbunden mit dem Verschwinden der Ware–Geld-Beziehungen und mit dem unmittelbar gesellschaftlichen Charakter der Arbeit. Die historisch erste Revolution (1917) zeigt indes, daß damit die Problematik der Übergangsgesellschaft nicht einmal annähernd ausreichend behandelt war. Sik setzt hier ein, gesteht Marx zu, daß er selbst aus historischen Gründen keine konkreten Vorstellungen habe entwickeln können, re-

---

[8] Sik, O.: Plan und Markt im Sozialismus. Wien, 1967, S. 83.

vidiert aber unter dem Titel »Ergänzung« auch die grundsätzlichen Theoreme. Er behauptet, daß allein aufgrund der von Marx inspirierten Stalinschen Terminologie das entscheidende Problem gar nicht ins Bewußtsein hätte rücken können. Die »unmittelbar gesellschaftliche Arbeit« sei nicht wirklich unmittelbar gesellschaftlich gewesen. Marx meinte mit dem Ausdruck, daß die arbeitsteilig geleistete Arbeit im Sozialismus von vornherein als gesellschaftliche, ex ante geplante und mit den Bedürfnissen abgestimmte Arbeit geleistet werde, und nicht sich erst als solche auf dem Markt erweisen müsse. Sik kritisiert nun, daß mit dieser Formel assoziativ verbunden war die Meinung, daß die so geleistete Arbeit auch »gesellschaftlich notwendig« war, also mit der gesellschaftlich durchschnittlichen Arbeitsproduktivität und in einer Quantität, die der gesellschaftlichen Nachfrage entsprach, verausgabt wurde. Die ständigen Abweichungen wurden natürlich als Lagerzuwachs, unverkäufliche Produkte usw. zur Kenntnis genommen, aber auf bloß mangelnde Planungstechnik zurückgeführt und als temporärer Mangel betrachtet. Man nahm an, daß die Abweichung aus dem Informationsproblem resultierte. Es ist nun so, daß auch Arbeit, die wirklich unmittelbar gesellschaftlich ist, solche Abweichungen zuläßt, aber es dürfte nicht zu systematischen Fehlinvestitionen und zu dauernder Verletzung der proportionalen Entwicklung kommen. So ähnlich, wie in einer Fabrik verschiedene Arbeitsquanta auf verschiedene Abteilungen aufgeteilt und im großen und ganzen diese Proportionen den tatsächlichen Erfordernissen entsprechen werden. Indes kann Arbeit nicht zugleich unmittelbar gesellschaftlich sein und warenproduzierend, also erst mittelbar, ihren gesellschaftlichen Charakter via Wertgesetz geltend machen. Da aber in der CSSR wenigstens alle Konsumgüter Warencharakter hatten, konnte die in Abteilung II geleistete Arbeit nicht als unmittelbar gesellschaftliche angesprochen werden. Sik differenziert ganz richtig und nennt die Arbeit des zweiten Typs, um sie von der völlig isoliert geleisteten Arbeit des kapitalistischen Warenproduzenten zu unterscheiden, Arbeit mit »allgemein direkt gesellschaftlicher Orientierung«. Wenn er hingegen – vereinfacht gesprochen – zwischen Produktionsmitteln, die verteilt, und Konsumgütern, die auf dem Markt vertauscht werden, nicht unterscheidet, verfällt er einem viel schwereren Irrtum.

Weil die Arbeit nach Sik nicht unmittelbar gesellschaftlich, sondern nur gesellschaftlich orientiert ist, muß die verausgabte Arbeit nicht unbedingt gesellschaftlich notwendig sein – das sei eine Frage der tatsächlichen Nachfrage und könne nicht durch den Plan dekretiert werden. Daß die vom einzelnen Warenproduzenten verausgabte Arbeit nicht mit der gesellschaftlich notwendigen übereinstimmen müsse, sei nicht nur eine Frage der mangelnden Information, sondern der Interessenwidersprüche in der sozialistischen Gesellschaft. Diese wiederum seien Produkt des Charakters der Arbeit – bloß ein Mittel zum Konsum, aber keineswegs ein Bedürfnis – und des Konsums, der beim gegebenen Stand der Arbeitsproduktivität begrenzt sei. Dieser Interessenwiderspruch, der sich darin äußere, daß jeder für möglichst wenig Arbeit möglichst viele Güter haben möchte, sei die Ursache der Warenproduktion. Und nur auf dem Markt könne der Widerspruch zwischen dem Menschen als Produzenten und als Konsumenten gelöst werden. Selucký macht es sich noch leichter und erklärt die Arbeitsteilung schlechthin zur Ursache der Warenproduktion. Damit wird wie bei Sik die Kategorie der Ware enthistorisiert, denn Arbeitsteilung wird es auch im Kommunismus geben.

Sik und Selucký bewegen sich in der gleichen Tautologie wie die DDR-Ökonomen, die aus der Selbständigkeit der Betriebe Ware–Geld-Beziehungen ableiten, die natürlich ihrerseits selbständige Betriebe erfordern. Ob die Betriebe hingegen operativ selbständig sind oder nicht, ist – einen bestimmten Vergesellschaftungs- oder Verflechtungsgrad der Volkswirtschaft, also ein bestimmtes Niveau der Produktivkräfte vorausgesetzt – eine (wirtschafts)politische Entscheidung. Die von Sik angeschnittenen Interessendivergenzen existieren genauso wie die virtuelle Nichtübereinstimmung von geleisteter und gesellschaftlich notwendiger Arbeit. Aber warum müssen unbedingt Ware–Geld-Beziehungen die »Lösungsform« dieses Widerspruchs sein? Und sogar die Annahme von Ware–Geld-Beziehungen läßt noch immer die Stellung zum Markt offen: soll der Markt völlig autonom funktionieren und nur mittels ökonomischer Hebel gesteuert werden – genau wie im Kapitalismus? Oder soll nach wie vor der Plan verbindliche Produktionsauflagen enthalten – wie das in der DDR der Fall ist? Daß das individuelle und das gesellschaftliche Interesse in Einklang gebracht werden müssen, um die optimale Produktionsstruktur und maximalen Ausstoß zu erreichen, ist klar, aber ob dies mit Markt und materiellen Anreizen oder mit Vervollkommnung der zentralen Planung und moralischen Anreizen und sozialistischer Erziehung erstrebt werden soll, wird bei Sik nicht problematisiert. Die das zweite vorschlagen, werden als wirklichkeitsfremde Romantiker abgetan.

Dieser Abschnitt sollte zeigen, daß die tschechoslowakischen »Reformer« nicht in der Lage sind, die Ursachen und den Stellenwert der Warenproduktion anzugeben. Es scheint nicht so zu sein, daß aus der Erkenntnis, daß es sich um Ware–Geld-Beziehungen handelt, die Forderung nach dem Markt abgeleitet wird – was auch nicht zwingend, aber immerhin plausibel wäre; sondern daß sie die »Vorteile des Marktes« postulieren und seine Einführung mit dem theoretischen Tamtam um Ware und Geld rechtfertigen. Bei Selucký wird

das am deutlichsten. Seine Marktverherrlichungen erinnern an die liberalen Nationalökonomen des frühen 19. Jahrhunderts. Indes ist der Seluckýsche »Markt« ein Phantasieprodukt, wie es sich nicht einmal mehr in den Lehrbüchern der Nationalökonomie findet.
Die tschechoslowakischen »Reformer« revidieren den Marxismus insofern, als sie erst einen ganz unmarxistischen Begriff von Ware–Geld-Beziehungen prägen, dann diese als wünschenswerte Beziehungen deklarieren und schließlich den »Markt« als Allheilmittel anpreisen.

2. DDR

Das eigentliche Rückzugsgefecht gegen den Marxismus führen die Theoretiker in der DDR. Die Apologeten des »Marktsozialismus« rechneten mit den »marxistischen Dogmen« ziemlich unbeschwert ab – unter dem Titel: »Kampf gegen den Stalinismus«. Als stalinistisch wurde das gebrandmarkt, was die spezifisch-historische Bestimmtheit des Sozialismus gegenüber dem Kapitalismus ausmacht.
Die DDR-Theoretiker hingegen betrachten den theoretischen Unterbau des ökonomischen Systems des Sozialismus ernsthaft als Weiterentwicklung der Marxschen Theorie. Die »sozialistische Warenproduktion« sei die Grundlage des Systems. Diese »Warenproduktion« wird dann neutralisiert. Ihr Charakter werde nicht durch sich selbst bestimmt, sondern durch die sozialistischen Produktionsverhältnisse, unter denen sie erfolge. Es gehe schließlich nicht darum, sie zu beseitigen, sondern sie mit den anderen gleichberechtigten Elementen des Systems harmonisch zu entwickeln. Irgendwann, im fernen Kommunismus, müßte der Warencharakter der Produkte verschwunden sein, aber bis dahin handle es sich um den Sozialismus als eine relativ eigenständige historische Formation. Damit ist genau die entscheidende Bestimmung der Übergangsgesellschaft ausgelöscht: einerseits noch Elemente der kapitalistischen, andererseits bereits Elemente der kommunistischen Gesellschaft zu enthalten.
In ganz anderer Form bemerken wir hier dieselbe Tendenz wie bei den Theoretikern des »Marktsozialismus«: die Begriffe werden ihres historischen und sozialen Inhalts beraubt und alles wird auf technisch-organisatorische Fragestellungen verkürzt. Auch in der DDR geht man von einer oberflächlichen Kritik an Stalins Theorie über die Ursachen der Warenproduktion aus. Diese Theorie sei »vereinfachend« usw. Die wirklichen Ursachen der Warenproduktion lägen vor allem in der Arbeitsteilung (!) und dem damit verbundenen »Aneignungsgesetz der sozialistischen Wirtschaft«[9]. Diese These wird

---

[9] Politische Ökonomie des Sozialismus und ihre Anwendung in der DDR. Berlin, 1969, S. 264.

dann mit einem Marx-Zitat »belegt«, das genau das Gegenteil besagt: daß nämlich der Warencharakter »nicht nur Teilung der Arbeit überhaupt, sondern eine spezifisch entwickelte Form derselben (Austausch! W. L.) voraussetzt«. Indem der Warencharakter der Produkte von der Arbeitsteilung überhaupt abhängig gemacht wird, entzieht man sich gleichzeitig der Notwendigkeit, ihn tendenziell abzubauen.
Hier bewegt man sich schon wieder in demselben Zirkel, der bei der CSSR skizziert wurde: dezentralisierte Betriebe und Warenproduktion werden füreinander gleichzeitig als Ursache und Wirkung gesetzt.
Der nächste Schritt besteht darin, aus der Not eine Tugend zu machen: »Warenproduktion bildet somit einen untrennbaren Bestandteil der sozialistischen Ökonomik ..., der dem gesellschaftlichen System des Sozialismus wesenseigen (!) ist«[10]. Weil die Produkte Warencharakter annehmen, wirke auch das Wertgesetz. Wie jedes ökonomische »Gesetz« im Sozialismus verwirkliche es sich als solches erst als bewußt ausgenütztes Gesetz. Der Widerspruch gegenüber dem von Marx entwickelten Begriff des Wertgesetzes liegt auf der Hand. Was hier passiert ist, ist, daß stoffliche Prozesse mit Kategorien der Verwertung bezeichnet werden — zwei Ebenen, die bei Marx streng auseinandergehalten werden. Aus allen DDR-Äußerungen über das »Wertgesetz« ist klar ersichtlich, daß es ihnen um die optimale Verteilung der Ressourcen geht — aber das gerade hat nichts mit dem Wertgesetz zu tun, das vielmehr eine spezifische gesellschaftliche Formbestimmtheit ausdrückt.
Es zeigt sich also, daß in der DDR die Warenkategorien in einem gar nicht so anderen Sinn wie in der CSSR verwendet werden, daß sie hier aber in Wirklichkeit auf eine andere Realität abzielen — trotz der gleichen kategorialen Oberfläche. Wenn nur die verbalen Revisionen der Marxschen Theorie auf diesem Abstraktionsniveau ins Auge gefaßt werden, könnte es wirklich scheinen, daß nur graduelle Unterschiede zwischen dem ökonomischen System des Sozialismus in der DDR und dem »Marktsozialismus« bestehen. Bei genauerem Hinsehen vor allem auch auf die dahinter liegenden Intentionen zeigt sich indes, daß es sich um gegensätzliche Modelle handelt. Mit demselben Terminus »Ware-Geld-Beziehungen« meint man in der CSSR Dezentralisierung und »Markt«, in der DDR dagegen optimale Verteilung der Ressourcen durch den zentralen Plan, wenn auch mit Hilfe »ökonomischer Hebel«.
Für das Folgende hat uns die Rekonstruktion der Marxschen Theorie und ihre Gegenüberstellung mit den herrschenden Theorien in der

---

[10] A. a. O., S. 263.

DDR und CSSR einen wichtigen Gesichtspunkt geliefert: auf dieser abstrakten Ebene wurde deutlich, daß die zur Rechtfertigung des jeweils eingeschlagenen ökonomischen Weges konstruierten Theorien den Verlust der revolutionären Perspektive ausdrücken und darauf ausgerichtet sind, ein gegebenes gesellschaftliches und ökonomisches System zu konservieren.

III. Phänomenologie der Reformen

- - -

IV. Entwicklungsrichtungen der ökonomischen Systeme

Nachdem die politische Dimension und damit das entscheidende Subjekt der sozialistischen Gesellschaften eingeführt ist, sollten die Unterschiede etwa zwischen »Marktsozialismus« und ÖSS nicht mehr nur phänomenologisch, sondern analytisch ermittelt werden können; die Unterschiede, nicht allein wie sie sich gegenwärtig präsentieren, sondern in ihrer Dynamik, in der inneren Logik der jeweiligen Systeme; also der Entwicklungsrichtungen des ÖSS einerseits und des »Marktsozialismus« andererseits. (Letzteres hat nur veranschaulichenden Charakter, weil die Entwicklung in der CSSR im August 1968 abgebrochen wurde und Ungarn die Reform noch nicht so weit vorangetrieben hat.)

Rekonstruieren wir noch einmal die Genesis der NÖS. Sie entstanden theoretisch wie praktisch als Reaktion und Kritik gegenüber dem alten, stalinistischen ökonomischen System. Dieses hatte sich in der vergangenen Periode durchaus bewährt. Vielleicht wären bessere Lösungen möglich gewesen, vom Standpunkt des wirtschaftlichen Wachstums aus hatte das alte System immerhin in ein paar Jahren (wenn man die Zeit des zweiten Weltkriegs und des Wiederaufbaus abzieht) die Sowjetunion aus »asiatischer Rückständigkeit« zur zweiten Industriemacht der Welt befördert. Historische Erfolge sind dem System also nicht abzustreiten.

Es war vorwiegend auf gigantische Umstrukturierungsprozesse und auf die Schaffung der materiellen Basis einer modernen Industriestruktur gerichtet. Diese Ziele wurden durch detaillierte administrative Anweisungen und kampagneartige Forcierungen angestrebt. Dieses System wurde in dem Maß unbrauchbar, in dem eine strikt proportionale und flexible Entwicklung wegen der immer höheren ökonomischen Integration der ganzen Volkswirtschaft entscheidend wurde und in dem die Produktion sich mehr und mehr differenzierte. Die administrativen Anordnungen und Eingriffe stiegen ins Uferlose, die überdimensionierte Kontrolle durch immer neue Kennziffern begann ihren Zweck selbst zu sabotieren. Es war klar, daß die zentralistische Planung auch von Details nicht mehr sinnvoll war. In irgendeiner Form mußte dezentralisiert werden. Idealtypisch sind zwei Wege vorstellbar, von denen der eine genuin sozialistisch ist, der andere einen Rückgriff auf kapitalistische Praktiken bedeutet. Der eine wäre (und ist es in Kuba, Volksrepublik China), die straffe zentrale Planung nicht nur der volkswirtschaftlichen Strukturentwicklung, sondern auch der einzelnen Produktionsprozesse zu lassen. Gleichzeitig hätte aber die konkrete gebrauchswertmäßige Gestaltung der Produktionsprozesse und der Produkte dezentral dort entschieden werden müssen, wo diese einzig sinnvoll möglich ist: in den Betrieben selbst. In einem solchen System stellt sich die Verbindlichkeit des Planes her über das sozialistische Bewußtsein der Produzenten, nicht über detaillierte und daher rigide Plandetails. Wenn die Arbeiter wissen, daß, weil ihre individuelle Arbeit ein Teil der gesellschaftlichen Gesamtarbeit ist, das Gesamtprodukt wenigstens annähernd in gleicher Weise auf alle verteilt wird, haben sie keine Veranlassung, gegen die im Plan formulierten gesellschaftlichen Interessen zu handeln. In diesem Fall ist der Plan ein »Instrument der Herrschaft der Produzenten über die Bedingungen und Resultate ihrer Tätigkeit. Damit er eine solche Rolle spielen kann, ist es notwendig, daß der Plan auf der Initiative der Massen aufgestellt und durchgeführt wird, daß er die Erfahrungen und Vorhaben der Massen konzentriert und koordiniert.«[11] Bereits bei oberflächlicher Betrachtung wird klar, daß der Plan in den osteuropäischen sozialistischen Ländern einen ganz anderen Charakter hat. Das ist keineswegs (wie Sik meint) romantisch-utopistisch; es ist in Cuba und China die Realität und es war dies auch in der Sowjetunion solange, bis der »revolutionäre Enthusiasmus« durch Stalinschen Terror abgebaut war. Die gigantischen Aufbauleistungen der Sowjetunion in den 20er und beginnenden 30er Jahren lassen sich weder mit Zwang noch materiellen Anreizen allein erklären. Ein solches System setzt freilich voraus eine politisierte und hoch motivierte Arbeiterklasse, also das sozialistische Bewußtsein, das in der Sowjetunion und den anderen Volksdemokratien längst verschwunden war.

Wenn die konkrete Gestaltung von den Arbeitern aufgrund ihrer Einsicht in die sozialistische Struktur von Produktion und Verteilung (dazu muß die Verteilung aber wirklich egalitär sein; mit moralischen Appellen erreicht man nichts, wenn diese den Erfahrungen der Massen dauernd widersprechen!) von vornherein im Rahmen des Plans erfolgt, weil keine anderen, »falschen« Motivationen einfließen, ist

---

[11] Bettelheim, Ch., a. a. O., S. 153 (Brief an Sweezy vom 18. 2. 1970).

weder ein rigider detaillierter Plan noch der Markt als Regulativ notwendig. Unter den Bedingungen bürokratischer Herrschaft ist dies freilich unrealistisch. Die beiden Wege können daher nur idealtypisch nebeneinander gestellt werden. In Wirklichkeit hatte die sich dezentralisierende Bürokratie nicht die Entscheidung. Da primäres Ziel die Aufrechterhaltung der bürokratischen Herrschaft war, konnte nur der zweite Weg gegangen werden: eine technisch-organisatorische Lösung zu finden, ohne die sozialen Wurzeln des Übels anzurühren. Dieser Weg aber besteht im Rückgriff auf im Kapitalismus bewährte Methoden. Und das führt in eine »Einbahnstraße«, schreibt Sweezy, »die, wie lang der Weg auch sein mag, nur ein Ziel hat: den Kapitalismus«[12].

Im genuin sozialistischen Modell werden Produktion und gesellschaftliche Bedürfnisse ex ante koordiniert, indem die Massen selbst an der Planerstellung mitwirken und den Plan konkretisieren und weil keine »falschen« Motivationen einfließen. Im anderen Modell wird diese Koordination ex post über den Markt hergestellt.

Ist der Marktmechanismus aber erst einmal »rehabilitiert«, ist der Markt erst einmal zum entscheidenden Regelprinzip und zur primären Verbindung zwischen den Betrieben gemacht, bewegt sich das System unter den gegebenen Bedingungen kraft innerer Logik auf einen Zustand zu, in dem es mehr und mehr wie der Kapitalismus funktioniert. Durch Markt, Dezentralisierung, Autonomie, Profitmotiv und materielle Anreize solchen Ausmaßes werden Voraussetzungen geschaffen. Ob in letzter Instanz tatsächlich die Restauration des Kapitalismus erfolgt, hängt davon ab, ob die Schicht der Technokraten und Manager die Möglichkeit hat, sukzessive die Funktionen von Kapitalisten zu übernehmen. Es handelt sich dabei natürlich nicht um die juristische Wiederherstellung des Privateigentums an Produktionsmitteln, sondern um die systematische Aushöhlung des sozialistischen Systems – um einen sozialistischen Thermidor.

Wie die Entwicklung tatsächlich verläuft, hängt also nicht nur von den »ökonomischen« Bedingungen ab, in welchen sie freilich angelegt sind. Es ist wesentlich eine Frage der politischen Macht. Etwa die NEP der 20er Jahre, die so gerne zum Vergleich herangezogen wird, bedeutete ganz klar ein Wiederaufleben kapitalistischer Regungen in Industrie, Handel und Landwirtschaft. Lenin war sich dessen wohl bewußt und deklarierte die NEP auch eindeutig als vorübergehenden Rückzug an der ökonomischen Front. Das Ende der NEP war bei ihrem Beginn bereits konzipiert. Als 1928 nach Ausschaltung der

---

[12] Sweezy, P.: Tschechoslowakei: Kapitalismus und Sozialismus. In: Zur Kritik der Sowjetökonomie. Berlin, 1969, S. 109.

Bucharin-Fraktion Stalin endlich an die Liquidation der NEP ging, war es schon fast zu spät. Hätte Bucharin sich durchgesetzt, wäre der Kapitalismus in kürzester Zeit restauriert worden.
Was sagt das historische Beispiel? Daß die ökonomischen Gegebenheiten allein nicht ausschlaggebend sind, solange die politische Macht sie neutralisieren kann, das heißt solange die politische Macht eine proletarische ist. Andererseits untergräbt die ökonomische Entwicklung die politische Macht. Was heute in den sozialistischen Ländern Osteuropas geschieht, kann nicht mit der NEP verglichen werden, weil die Reformen nicht als befristeter Rückzug gedacht sind, im Gegenteil: als erstrebenswertes Ziel. Ware-Geld-Beziehungen gelten nicht mehr als unvermeidliches Überbleibsel, sondern als »wertvolles Element« des Sozialismus, das man entwickeln muß.
Worin bestehen die Elemente der Wirtschaftsreformen, in denen diese restaurativen Tendenzen erblickt werden können? Die wesentlichen Momente sind:
1. das Überhandnehmen der materiellen Anreize bei gleichzeitigem Abbau der Reste sozialistischen Bewußtseins, also zunehmende Entpolitisierung;
2. die Dezentralisierung der Betriebe als ökonomische Einheiten, nicht nur der konkreten Gestaltung der Arbeitsprozesse;
3. die Einführung des Profitmotivs und des Marktes, teilweise Freigabe der Preise usw.;
4. der Machtzuwachs des Managements;
5. die Brechung des Außenhandelsmonopols, wodurch die ökonomische Macht des Managements sich internationalen Rückhalt verschafft.
Diese Elemente finden sich in allen sozialistischen Ländern in je verschiedenem Ausmaß. Bevor aber Verschiedenheiten untersucht werden können, muß kurz allgemein gezeigt werden, warum diese Elemente für restaurativ angesehen werden müssen.
Für die herrschenden Kommunistischen Parteien stellt sich dieses Problem in der Regel erst gar nicht: denn wenn Aufbau des Sozialismus gleich maximalem Wirtschaftswachstum ist, dann sind die Methoden der Produktivitätssteigerung die besten, die höchste Wachstumsraten zustande bringen – und das sind beim gegebenen Bewußtsein der Massen nun einmal die beschriebenen. Tatsächlich wird so argumentiert, wobei dieses Bewußtsein quasi als naturgegeben vorausgesetzt wird. Daß gerade das alte System (und das neue wirkt in dieser Richtung weiter) die Arbeiter entpolitisierte und auf individuelle Bedürfnisse zurückwarf, daß dieses System den Leuten gar keine andere Wahl ließ und daß die Reformen des NÖS diese bürgerliche Bedürfnisstruktur nur noch mehr verstärkten – diese soziale und politische Dimension geht in die Gedanken der herrschenden Bürokratie natürlich nicht ein.

Seit jeher war klar, daß in der Übergangsgesellschaft nicht bereits alle »Muttermale« der kapitalistischen Gesellschaft beseitigt sein können. Entgegen den anarchistischen Utopien hatte Marx erklärt, daß »das Recht nie höher« sein könne als die ihm zugrunde liegende Ökonomie. Ebenso klar aber war für Marxisten seit jeher, daß diese »Muttermale« Schritt für Schritt beseitigt werden müßten. Das gilt auch für das Problem der materiellen Anreize. Es ist klar, daß in den Übergangsgesellschaften materielle Anreize notwendig sind, daß Differenzierung der Einkommen notwendig ist. Aber sie sollte systematisch abgebaut werden. Die materiellen Anreize sollten mehr und mehr durch »moralische«, also durch sozialistisches Bewußtsein ersetzt werden. In den osteuropäischen sozialistischen Ländern hingegen werden die Einkommensunterschiede immer größer. Daß die Arbeiter auf ihre individuellen Interessen zurückgeworfen werden, wird dadurch, daß die materiellen Anreize individuelle Anreize sind, geradezu gefördert. Was als Subjekt in diesen Gesellschaften proklamiert wird: die Arbeiterklasse wird durch die Struktur der Anreize systematisch atomisiert. Was aber das Gefährlichste an dieser Entwicklung ist, ist die Bindung der Einkommen an den Gewinn. Damit wird nämlich – wenn von der unrealistischen Annahme abgesehen wird, alle Gewinne seien Leistungsgewinne – das Prinzip: »Jedem nach seiner Leistung« durchbrochen und das Einkommen des Arbeiters von Verhältnissen abhängig, die außerhalb seiner Kontrolle liegen. Guevara schrieb deshalb, daß via materielle Anreize zwar vielleicht kurzfristig ein höheres Wachstum der Produktion zu erreichen wäre, daß aber bei solch extensiver Benutzung der materiellen Anreize der Weg zum Kommunismus durch die Beseitigung seiner subjektiven Voraussetzungen um so sicherer verbaut würde[13]; denn, schreibt W. Ash, »der Sozialismus besteht nicht aus einem cleveren ökonomischen Bestechungssystem, um Leute dazu zu bewegen, sich wie ›sozialistische Menschen‹ zu benehmen«[14]. Daß durch die Dezentralisierung nicht der konkreten Entscheidungen allein, sondern der Betriebe als Ganzes, also dadurch, daß die Planauflagen den Betrieben immer größere Spielräume lassen, die reale Verfügungsgewalt in der Produktion usw. nicht beim sozialistischen Staat, sondern mehr und mehr bei den Managern liegt, die – in dem Maß, in dem der Marktmechanismus als Hauptregulativ eingeführt wird – notgedrungen wie Kapitalisten handeln müssen, ist einsichtig. Die Betriebe sind zwar nach

---

[13] Guevara, E.: Über das Budgetfinanzierungssystem. In: Die Planungsdebatte in Cuba. Frankfurt, 1969, S. 59.
[14] Ash, W.: Ökonomische Probleme des Sozialismus und die große Debatte. The Broadsheet, April 1966. Zitiert nach: Zur Kritik der Sowjetökonomie, a. a. O., S. 80.

wie vor juristisch »Volkseigentum«, aber sie sind kaum mehr zentral kontrollierbar.

Dem entspricht die Erhebung des Marktes zu einem bedeutenden, wenn nicht dem wichtigsten Regelungsprinzip. Dadurch wird das, was bislang als größter Vorzug des Sozialismus galt, nämlich die bewußte planmäßige ex-ante-Koordination der Produktionsprozesse tendenziell aufgehoben. Solange aber die Preise zentral festgesetzt werden, ist die Wirkung des Marktmechanismus beschränkt.

Was aus der DDR gegen den »Marktsozialismus« polemisiert wird, gilt in anderer Form für die NÖS und abgeschwächt auch für das ÖSS. Sweezy schreibt dazu: »Eine Neigung zum Kapitalismus ist in das gegenwärtige System eingebaut: Kontrolle der Unternehmen durch die Unternehmen selbst, Koordination durch den Markt und das Vertrauen auf materielle Anreize – diese drei Faktoren ergeben zusammen eine Tendenz in Richtung auf eine ökonomische Ordnung, die, wie man sie auch immer nennen mag, mehr und mehr so funktioniert wie der Kapitalismus.«[14]

Wie die Darstellung des »Marktsozialismus« im Abschnitt »Phänomenologie der Reformen« bereits zeigte, ist dieser nur eine neue Qualität, auf die die Reformwerkelei der NÖS an einem bestimmten Punkt kraft innerer Logik umschlägt – wenn nicht administrativ dieser Prozeß gestoppt wird. Daß diese innere Logik existiert, ist einleuchtend, und Sik formuliert sie auch: das Marktmodell könne nur als Totalität verwirklicht werden. Sind diese Mechanismen erst einmal in Gang gebracht worden, greifen sie immer mehr um sich. Sollen sie weiterhin funktionieren, müssen sie ausgeweitet werden. Das gilt für Markt- und Preismechanismus, die im Grunde nur richtig funktionieren können, wenn es keinen verbindlichen Plan mehr gibt – weil ja sonst der Mechanismus an vielen Stellen gestört würde. Dasselbe zeigt sich bei der hierarchischen Struktur der Betriebe. Was am alten System kritisiert wurde, waren in der Regel Verstöße korrupter Manager – obgleich richtig ist, daß das Planungs- und Leitungssystem so beschaffen war, daß es die Leute zur Korruption zwang. Nichtsdestoweniger sollte man annehmen, daß – da die sozialistischen Länder Schwierigkeiten mit diesen Managern hatten – sie Reformen erstrebten, die die Macht dieser Individuen begrenzen könnten. Das Gegenteil war der Fall. Man sieht: das System treibt ständig über sich selbst hinaus. Deshalb der Begriff »innere Logik«.

Während im ÖSS der DDR der Versuch gemacht wird, diese Entwicklung zu stoppen, hat sie im tschechoslowakischen »Marktsozialismus« eine neue Qualität erreicht. Zwar besteht auch hier kein Privateigentum an Produktionsmitteln usw. – aber Siks Modell unterscheidet sich in seiner Produktionsweise nicht mehr grundsätzlich vom Kapitalismus: keine überbetriebliche Planung der Produktionsprozesse, der Markt als Hauptregulativ und als vorrangige, ja einzige Verbindung zwischen den Betrieben, weitgehend freie Preise, BEP = finanzielle Autonomie, eine quasi-kapitalistische Geld- und Kreditverfassung. Brechung des Außenhandelsmonopols, keine staatliche Garantie der Arbeitsplätze, nicht einmal der vollen Löhne, gigantische Machtbefugnisse der Manager, eigene Ausbildungsstätten, in denen den Managern nicht nur Fachwissen, sondern auch Standesbewußtsein beigebracht wurde, freier Kapitalverkehr, keine Investitionsplanung usw.

Ich betone nochmals: das war noch nicht alles verwirklicht, aber der Kurs war eingeschlagen. Das bedeutet: die in solchen Systemen »angelegte Tendenz zum Kapitalismus« hatte in der CSSR eine neue Qualität angenommen. Und die faktische Restauration eines quasi-kapitalistischen Systems wäre nur mehr eine Frage der Zeit gewesen. Das ÖSS in der DDR hingegen scheint mir der Versuch zu sein, diese Entwicklung unter Kontrolle zu bringen. Ich weiß nicht, warum dieser plötzliche Kurswechsel eintrat – vielleicht aufgrund der Erfahrungen in der CSSR. Jedenfalls trat er ein – und zwar so gründlich, daß in der Neuauflage der Reden W. Ulbrichts von 1968 gegenüber der Auflage von 1966 einige Passagen fehlen.

Das ÖSS zielt ganz deutlich darauf ab, diejenigen Elemente einzudämmen und zu beseitigen, die die zentralistische Kontrolle untergraben würden. Durch die strukturkonkrete und Objektplanung sucht man die Schlüsselpositionen der volkswirtschaftlichen Entwicklung im Griff zu behalten – sicher in stärkerem Maße als dies 1963/1968 der Fall war. Aber auch in den nicht-strukturbestimmenden Zweigen ist der Spielraum der Betriebe durch Normative und Plankennziffern empfindlich eingeengt. In der DDR sind sowohl direkte wie auch indirekte Lenkungsmethoden vorgesehen, wobei selbst die indirekten (über Löhne und Preise etwa) bei weitem wirksamer sind als im »Marktsozialismus«. Daß Außenhandel und Preissystem unter straffer zentraler Kontrolle stehen, wurde ebenfalls gezeigt. In allen diesen Punkten wurde der seit 1963 laufende Dezentralisierungsprozeß gestoppt. Nichtsdestoweniger leben eine Reihe von Elementen des NÖSPL nach wie vor fort. Das ist alles, was mit der »Eigenverantwortlichkeit« der Betriebe umschrieben wird. Es ist zwar richtig, daß zentrale Planung und Eigenverantwortung nicht sich ausschließende Gegensätze sind, sondern ein dialektisch strukturiertes Verhältnis. Es ist daher auch richtig, daß man beide Pole qualitativ entwickeln könne – widersprüchlich bleibt es dennoch. Es handelt sich nun einmal um Tendenzen, die in verschiedene Richtungen zielen. Wohin die Entwicklung tatsächlich verläuft, ist durchaus nicht entschieden. Die Gleichgewichtsvorstellungen, in die die Konstrukteure des ÖSS flüchten, sind illusionär.

Vor allem wurde nicht angetastet die fast alleinige Benutzung materieller Anreize, die hohe Einkommensdifferenzierung, die hierarchische Betriebsstruktur: kurz, die bürokratische Herrschaft in Gesellschaft und Betrieb. Das ÖSS erweist sich als System, durch das der Trend des NÖSPL abgebremst werden soll. Es ist widersprüchlich strukturiert, weil Dezentralisierungsprozesse und Zentralisierungsprozesse gleichzeitig vor sich gehen. Mit dem ÖSS wurde der Dezentralisierungsprozeß zwar unterbrochen, aber er ist sicher nicht endgültig gestoppt. Dazu würden nämlich ökonomische Reformen allein nicht hinreichen.

Nachwort

Von der Ebene, auf der hier die ökonomischen Reformen abgehandelt wurden, bis zu unmittelbar politischen Aussagen fehlen eine Reihe von Vermittlungen. Daß sie fehlen, liegt teils am begrenzten Rahmen dieser Arbeit, teils am desolaten Stand der »Theorie der Übergangsgesellschaft«. Wenn diese Vermittlungen fehlen, besteht die Gefahr, daß eine relativ abstrakte Analyse oder die Deskription des unmittelbar Gegebenen, also die bloße Phänomenologie der Reformen, kurzschlüssig mit politischen Aussagen verbunden wird, die durch jene nicht legitimiert sind. Ferner: solange keine »Theorie der Übergangsgesellschaft« existiert, müssen wir uns ihr von beiden Seiten nähern: von der Entfaltung allgemeiner Kategorien her (deren Beispiel: Bettelheim) und von der Deskription, die aber gerade nicht konkret in Marxschem Sinn ist – also die Reproduktion der Totalität im Bewußtsein –, sondern abstrakt. Die Anordnung des empirischen Materials bleibt daher zu einem gewissen Grad willkürlich, seine Selektion undurchsichtig.

Beide »Fehler« wurden in der marxistischen Analyse der »sozialistischen Länder« immer wieder gemacht. Der Jugoslawien-Artikel in der SoPo 9[15] kann für den zweiten exemplarisch genommen werden. Diese beiden »Fehler« lassen sich zwar einschränken, aber sie lassen sich wahrscheinlich nicht vermeiden. In Form von Verzerrungen schleichen sie sich immer wieder ein. Für den Versuch, sie weitgehend zu vermeiden, muß der Preis des fragmentarischen Charakters der Analyse bezahlt werden.

Die oben genannten Vermittlungen können natürlich hier nicht nachgeholt werden. Die Arbeit von Ch. Bettelheim »Ökonomischer Kalkül und Eigentumsformen« ist eine wesentliche theoretische Vertie-

---

[15] P. Costas et. al. Jugoslawien auf dem »Dritten Weg« zum Kapitalismus. In: Sozialistische Politik, 2. Jg., Nr. 9, 1970 (Anm. der Herausgeber).

fung nicht nur dieser Arbeit, sondern auch alles anderen, was bisher über die Übergangsgesellschaft gearbeitet wurde. Daran ändern auch einige grobe, zum Teil methodische Fehler nichts. Ich verweise auf Bettelheims Arbeit bloß, hier kann weder die Aufarbeitung noch die Auseinandersetzung damit geleistet werden.
Einiges aber muß nachgeholt werden: Die vorliegende Arbeit stellt primär auf den Widerspruch zwischen Plan und Markt ab, anhand dieses Widerspruchs habe ich versucht, den Unterschied zwischen dem ÖSS einerseits und dem System des »marktwirtschaftlichen« Sozialismus andererseits herauszuarbeiten. Dieser Widerspruch ist natürlich real, allein er müßte – worauf Bettelheim mit Recht insistiert – von der Analyse der ihm zugrunde liegenden Produktions- und Klassenverhältnisse her relativiert werden. Es besteht damit die Frage nach den möglichen Konsequenzen einer solchen Relativierung. Damit ist auch gleichzeitig die Frage einer politischen, das heißt für unsere politische Praxis brauchbaren Einschätzung der Wirtschaftsreformen generell, des ÖSS der DDR speziell, angesprochen.
Meine Arbeit richtete sich vor allem gegen die These der nur »graduellen Unterschiede« zwischen den verschiedenen sozialistischen Ländern und versuchte demgegenüber gerade die Unterschiede zwischen DDR und CSSR exemplarisch herauszuarbeiten. Dieser Versuch war im wesentlichen festgemacht am Widerspruch Plan/Markt: während in der CSSR der Markt vollständig »rehabilitiert« wurde, versuchte man in der DDR, den sich verselbständigenden Gesetzen der Warenproduktion mit Zentralisationstendenzen und dergleichen entgegenzutreten. Auf der einen Seite wurde offenbar der Markt, auf der anderen der Plan forciert.
Der ganzen Arbeit liegt die These zugrunde, daß die Forcierung des Marktes auf die Restauration des Kapitalismus hinausläuft, während die Forcierung des Plans diese restaurativen Tendenzen zumindest bremst, unter Umständen sogar neutralisiert. Dennoch ist klar, daß in der DDR ebenso restaurative Tendenzen großen Ausmaßes in Gang sind, daß die DDR ebenso sich nicht gerade mit Riesenschritten auf den Sozialismus zubewegt. Ein Blick auf die Arbeitsorganisation, auf das Bewußtsein der dortigen Werktätigen, auf die extensive Anwendung individueller materieller Anreize usw. genügt dazu.
Es zeigte sich also offenbar, daß die Problematik nicht ausreichend behandelt werden kann, wenn sie nur auf den Widerspruch Plan/Markt hingeordnet wird. Und genau dies liegt dem Buch Bettelheims zugrunde.
Der wesentliche Gesichtspunkt liegt darin, »daß Rück- oder Fortschritt der Warenverhältnisse während einer gegebenen Periode nicht ausreicht, um einen Fortschritt in Richtung auf den Sozialismus so wenig wie den Rückschritt zu kennzeichnen ..., daß das politisch –

also vom Klassenstandpunkt aus – Entscheidende darin liegt, wie eine eventuelle Erweiterung der Warenverhältnisse behandelt wird. Der zu einem bestimmten Zeitpunkt gegebene Ausdehnungsgrad der Warenverhältnisse ist also kein ausreichendes Indiz für das Ausmaß des Fortschritts in Richtung auf den Sozialismus (wenn dem so wäre, dann wäre die Sowjetunion dem Sozialismus nie so nahe gewesen wie während der Periode des Kriegskommunismus) ... (Es) bleibt der Widerspruch ›Plan/Markt‹ meiner Auffassung nach ein ›Oberflächeneffekt‹, dessen Bedeutung nicht auf der Ebene dieses Widerspruchs selbst erfaßt werden kann, sondern nur dadurch, daß die tieferliegenden Widersprüche (die die Produktions- und Klassenverhältnisse betreffen) aufgedeckt werden, von denen der Widerspruch ›Plan/Markt‹ nur die Darstellung ist.
Dabei ist der Widerspruch ›Plan/Markt‹ kein Grundwiderspruch (contradiction fondamentale) und kann es auch nicht sein.«[16]
Nicht die abstrakte Frage nach der Extension der Wertform sei das Entscheidende, sondern die Klassenverhältnisse. »Der wirkliche Widerspruch (ist) der Widerspruch zwischen der Herrschaft oder der Nicht-Herrschaft der Produzenten über die Bedingungen und Resultate ihrer Tätigkeit«[17] ... »daß nur unter bestimmten gesellschaftlichen, politischen und ideologischen Bedingungen der Plan ein Instrument der Herrschaft der Produzenten über die Bedingungen und Resultate ihrer Tätigkeit ist. Damit er eine solche Rolle spielen kann, ist es notwendig, daß der Plan auf der Basis der Initiative der Massen aufgestellt und durchgeführt wird, daß er die Erfahrungen und die Vorhaben der Massen konzentriert und koordiniert.«[18]
Diese Passagen weisen auf einen äußerst wichtigen Gesichtspunkt hin: der Widerspruch Plan/Markt muß auf die hinter ihm liegenden Klassenverhältnisse relativiert werden, anderenfalls man auf dem »Terrain der Formen« verbleibt und in Ökonomismus verfällt.

– – –

---

[16] Bettelheim, Ch., a. a. O., S. 146 f.
[17] a. a. O., S. 152.
[18] a. a. O., S. 153.

6 Der »Sozialismus als eigenständige Gesellschaftsformation«

Zur Kritik der politischen Ökonomie des Sozialismus und ihrer Anwendung in der DDR

Von Philip Neumann

— — —

**Die neuen Produktionsverhältnisse:
Das »ökonomische System des Sozialismus«**

Das neue System seit der Wirtschaftsreform ab 1963 wird von den DDR-Theoretikern als ein System qualitativ neuer Produktionsverhältnisse bezeichnet[1], weil vor allem das Verhältnis der Betriebe zur Gesellschaft und zueinander sich verändert hat. Es wurde eingeführt – nicht, weil das alte sich nicht bewährt hätte, sondern weil es seine Aufgaben erfüllt hat und zu neuen Produktivkräften führte, die neue Produktionsverhältnisse verlangen. In dieser Theorie ist der Übergang von der extensiven Phase des Wirtschaftsaufbaus (Beseitigung der gröbsten Disproportionen, Wachstum durch Einstellung neuer Arbeitskräfte in neue Betriebe) zum intensiven Wirtschaftswachstum (bei gleichbleibender Beschäftigungshöhe in der Industrie Wachstum der Produktion durch Rationalisierung und Automatisierung, also durch Meisterung der wissenschaftlich-technischen Revolution) die Ursache für die Einführung des neuen Systems.

Walter Ulbricht sieht ein neues Verhältnis der Produktionseinheiten zur zentralen Planungsinstanz als Kern des neuen Systems:

»*Das ökonomische System des Sozialismus beruht in allen seinen Seiten auf einem entscheidenden Grundgedanken. Die zentrale staatliche Planung und Leitung der Grundfragen des gesellschaftlichen Gesamtprozesses nämlich ist organisch zu verbinden mit der eigenverantwortlichen Planungs- und Leitungstätigkeit der sozialistischen Warenproduzenten einerseits und mit der eigenverantwortlichen Regelung des gesellschaftlichen Lebens im Territorium durch die örtlichen Organe der Staatsmacht andererseits.*«[2]

Wenn man das liest, könnte man auf die Idee kommen, daß Ulbricht hier mit Mao Tse-tung übereinstimmt und daß eventuell doch eine

---
[1] Nick, Harry: Gesellschaft und Betrieb im Sozialismus. Berlin, 1970, S. 64.
[2] Ulbricht, Walter: Zur Gestaltung des entwickelten gesellschaftlichen Systems des Sozialismus in der DDR. Referat auf dem VII. Parteitag der SED, in: W. Ulbricht, Zum ökonomischen System des Sozialismus in der DDR, Berlin 1968, S. 250.

Ähnlichkeit zwischen den Ideen Mao Tse-tungs und denen Ulbrichts besteht. Denn Mao forderte schon vor dem Sieg der sozialistischen Revolution in China 1945 die Eigenverantwortung der unteren Ebenen bei einheitlicher Führung:

»*Wenn aber die oberen Ebenen ... sich stets die ganze Last, die faktisch über ihre Kräfte geht, aufbürden, dann werden trotz noch so großer Anstrengungen der oberen Ebene sowohl diese als auch die unteren in eine schwierige Lage geraten ... Unter den gegenwärtigen Umständen ... darf man keineswegs die ganze Verantwortung für die materielle Versorgung der Armee den leitenden Organen aufbürden; denn auf diese Weise würden den breiten Massen auf den unteren Ebenen die Hände gebunden und könnten die von unten kommenden Forderungen nicht befriedigt werden ... Das Prinzip der ›einheitlichen Leitung und dezentralisierten Wirtschaftsführung‹ ist, wie bereits bewiesen, unter den gegenwärtigen Bedingungen das richtige Prinzip für die Organisierung des gesamten wirtschaftlichen Lebens in unseren befreiten Gebieten.*«[3]

Dieses Zitat von Mao Tse-tung gilt als Richtschnur für die dezentrale Organisation bei einheitlicher Führung der chinesischen Volkswirtschaft.[4] Die Begründung ist bei Mao politisch: die Initiative der Massen soll entfaltet werden; auch in der Industrialisierung ist die Massenlinie das oberste Gebot, nicht das Sich-Verlassen auf einige wenige Experten. Die Alternative Zentralismus-Dezentralismus ist folglich nicht die Streitfrage zwischen Marxisten-Leninisten und Revisionisten. Umstritten ist die Form, unter der die verschiedenen dezentralen Einheiten, die ihre Bereiche unter relativer Eigenverantwortlichkeit verwalten, miteinander und mit der Gesellschaft koordiniert werden: ob es die Wertform und die Ware-Geld-Beziehungen sind oder politische Verbindungslinien; ob das innere Band, das die Betriebe mit der Gesellschaft verbindet, das Wertgesetz ist – oder ob die proletarische Partei das innere Band der Gesellschaft ist. Deshalb muß jetzt die Funktionsweise des »ökonomischen Systems des Sozialismus« genauer dargestellt werden.

Grob gezeichnet, stellt sich dieses System als die Einheit dreier unterschiedlicher Ebenen dar: der Ebene der gesamten Gesellschaft, der sozialistischen Warenproduzenten (Betriebskollektive) und der einzelnen Individuen. Die oberste Ebene, die Gesellschaft, hat die Grundzüge der Ökonomie zu planen und die Schwerpunkte der Produktionsaufgaben festzulegen anhand einer weitsichtigen Prognose der

---

[3] Mao Tse-tung, Ausgewählte Werke, Bd. III. Peking, 1969, S. 325.
[4] Peking Rundschau 39/1970.

Entwicklung der wissenschaftlich-technischen Revolution und der Weltmärkte. Aus dieser Prognose von 20 bis 25 Jahren werden die Aufgaben für den Fünf-Jahresplan abgeleitet und dieser wiederum für die jeweiligen Jahrespläne aufgeschlüsselt. Für die zentrale Planung ergibt sich daraus, daß sie weitgehend auf operative Eingriffe in die Planung der Volkseigenen Betriebe (VEB) und der Vereinigungen Volkseigener Betriebe (VVB – umfassen mehr oder weniger sämtliche Betriebe eines Wirtschaftszweiges) verzichtet. Sie setzt die Schwerpunkte und bestimmt die Struktur der Wirtschaft. Die zweite Ebene, die der VVB und VEB, muß eigenständig ihre Pläne aufstellen und vor den Industrieministerien in Ostberlin verteidigen. Sie führt auch diese Pläne eigenständig durch, ihr Erfolgskriterium ist der erzielte Gewinn. Ihre Tätigkeit wird durch geldmäßige Regulierungen (Preispolitik, Kredite usw.) und staatliche Normen für die Bildung und Verwendung der Gewinne beeinflußt.

Der Gewinn ist die Zielfunktion der Betriebe und spielt eine entscheidende Rolle in der Verbindung der drei Ebenen miteinander: an ihm wird der Erfolg eines Betriebes, sein Beitrag zur Gesellschaft, gemessen, und gleichzeitig ist er die Schaltstelle, die die individuellen Interessen mit den kollektiven und gesellschaftlichen verbinden soll. Denn aus ihm wird der Prämienfond gebildet. Die unterste Ebene, der einzelne Arbeiter, ist im allgemeinen durch Akkord- oder Leistungslohn motiviert, seine Arbeitskraft einzusetzen. Zu seinem Lohn bekommt er eine Prämie, die vom Ergebnis des gesamten Betriebes – gemessen am Nettogewinn – abhängt.

Diese drei Ebenen, die vor allem Interessenebenen sind, müssen jetzt im einzelnen untersucht werden. Die Fragen lauten: Wie sind die verschiedenen Ebenen miteinander verbunden? Welchen Einfluß hat die Art dieser Verbindung auf das Bewußtsein der Beteiligten, auf ihre Interessen, auf die Klassenbildung?

a) Die Ebene des einzelnen Arbeiters

Die Form der Entlohnung ist für jeden Werktätigen ein entscheidender Faktor, der sein Bewußtsein, seine Motivation und Antriebskraft für die Arbeit, seine Einstellung zu und Verbindung mit der Gesellschaft sehr wesentlich beeinflußt.
Im Kapitalismus verschleiert die Form des Lohnes den Klassencharakter der Gesellschaft: durch die Bindung des Lohns an die Leistung (z. B. im Akkordlohn) erscheint es dem Arbeiter so, als ob die Stückzahl, nicht aber seine Arbeitskraft bezahlt würde, als ob er den »Wert der Arbeit«, ein Äquivalent für die neugeschaffenen Werte, erhielte. Es erscheint so, als ob im Kapitalismus alles mit rechten Dingen vor

sich ginge; der Mehrwert verschwindet hinter der Form des Lohns; die Arbeit, die die Arbeiter umsonst leisten und die sich die Kapitalisten aneignen, wird nicht unmittelbar sichtbar wie etwa in der Sklavenhaltergesellschaft oder bei der Fronarbeit im Feudalismus. Die Form des Lohns beeinflußt also die Ideologie, das Bewußtsein der Werktätigen.

Marx schrieb, »daß der Stücklohn die der kapitalistischen Produktionsweise entsprechendste Form des Arbeitslohns ist«. Er ist der deutlichste Ausdruck der Lohnarbeit, weil er zeigt, daß der Arbeiter an sich kein Interesse an der Produktion und an der kapitalistischen Gesellschaft hat, daß er nur durch die Peitsche des Geldlohns zu produktiver Arbeit zu bewegen ist. Der Stücklohn ist in der Geschichte der Arbeiterbewegung immer bekämpft worden (in den letzten Monaten ist in den Alfa Romeo-Werken in Mailand von den Arbeitern die Abschaffung des Stücklohns erkämpft worden), weil er die Solidarität der Arbeiter zerstört und sie gegeneinander ausspielt. Im Ruhrgebiet meinen die Arbeiter: »Im Akkord ist jeder dem andern sein Deibel.« Im Schulungsmaterial der KPD der Weimarer Zeit heißt es: »Was aber beim Stücklohn am schädlichsten für die gesamte Arbeiterklasse ist, ist die Konkurrenz, die sie in den Reihen der Arbeiterklasse entfesselt. Der Stücklohn dient dem Kapitalisten zur Zerstörung der Klassensolidarität.«[5]

In der DDR wird der Stücklohn überall dort angewandt, wo das vom Arbeitsprozeß her möglich ist. Er soll die materiellen Interessen auf die Erhöhung der Produktion hinlenken und gilt gleichzeitig als Verwirklichung des Prinzips »Jedem nach seiner Leistung«. Wo der Akkordlohn nicht anzuwenden ist, wird Zeitlohn mit verschiedenen Formen von Prämien gezahlt, die gleichfalls eine materielle Stimulierung der Werktätigen zum Ziel haben. Diese Entlohnungsformen werden als die dem Sozialismus typischen und angemessenen bezeichnet.

In der Kritik des Gothaer Programms beschreibt Marx die Entlohnung nach der Leistung als einen Fortschritt gegenüber dem Kapitalismus, in dem die Aneignung des Mehrwerts durch den Kapitalisten nicht auf seiner Leistung beruht.

»Trotz dieses Fortschritts ist dieses gleiche Recht stets noch mit der bürgerlichen Schranke behaftet. Das Recht der Produzenten ist ihren Arbeitslieferungen proportional: die Gleichheit besteht darin, daß an gleichem Maßstab, der Arbeit, gemessen wird. Der eine ist aber physisch oder geistig dem anderen überlegen, liefert also in derselben Zeit mehr Arbeit oder kann während mehr Zeit arbeiten ... Dies

---

[5] Marxistische Arbeiterschulung, Kursus »Politische Ökonomie«. Berlin/Wien, 1930, Politladen-Reprint (852 Erlangen, Hindenburgstr. 17), S. 107.

gleiche Recht ist ungleiches Recht für ungleiche Arbeit. Es erkennt keine Klassenunterschiede an, weil jeder nur Arbeiter ist wie ein anderer; aber es erkennt stillschweigend die ungleiche individuelle Begabung und daher Leistungsfähigkeit als natürliche Privilegien an. Es ist daher ein Recht der Ungleichheit, seinem Inhalt nach, wie alles Recht ...
Alle diese Mißstände sind unvermeidbar in der ersten Phase der kommunistischen Gesellschaft, wie sie eben aus der kapitalistischen Gesellschaft nach langen Geburtswehen hervorgegangen ist. Das Recht kann nie höher sein, als die ökonomische Gestaltung und dadurch bedingte Kulturentwicklung der Gesellschaft.«[6]

Die Entlohnung nach der Leistung kann aus ersichtlichen Gründen nicht voluntaristisch beseitigt werden, sobald die Diktatur des Proletariats errichtet ist. In der DDR herrschten noch dazu besonders ungünstige Bedingungen beim Aufbau des Sozialismus, weil der Einfluß der bürgerlichen Ideologie durch das Erbe des Faschismus, durch die ständige Propaganda aus dem Westen und die offene Grenze bis 1961 die unabhängige Ausprägung und Weiterentwicklung der »ökonomischen Gestaltung«, also der Produktionsverhältnisse, und einer eigenen proletarischen Kultur erschwerte. Der Leistungslohn, selbst der Akkordlohn hat so sicherlich eine vorübergehende Notwendigkeit. Das Problem ist nur, daß die Führer der SED mit der Einführung des »ökonomischen Systems des Sozialismus« diese Muttermale der alten Gesellschaft nicht mehr als »Mißstände« ansehen, sondern als die angemessenen Formen der sozialistischen Gesellschaft. Die Löhne sollen die Individuen dazu bewegen, höhere Arbeitsleistungen zu vollbringen, sie sollen die Werktätigen auf das gesellschaftlich Notwendige hin orientieren. Durch materielle Anreize sollen sie zu dem politischen Ziel hin »bestochen« werden – und das nicht als ein notwendiges, schrittweise zu ersetzendes Übel, sondern als ideale Entlohnungsform der neuen Gesellschaft.
Die materiellen Anreize, die Akkordschinderei, das Prämienwesen bergen aber Gefahren in sich, die zur Entwaffnung der Arbeiterklasse führen können, wenn sie nicht erkannt und bekämpft werden. Durch die verschiedenen »ökonomischen Hebel« wird Konkurrenz unter den Arbeitern erzeugt und die Klassensolidarität zerstört.
Das Antriebsmotiv der Individuen bleibt die Jagd nach der Mark; die Form des Lohns individualisiert und atomisiert die Kollektive; die Arbeiter werden insgesamt von ihren Grundinteressen, vom politischen Interesse am Kampf um die klassenlose Gesellschaft, abgelenkt und auf ausschließlich ökonomische Interessen und Motive hin

---

[6] A. a. O., S. 18.

orientiert. Wenn die Verhältnisse, unter denen die Arbeiter tagtäglich produzieren, durch Konkurrenzmechanismen gestaltet sind, dann bleiben sozialistische Parolen für sie Phrasen, die im Widerspruch zu ihrer materiellen Wirklichkeit stehen.
Dennoch wird man auf Leistungslohn in der ersten Zeit nach der Revolution nicht verzichten können. Denn das setzt einen sehr langfristigen und schwierigen Prozeß kollektiver Diskussionen und Erfahrungen voraus, in deren Verlauf politische an die Stelle von ökonomischen Antriebskräften und Motivationen treten. Jedoch das notwendige Übel als neue Errungenschaft des Sozialismus auszugeben heißt, das Ziel verraten, den Kampf um die kommunistische Gesellschaft aufgeben.
In der DDR wird gegen die oben zitierte Stelle von Marx heftig polemisiert.[7] In der Praxis wird stattdessen immer wieder gefordert, die Löhne zu differenzieren und geistige Arbeit höher zu bewerten als körperliche Arbeit.[8] Man beklagt sich, daß »bestimmte einfache, körperlich schwere Arbeiten zu hoch bewertet werden«, und fordert, daß die qualifizierte Arbeit aufgestuft wird. Je höher die Technik in einem Betrieb ist, umso höhere Löhne sollen gezahlt werden:

»*Der höchste Basislohn der jeweiligen Lohngruppe wird bei vollautomatisierten Prozessen und bei Prozessen mit zeitlichem Zwangsverlauf, der niedrigste Basislohn bei manuellen Arbeiten und niederen Formen der Produktionsorganisation angewandt.*«[9]

Diese Tendenz zeigt zweierlei: einmal kann man ahnen, welche gesellschaftlichen Kräfte ein Interesse an der Revision der Marxschen Aussagen über den zu überwindenden Leistungslohn im Sozialismus haben: die Hoch- und Fachschulkader, die wissenschaftliche Intelligenz, die die soziale Basis der Wandlungsprozesse in den osteuropäischen Ländern und die Basis der neuen Staatsbourgeoisie zu sein scheint.
Zum anderen kann man hier sehen, daß es gar nicht mehr um die Entlohnung von Leistung geht. Denn die Verausgabung physischer und psychischer Arbeitskraft ist nicht mehr das Kriterium der Lohnhöhe, sondern der ökonomische Anreiz zur Qualifizierung oder zur Arbeit mit hochtechnisierten Produktionsmitteln. Das politische Problem, das mit der Form der Entlohnung und der Arbeitsorganisation verbunden ist, hatte auch Stalin nicht gesehen. 1929 wurde der Man-

---

[7] Walter, Ruth: Interessen im ökonomischen System. Hrsg. von der Parteihochschule »Karl Marx« beim ZK der SED. Berlin, 1970, S. 108 (Dietz Verlag).
[8] A. a. O., S. 122 ff.
[9] Politische Ökonomie..., S. 814.

gel an Facharbeitern zu einem Hauptproblem erklärt, das durch eine starke Differenzierung der Löhne gelöst werden sollte. Die Facharbeiter erhielten damit nicht nur ein Äquivalent für ihre Leistung, sondern außerdem einen Zuschlag dafür, daß sie so knapp waren. Höhere Löhne wurden als Anreizmittel zur Ausbildung von Facharbeitern angesehen.[10] Die Tarifreform in der Sowjetunion 1931/32 erweiterte erheblich die Spanne zwischen den Löhnen und vergrößerte den Stücklohnanteil von 60 % (1928) auf 75 % im Jahre 1938. 1935 führte die Stachanovbewegung neben vielen positiven Errungenschaften durch die progressiven Akkordlöhne zu verstärkten Lohndifferenzierungen, die durch eine weitere Änderung des Tarifsystems 1936 noch verstärkt wurden.

Stalin beschrieb in einer Rede zur Tarifreform 1931 die (vor allem saisonale) Fluktuation der Arbeiter und sah die Ursache hierfür

»in der unrichtigen Organisierung des Arbeitslohns, in dem unrichtigen Tarifsystem, in der ›linkslerischen‹ Gleichmacherei auf dem Gebiet des Arbeitslohns. Die Gleichmacherei führt dazu, daß der unqualifizierte Arbeiter kein Interesse daran hat, sich zum qualifizierten Arbeiter fortzubilden ... Die Gleichmacherei führt dazu, daß der qualifizierte Arbeiter gezwungen ist, von Betrieb zu Betrieb zu wandern, bis er schließlich einen Betrieb findet, wo man die qualifizierte Arbeit gebührend zu schätzen versteht ... Die qualifizierten Arbeiter ... können nur erhalten bleiben, wenn das Niveau ihres Arbeitslohns erhöht wird ... Den unqualifizierten Arbeitern (muß man) eine Perspektive eröffnen und ihnen einen Ansporn geben, damit sie vorwärtskommen, damit sie in die Kategorie der qualifizierten Arbeiter aufrücken ... Hier sparen wollen heißt, ein Verbrechen begehen, heißt gegen die Interessen der sozialistischen Industrie handeln.«[11]

Bei Stalin werden diese Maßnahmen nicht mehr als Rückzug definiert, sondern einfach pragmatisch mit den Mängeln an Fachkräften begründet, als richtige Reaktion auf das Verhältnis von Angebot und Nachfrage nach Fachkräften bezeichnet. »Die demoralisierende Wirkung hoher Gehälter auf die Sowjetmacht ... also auch auf die Arbeitermasse«[12] wird nicht mehr als Problem gesehen. Und so wird es den Revisionisten leicht gemacht, nach dem qualitativen Umschlag auf dem XX. Parteitag der KPdSU, das »System der materiellen Interes-

---

[10] Hofmann, Werner: Die Arbeitsverfassung der Sowjetunion. Berlin, 1964, S. 372 ff.
[11] Stalin, J.: Fragen des Leninismus. Nachdruck 1970. S. 406 (Oberbaumverlag).
[12] Lenin, Ausgewählte Werke, Bd. II, S. 745.

siertheit« als ein Wesensmerkmal der sozialistischen Gesellschaft auszugeben.
In der chinesischen Revolution werden Versuche unternommen, den politischen Stellenwert der Lohnformen und ihren Einfluß auf das Bewußtsein und die Motivation der Werktätigen zu berücksichtigen und generell die Organisation der Arbeit in den einzelnen Produktionseinheiten sozialistisch zu gestalten, das heißt ideologische und institutionelle Mittel zu suchen, um neue Klassenbildungen zu verhindern.
In einem Interview mit Helene Marchisio beschreibt der Vorsitzende des Parteikomitees der Produktionsbrigade Dadschai, Tschen Yonggui, das neue System der Arbeitsleitung in den chinesischen Volkskommunen.[13] Dieses neue System steht unter der Parole »Arbeitet mit ganzem Herzen für das Gemeinwohl, Selbsteinschätzung und öffentliche Diskussion der Arbeitspunkte«[14] und ist unter zwei Gesichtspunkten von großer Bedeutung:
1. soll durch dieses System – obwohl entsprechend der Leistung bezahlt wird – die Antriebskraft des »materiellen Anreizes« abgebaut werden. Die Initiative der Werktätigen wird auf den Gebrauchswert der herzustellenden Güter orientiert, nicht auf die »Jagd nach Arbeitspunkten« und einen hohen Platz in der Einkommensskala. Die politische Bewußtseinsbildung wird nicht durch Konkurrenzmechanismen und Streben nach individuellen ökonomischen Vorteilen behindert.
2. soll in diesem System die Beziehung von Kadern zu den Massen, von Fachkräften zu einfachen Arbeitern richtig gestaltet werden, so daß die Bildung von Privilegien und Sonderinteressen verhindert wird und die volle Aktivität aller Werktätigen nicht durch die Kontrollmaßnahmen von Nicht-Arbeitern blockiert wird.
In der Produktionsbrigade in Dadschai wurde dieses System im Laufe eines langen Lernprozesses eingeführt. Die erste Stufe bestand in der Entlohnung nach dem System der Grundpunkte: jedem Bauern wurden gewisse Arbeitspunkte gemäß seiner Qualifikation, seiner Kraft und seiner Einstellung zur Arbeit zugeteilt.[15] Außerdem wurde in einer beweglichen Schätzung die tatsächlich verrichtete Arbeit pro Tag bewertet. Die Kollektive der Bauern nahmen diese Bewertung selbst in ausführlichen Diskussionen vor.

---

[13] Marchisio, Helene: La contradiction, moteur de développement dans une commune populaire chinoise. In: Archives Internationales de Sociologie de la Coopération, No 23, 1968.
[14] Die rote Sonne erhellt den Weg, auf dem Dadschai vorwärtsschreitet. Bildband. Peking, 1969, S. 11.
[15] Siehe auch Bettelheim, Marchisio, Charrière: Der Aufbau des Sozialismus in China. München, 1969, S. 69–100 (Trikont-Verlag).

»*Da das ideologische Niveau damals noch nicht sehr hoch war, und die angewandten Bewertungsmethoden nicht sehr gut waren, dauerten die Diskussionen unendlich lange und streckten sich oft bis zum Sonnenuntergang hin. Wenn die ermittelte Punktzahl hoch war, dann herrschte Stille. Im umgekehrten Fall gab es ein Geschrei ohne Ende und man kam oft zu keinem Ergebnis. Schließlich, um die Rechnung abzuschließen, bekam jeder seine Grundpunktezahl.*«

Dieses System hatte zur damaligen Situation, in der die Produktionsgenossenschaften noch nicht lange existierten, erhebliche Schwächen. Weil das ideologische Niveau noch nicht hoch genug war, gab es Simulanten, die die schwierigen Arbeiten verweigerten. Durch das Normensystem (Stücklohn) sollten in der zweiten Etappe die Arbeitsbewertungen objektiviert werden. Für jede einzelne Aufgabe wurden Normen festgelegt und Arbeitspunkte verteilt.

»*Diese Methode hatte damals die Funktion, den Unternehmensgeist der Massen zugunsten der Kollektivwirtschaft zu mobilisieren. Je nachdem, ob man mehr oder weniger Arbeit leistete, gewann man die entsprechende Zahl an Arbeitspunkten ... Die Normen wechselten entsprechend den veränderten Bedingungen. Jede Parzelle, jede Tätigkeit hatte ihren eigenen Charakter. Zählt man das alles zusammen, dann nimmt die Festlegung der Normen beträchtliche Zeit in Anspruch und jedesmal, wenn sich eine Veränderung ergibt, wenn sich die natürlichen Bedingungen verändern, muß alles entsprechend korrigiert werden. Die Folge davon war, daß sich die Kader nicht mehr an der manuellen Arbeit beteiligten und oft bis nach Mitternacht beschäftigt waren.*
Wir haben schließlich festgestellt, daß der Gebrauch dieser Methode dazu führt, daß nur noch in Arbeitspunkten gedacht wird. Des Morgens setzte man alles daran, soviel Punkte wie möglich zu beanspruchen, tagsüber stritt man sich über die Punkte am Arbeitsplatz und abends, wenn man heimkehrte, machte man auch noch Punkte! Es schien wirklich so, als ob ohne Arbeitspunkte das Leben unmöglich wäre! Jeder wurde mit einer besonderen Aufgabe betraut: wer pflügte, scherte sich nicht darum, das Unkraut von der benachbarten Mauer zu jäten und bückte sich nicht, um einen Stein zu beseitigen. Sie werden fragen warum? Und die Antwort wird sein: ›Das ist nicht in den Arbeitspunkten enthalten.‹«

Diese Mängel wurden 1960 zur allgemeinen Diskussion gestellt. Das Parteikomitee erkannte, daß das ideologische Bewußtsein, die Bereitschaft, für die kollektiven Interessen zu arbeiten, das Entscheidende bei den Entlohnungsmethoden ist. Durch langjährige intensive politische Arbeit des Parteikomitees in der Produktionsbrigade wurde schließlich ein neues Lohnsystem, das System der »Selbsteinschätzung und öffentlichen Diskussion der Arbeitspunkte« durchgesetzt.

»*Das Hauptproblem ist, die Qualität der landwirtschaftlichen Arbeit zu gewährleisten. Auf ein Kontrollsystem vertrauen, funktioniert nicht. Man muß sich auf das Bewußtsein der Bauern stützen; ist es tief, können auch die strengsten Systeme nichts ausrichten ... Im Verlauf von Diskussionen wählten sich die Bauern einen der Ihren als ›Bezugspunkt‹: sie untersuchten Qualität und Quantität seiner Arbeit, sein Verhalten bei der Arbeit und gegenüber der Gemeinschaft und legten so die Zahl der Punkte fest, die dieser während eines Tages gemacht hatte. Dann verglich sich jeder mit ihm und schrieb sich selbst die Anzahl der Punkte zu – gleich viel, mehr oder weniger –, die er glaubte, geleistet zu haben. Es folgte eine allgemeine Diskussion.*
Seit dieses System angewendet wird, hat es sich entsprechend der Entwicklung des Bewußtseinsstandes der Bauern verbessert. So sind die Versammlungen zur Selbstbewertung und Diskussionen nach und nach immer seltener geworden. Nachdem man sie anfangs täglich abgehalten hatte, entschloß man sich erst, sie nur noch alle zwei Tage zu machen, dann alle 10 Tage. 1965 war es nur noch einmal im Monat. 1967 hatte man eine neue Etappe erreicht. Die Feststellung der von jedem erreichten Zahl der Arbeitspunkte war nur noch Gegenstand einer einzigen Sitzung am Jahresende. Der mit der Buchführung Beauftragte begnügte sich damit, die Zahl der von jedem gemachten Pausen einzutragen.
Es wäre jedoch verfehlt, anzunehmen, dieses System sei ›simpel‹. Im Gegenteil, es ist das Ergebnis einer langen Entwicklung. Es hätte nicht früher in Gang gesetzt werden können, es war notwendig, daß alle Bedingungen ausgereift waren. Und es war nicht einfach, diese Bedingungen: Entwicklungsstand der Produktivkräfte und ideologischer Bewußtseinszustand der Massen – zu vereinen. Und zum zweiten darf man nicht vergessen, daß dieses System aus einem anderen, komplizierteren und detaillierteren hervorging – dem Normensystem – und aus der vertieften ideologischen Arbeit. Diese ideologische Arbeit hat es ermöglicht, vom Komplexen zum Einfachen überzugehen. Der Weg über das Normensystem war notwendig.
Die Selbstbewertung richtet sich nach der Einstellung zur Arbeit, den technischen Fertigkeiten, den gegebenen Schwierigkeiten. Sie ist also in der Tat eine Verlängerung des Normensystems.«

Dieses neue System der Produktionsbrigade Dadschai ist ein Modell für die Landwirtschaft Chinas. Es hat den Vorteil, einfach und überschaubar zu sein, die Einkommensunterschiede zu reduzieren, den Individualismus zu verringern. Vor allem aber wurde die Arbeit der Kader reduziert. Die Aufstellung der Arbeitsnormen, die komplizierten und übersichtlichen Systeme der analytischen Arbeitsbewertung werden im Kapitalismus von den Refa-Leuten durchgeführt. Sie gehören zu den »toten Kosten« der kapitalistischen Produktionsweise. In China wird dieses System der Arbeitsleitung vor allem gesehen als eine Methode, die Isolierung der Kader von den Massen und die Lähmung der Initiative der Massen, die daraus folgt, zu vermeiden:

»Die Kader kontrollieren keine Arbeiten mehr, an denen sie nicht teilnehmen. Früher war es so, daß die Bauern arbeiteten und die Kader inspizierten und die Arbeitspunkte aufschrieben. So konnten sich Beziehungen zwischen Verwaltern und Verwalteten herausbilden. Es war dann tatsächlich so, daß eine ganze Menge Fragen von den Kadern monopolisiert wurden, die folglich überlastet und den Aufgaben nicht gewachsen waren. Das war die Basis, auf der sehr leicht der Autoritarismus entstehen kann ... Seit das neue System angewandt wird, wird die Zahl der Arbeitspunkte, die Qualität der Arbeit von den Massen selbst kontrolliert. Auf diese Weise sind es viele Bauern, die ›sprechen‹, viele Bauern, die sich mit den Angelegenheiten des Kollektivs beschäftigen. Das ist besser, als sich auf eine kleine Zahl von Kadern zu verlassen. So können die Bauern die Kader besser kontrollieren, und alle erhalten ihre Arbeitspunkte auf derselben Grundlage.«

Dieses neue System der Arbeitsleitung in Dadschai ist ein Teil der Versuche der chinesischen Genossen, die Produktionsverhältnisse im einzelnen, die gesellschaftlichen Verhältnisse, unter denen die Werktätigen in den Produktionseinheiten arbeiten, zu revolutionieren, um auf diese Weise das Entstehen einer neuen Bourgeoisie zu verhindern. Dazu gehören der Kampf gegen die Einmannleitung der Betriebe[16], das »System der Teilnahme der Kader an der produktiven Arbeit und der Arbeiter an der Betriebsleitung«[17], die Reform unvernünftiger und veralteter Regeln und Vorschriften, die Verkleinerung des Verwaltungsapparates[18] sowie die Verhinderung der Verselbständigung der technischen Intelligenz durch die enge Zusammenarbeit von Kadern, Arbeitern und Technikern (Werkzeugmaschinenfabrik Schanghai[19]).

---

[16] Peking Rundschau 43/1969.
[17] A. a. O., 14/1970.
[18] A. a. O., 9/1969.
[19] A. a. O., 31/1968.

Es kann nicht darum gehen, die Erfahrungen der chinesischen Revolution bis ins einzelne zu kopieren. Es geht vielmehr darum, ob die alten, vom Kapitalismus übernommenen Organisationsstrukturen und Entlohnungsmethoden unproblematisch übernommen werden können; ob sie schon dadurch sozialistischen Charakter enthalten, daß der größte Teil der Produktionsmittel nicht mehr in der Hand der alten Kapitalisten ist; ob sie – mit einem neuen theoretischen Heiligenschein umrandet – auch noch als Errungenschaften des Sozialismus ausgegeben werden können, ohne daß der Charakter des Arbeiterstaates sich ändert, seine Farbe wechselt.

b) Die Ebene der Produktionseinheiten

Im »ökonomischen System des Sozialismus« wird die »materielle Interessiertheit« für den einzelnen Werktätigen als Lohn wirksam, für die Betriebe als Gewinn. »Die Betriebe sind innerhalb der gesellschaftlichen Arbeitsteilung die Grundeinheiten der Volkswirtschaft und als solche objektiv gesetzmäßig Warenproduzenten.«[20] Während früher den Betrieben von der übergeordneten Instanz (VVB, Industrieministerien oder Planungsbehörde) detaillierte Planauflagen gemacht wurden und die erzielten Bruttogewinne an den Staat abgeliefert wurden, so haben sie jetzt eine größere Selbständigkeit in der Vorbereitung, Durchführung und Zielbestimmung des Produktionsprozesses. In der Literatur der DDR wird zur Kennzeichnung dieser Unterschiede das Begriffspaar »administrativ oder ökonomisch« verwendet und der Übergang zu ökonomischen Leitungsmethoden als ein großer Fortschritt gefeiert. Als administrativ wird die Bestimmung der Ziele und Methoden der Tätigkeit der Betriebe durch überbetriebliche Institutionen nach politischen Kriterien bezeichnet. Ökonomisch werden die Betriebe dann geplant und geleitet, wenn sie bei einer größeren Selbständigkeit von den übergeordneten Planungsinstanzen durch ökonomische Hebel zur Erzielung eines höchstmöglichen Gewinns orientiert werden.
Dieses Begriffspaar spiegelt die falsche Alternative wider, vor die die DDR-Führer sich gestellt sehen: entweder zentrale Planung und Beschränkung der Autonomie der Unternehmen sowie Bestimmung der Tätigkeit der Betriebe anhand von politischen Kriterien – oder Erhöhung der Selbständigkeit der Unternehmen, verbunden mit der Orientierung auf den Gewinn als höchsten Maßstab für Erfolg oder Mißerfolg und Koordinierung der Betriebe untereinander und mit der Gesellschaft durch Geldbeziehungen, durch ein ausgeklügeltes System ökonomischer Hebel.

[20] Ulbricht, a. a. O., S. 255.

Die Eigenverantwortung, die seit den Wirtschaftsreformen gemeint ist, ist eine »Eigenverantwortung als Warenproduzenten«[21].
Auch in der chinesischen Gesellschaft herrscht ein hohes Maß an Eigenverantwortung der einzelnen Produktionseinheiten nach dem Prinzip der »einheitlichen Leitung und dezentralisierten Wirtschaftsführung« (s. o.). Entscheidend ist jedoch, wie sich diese Eigenverantwortung gestaltet, an welchen Größen sich die eigenverantwortliche Tätigkeit der Betriebe orientiert, welche Ziele, welche politischen Inhalte eigenverantwortlich verfolgt werden. Um diesen konkreten Verhältnissen auf die Spur zu kommen, muß man zunächst auf die Begründung der Existenz der Warenproduktion im Sozialismus durch die DDR-Theoretiker eingehen.
Die Auseinandersetzungen über die Existenz der Warenproduktion hat innerhalb der Arbeiterbewegung eine lange Geschichte. Marx hatte das Kapital mit der Analyse der Ware begonnen, weil er in ihr die Grundform der bürgerlichen Gesellschaft sah, die alle Widersprüche dieser Gesellschaft schon im Kern enthält. Er und Engels glaubten, daß der Sozialismus die Warenproduktion abschaffen werde.
Dieser Auffassung schlossen sich alle revolutionären Marxisten an. In seiner Schrift »Ökonomische Probleme des Sozialismus« kämpfte Stalin gegen ökonomistische Strömungen innerhalb der Partei und nahm auch zum Problem der Warenproduktion im Sozialismus Stellung. Stalin war der Meinung, daß es in der Sowjetunion Waren gibt. Sein Kriterium dafür, daß die Produkte die Warenform annehmen, ist der Eigentumswechsel. Im staatlichen Sektor sind die Produktionsmittel keine Waren, weil sie nicht gekauft und verkauft, sondern nur innerhalb des staatlichen Sektors neu verteilt werden. Sie verbleiben bei demselben Eigentümer, dem Staat, und sind folglich keine Waren. Anders verhält es sich mit den Konsumgütern, die verkauft werden und vom Eigentum des Staates zum Privateigentum der Bürger werden. Ebenso die Exportgüter, die an ausländische Kapitalisten verkauft werden und somit in deren Eigentum übergehen. Ebenso – und das ist der wichtigste Sektor – sämtliche Produkte der Kollektivwirtschaften, wenn sie an den Staat oder an Konsumenten verkauft werden. Im Falle des Staates werden sie vom Gruppeneigentum zum Staatseigentum. Die Existenz zweier Eigentumsformen ist also nach Stalin die Ursache für das Fortbestehen der Warenproduktion.
Wenn Stalin vom Unterschied zwischen staatlichen und kollektivwirtschaftlichem Sektor spricht und in dem ersteren schon keine Waren mehr sieht, dann drückt er damit ein richtiges Moment aus: nämlich die Tatsache, daß der proletarische Staat durch das Staatseigentum in seinem Sektor eine stärkere Möglichkeit der Einflußnahme und

---

[21] Ebd.

der Veränderung der alten Produktionsverhältnisse hat als in den Kolchosen. Es analysiert jedoch nicht, ob und wieweit der Staat auch schon die Fähigkeit hat, die Verhältnisse in den Betrieben bis ins einzelne zu bestimmen. Er nimmt die juristische Form des Eigentums, ohne die hinter dieser Form sich abspielenden realen gesellschaftlichen Prozesse zur Grundlage der Analyse zu machen. Er sagt nichts über die Gründe, warum denn auch in diesem Sektor noch die Wertform vorherrscht und in Preisen und Gewinnen gerechnet wird und der Staat seinen eigenen Betrieben Kredite gibt. Im Gegenteil, indem er feststellt, die Wertform habe in diesem Sektor einen neuen Inhalt, bereitet er indirekt seinen revisionistischen Nachfolgern den Weg, die das verallgemeinern, die Wertform weiter verharmlosen und betonen, daß die Ware eine allgemeingültige, »systemimmanente« Kategorie des Sozialismus ist und nicht zurückgedrängt werden soll. Im Gegenteil: Ihr Wirkungsbereich soll »im Sozialismus« in vollem Umfang ausgedehnt werden. Stalin hatte sich gegen diese Strömungen zur Wehr gesetzt und betont, daß »die Warenzirkulation mit der Perspektive des Übergangs vom Sozialismus zum Kommunismus unvereinbar ist«[22]. Aber mit stumpfen Waffen! Denn bei ihm werden die Wertkategorien innerhalb des staatlichen Sektors nicht mehr untersucht, ihre Existenz nicht erklärt, sie werden verharmlost.

In der DDR und den anderen osteuropäischen Ländern wurden die Wirtschaftsreformen nicht aus einer neuen Theorie abgeleitet, sondern sie waren eine pragmatische Antwort auf diejenigen Schwierigkeiten, die aus dem alten System der Planung aufgrund der neuen Entwicklungen entstanden.

»Man könnte davon ausgehen, daß einfach die Praxis gezeigt hat, daß die Produkte, die unsere Betriebe produziert haben, sich (ich will es einmal etwas vereinfacht ausdrücken) wie Waren benahmen.«[23] Erst im nachhinein wurde an einem theoretischen Überbau gebastelt, so daß in der DDR mit dem neuen Lehrbuch eine relativ geschlossene neue Theorie der Warenproduktion im Sozialismus vorliegt.

Die Ursachen liegen nach dieser Theorie nicht mehr einfach in der Existenz verschiedener Eigentumsformen; denn die Warenproduktion innerhalb des staatlichen Sektors soll erklärt werden:

»*In diese Gesamtheit der Ursachen sind sowohl der heutige Stand der gesellschaftlichen Arbeitsteilung und der Charakter der Arbeit als*

---

[22] Stalin, J.: Ökonomische Probleme des Sozialismus. Nachdruck. Berlin, 1970, S. 93.
[23] Bichtler, Karl: Die Marxsche Theorie von der Gesellschaftsformation und das entwickelte gesellschaftliche System des Sozialismus. In: Kritik der politischen Ökonomie heute, 100 Jahre »Kapital«. Frankfurt, 1968, S. 327.

auch die notwendige ökonomische Verbindung zwischen den gesellschaftlichen Erfordernissen und Einzelinteressen durch materielle Interessiertheit und Aneignung nach Leistung eingeschlossen. Auch der Entwicklungsstand des gesellschaftlichen Bewußtseins sowie der Einfluß der historischen Kontinuität in den Formen wirtschaftlicher Tätigkeit, die Tradition in der Gestaltung ökonomischer Beziehungen erklären die Notwendigkeit der Warenproduktion als historisch begründete Produktionsweise im Sozialismus.«[24]

Dieses zentrale Zitat benennt einen objektiven und einen subjektiven Bereich von Ursachen: objektiv läßt der gegenwärtige Stand der Arbeitsteilung es nicht zu, daß die Arbeit anders als in einzelnen, voneinander organisatorisch getrennten Produktionseinheiten verausgabt wird. Marx schrieb: »Gebrauchsgegenstände werden überhaupt nur Waren, weil sie Produkte voneinander unabhängig betriebener Privatarbeiten sind.«[25] Der mangelnde Grad der technischen und organisatorischen Integration der Produktionseinheiten ist nicht voluntaristisch zu überspringen. Er macht es notwendig, die »voneinander unabhängig betriebenen Privatarbeiten«, also die voneinander getrennten Arbeiter, miteinander zu koordinieren, zu verbinden.

Über die Art und Weise dieser Verbindung geht der Kampf zwischen der bürgerlichen und proletarischen Linie: Verbindung durch ökonomische oder politische Bande. Wie die Partei auf diese objektive Lage reagiert – der arbeitsteiligen, in verschiedenen voneinander getrennten Unternehmen durchgeführten Produktion – das ist einer der Punkte, an denen sich entscheidet, ob sich die sozialistische Gesellschaft zur klassenlosen Gesellschaft hinentwickelt oder ob erneut eine bürgerliche Klasse die Herrschaft ausübt.

In der oben zitierten Begründung der Warenproduktion im Sozialismus nimmt jedoch das zweite, das subjektive Element einen breiteren Raum ein: die Notwendigkeit, die verschiedenen Interessen ökonomisch, durch materielle Interessiertheit zu koordinieren; die Tradition, die historische Kontinuität usw. werden als Ursachen angegeben dafür, daß die Betriebe »objektiv gesetzmäßig Warenproduzenten« sind. Das ist ein erschreckender Verzicht auf die politischen Aufgaben der Diktatur des Proletariats. Denn eine proletarische Partei hat die Aufgabe, durch geduldige politische Überzeugungsarbeit die alten, bürgerlichen Interessen, die auch nach der Revolution überleben, zu verändern, nicht, sich ihnen anzupassen. Sie hat die Traditionen und die historische Kontinuität umzustülpen

---

[24] Politische Ökonomie..., S. 264.
[25] Das Kapital, MEW Bd. 23, S. 57, 87.

und von allen Resten der alten Ausbeutergesellschaften zu befreien, statt sie zur Begründung der »Gesetze« des Sozialismus heranzuziehen. Diese Notwendigkeit leugnet Walter Ulbricht, er verwischt den Unterschied zwischen Kapitalismus und Kommunismus und erweist sich als Erzrevisionist, wenn er schreibt, daß die im Sozialismus wirkenden Kategorien, die

»eine formale Ähnlichkeit mit den entsprechenden Kategorien des Kapitalismus haben . . ., keine ›Transplantation‹ von Elementen oder Verhältnissen des alten sozialen Organismus in den neuen (sind); es handelt sich um eigene ökonomische Kategorien des Sozialismus, die die objektiven Erfordernisse und den Charakter der Produktivkräfte widerspiegeln und die qualitativ durch das Wesen des gesamten gesellschaftlichen Systems des Sozialismus bestimmt werden.«[26]

Die DDR-Theoretiker haben, um die neuen Produktionsverhältnisse seit der Wirtschaftsreform zu erklären, theoretisch zu untermauern und zu rechtfertigen, den Begriff der Aneignung neu gefaßt, »weiterentwickelt«. Das sozialistische Eigentum wird jetzt nicht einfach als juristisches Eigentum verstanden, das dem Staat Eingriffsmöglichkeiten in den Wirtschaftsprozeß gibt, sondern als ein Prozeß der Aneignung. Unter Aneignung wird nicht mehr nur die individuelle Aneignung von Produkten verstanden, sondern der gesamte gesellschaftliche Reproduktionsprozeß und seine Struktur. Die »Gliederung des Aneignungsprozesses«[27] führt zu den Ursachen der Warenproduktion: die Aneignung der Natur durch die Menschen findet auf drei Ebenen statt, die eng miteinander verknüpft sind: gesamtgesellschaftliche Aneignung, Aneignung durch die Produzentenkollektive und individuelle Aneignung durch die Werktätigen. Jeder dieser drei Ebenen entspricht eine besondere Interessenstruktur. Das Grundinteresse ist zwar allen drei Ebenen gemeinsam: das Interesse am Aufbau des Sozialismus und am maximalen Zuwachs des Nationaleinkommens; dennoch gibt es Interessenwidersprüche, die nichtantagonistischen Charakter tragen. Die Werktätigen haben ein Interesse an möglichst hohem Lohn, die Betriebe an möglichst hohem Gewinn und niedrigen Lohnkosten, der Staat an maximalem Produktionszuwachs.

»Die relative Eigenständigkeit der materiellen Interessen der Betriebe ist die Ursache der Warenproduktion im Sozialismus.«[28]

---

[26] Zitiert in Politische Ökonomie . . ., S. 263.
[27] A. a. O., S. 251.
[28] Nick, Harry: a. a. O., S. 74.

Wie werden diese verschiedenen Interessenebenen miteinander verbunden; wie werden die Interessenwidersprüche zwischen den Betrieben und zwischen Werktätigen, Betrieb und Gesellschaft gelöst? Die Antwort ist klar und einfach: sie werden ökonomisch gelöst, durch Geldbeziehungen, und entstehen erneut, damit sie wiederum durch ökonomische Hebel und Ware-Geld-Beziehungen gelöst werden – in einem unendlichen Prozeß. Wie sieht das im einzelnen aus? Die Betriebskollektive sind durch den Nettogewinn mit dem Interesse der gesamten Gesellschaft verbunden. Indem sie mit dem geringsten Aufwand den höchsten Gewinn anstreben, leisten sie den besten Beitrag zum Zuwachs des Nationaleinkommens. Das Interesse des Betriebes ist jedoch nicht direkt auf das gesellschaftliche Erfordernis gerichtet, denn die Gesellschaft benötigt Gebrauchswerte.

»*Das Interesse des Betriebskollektivs richtet sich nicht unmittelbar auf die Gebrauchswerte der produzierten Waren, sondern zunächst auf den Wert.*«[29]

Diesen Widerspruch in dem Doppelcharakter der Ware kennen wir schon aus der Analyse des Kapitalismus, wie Marx sie im Kapital aufgezeigt hat. Hier erklärte Marx, daß in der Ware als Einheit von Gebrauchswert und Wert schon alle Widersprüche der kapitalistischen Produktionsweise enthalten sind. Im »ökonomischen System des Sozialismus« zeigen sich dieselben Widersprüche in modifizierter Form: die Gesellschaft ist an Gebrauchswerten interessiert, der Betrieb am Wert, an dem, was für ihn an Geld herausspringt. Die DDR-Theoretiker weisen darauf hin, daß der Widerspruch zwischen Gebrauchswert und Wert im »ökonomischen System des Sozialismus« nicht antagonistisch sei. Denn im Kapitalismus werde dieser Widerspruch erst in der Zirkulationssphäre, auf dem Markt gelöst, in der DDR sei der Markt selbst Gegenstand der Planung, er werde durch Marktforschung usw. prognostiziert, die meisten Betriebe wüßten schon vor dem Verkauf ziemlich genau, daß sie ihre Produkte auch absetzen können. Aber das ist nur eine formale technische »Überwindung« dieses Widerspruchs. Sie betrifft die reibungslose Durchführung der Reproduktionsprozesse, das Vermeiden von Stauungen und Krisen, läßt jedoch das Interessenproblem, das Klassenproblem unberührt. Es handelt sich um bürgerliche Planung.
Das zeigt sich in voller Schärfe, wenn man nachfragt, wie der Betrieb seinen Nettogewinn erhöhen kann. Dieser setzt sich zusammen aus dem Umsatz mal Preis pro Erzeugnis minus Selbstkosten, Pro-

---

[29] Walter, Ruth: a. a. O., S. 145.

duktionsfondabgabe, Nettogewinnabführung an den Staatshaushalt:
NG = U · P - (SK + PFA + NGS)
Nun soll das Interesse des Betriebes am Gewinn »entfaltet« werden, der Betrieb soll als sein höchstes Ziel einen möglichst großen Nettogewinn anstreben. Das kann er auf unterschiedliche Weise: dadurch, daß er die Nettogewinnabführung zu verringern strebt oder die Produktionsfondabgabe herunterzusetzen versucht (Gegensatz zu Staat und Banken) – durch Einflußnahme auf die Wirtschaftspolitik des Staates. Oder dadurch, daß er die Preise der Erzeugnisse heraufsetzt und Kostenersparnisse nicht durch Preissenkungen weitergibt.

»Durch die Erhöhung der Preise kann der Nettogewinn vergrößert werden ... der Betrieb ist nicht an der Senkung, wohl aber an der Erhöhung der Preise seiner Erzeugnisse materiell interessiert«[30],

wird ratlos in einem Buch der Parteihochschule von Ruth Walter festgestellt. Oder es kann (wenn die ersten Möglichkeiten schwer durchzusetzen sind) der Gewinn erhöht werden durch eine Verschlechterung der Qualität der Erzeugnisse bei gleichem Preis, eine Erscheinung, die wir aus dem Kapitalismus zur Genüge kennen. Oder der Betrieb versucht im Verkehr mit den Zulieferfirmen möglichst gute Bedingungen auszuhandeln, ohne Rücksicht auf die Bedingungen der anderen Betriebe. Die Konkurrenz unter den Betrieben wird durch die Gewinnorientierung scharf angetrieben.
Vor allem aber wird der Gewinn erhöht, wenn die Löhne gesenkt werden, wenn schärfere Arbeitsmethoden und genauere Arbeitsplatzbewertungsmethoden eingeführt werden. Das führt zu einem Interessengegensatz zwischen Arbeitern und Geschäftsleitung, der auf der Seite der Arbeiter das alte Lohnarbeiterbewußtsein beleben muß (man geht in die Fabrik, um seine Arbeitskraft zu verkaufen; um den Lebensunterhalt zu verdienen; an den gesellschaftlichen Verhältnissen, unter denen produziert wird in der Fabrik, besteht kein unmittelbares Interesse). Die Geschäftsleitung betrachtet die Löhne als Kosten, die es möglichst zu reduzieren gilt; sie entwickelt die Interessen des kapitalistischen Managers, des Agenten, der Charaktermaske des gesellschaftlichen Kapitals.
Ziel der Betriebsleitungen ist es, den Anteil des gesellschaftlichen Produktionsfonds, über den sie verfügen, möglichst hoch zu verwerten. Vor allem ihre Selbständigkeit wurde durch die Wirtschaftsreformen erhöht. Sie sind die eigentlichen »Besitzer« der Produktionsmittel, sie bestimmen über den Ablauf, die Methoden und Ziele des

[30] A. a. O., S. 151.

Produktionsprozesses. Der Staat setzt ihnen den Rahmen, durch Steuergesetze, Normative für Gewinnbildung, Gewinnverwendung, Lohnfonds usw. Innerhalb dieses Rahmens müssen sie eigenverantwortlich nach der Maximierung des Gewinns streben. Aus den Gewinnen müssen die Mittel für die Investitionen und Abschreibungen bezahlt werden sowie der Prämienfonds der Betriebe.
Dieser Prämienfonds stellt einen Versuch dar, die Interessen der Werktätigen mit denen der Betriebsleiter zu harmonisieren. Doch es handelt sich um einen ebenso trügerischen Versuch, die Arbeiter an den Betrieb zu binden, wie bei der »Gewinnbeteiligung« in kapitalistischen Ländern. Der grundsätzliche Tatbestand wird dadurch nicht angerührt: die Grundinteressen der Arbeiter im Sozialismus bestehen darin, die Verhältnisse auch in den Betrieben zu revolutionieren, die Klassentrennung aufzuheben, die Privilegien der Geistesarbeiter, der technischen Intelligenz und der leitenden Angestellten abzubauen und schließlich selbst über die Produktionsmittel, den Produktionsprozeß und die Produkte zu verfügen.
Weil diese Grundinteressen in der DDR und den anderen osteuropäischen Ländern nicht verwirklicht werden, greift man zu ökonomischen Mitteln, um die Arbeiter zur Produktion anzureizen. Mit den »verzuckerten Geschossen der Bourgeoisie« sollen die Arbeiter von ihren politischen Grundinteressen auf ökonomistische Tagesinteressen abgelenkt werden. Durch Betriebsprämien sollen die Klassenverhältnisse verschleiert werden.
Dies gelingt immer weniger, weil in der Praxis der DDR der Betriebsprämienfonds in zunehmendem Maße nicht für die Masse der Arbeiter ausgegeben wird, sondern an die technische Intelligenz für Erfindungen und technische Neuerungen und an die leitenden Angestellten verteilt wird. Die Klassengegensätze werden sich auf diese Weise verschärfen.
Die neuen Formen der Koordination der Interessen sind nicht aus der Luft gegriffen. Sie sind Reaktionen auf anti-sozialistische Verhaltensweisen der Manager unter dem alten Leitungssystem, die durch diese Reformen »neutralisiert« werden sollen. Das läßt sich an einigen Mißständen des alten Systems zeigen.
Im alten Plansystem wurden den einzelnen Betrieben quantitative Planauflagen von der übergeordneten Instanz vorgegeben. Diese Methoden führten dazu, daß die Betriebe häufig Produkte mit schlechter Qualität produzierten, weil das für sie bequemer war, weil sie damit den Plan leichter übererfüllen konnten. Wurden die Produktionsziele nach fertigen Maschinen gemessen, gab es einen Mangel an Ersatzteilen; wurden die Planziele bei der Organisation des Transports nach Tonnen pro Kilometer gemessen, so wurden optimale und billige Transportmöglichkeiten vernachlässigt. Wurden

Kerzenständer nach Gewicht geplant, so wurden sie unnötig schwer. Wurde Stoff nach Länge gemessen, so wurde er zu schmal. Wurde der Plan für Investitionsgüterbetriebe nach verbrauchtem Material festgelegt, so verschwendete man absichtlich Metall, um den Plan zu erfüllen.
Dies alles sind einige Beispiele für Erscheinungen, die zu den überhöhten Lagern von unabsetzbaren Produkten führten, weil die Qualität miserabel war und die Produktionskosten in die Höhe schnellten.
Was war die Ursache solcher Mißstände? Es waren nicht in erster Linie die vorgegebenen Planziffern (auch die hätte man verbessern können, aber das trifft hier nicht den Punkt), noch organisatorische Mängel, sondern anti-sozialistisches Verhalten auf seiten der Leiter der Produktion. Die Manager der Staatsbetriebe hatten kein Interesse daran, möglichst gute Waren mit hoher Qualität und niedrigen Kosten zu produzieren. Sie waren nicht interessiert am Gebrauchswert der Waren, sondern an hohen Prämien für Übererfüllung der Pläne bei minimalem Einsatz an Energien und Organisationsanstrengungen. Sie entwickelten ein Sonderinteresse der Gesellschaft gegenüber, setzten ihre Bedürfnisse über die der Gesellschaft; sie verfuhren nicht nach dem Prinzip »Dem Volke dienen«, sondern waren auf der Jagd nach Privilegien für sich selbst.
Was wurde an diesem politischen Tatbestand durch die Wirtschaftsreformen geändert? Die antisozialistischen Interessen der Produktionsleiter wurden nicht in einer politischen Kampagne gebrandmarkt; sie wurden nicht der rücksichtslosen Kritik der Massen ausgesetzt und abgesägt, wenn unverbesserlich. Sie wurden nicht zur Selbstkritik bewogen; es wurde keine politische Überzeugungsarbeit geleistet.
Stattdessen wurde der Mechanismus des Plans umgestaltet, ihre Selbständigkeit erhöht, ihr anti-sozialistisches Interesse in andere Bahnen gelenkt, dorthin, wo sie nicht ganz so viel Schaden anrichten können. Der Wirkungsraum des Wertgesetzes wurde ausgedehnt, die Aktivität der Manager auf einen einheitlichen Indikator gelenkt: auf den Gewinn, den sie jetzt mit denselben skrupellosen Methoden zu verwirklichen trachten.

»Die Ausnutzung des Wertes zwingt ökonomisch, den gesellschaftlichen Arbeitsaufwand zur Produktion materieller Güter einzuhalten und ständig zu senken. Diese Wirkung erzeugt der Wert allerdings nur, weil und insofern er mit der materiellen Interessiertheit verbunden ist.«[31]

---

[31] Politische Ökonomie..., S. 266.

Das Problem antisozialistischer Verhaltensweisen wird nicht politisch angegangen, sondern durch »ökonomischen Zwang«. Dadurch wird der status quo aufrechterhalten, ja die Klassenstruktur wird verschärft.

c) Die gesamtgesellschaftliche Ebene: der Plan

»Es gibt sowohl sozialistische Planung als auch revisionistische ›Planung‹. Der kennzeichnende Unterschied zwischen ihnen ist, auf der Politik welcher Klasse sie basiert und den Interessen welcher Klasse sie dient.«[32]

In der DDR ist der Plan nicht abgeschafft worden, er hat vielmehr seinen Charakter, seinen Inhalt verändert.
Im neuen ökonomischen System wird zunächst angestrebt, die gesamte Planung auf eine längerfristige Perspektive zu orientieren. Das Hauptsteuerungsinstrument ist nicht mehr – wie im alten System – der Jahresplan, sondern der Perspektivplan. Das ergibt sich schon daraus, daß es nicht mehr als Aufgabe des staatlichen Plans angesehen wird, den gesellschaftlichen Produktionsprozeß so weit wie möglich im Detail zu planen, sondern der zentrale Plan soll die langfristigen Entwicklungstendenzen der Produktion und dabei besonders die strukturbestimmenden Prozesse festlegen. Das geschieht dadurch, daß die großen Veränderungen der volkswirtschaftlichen Struktur herausgefunden und dann die ökonomischen Hebel so geplant werden, daß sich diese Strukturänderungen reibungslos, und ohne die Interessen der nach Gewinn strebenden Warenproduzenten zu verletzen, durchsetzen können.
Die konkrete Planung vollzieht sich in der DDR in vier Stufen. In der Prognose wird die »Dynamik« der Produktivkräfte der nächsten 20–25 Jahre vorausgeschaut. Aus der Entwicklung der Wissenschaft und Technik, vor allem aber durch den Vergleich mit dem »fortgeschrittenen« kapitalistischen Weltmarkt wird abgeschätzt, was für Veränderungen sich in der Struktur der Produktion ergeben werden. Diese Prognose hat zwar einen hohen Wahrscheinlichkeitsgrad in ihrer Aussage, aber noch keinen verbindlichen Charakter. Aus ihr wird im zweiten Schritt eine Strukturpolitische Konzeption abgeleitet, in der die Hauptlinien der Entwicklung der Technologien, der Energieträger, der Anforderungen an die Arbeitskräftestruktur, des Ausbildungswesens sowie für die internationale Kooperation fest-

---

[32] »Sozialistischer Aufbau und Klassenkampf im Bereich der Ökonomie«, Peking Rundschau 16/1970.

gelegt werden. Diese Konzeption ist das Bindeglied zum 5jährigen Perspektivplan, der dadurch entsteht, daß die Ergebnisse der Prognose zurückgerechnet werden, die Entwicklungstendenz bewertet und eine verbindliche Auswahl der erfolgversprechenden Zweige getroffen wird. Der Perspektivplan ist das Hauptsteuerungsinstrument, er setzt die Aufgaben für die staatliche Investitionspolitik und die Normative, an denen sich die Betriebe und VVB orientieren, verbindlich fest. Er wird für den Volkswirtschaftsplan aufgeschlüsselt, der für die gesellschaftlichen Bereiche Produktionsziele eines Jahres festlegt.

Diese Form der Planung durch Prognosen und Zurückrechnung soll gewährleisten, daß nicht die bisherige Produktionsstruktur einfach in die Zukunft verlängert wird; sie soll eine qualitative, den Erfordernissen der wissenschaftlich-technischen Revolution angepaßte Entwicklung garantieren und Fehlentwicklungen aus einer rein quantitativen Ausdehnung der Produktion vermeiden.

Das sieht zunächst wie eine sehr vernünftige Konzeption aus, die eine reibungslose, krisenfreie Anpassung an langfristige Entwicklungstendenzen erlaubt und den Erfordernissen der Zukunft gerecht wird. Aber was sind die »Erfordernisse der Zukunft«, nach welchen Kriterien werden die langfristigen Entwicklungstendenzen festgelegt, wonach wird bestimmt, was langfristig produziert und wie das Produzierte verteilt werden soll?

Zunächst fällt auf, daß der Jahresplan eine völlig neue Stellung in diesem System bekommt. Er weist den Betrieben nicht mehr bestimmte Produktionsauflagen zu und bestimmt nicht mehr Umfang und Struktur der betrieblichen Investitionen, sondern steuert die Aktivität der Betriebe über langfristige ökonomische Normative. Es findet im allgemeinen keine direkte Zuteilung von Ressourcen mehr statt, denn

»eine ausschließlich direkte Zuteilung der verfügbaren Ressourcen auf die Wirtschaftseinheiten würde bewirken, daß die Interessen der sozialistischen Warenproduzenten weniger darauf gerichtet wären, durch eigene Anstrengungen einen hocheffektiven Einsatz der Ressourcen durchzusetzen, als vielmehr darauf, bedingungslos möglichst viele Ressourcen zu erhalten«.[33]

Weil diese Interessenstruktur nicht angetastet werden soll, leitet der Staat die Produktion nicht mehr durch Produktionsauflagen und materiell-technische Zuteilung direkt, sondern indirekt, indem das System der ökonomischen Hebel festgelegt wird. In ihm werden die

---

[33] Politische Ökonomie..., S. 351.

Bedingungen bestimmt, unter denen die Gewinne der Betriebe entstehen und verwendet werden sollen. Das System der ökonomischen Hebel umfaßt das wirtschaftspolitische Instrumentarium, mit dem der Staat den Reproduktionsprozeß steuert: die Gestaltung der Preise, Löhne, Kredit- und Zinsbedingungen beeinflußt die Bildung der Gewinne bei den Betrieben. Die staatlichen Normative der Gewinnverwendung sind Richtlinien für die Verwendung des in den Betrieben erzeugten Mehrprodukts: die Produktionsfondabgabe (ein fester Prozentsatz, der auf die Grundmittel und Umlauffonds unabhängig vom Ergebnis der Produktion erhoben wird) soll die Betriebe materiell stimulieren zur sparsamen Verwendung der Produktionsmittel; die Nettogewinnabführung ist das wichtigste wirtschaftspolitische Steuerungsinstrument, da sie nach Zweigen und Betrieben verschieden hoch angesetzt wird und die staatliche Strukturpolitik durchsetzen soll; die Normative der Zuführung und Verwendung der Prämienfonds regeln in gewissem Umfang die Art der materiellen Anreize für die Belegschaft. Die staatlichen Normative sollen möglichst langfristiger Natur sein, damit die Betriebe sie als relativ stabile Daten einbauen können und nicht befürchten müssen, daß hohe Gewinne z. B. durch eine plötzliche Erhöhung der Gewinnabführung wieder »geraubt« werden. Die Investitionen werden nicht mehr vom Staat vorgegeben, sondern sie werden bestimmt

»durch den Spielraum zwischen staatlich gesetzten Normativen und der eigenen wirtschaftlichen Leistungsfähigkeit. Der sozialistische Warenproduzent kann durch Qualifizierung seiner eigenen wirtschaftlichen Tätigkeit diesen Spielraum ausdehnen«.[34]

Der jährliche Volkswirtschaftsplan sorgt durch die Festlegung der Normative und der Steuerungsinstrumente dafür, daß die Proportionen zwischen Konsum und Investition und zwischen den Zweigen eingehalten werden; er bewirkt durch staatliche Investitionen, daß die Wachstumsindustrien sich entsprechend dem Perspektivplan entwickeln.
Der Staat beeinflußt also noch die Aktivitäten der Betriebe, aber ihre Selbständigkeit wächst. Die Beziehungen zum Staat sind Geldbeziehungen; das treibende Motiv ist das Streben nach möglichst hohem Nettogewinn. Dies muß vom Staat bei all seinen Maßnahmen berücksichtigt werden.
So steigt auch der Einfluß der Betriebe auf den Plan, auf die Festlegung dessen, was produziert werden soll. Denn sie produzieren nur das, was rentabel ist, was einen ausreichenden Nettogewinn ge-

---

[34] A. a. O., S. 357.

währleistet. Die Löhne und Einkommen weisen in der DDR und in vielen revisionistischen Ländern sehr hohe Unterschiede auf. Diese Differenzen gab es auch schon früher, aber wegen der zentral festgelegten staatlichen Investitionen konnten sie sich kaum auf die Struktur der Produktion auswirken. Denn die Investitionen konzentrieren sich auf gesellschaftlich notwendige Produkte, die nach politischen Kriterien zentral ausgesucht wurden, nicht auf Luxusproduktion.
Im neuen System müssen die hohen Unterschiede der Löhne voll zur effektiven Nachfrage werden; der Warenkorb der Gesellschaft verändert sich zugunsten der Güter, die von den hohen Einkommensschichten verlangt und bezahlt werden. Diese Produktion ist für die Betriebe rentabel. Auf welche Weise sie ihren Gewinn erzielen, kann ihnen gleichgültig sein; sie richten sich nach Angebot und Nachfrage, und die effektive Nachfrage aus hohen Einkommen verlangt die Produktion von relativ luxuriösen Produkten, die sich die Masse der Bevölkerung nicht leisten kann. Anderseits wird aber auch nur auf diese Weise die Logik der materiellen Anreize sinnvoll, wenn sich hohe Einkommen und Prämien nicht nur in dicken Sparbüchern, sondern in tatsächlichen materiellen Privilegien niederschlagen.
Durch die Ausdehnung der Warenproduktion auf alle Bereiche der Produktion übt das Wertgesetz zunehmend eine regulierende Funktion aus. Der Plan vollzieht dann nur noch das, was auch durch den Markt – mit größeren Reibungen und Umwegen – vollbracht worden wäre. Der Plan wird zu einer passiven Widerspiegelung der Inhalte, die durch Marktprozesse bestimmt sind. Das wird ersichtlich in der Annäherung des Konsummodells der revisionistischen Länder an das des Westens (private Motorisierung, individueller Hausbesitz usw.). Noch deutlicher wird das in der Orientierung der gesamten Produktionsstruktur nicht an den politischen Zielen einer Gesellschaft, die die klassenlose Gesellschaft anstrebt, sondern am Weltmarkt.

»Wachsende Exporte und Importe werden die Folge dieser stärkeren weltwirtschaftlichen Verflechtung sein. Mit dieser Entwicklung sind Auffassungen nicht mehr zu vereinbaren, wonach Exporte Bilanzüberschüsse darstellen und Importe ausschließlich zum Ausgleich von Defiziten erforderlich sind und sowohl Ex- als auch Importe als ›notwendige Übel‹ betrachtet werden.«[35]

Dieser Prozeß der Verflechtung der DDR-Wirtschaft mit dem Weltmarkt wird von der SED bewußt vorangetrieben und beschleunigt. Die Betriebe sollen dem Druck des Weltmarkts ausgesetzt werden,

---

[35] Ulbricht, Walter: a. a. O., S. 318.

damit sie nicht stagnieren und immer wieder neue Technologien und Produktionsverfahren einführen. In zunehmendem Maße bestimmt der Außenhandel die Binnenstruktur der Wirtschaft; die Maßstäbe dafür, was produziert werden soll und worauf verzichtet wird, werden immer mehr durch die kapitalistischen Welt-Produktionsverhältnisse bestimmt. Der »Rat für gegenseitige Wirtschaftshilfe« und die Rolle der Sowjetunion in ihm kann hier nicht behandelt werden. Jedoch richtet auch der RGW seine Preis- und Produktionsstruktur insgesamt an den Bedingungen des kapitalistischen Weltmarkts aus.

Die politischen Auswirkungen, die damit verbunden sind, kommen den Führern der SED überhaupt nicht ins Bewußtsein:

»›Der industrielle Kapitalist‹, schrieb Marx, ›hat beständig den Weltmarkt vor sich, vergleicht und muß ständig vergleichen, seine eigenen Kostpreise mit den Marktpreisen nicht nur der Heimat, sondern der ganzen Welt.‹ Was für den am Profit interessierten Kapitalisten gilt, muß für unsere Industrie, die mit ihren Gewinnen entscheidend zum Zuwachs des Nationaleinkommens beiträgt, um so mehr Gültigkeit haben. Auch hier gilt, daß mittelmäßig und schlecht arbeitende Betriebe nicht mehr länger auf Kosten der Gesellschaft arbeiten dürfen ... Unsere Volkswirtschaft ist kein Naturschutzpark für schlecht arbeitende Betriebe.«[36]

Die Partei ist unfähig, die mittelmäßig und schlecht produzierenden Betriebe durch eine richtige Politik, durch die Beseitigung korrupter Kader und die Mobilisierung der Massen zu gut arbeitenden Betrieben zu machen, sie überläßt das dem Weltmarkt, gewissermaßen als »neutraler Instanz«, der sich jeder zu beugen hat. Das Außenhandelsmonopol wird formal beibehalten, in Wirklichkeit aber ausgehöhlt. Denn die Betriebe sollen sich selbständig an den Erfordernissen des Außenhandels orientieren, neue Absatzmärkte erschließen, »kundengerechte Systemlösungen« entwickeln und effektive »Kundendienstleistungen« gewährleisten.[37] Hohe Exportumsätze führen zu hohen Gewinnen und Prämien bei den Betrieben, so daß sie ein starkes Interesse an der Expansion auf den Außenmärkten entwickeln.

Kurz nach dem Krieg begann man in der damaligen SBZ unter ungeheuren Anstrengungen mit dem Aufbau einer eigenen Rohstoffbasis und Schwerindustrie. Diese politische Entscheidung zur Lostrennung von den imperialistischen Märkten, besonders von Westdeutschland, ging von der grundlegenden Einsicht aus, daß ein Land nicht

---

[36] A. a. O., S. 314.
[37] Politische Ökonomie ..., S. 678 u. 466.

politisch unabhängig sein kann, wenn es nicht die ökonomische Unabhängigkeit besitzt. Das schließt nicht grundlegend den Außenhandel auch mit kapitalistischen Ländern aus, aber beschränkt dessen Umfang und Gewicht. Die wesentlichen Produkte, die eine Gesellschaft braucht, müssen im eigenen Land hergestellt werden, aus eigenen Kräften, wenn es nicht in ökonomische und damit auch politische Abhängigkeit geraten will. Diese Politik der »Unabhängigkeit, Selbständigkeit, Vertrauen auf die eigene Kraft« ist ein Grundsatz für jede revolutionäre Regierung. In der DDR mag dieser Grundsatz kurzfristig nicht einfach zu erfüllen sein, weil sie ein kleines Land ist, das eine geringe eigene Grundstoffbasis besitzt. Aber das Beispiel Albanien zeigt, daß es auch für ein äußerst kleines Land möglich ist, sich ökonomisch unabhängig zu entwickeln und damit sein politisches Schicksal selbst zu bestimmen.

In der DDR wird der Einfluß, der von den Weltmärkten ausgeht, nicht mehr als Problem gesehen, ebensowenig wie die Abhängigkeit der DDR-Wirtschaft von der Sowjetunion in Frage gestellt wird.

In zunehmendem Maße bestimmt somit der Weltmarkt die Binnenstruktur der DDR-Wirtschaft und damit die Produktionsverhältnisse in der DDR. Über den ökonomischen Aspekt hinaus muß noch ein weiterer Aspekt betrachtet und untersucht werden: die fortgeschrittene Technologie des Westens, die von den revisionistischen Ländern ohne Skrupel übernommen wird, ist in einer Klassengesellschaft entstanden, sie trägt den Stempel dieser Gesellschaften. Es gibt keinen losgelösten Arbeitsprozeß, im Kapitalismus ist er immer zugleich Verwertungsprozeß, das heißt in der Organisation der Produktion mittels der modernen Technologie muß sich die Klassenstruktur, die Trennung zwischen Kopf- und Handarbeit, Leitern und Geleiteten, Proletariat und Bourgeoisie widerspiegeln. Wenn diese westliche Technologie nun fetischisiert wird und alle Anstrengungen zu ihrer Nachahmung und umfassenden Einführung in die Wirtschaft der revisionistischen Länder gemacht werden, dann schleichen sich damit die Klassenverhältnisse, unter denen diese Technologien entstanden sind, wieder in die neuen Gesellschaften ein. Es gibt keine von den Produktionsverhältnissen losgelösten Produktivkräfte; die ersteren formen und strukturieren die letzteren. In den ehemals sozialistischen Ländern wird die Technik fetischisiert und von den Klassenverhältnissen und vom Klassenkampf losgelöst. Die Folgen dieser Anbetung der westlichen Technologie müssen in Zukunft detailliert untersucht werden.

Auf der Ebene des Plans zeigt sich dieselbe Linie wie auf den beiden anderen Ebenen: der Plan ist nicht Instrument des Klassenkampfes, Mittel zur Beseitigung des Erbes der alten Ausbeutergesellschaften, zum Kampf um eine klassenlose Gesellschaft. Er ist zu einem technokratischen Instrument geworden, das einige Krisenerscheinungen, wie sie unter dem Kapitalismus üblich sind, beseitigen soll. Er koordiniert die sich aus der Warenproduktion ergebenden Prozesse, aber gestaltet die Produktionsverhältnisse nicht qualitativ um. Durch die Orientierung am Weltmarkt gehen in zunehmendem Maße Prioritäten in den Plan ein, die durch die kapitalistischen Produktionsverhältnisse im Weltmaßstab bestimmt sind, nicht aber von den Erfordernissen und Kämpfen einer Gesellschaft, die die Klassen beseitigen will.

Unter diesen Umständen ist die Polemik der DDR-Führung gegen die Wirtschaftsreformen in anderen revisionistischen Ländern (CSSR oder Ungarn) Augenwischerei: in diesen Ländern werden zwar die Auswirkungen des Marktes noch mehr berücksichtigt (durch teilweise freigegebene Preise und weniger Eingriffe des Staates in den Planungs- und Produktionsprozeß der Betriebe) als etwa in der DDR. Aber das Vorherrschen von finanziellen Regelungen, die umfassenden Systeme ökonomischer Hebel und materieller Anreize, die Öffnung zum Weltmarkt – all das ist den Wirtschaftsreformen aller revisionistischen Länder gemeinsam. Die Unterschiede sind nur quantitativer, nicht qualitativer Art.

– – –

7 Ansätze zu einer Theorie gesellschaftlicher Steuerung[1]

Von Amitai Etzioni

Bei dem Versuch, eine makrosoziologische Theorie zu entwickeln, konzentrieren wir uns auf folgende zentrale Frage: unter welchen Bedingungen werden gesellschaftliche Prozesse eher von den Beteiligten gesteuert im Gegensatz zu Bedingungen, unter denen sie eher unbeeinflußt ablaufen? Je höher die Steuerungskapazität, desto freier sind die Mitglieder einer Gesellschaft von ihrer Geschichte, je geringer die Steuerungskapazität, desto mehr sind sie Strukturen unterworfen, die sie nicht geschaffen haben. Soziale Systeme, die über eine relativ hohe Kapazität verfügen, ihre Prozesse selbst zu steuern, nennen wir »aktiv« und solche mit relativ geringer Kapazität »passiv«.

Der Aktivitätsgrad eines Aktors wird von seinen kybernetischen Fähigkeiten, seiner relativen Macht und von seiner Fähigkeit der Konsensusbildung beeinflußt. Jeder dieser Faktoren hat eine interne und eine externe Dimension: wieviel der Aktor über sich und über andere weiß, wieviel Macht über Mitglieder *und* Nicht-Mitglieder er mobilisieren kann, und in welchem Maß er die Unterstützung von Subsystemen und externen Systemen gewinnen kann. Da es in vielerlei Hinsicht nützlich ist, kybernetische Fähigkeiten und Machtkapazitäten als Einheit zu betrachten, bezeichnen wir sie zusammenfassend als das Kontrollpotential des Aktors. Wird seine Fähigkeit der Konsensusbildung ebenfalls in Betracht gezogen, so sprechen wir von der Steuerungsfähigkeit des Aktors. Da aus unserer Sicht Subsysteme und andere Systeme grundsätzlich über die gleichen Fähigkeiten wie unser Aktor verfügen, kann sein Handlungspotential offensichtlich nicht durch Maximierung seines Kontrollpotentials optimiert werden, sondern nur durch gleichzeitige Verbesserung seines Kontroll- *und* Konsensuspotentials, also seiner Steuerungsmechanismen.

Wir befassen uns nun mit den Faktoren, die die soziale Steuerungs-

---

[1] An diesem Artikel habe ich erstmals während meiner Assistentenzeit am Center for Advanced Study in the Behavioral Sciences gearbeitet. Unterstützung erhielt ich auch durch ein Stipendium der National Science Foundation (NSF–GS–1475). Sarajane Heidt, William J. Goode, Paul F. Lazarsfeld und Fred DuBow sowie Martin Wenglinsky, Nina Toren und Miriam Gallaher bin ich für kritische Anmerkungen zu früheren Entwürfen zu Dank verpflichtet. Der Artikel ist die erste Veröffentlichung aus einem Projekt, über dessen Ergebnisse in vollem Umfang in meinem Buch »The Active Society: A Theory of Societal and Political Processes« berichtet wird, das 1968 von The Free Press veröffentlicht wurde.

kapazität beeinflussen. Wir gehen zunächst analytisch vor in dem Sinne, daß jeder Faktor untersucht wird, unter Konstanthaltung aller übrigen. Im letzten Abschnitt werden wir mehr zu einer ganzheitlichen historischen Darstellung von Aktoren übergehen, die im allgemeinen bezüglich aller wichtigen Dimensionen aktiver werden. Im analytischen Teil vergleichen wir kurz Gesellschaften und gesellschaftliche Subsysteme. Die Gesellschaften, mit denen wir uns hauptsächlich befassen, sind staatlich organisiert. Der Staat ist die wichtigste Instanz für die Organisation von Kontrolle und Konsensusbildung. Analog sind agierende gesellschaftliche Subsysteme Kollektive, die über »Organisationsarme« verfügen, wie etwa eine Arbeiterklasse, die Arbeiterparteien und Gewerkschaften hat. Gesellschaften, die nicht in Staaten und Kollektiven organisiert sind, werden hauptsächlich zu Vergleichszwecken untersucht.

Die folgende Diskussion hat »programmatischen« Charakter. Sie soll diejenigen Faktoren und Beziehungen darstellen, die Gegenstand einer Theorie gesellschaftlicher Steuerung sein könnten; es soll kein für die Stützung der Theorie hinreichendes System bewährter Hypothesen oder gar Daten geliefert werden. Die Aussagen, die gemacht werden, haben jedoch folgenden Charakter: sie beinhalten die Behauptung, daß die Veränderung einer bestimmten Variablen – ceteris paribus – in bestimmter Weise mit dem Aktionspotential des betrachteten Systems korreliert.

A. Kontrollfaktoren

1. Kybernetische Fähigkeiten

Soziale Systeme unterscheiden sich wesentlich bezüglich ihrer Fähigkeit, Wissen zu sammeln, zu verarbeiten und anzuwenden. Das gilt nicht nur für Unternehmungen, die um Marktanteile konkurrieren, sondern auch für politische Parteien (im Präsidentschaftswahlkampf 1960 soll Kennedy die Sozialwissenschaften besser genutzt haben als Nixon), Bundesbehörden (die US-Luftwaffe soll diesbezüglich aktiver sein als Marine und Heer) und Bürgervereinigungen (zwischen 1955 und 1965 scheint die Informationsnutzungskapazität der National Association for the Advancement of Colored People gestiegen zu sein).

Wir gehen davon aus, daß der Informations-Input bei einem sozialen System im Prinzip wie bei anderen Inputarten erfolgt; das heißt er könnte auf jeder Stufe des Prozesses blockiert werden und daher stellenweise oder vollständig für Handlungsabsichten verlorengehen. Die unterschiedlichen Fähigkeiten sozialer Systeme bezüglich der Informationssammlung (»Rohdaten«-Input) scheinen mit wirtschaftlichem Wohlstand assoziiert zu sein, allerdings nicht in einer umkehrbar eindeutigen Beziehung. Sollten wir Länder (oder andere soziale Systeme) nach ihrem durchschnittlichen Prokopfeinkommen klassifizieren und dann ihre Kapazität der Informationssammlung zum Beispiel bezogen auf die Forschungsausgaben ermitteln, so wird man erwarten, daß die reichsten Systeme über eine viel höhere Kapazität als die etwas weniger reichen und die restlichen Systeme nur über geringe Kapazitäten verfügen.

Drei mächtige Bundesbehörden in den Vereinigten Staaten, das Verteidigungsministerium, die NASA und die Atomic Energy Commission (AEC), gaben mehr Forschungs- und Entwicklungsgelder (F&E) des Bundes aus als die restlichen 30 Behörden zusammen; das heißt 90,8%/o der verfügbaren Gelder: Verteidigung 61 %, NASA 20,3 %, AEC 9,5 %. Mehr als 50 % dieser F & E-Mittel gingen an drei reiche Staaten der insgesamt 50: Kalifornien erhielt 38,5%, New York 9,3 %, Massachusetts 4,6 %.[2] Während der letzten Generationen sind die Informationsausgaben sozialer Systeme im Vergleich zu früher stark angestiegen.[3] Kurz, die Informationsverteilung zwischen sozialen Systemen scheint wesentlich ungleicher zu sein als die Verteilung ökonomischer Charakteristika.

Das Verhältnis von Investitionen in Informationssammlung und Investitionen in Informationsverarbeitung ist ein Indikator für den Entwicklungsstand des Kontrollzentrums und der Wissensstrategie, die ein bestimmtes System verfolgt. Die Vereinigten Staaten und Großbritannien scheinen zu relativ hohen Investitionen in Informationssammlung zu tendieren. In Frankreich wurde zumindest bis vor kurzem die Informationsverarbeitung betont.[4] Ein soziales System, das die

---

[2] Die F & E-Einnahmen der Staaten aus Bundesquellen sind den Statistical Abstracts of the United States, 1966, S. 546, Tabelle 779 entnommen. Die Zahlen der F & E-Ausgaben der Bundesverwaltung kommen aus Statistical Abstracts of the United States, S. 544, Tabelle 776. Nicht berücksichtigt sind Ausgaben für F & E-Organisationen. Alle Zahlen gelten für das Steuerjahr 1963.
[3] So beliefen sich zum Beispiel die gesamten Bundesausgaben der USA 1965 auf annähernd 14,8 Milliarden $; 1955 auf 3,3 Milliarden; 1945 auf 1,6 Milliarden. Die Zahlen beziehen sich auf das jeweilige fiskalische Jahr. Sie beinhalten F & E-Organisationen. Vergl. National Science Foundation, »Federal Funds for Research, Development and Other Scientific Activities: Fiscal Years 1965, 1966 and 1967«, Band XV, S. 4, Tabelle 2. »90 bis 95 % aller Verhaltenswissenschaftler leben noch« (Merton, Robert K.: The Mosaic of Behavioral Sciences. In Berelson, Bernard (Hrsg.): The Behavioral Sciences Today. New York, 1964, S. 249 (Harper & Row).
[4] Das ist eine Interpretation der Aussage, daß die angelsächsische Tradi-

Informationssammlung unverhältnismäßig stark betont, hat vermutlich ein fragmentarisches Bild von sich und seiner Umwelt. Es verfügt über viele Einzelinformationen, aber nicht über ein Gesamtbild, ähnlich wie bei einzelnen Rohdaten vor ihrer Auswertung. Diese unzureichende Informationsverarbeitung ist nach unseren Beobachtungen häufig mit Ziellosigkeit = drifting (oder Passivität) verbunden, da ungenügend verarbeitete Informationen auch nicht für soziale Steuerung verfügbar sind.

Andererseits hat ein System, das die Informationsverarbeitung überbetont, vermutlich ein »unempirisches« Bild von sich und seiner Umwelt, da es zur Überinterpretation der vorhandenen Informationen neigt. Das verhält sich etwa so, wie wenn man aufgrund einer schlecht validierten Theorie handelt. Überbetonung der Informationsverarbeitung ist somit häufig mit Hyperaktivität assoziiert, da der Aktor sein Wissen überschätzt. Patentlösungen für Steuerungsprobleme der wirtschaftlichen Entwicklung sind typisch hyperaktiv in ihren Prämissen. Soziale Systeme mit einem relativ ausgeglichenen Verhältnis von Informationssammlung und Informationsverarbeitung (nicht in absoluten Größen sondern in bezug auf die spezifischen Erfordernisse der Steuerungsmechanismen) haben nun gewöhnlich vergleichsweise wirksamere Kontrollzentren – ceteris paribus – und sind aktiv, ohne hyperaktiv zu sein.

Verarbeitete Informationen können, was das soziale System betrifft, noch immer ungenutzt bleiben, wenn sie nicht systematisch den Entscheidungs- und Exekutivinstanzen[5] des Systems zugeführt werden, in denen der größte Teil des sozialen »Informationskonsums« stattfindet. Für die Charakterisierung der in verschiedenen sozialen Systemen etablierten Strukturen für die Interaktion zwischen Wissen produzierenden Einheiten und Entscheidungseinheiten scheinen insbesondere zwei Variablen wichtig zu sein. Die eine Variable betrifft den relativen Autonomiegrad der Produktion, die andere die Effizienz der Kommunizierbarkeit des »Produkts«. Es wird häufig angenommen, daß eine strukturelle Unterscheidung zwischen Informationsproduzenten und Informationskonsumenten erforderlich ist. Eine Fusion der beiden Bereiche – im Management eines Unternehmens etwa

---

tion »pragmatisch« und die französische »rationalistisch« sei. Material über Unterschiede der Wirtschaftsplanung findet sich in Shonfield, Andrew: Modern Capitalism: The Changing Balance of Public and Private Power, New York, 1965, S. 151–175 (Oxford University Press). Siehe auch Machlup, Fritz: The Production and Distribution of Knowledge in the United States. Princeton, N. J., 1962, S. 202 (Princeton University Press).

[5] Homans, George E.: The Human Group. New York, 1950, S. 369–414. Für die gesellschaftliche Ebene siehe Price, Don K.: The Scientific Estate. Cambridge, Mass., 1965, S. 120–162.

– wird als dysfunktional sowohl für die Wissensproduktion als auch für die Entscheidungsfindung erachtet. In sozialen Systemen, für deren Wissensproduktion und Entscheidungsfindung verschiedene Instanzen zuständig sind, gibt es verschiedene Arten und Formen der Artikulation und Kommunikation, deren relative Wirksamkeit noch untersucht werden muß. Hier können wir nur einen Aspekt dieses komplizierten Problems streifen.

Das Kontrollzentrum selbst besteht aus hierarchisch angeordneten Instanzen. Die Informationsverarbeitung ist der Informationssammlung übergeordnet. Dies gilt sowohl im logischen Sinn, da die eine Tätigkeit die andere voraussetzt, als auch im strukturellen Sinn, da die in der Informationsverarbeitung im Gegensatz zur Informationssammlung Tätigen gewöhnlich höhere Positionen bekleiden und den Informationsinput stärker beeinflussen.[6] Unterschiede in dieser internen Struktur des Kontrollzentrums scheinen das Aktionspotential sozialer Systeme wesentlich zu beeinflussen.

Die Auswirkungen dieser strukturellen Unterschiede sind nicht nur darauf zurückzuführen, daß Informationsmenge und -qualität eines Aktors seine Fähigkeit, realistisch zu handeln, beeinflussen, sondern auch darauf, daß die Wissen produzierenden Einheiten eine interpretative, also eine politische Rolle spielen. Welcher Teil des verfügbaren Wissens zum Beispiel genutzt wird und welche Schlüsse aus dem verfügbaren Wissen gezogen werden, wird teilweise von politischen Überlegungen der Wissensproduzenten bestimmt. Diese werden durch die interne politische Orientierung der Wissen produzierenden Organisationen, durch die Zugehörigkeit der Produzenten zu unterschiedlichen politischen Gruppierungen in der Gesamtgesellschaft und durch die verschieden starke Absorptionskapazität verschiedener politischer Eliten der sozialen Systeme beeinflußt, in denen Wissen produziert wird. Die Politisierung des Wissens ist eigentlich nicht in der bewußten oder unbewußten Manipulation von Fakten begründet, sondern darin, daß fast jedes Wissen kognitive und normativ interpretierbare Elemente enthält. Es ist nicht der Fall, daß, wie einige Verwaltungswissenschaftler behaupten, die Wissenseinheiten die Informationen produzieren und die politischen Entscheidungsträger die Wertung hinzufügen. Die Wissensproduzenten spielen bei der Formulierung der Wertungen und somit bei der sozialen Steuerung eine aktive Rolle.

In diesem Zusammenhang ist ein Problem für die Untersuchung gesellschaftlicher Steuerung besonders wichtig: die Auswirkungen der unterschiedlichen Investitionen in zwei Untergruppen des Kontrollzen-

---

[6] Hilsman, Roger: Strategic Intelligence and National Decisions. New York, 1956, S. 141–161.

trums – in die Produktion von innovativem Wissen einerseits und »stabilem« Wissen andererseits. Innovatives Wissen untersucht potentielle Gefahren für die Grundprämissen eines Systems. Die Produktion stabilisierenden Wissens besteht in der Erarbeitung und Neuformulierung, sogar in der Revision sekundärer Prämissen der Grundzüge eines Wissenssystems. Die Grundzüge selbst werden jedoch nicht in Frage gestellt. Entscheidungseliten ziehen unserer Meinung nach gewöhnlich die Produktion stabilisierenden Wissens der Produktion systemverändernden Wissens vor und versuchen, Grundprämissen gegen Veränderungen abzuschirmen. Diese Präferenz ergibt sich teilweise daraus, daß die Auswahl und Überprüfung der Grundprämissen nicht rein empirisch begründet werden kann. Sobald ein Konsensus über die Grundprämissen eines Weltbilds, eines Selbstbildes, einer strategischen Doktrin erreicht ist, können es die Eliten aus politischen, wirtschaftlichen und psychologischen Gründen kaum zulassen, daß diese Prämissen in Frage gestellt werden. Das ist aber erforderlich, wenn sie transformiert werden sollen. Sie werden daher gewöhnlich tabuisiert, und die Entscheidungsträger versuchen, die Wissensproduktion in den Grenzen dieser Tabu-Prämissen zu halten. Je stärker die Fähigkeit, diesen Grundrahmen zu verändern, reduziert wird, desto geringer ist die Fähigkeit sozialer Selbsttransformierung. Soziale Systeme, die sich nicht verändern, überleben zwar, solange der Spielraum von Grundwissen und sozialen Strukturen ein ausreichendes Maß von Anpassung an Umweltveränderungen zuläßt. Dieser Anpassungsprozeß wird jedoch gewöhnlich immer teurer. Das ist umsomehr der Fall, je schneller sich die Umwelt verändert.

Im Gegensatz dazu verfügt das Kontrollzentrum aktiverer Systeme über eine Unterinstanz, die für die Revision und Transformation von Tabus aktiviert werden kann. Ein Vergleich von Unternehmen, die ihre Produktion auf ein neues Produktionsprogramm umgestellt, ihre internen Organisationen umstrukturiert und neue Märkte erschlossen haben, als ihre alten Absatzgebiete verloren gingen, mit Unternehmen, die die Grundproduktion zwar modifizierten, aber nicht veränderten, obwohl ihre Profite stark zurückgingen, zeigt, daß die transformierenden Unternehmen F & E-Einheiten unterhielten, für die die Tabus nicht galten und deren Aufgabe es war, die Tabu-Prämissen sporadisch zu revidieren. Es gehörte also zu ihrer institutionalisierten Rolle, genau dort mit der »Suche« nach neuen Konzepten zu beginnen, wo sich die Entscheidungseliten sonst mit »suboptimalen« Lösungen zufriedengeben würden.[7]

---

[7] Bezüglich dieser Lösungen und der Tendenz »sich zufriedenzugeben« siehe Simon, Herbert A.: A Behavioral Model of Rational Choice. In: Quarterly Journal of Economics, 69 (1955), S. 99–118.

Die gesellschaftliche Parallele dieser kybernetischen Einrichtung läßt sich unschwer aufzeigen. Die Wissenschaft verhält sich wie eine große gesellschaftliche F & E-Abteilung, indem sie sich kritisch mit Tabus auseinandersetzt. Unter welchen wirtschaftlichen, politischen und sozialen Voraussetzungen die Wissenschaft diese Aufgabe erfüllen kann und welche funktionalen Alternativen, falls überhaupt vorhanden, bestehen, das sind Fragen, die Sozialwissenschaftler stark beschäftigen. Es gibt aber überraschend wenig systematische Forschung auf diesem Gebiet.[8]

Diese Fragen können für jede Gesellschaft und jedes Subsystem einer Gesellschaft aufgeworfen werden. Da der Wissensinput eine der wichtigsten gesteuerten Sozialaktivitäten wird (in den Vereinigten Staaten werden etwa ¾ der F & E-Ausgaben vom Bund getragen) und dieser Input gegenüber anderen gesellschaftlichen Inputs nach relativer Ausgabenhöhe und nach sozio-politischer Bedeutung wächst, wird die Makrosoziologie der Organisation von Wissensproduktion und -konsum unerläßlicher Bestandteil beim Studium sozialen Wandels und sozialer Steuerung. Die traditionelle Soziologie betonte typischerweise die Bevölkerungszahl, die Größe des Landes und die Höhe des BSP. Heute werden die Anzahl der Promotionen, die das Erziehungssystem einer Gesellschaft »produziert«, die Zahl der Akademiker und die F & E-Investitionen als Indikatoren einer wichtigen gesellschaftlichen Variablen hinzugefügt. Das Hauptinteresse der traditionellen Wissenssoziologie war auf die sozialen Bedingungen gerichtet, unter denen wahre Aussagen gemacht werden.[9] Die Makrosoziologie des Wissens befaßt sich vor allen Dingen mit den gesellschaftlichen Bedingungen, unter denen Wissen für gesellschaftliche Zwecke verfügbar wird, und erweitert damit die Sozialwissenschaften um ein neues, umfassendes Forschungsgebiet.[10]

---

[8] Eine der wenigen soziologischen Studien ist die von Coser, Lewis: Men of Ideas. New York, 1965.
[9] Einen Überblick über diesen Typ von Wissenssoziologie gibt Merton, Robert K.: Social Theory and Social Structure. Rev. Ausg., New York, 1957. S. 456–488.
[10] Bezüglich Untersuchungen dieser Art siehe: Viscount Hailsham, Q. C.: Science and Politics. London, 1963; Price: The Scientific Estate, a. a. O.; Wiesner, Jerome A.: Where Government and Science Meet. New York, 1965; Barber, Bernard: Science and the Social Order. Glencoe, Ill., 1952; Kaplan, Norman (Hrsg.): Science and Society. Chicago, 1965; Storer, Norman W.: The Social System of Science. New York, 1966.

2. Gesellschaftliche Entscheidungsfindung

An der Spitze gesellschaftlicher Kontrollzentren stehen Entscheidungseliten als soziopolitisches Äquivalent elektronischer Zentren. Diese Eliten entscheiden zwischen alternativen politischen Maßnahmen, geben Signale an die ausführenden Organe (das heißt an die nachgeordneten Instanzen) und reagieren auf Rückkopplungssignale, die die ausführenden Organe an die Spitze zurückgeben. (Die innere Struktur des Zentrums wird durch ein Kommunikationsnetz konstituiert, das die Eliten mit anderen Instanzen des Zentrums und mit einer Machthierarchie verbindet.) In der Soziologie der Eliten wurden die Fragen der »Offenheit« oder »Geschlossenheit« gegenüber Angehörigen anderer gesellschaftlicher Gruppen, der Konzentration der Kontrolle und der Interaktion der Eliten untersucht. Das sind jedoch keine kybernetischen Überlegungen. Sie gehören zu den Themen Konsensusbildung (geschlossene und sehr offene Eliten sollen zum Beispiel für Konsensusbildung weniger geeignet sein als relativ offene Eliten) und Machtbeziehungen (Dezentralisierung soll zum Beispiel eine wirksamere Maßnahme sein als Monopolisierung der Kontrolle durch eine Elite oder Fragmentierung der Kontrolle). Kybernetische Aspekte des Elitenproblems wurden großenteils von Nicht-Soziologen untersucht und nicht systematisch in die Gesellschaftsanalyse eingebracht.[11]

Kybernetische Untersuchungen von Eliten befassen sich mit den Konsequenzen, die sich aus der unterschiedlichen Entscheidungspraxis der verschiedenen Eliten ergeben, den angewandten Strategien und den Kommunikationskanälen, die von den Eliten zu den ausführenden Organen und von diesen zur Spitze zurückführen.

Die Eliten treffen Entscheidungen implizit oder explizit aufgrund einer gesellschaftlichen Theorie über die Natur der Beziehungen zwischen den kontrollierten Gruppen und über das Ausmaß und die Mittel, mit denen die Eliten diese Gruppen steuern können.[12] Die Adäquatheit dieser Theorien dürfte unterschiedlich sein. Je zutreffender die Theorie, desto wirksamer dürften auch die Entscheidungen sein. Damit ist wiederum der Aktivitätsgrad eines sozialen Systems positiv korreliert. Diese Theorie ist genauso wenig welterschütternd wie viele andere über die Voraussetzungen zuverlässiger Entscheidungsfindung.

---

[11] Deutsch, Karl W.: The Nerves of Government. New York, 1963; Kuhn, Alfred: The Study of Society: A Unified Approach. Homewood, Ill., 1963.
[12] Zinnes, David A.: A Comparison of Hostile Behavior of Decision-Makers in Similar and Historical Data. World Politics, 18 (1966), S. 474–502. Siehe auch die sieben Aufsätze in Teil I. Kelman, Herbert C. (Hrsg.): International Behavior: A Social-Psychological Analysis. New York, 1965, S. 43–334.

Ob eine makrosoziologische Theorie ein System von Hypothesen über die Bedingungen zuverlässiger Entscheidungsfindung beinhaltet oder unberücksichtigt läßt, ist jedoch ein Hinweis auf die Position, die bezüglich des Wesens von Gesellschaft und sozialem Wandel vertreten wird.

Bei dem Versuch, Verhalten und Veränderung eines sozialen Systems zu erklären, neigen die meisten Soziologen eher dazu, »Hintergrund«-Faktoren (etwa den Bestand an verfügbaren wirtschaftlichen Ressourcen des Systems; die Ausbildungsmöglichkeiten für Elitemitglieder) zu untersuchen als das Entscheidungsverhalten der Eliten. Es wird oft behauptet, daß solche »Hintergrund«-Faktoren die grundlegende Substruktur bilden, die sowohl die Hauptgrenzen für die Beeinflußbarkeit sozialer Aktion und Veränderung darstellen (arme Länder verfügen zum Beispiel nicht über das für die Entwicklung erforderliche Kapital), als auch die Faktoren spezifizieren, die dafür bestimmend sind, welche Entscheidungen zwischen welchen möglichen Alternativen getroffen werden. (Bei steigenden Erwartungen können zum Beispiel demokratische Eliten die Verfügbarkeit von Konsumgütern nicht wesentlich beschränken.) Unterschiede in den Entscheidungsmethoden werden entweder als »abhängige« Variablen oder als trivial betrachtet. Im Gegensatz dazu geht man in der Theorie sozialer Steuerung davon aus, daß soziale Aktoren über größere Autonomie verfügen. »Hintergrund«-Faktoren bestimmen dieser Theorie zufolge zwar den großen Rahmen; welcher Kurs innerhalb dieser Grenzen eingeschlagen wird, hängt jedoch von kybernetischen Faktoren ab, unter denen die Entscheidungsmechanismen ein wesentliches Element darstellen. Eine durchsetzungsfähige Elite könnte etwa in einem armen Land trotz steigender Erwartungen den Konsum einschränken und damit die Weichen für eine stabile Entwicklung stellen.

Viele unterentwickelten Länder leiden im Grunde nicht unter Überbevölkerung und Knappheit der Ressourcen. Das eigentliche Problem ist der Mangel an kybernetischen Fähigkeiten wobei der Qualität der Eliten besondere Bedeutung zukommt. 1930 war zum Beispiel der wirtschaftliche Entwicklungsstand Kanadas und Argentiniens bezüglich verschiedener Schlüsselindikatoren etwa gleich.[13] Kanada hat sich seither stetig weiterentwickelt, während Argentinien ein unterentwickeltes Land geblieben ist. Eine typische Untersuchung der »Hintergrund«-Faktoren würde das protestantische Element im einen und dessen Fehlen im anderen Land und die Unterschiede im Ursprung der katholischen Bevölkerung der beiden Länder hervorheben. (In

---

[13] Vgl. El Desarrollo Economico de la Argentina, E-CN. 12-429 Add 4 (1958), S. 3–5.

Argentinien ist das südspanische und italienische, in Kanada das französische Element stärker vertreten.) In Übereinstimmung mit Webers Analyse würde man daraus auf eine kapitalismusfreundliche Haltung schließen.

In Erweiterung dieser Weberschen These würde eine Theorie gesellschaftlicher Steuerung den Unterschied zwischen der offen-demokratischen Regierung Kanadas und der autoritären Führung Argentiniens aufzeigen. Die unterschiedliche Führung ergibt sich zwar teilweise aus Unterschieden in der Sozialstruktur: Kanada würde zum Beispiel keinen Peron tolerieren. Wenn aber keine umkehrbar eindeutige Beziehung zwischen Hintergrundfaktoren und Eliteverhalten angenommen wird und Eliteverhalten keine wesentliche unabhängige Wirkung auf Hintergrundfaktoren haben soll, so müssen gesellschaftliche Theorien die Steuerungsfähigkeit der Eliten als integrierenden Bestandteil enthalten. Es genügt, die Entwicklungen jedes Landes unter verschiedenen Regierungen mit unterschiedlichem Entscheidungsverhalten (etwa Peron im Gegensatz zu Illia in Argentinien) einander gegenüberzustellen, um zu zeigen, wie wichtig die systematische Berücksichtigung dieser Faktoren ist.

Gesellschaftliche Eliten, die gesteuerte Veränderungen durchführen, sind häufig an relativ kritischen Wendepunkten mit der typischen Entscheidung konfrontiert, ob der Veränderungsprozeß, den sie steuern, beschleunigt oder verlangsamt werden soll. Wenn ein gesellschaftlicher Wandlungsprozeß eingeleitet wird – ob es sich nun um landwirtschaftliche Kollektivierung, staatliche oder ethnische Integration handelt –, wächst der Widerstand gewöhnlich, da die bestehenden Strukturen von traditionell gewachsenen Interessen getragen werden, die oft durch den Wandel bedroht sind. Während des Veränderungsprozesses tritt in vielen Fällen zumindest ein kritischer Punkt auf, an dem der Widerstand so weit wächst, daß die Machtposition der Eliten gefährdet wird. Ein Präsident zweifelt an seiner Wiederwahl, eine Regierung fürchtet, gestürzt zu werden, oder ein Landesteil löst sich aus dem Staatsgefüge. Die Eliten müssen dann entscheiden, ob der Prozeß beschleunigt wird in der Hoffnung, die Opposition zu »überrennen« und ein Stadium zu erreichen, in dem die Unterstützung jener, die von den neuen Strukturen profitieren, stärker wird, oder den Prozeß zu verlangsamen, um Zeit zu gewinnen, sich mit der Opposition zu arrangieren, sie zu überspielen, zu erziehen oder anderweitig mit ihr fertig zu werden.

Die Frage ist offensichtlich nicht, welche Vorgehensweise oder Strategie theoretisch größeren Erfolg verspricht, sondern vielmehr, unter welchen sozialen Bedingungen die eine wirksamer ist als die andere und unter welchen Bedingungen eine Elite sich für eine zweckmäßige im Gegensatz zu einer unzweckmäßigen Strategie entscheidet. Eine

Untersuchung, in der vier Fälle verglichen wurden, ergab, daß zu einem zu frühen Zeitpunkt – also an einem Zeitpunkt, an dem die Opposition stark und die den Wandlungsprozeß unterstützenden Kräfte noch schwach waren – der Prozeß von zwei Eliten beschleunigt und von zwei verlangsamt wurde. Diejenigen Eliten, die den Prozeß beschleunigten, verloren ihre Machtposition (Syrien rebellierte gegen die Vereinigte Arabische Republik und trat aus dem Verband aus; die Westindische Föderation wurde aufgelöst). Diejenigen Eliten, die den Prozeß verlangsamten, sind noch immer an der Macht, obwohl im einen Fall (dem skandinavischen System) die Elite den Veränderungsprozeß, die regionale Vereinigung, so stark verlangsamte, daß er schließlich zum Erliegen kam. Nur im vierten Fall (der EWG) wurde die Fortdauer des Prozesses durch Verlangsamung gesichert.[14]

Andere gesellschaftliche Entscheidungsprobleme, die zwar oft Gegenstand ideologischer Auseinandersetzungen, aber nur selten analytischer und systematischer Untersuchungen sind, betreffen die Bedingungen, unter denen militantes im Gegensatz zu gemäßigtem Verhalten, Konfrontation im Gegensatz zu Koalitionspolitik, Gesamt- oder Teilstrategien verfolgt werden. Diese und ähnliche strategische Entscheidungen basieren explizit oder implizit auf Theorien über die Natur gesellschaftlicher Bindungen und Kontrollfaktoren, etwa wie weit eine Regierung tatsächlich ihre Transformationsfunktion wahrnimmt, wie sich Massenaktivierung auf eine apathische Öffentlichkeit auswirkt, oder wie stark die Aktivierung eines sozialen Sektors auf andere übergreift. Hier ist es besonders wichtig, gesellschaftliche Entscheidungsfindung in Verbindung mit gesellschaftlichem Wissensinput, also zwei zentralen kybernetischen Faktoren, zu untersuchen. Je aktiver ein soziales System ist, desto wichtiger wird die Qualität der Entscheidungen. Je größer die Mittel eines gesellschaftlichen Systems sind und je besser sie für gesellschaftliche Aktion mobilisiert werden können, desto größer sind offensichtlich die Vorteile, die das System aus ihrer effizienten Nutzung ziehen kann. Für passive Systeme, die ihre Prozesse kaum selbst steuern, haben »Hintergrund«-Bedingungen eine große Bedeutung. Bei Systemen, die in stärkerem Maß kreativ auf externe und interne Störungen reagieren, nimmt die Qualität der Entscheidungen an Bedeutung zu. Eine Theorie, die Anspruch auf Allgemeingültigkeit erhebt, muß jedoch systematisch die die gesellschaftliche Entscheidungsfindung charakterisierenden Variablen einbeziehen, selbst wenn sie in einigen Gesellschaftssystemen den Veränderungsprozeß nicht wesentlich beeinflussen.

---

[14] Etzioni, Amitai: Political Unification. A Comparative Study of Leaders and Forces. New York, 1965.

Andere kybernetische Faktoren als Informationsinput und Entscheidungspraxis beziehen sich auf verschiedene Merkmale gesellschaftlicher Zielsetzungen, wie etwa die Klarheit ihrer Formulierung und ihren Kompatibilitätsgrad. Die Qualität der Kommunikationskanäle, die von den Entscheidungsträgern zu den ausführenden Organen und zurück führen, einschließlich der Häufigkeit und Intensität von Störungen, »Rauschen im Kanal« usw. ist ebenfalls relevant. Da wir hier keine vollständige Liste dieser Faktoren aufstellen, sondern nur die wichtigsten Kategorien behandeln wollten, wenden wir uns nun einem dritten Faktor gesellschaftlicher Kontrolle, nämlich der Macht, zu.

3. Macht: ihre Quellen und Mobilisierung

Gesellschaftliche Ressourcen und Macht
Gesellschaftliche Strukturen sind nicht nur Interaktionsmuster, Erwartungs- und Symbolmuster, sondern auch Strukturen der gesellschaftlichen Mittelverteilung, des Realvermögens eines sozialen Systems. Bezüglich der Verteilung der Fähigkeit, Gewalt anzuwenden, der Verteilung materieller Güter und Dienste und der Verteilung von Symbolen (vor allem Werten) können sie analytisch jeweils als Zwang, Nützlichkeits- und Normstrukturen klassifiziert werden. Die Ressourcen eines sozialen Systems oder Subsystems sind an sich noch kein Indikator für die Macht, sondern nur für das Machtpotential des betreffenden Systems. Ressourcen können dazu genutzt werden, mehr Ressourcen zu erzeugen, sie können konsumiert oder gelagert werden, oder sie können zur Überwindung des Widerstands anderer Aktoren eingesetzt werden, was gesellschaftliche Macht bedeutet. (Damit sind nicht notwendigerweise Zwangsmaßnahmen gegen andere Aktoren gemeint. Ihr Widerstand kann zum Beispiel durch Kompensationsangebote überwunden werden.) Bei der Untersuchung der Beziehungen zwischen Ressourcen und Macht muß darauf geachtet werden, daß im Verlauf der Analyse der Bezugsrahmen nicht verändert wird. Die Umsetzung der Ressourcen in Macht zu einem bestimmten Zeitpunkt kann zu einem späteren Zeitpunkt zur Vermehrung der Ressourcen führen. Zunächst bringt die Erzeugung von Macht jedoch einen »Verlust« an Ressourcen mit sich.

Eine zentrale These der Theorie gesellschaftlicher Steuerung besagt, daß Ressourcen und Macht nur in einer »losen« Beziehung stehen, das heißt die Gesamtmenge der Ressourcen, über die ein System verfügt, ist ein schlechter Indikator für die tatsächliche Machtentfaltung dieses Systems. Wieviel Macht erzeugt wird, scheint wesentlich von der internen Verteilung der Ressourcen auf verschiedene Zwecke abzuhängen. Ein System, das nur über geringe Ressourcen verfügt, kann prinzipiell mächtiger sein als ein reiches System, wenn es mehr Mittel für die Macht-»Produktion« aufwendet. (Die Verteidigungsausgaben der UdSSR sind fast genau so hoch wie die der USA, obwohl das BSP nur halb so groß ist.) Wieviele Ressourcen in einem System für die Machtproduktion aufgewendet werden, hängt vom sozialen Kontext ab und wird nicht allein von den sozialen Aktoren festgestellt (zum Beispiel ist die Tatsache, daß amerikanische Neger politisch weniger aktiv sind als amerikanische Juden, teilweise auf die unterschiedlichen Bildungsmöglichkeiten zurückzuführen). Wir sind jedoch der Ansicht, daß der in einem System für Machtentfaltung verwendete Teil der Ressourcen leichter veränderbar ist als der insgesamt verfügbare Ressourcenbestand. (Das gilt für jeden beliebigen Zeitpunkt.) In diesem Punkt enthält die soziale Struktur ein wesentliches voluntaristisches Element.

Ein Vergleich kolonialer Gesellschaften in den Jahren unmittelbar vor dem »Start« nationaler Unabhängigkeitsbewegungen und unmittelbar nach Erlangung der Unabhängigkeit deutet darauf hin, daß sich mit dem »Start« die für Machtentfaltung verwendeten Mittel stärker veränderten als die insgesamt verfügbaren Mittel, daß sich also in erster Linie die Mittelverteilung verändert hat. Ähnlich verhält es sich mit der amerikanischen Bürgerrechtsbewegung, die zwischen 1953 und 1965 Teile der amerikanischen Negerbevölkerung aktivierte, was viel mehr zu einem Machtzuwachs als zu einer Veränderung des materiellen Potentials führte.[15] Die materielle Situation veränderte sich vergleichsweise nur langsam.

Mobilisierung. Jedes System hat zu jedem Zeitpunkt ein bestimmtes Aktivitätsniveau, das wir definieren als die Menge an Ressourcen, die im Vergleich zu den Gesamtressourcen für kollektive Aktion zur Verfügung stehen. Grobe Indikatoren für das nationale Aktivitätsniveau sind etwa der staatliche Anteil am BSP, die Anzahl der im öffentlichen Dienst Beschäftigten und die Anzahl der für die Regierung tätigen Wissenschaftler. Mobilisierung bedeutet eine Steigerung des Aktivitätsniveaus, eine Zunahme des Teils der Gesamtressourcen eines Systems, der für kollektive Aktion dieses Systems bereitgestellt wird. (Demobilisierung bedeutet eine Verringerung des Aktivitätsniveaus.)

Das Aktivitätsniveau der meisten sozialen Systeme ist normalerweise sehr niedrig. Bei Berücksichtigung aller Ressourcen sind gewöhnlich weniger als 15 % für kollektive Aktion verfügbar. Eine prozentmäßig relativ geringe Veränderung des Mobilisierungsniveaus kann daher die Handlungsfähigkeit eines Systems wesentlich erhöhen. Tiefgrei-

[15] Bezüglich des Prä-Mobilisierungsstadiums vgl. Wilson, James Q.: Negro Politics. New York, 1965, bes. S. 3–7.

fende soziale Veränderungen, wie etwa sozio-politische Revolutionen und Erlangung nationaler Unabhängigkeit, sind gewöhnlich mit relativ hoher Mobilisierung verbunden. Das Geheimnis der Macht sozialer Bewegungen ist teilweise in der relativ hohen Mobilisierung begründet, die durch die Askese und das starke Engagement der Mitglieder entsteht.

Neben dem Ressourcenbestand eines Systems und der Macht, die ein System mobilisieren kann, beeinflußt auch die Art der Macht die Handlungsfähigkeit des Systems. Machtanwendung bedeutet per definitionem Überwindung von Widerstand. Wie in der Natur so erzeugt jedoch auch im menschlichen Zusammenleben jede Machtanwendung entsprechende Gegenmacht. (Das Ergebnis der Entfremdung derer, die ihre Präferenzen zugunsten jener der Machtträger aufgeben mußten.) Jede Art von Machtanwendung hat zwar diese Wirkung, es gibt jedoch Unterschiede im Entfremdungsgrad.

Will man beurteilen, wie sich die Anwendung bestimmter Machtmittel auf die Beziehungen zwischen Machtträgern und Machtunterworfenen auswirkt, so muß man berücksichtigen, daß es sich hierbei gewöhnlich um eine »generalisierte« Beziehung handelt. Das heißt wiederholte Machtanwendung kann zu starker Entfremdung führen, während in einem bestimmten Fall nur ein geringes Maß an Entfremdung entsteht. Selbst wenn keine deutlichen Anzeichen von Entfremdung vorliegen, kann sie latent wachsen und indirekt zum Ausdruck kommen. Ein Vergleich verschiedener Machtbeziehungen ergibt, daß der Widerstand gewöhnlich stark ist, wenn – ceteris paribus – Zwangsmittel bei der Kontrolle angewendet werden. Handelt es sich um utilitarische Kontrollmittel, so ist der Widerstand schwächer. Bei normativen Kontrollmitteln ist er sogar noch geringer.[16] Die meisten Machtträger bevorzugen wohl die Kontrollmittel, die die geringste Entfremdung hervorrufen. Die Möglichkeit, diese Mittel anzuwenden, sind aber ebenso begrenzt wie das Wissen der Machtträger über die dadurch ausgelösten Prozesse. Infolgedessen entscheiden sie sich unter Umständen für stärker entfremdende Machtmittel[17], als in einer gegebenen Situation erforderlich wären.

Die Theorie gesellschaftlicher Steuerung bereichert somit die Untersuchung des Ressourcenbestands eines Systems um zwei Aspekte: das Ausmaß, in dem die Ressourcen für kollektive Aktion mobilisiert werden, und die verschiedenen Arten der mobilisierten Macht. Diese

---

[16] An anderer Stelle haben wir behauptet, daß diese Klassifikation erschöpfend sei, und die Möglichkeiten von Mischformen und ihrer Indikatoren untersucht. Siehe Etzioni, Amitai: A Comparative Analysis of Complex Organizations. New York, 1961, S. 4–6.
[17] Ebenda, S. 3–22.

zusätzlichen Faktoren bestimmen wesentlich den Grad der Entfremdung, die durch gesellschaftliche Machtausübung entsteht, und die Beziehungen zwischen Eliten und anderen gesellschaftlichen Gruppen, die den Charakter eines offenen Konflikts, latenten Konflikts oder der Kooperation haben können.

B. Konsensusbildung

1. Der Konsensusbegriff

Bis jetzt wurde die Steuerung gesellschaftlichen Wandels sozusagen »von oben nach unten« untersucht, von der Position des Kontrollzentrums mit Blickrichtung auf die kontrollierten untergeordneten Einheiten. Selbst die Begriffe kommunikativer Feedback und Widerstand der Machtunterworfenen wurden vom Standpunkt einer Kontrollinstanz diskutiert. Gesellschaftliche Steuerung und elektronische Steuerungstechnik unterscheiden sich jedoch hauptsächlich darin, daß im sozialen Bereich systematisch die Tatsache berücksichtigt werden muß, daß die kontrollierten Gruppen selbst über gewisse Kontrollkapazitäten verfügen. Sie verfügen über Wissen, fällen Entscheidungen, verfolgen Ziele und üben Macht aus. Daher ist die Handlungsfähigkeit jeder Einheit nur teilweise von ihrer Fähigkeit, andere zu kontrollieren, bestimmt. Die Handlungsfähigkeit ist ebenfalls stark von dem Ausmaß abhängig, in dem die einmal gewählten Ziele und angewendeten Mittel mit den Präferenzen anderer Systeme vereinbar sind, das heißt von dem Konsensusgrad.

Konsensus, die Übereinstimmung von Präferenzen der betreffenden Systeme, wird in kollektivistischen Theorien typischerweise als weitgehend gegeben (oder seine Veränderung als das Ergebnis von ungeplantem Wandel) betrachtet. Voluntaristische Theorien vertreten häufig die Auffassung, daß Konsensus durch charismatische Führung und oder Massenmedien manipulierbar ist. Vom Standpunkt einer Theorie gesellschaftlicher Steuerung ist Konsensus das Ergebnis eines Prozesses, in dem gegebene Präferenzen und gesteuerte Aktivitäten sich gegenseitig beeinflussen. Das führt gewöhnlich zu einem kontinuierlichen Wechsel. Konsensus muß ständig neu geschaffen werden, da neue Gruppen entstehen und sich die Beziehungen zwischen den etablierten Gruppen und deren Präferenzen verändern. Konsensus, der institutionalisiert wird und seine Adaptions- und Transformationsfähigkeit verliert, wird daher wahrscheinlich zunehmend fiktiv werden, die Gesellschaft von gestern repräsentieren und sich nicht auf die aktuellen, sich wandelnden Gegebenheiten einstellen. In der folgenden Diskussion befassen wir uns, wenn nicht ausdrücklich andere Angaben gemacht werden, mit dynamischem, authentischem und anpassungsfähigem Konsensus.

2. Kontrolle und Konsensus

Zwischen Kontrolle und Konsensus besteht eine Substitutionsbeziehung. Bei einem gegebenen Aktivitätsniveau bedeutet das, daß bei größerem Konsensus weniger Kontrolle und bei geringerem Konsensus mehr Kontrolle erforderlich ist, um ein bestimmtes Ziel zu realisieren. Für welche »Mischung« man sich entscheidet, ist jedoch nicht ohne Konsequenzen. Die Stärke von Entfremdung und Widerstand und damit die zukünftige Handlungsfähigkeit hängen davon ab. Natürlich können bei einem höheren Konsensus- und einem höheren Kontrollniveau Veränderungen besser gesteuert werden, ohne gleichzeitig die Entfremdung zu steigern, als bei einem niedrigeren Konsensus- und Kontrollniveau. Der zusätzliche Konsensus absorbiert die zusätzliche Entfremdung, die sonst durch zusätzliche Kontrolle entstanden wäre, und zwar dadurch, daß weniger entfremdende Machtmittel angewendet werden können, oder dadurch, daß ein gemeinsames Vorgehen überhaupt ohne jede Machtanwendung möglich wird.

3. Strukturen der Konsensusbildung

Zur Darstellung einer gesellschaftlichen Steuerungsmethode für die Analyse von Konsensusbildung stellen wir einen kurzen Vergleich zwischen »informellen« und »institutionalisierten« (built-in im Gegensatz zu segregated) Strukturen der Konsensusbildung an. Bei informellen Strukturen ergibt sich die Konsensusbildung größtenteils aus der ungesteuerten Interaktion, die sich zwischen den Mitgliedern der Gesellschaft vollzieht. Bei kleinen und weniger komplexen analphabethischen Stämmen beruht die Konsensusbildung wohl weitgehend auf der ungesteuerten Interaktion zwischen den einzelnen Stammesfamilien. In der sowjetischen Gesellschaft ist der Konsensus teilweise informeller Natur, da er im Interaktionsprozeß zwischen Fabrikleitung, Gewerkschaftsführern und Parteifunktionären entsteht, deren wichtigste Aufgabe nicht die Konsensusbildung, sondern die Lösung wirtschaftlicher und administrativer Probleme ist (im hierarchischen, kontrollierenden Sinn[18]). Bei einer institutionalisierten Struk-

---

[18] Berliner, Joseph: Factory and Manager in the USSR. Cambridge, Mass., 1957, S. 231–278; Brzezinski, Zbigniew und Samuel P. Huntington: Political Power: USA:USSR. New York, S. 129–190.

tur sind politische Organe (etwa Parteien und die Legislative) und gesellschaftliche Einheiten voneinander getrennt. Bevor ein Konsensus erreicht werden kann, werden soziale Differenzen auf die politische Ebene verlagert. Institutionalisierte Strukturen scheinen hinsichtlich der Konsensusbildung effektiver zu sein als informelle, obwohl sie unserer Meinung nach nur soviel Konsensus erzeugen, wie für die Aufrechterhaltung eines vergleichsweise niederen Aktivitätsniveaus erforderlich ist. Sie sind einer hochentwickelten Maschine vergleichbar, die trotz ihrer Leistungsfähigkeit nicht stark belastbar ist.

Auf der Suche nach Strukturen, die sowohl ein höheres Maß an Planung als auch an Konsensus zulassen (die Untersuchung dieses Problems ist bei weitem noch nicht abgeschlossen), hat das Konzept der »freiwilligen Planung«, das in der Nachkriegszeit von Frankreich und der EWG entwickelt wurde, große Aufmerksamkeit erregt. Hier sind die Unterschiede zwischen politischen und sozialen Einheiten weniger stark ausgeprägt als bei den institutionalisierten Strukturen, die typisch für traditionelle Demokratien sind, aber stärker als bei den nichtformalisierten Konsensusstrukturen totalitärer Regime. Bei diesem Modell stehen die Wissen produzierenden Einheiten nicht nur mit den gesellschaftlichen Entscheidungsträgern in Verbindung, sondern sind auch in den Prozeß der Konsensusbildung mit einbezogen. Sie geben somit Informationen an die kontrollierten und nicht nur an die kontrollierenden Einheiten. Ihre Entscheidungen werden aufgrund der Interaktion mit den Eliten und der Öffentlichkeit umgestaltet.

Vergleichende Studien bezüglich Organisation und Ablauf der Konsensusbildung sollten das vergleichende Studium von Verfassungen und Regierungsformen ergänzen und teilweise ersetzen. Sie sollten sie ergänzen, weil sowohl politische Institutionen als auch Konsensusbildung untersucht werden müssen, um diese Institutionen mit gesellschaftlichen Gruppierungen und den zwischen ihnen bestehenden Verbindungen in Beziehung zu setzen. Vergleiche von Verfassungen und Regierungsformen sollten deshalb teilweise durch Konsensusuntersuchungen ersetzt werden, weil sich die politische Institutionenlehre in vielerlei Beziehungen als zu unflexibel und vereinfachend erwiesen hat. Das Studium der Voraussetzungen von Demokratie mag hierfür als Beispiel dienen.

Aufgrund der traditionellen Definition von Demokratie als Herrschaft der Mehrheit kann nicht einmal zwischen totalitären und demokratischen Regierungsformen begrifflich unterschieden werden. Selbst die differenziertere Definition – institutionalisierte Möglichkeit, die Regierungspartei abzuwählen – ließ weniger formaldemokratische Mechanismen wie etwa Wechsel der Koalitionspartner und Veränderungen der Gruppierungen innerhalb der Regierungsparteien als Reaktion auf eine veränderte gesellschaftliche Machtkonstellation außer acht und definierte Länder wie die Bundesrepublik Deutschland und Israel als undemokratisch. Weder die CDU noch die Mapai-Partei wurde seit Bestehen der beiden Staaten abgewählt. Ob diese Parteien in einer Wahl geschlagen werden können, ist eine bisher unbeantwortete Frage. Formale Untersuchungen konzentrieren sich auch auf Legislative und Parteien als Träger der politischen Willensbildung. Sie verlieren jedoch in dem Maße an Einfluß, wie die Exekutive an Macht gewinnt. Eine Staatsform, die allen Kriterien formaler Demokratie genügt, erzeugt also unter Umständen nicht genügend Konsensus für die Aufrechterhaltung des Aktivitätsniveaus und noch viel weniger für dessen Steigerung, die vielleicht erforderlich ist. Das ungenügende Konsensusniveau, das daraus resultiert, führt entweder zu ständig wachsender Entfremdung oder zu dem Zwang, das Aktivitätsniveau zu reduzieren (ein Standpunkt, der von den Konservativen in den USA vertreten wird).[19] Starke Unterschiede in der Konsensusbildung verschiedener totalitärer und verschiedener autoritärer Gesellschaften (eine Regierungsform, die in Afrika, Asien und Lateinamerika vorherrscht) und die Veränderungen, die sich mit der Zeit bei diesen Regimen vollziehen, können genausowenig nach formalen Kriterien untersucht werden, indem man sie lediglich als totalitär oder autoritär kategorisiert oder als Ein-, Zwei- oder Mehrparteienstaaten klassifiziert. Im Gegensatz dazu erweitert die Theorie gesellschaftlicher Steuerung, die zwischen informellen und institutionellen Strukturen unterscheidet, die Untersuchung der Konsensusbildung um eine Perspektive, die stärkere Betonung auf den Ablauf und die Dynamik legt.

C. Eine synthetische Betrachtung: die aktive Gesellschaft

1. Typologie der Gesellschaften

Wir wollen nun zu einer synthetischen Betrachtung gesellschaftlicher Vorgänge übergehen, die dann vielleicht völlig realisierbar wird,

---

[19] Es sollte darauf hingewiesen werden, daß nach unserer Meinung nicht nur die Klassen, die radikalen Wandel fordern, entfremdet werden, sondern auch die, die den Status quo unterstützen und den radikalen Wandel akzeptieren müssen. Die Entfremdung dieser Klassen wird in dem Maße reduziert, in dem sie die Legitimität und die Vorteile erkennen (oder durch gesellschaftliche Aktion dazu erzogen werden). Das ist im allgemeinen nur der Fall, wenn die Veränderungen den Erfordernissen auch dieser Klassen entsprechen und wenn sie grundlegende gesellschaftliche und menschliche Werte zum Ausdruck bringen. Bezüglich einer weitergehenden Untersuchung siehe Etzioni, Amitai: The Active Society, a. a. O., Kapitel XXI.

wenn unser Verständnis verschiedener Komponenten gesellschaftlicher Steuerung weiter fortgeschritten ist. Zum gegenwärtigen Zeitpunkt kann nur ein kurzer Abriß geboten werden. Wir betrachten Kontrolle und Konsensusbildung als zwei Dimensionen eines Bezugssystems und bezeichnen idealtypisch eine Gesellschaft mit hohem Kontroll- und Konsensusniveau als vergleichsweise aktiv, mit geringem Kontroll- und Konsensusniveau als passiv, mit starker Kontrolle und geringem Konsensus als übersteuert (overmanaged) und mit geringer Kontrolle aber hohem Konsensus als ungesteuert (drifting).

Der passiven Gesellschaft entsprechen weitgehend jene primitiven Gesellschaften, vor allem Stammesgruppen (»Segmentär-Stämme«), deren politische Ordnung stark unterentwickelt ist.[20] Das niedrige Niveau sozialer Selbstkontrolle ist offensichtlich. Konsensus scheint nicht nur weitgehend statisch zu sein, sondern läßt sich auch kaum für die meisten gesellschaftlichen Zielsetzungen mobilisieren. Typischerweise gibt es nur wenige Mechanismen, um das Konsensusniveau zu erhöhen, was etwa im Falle einer Bedrohung von außen erforderlich werden könnte. Obwohl der Grundkonsensus ziemlich stark sein kann, bestehen nur geringe Möglichkeiten der tatsächlichen Konsensusbildung. Ein Indikator dafür ist die Beobachtung, daß im Falle kollektiver Aktionen dieser primitiven Gesellschaften Zwang oft eine zentrale Rolle bei der Überwindung internen Widerstands spielt.[21]

Das Kontrollniveau der aktiven Gesellschaft ist nicht geringer und möglicherweise sogar noch höher als bei übersteuerten Gesellschaften, und das Konsensusniveau ist mindestens so hoch wie bei ungesteuerten Gesellschaften. Das ergibt sich daraus, daß die aktive Gesellschaft über effektivere Mechanismen der Kontrolle und auch der Konsensusbildung verfügt, da sie weniger entfremdende, vor allem normative Machtmittel anwenden kann. Außerdem kann ein hohes Konsensusniveau nur bei hohem Aktivitätsniveau erreicht werden, da sich nur unter diesen Bedingungen eine Vielzahl von Zielen (die von verschiedenen gesellschaftlichen Subsystemen und der Gesamtgesellschaft verfolgt werden) realisieren lassen. Diese Realisierung kann nicht durch eine bloße Verstärkung gesellschaftlicher Kontrolle erreicht werden, da effiziente Kontrolle die Unterstützung der Kontrollierten erfordert. Wenn das Kontrollniveau erhöht werden soll, ohne gleichzeitig die Entfremdung zu verstärken, so muß die Fähigkeit zur Konsensusbildung groß sein. Starke Kontrolle, starker Konsensus, starke Aktivierung und geringe Entfremdung bedingen sich somit gegenseitig.

[20] Fortes, M. und E. E. Evans-Pritchard (Hrsg.): African Political Systems. London, 1950, S. 197–296.
[21] Gluckman, Max: Order and Rebellion in Tribal Africa. New York, 1963, S. 39–40.

Schließlich hat die aktive Gesellschaft die größte Fähigkeit zur Selbsttransformierung unter den vier Idealtypen. Es handelt sich hierbei um den effektivsten Mechanismus zur Vermeidung weitgehender Entfremdung, da nur durch die Veränderbarkeit der Grundstrukturen der Gesellschaft völlig verschiedene Zielsetzungen und gesellschaftliche Subsysteme in demselben System möglich werden. Wenn die gesellschaftlichen Strukturen solche Veränderungen in den Zielen der Mitglieder zulassen, so wird das eher zu ihrem Engagement als ihrer Entfremdung beitragen, und die Gesellschaft wird aktiv sein.
Die aktive Gesellschaft ist insofern eine Utopie, als sie nirgends verwirklicht ist. Die Existenz einer solchen Gesellschaft ist jedoch durchaus denkbar, da es keine Anzeichen dafür gibt, daß ihre funktionellen Voraussetzungen den Gesetzen der Soziologie zuwiderlaufen. Gesellschaften, die aus sozialen Bewegungen entstanden sind, wie etwa Israel 1948, kommen der aktiven Gesellschaft am nächsten. Der Hauptunterschied liegt darin, daß einige Charakteristika der sozialen Bewegung, wie zum Beispiel hohe Konsensusbildung und starkes Engagement, in der aktiven Gesellschaft stabilisiert sind und nicht nur eine bloße Entwicklungsphase darstellen.
In einer aktiven Gesellschaft muß die Konsensusbildung teilweise von unten nach oben verlaufen, um die Präferenzen der Mitglieder authentisch zum Ausdruck zu bringen und eine echte, nicht »kooptierte« Partizipation zu gewährleisten. Eine zentrale These der Theorie gesellschaftlicher Steuerung besagt, daß eine von oben nach unten gerichtete Konsensusmobilisierung den aufwärts verlaufenden Prozeß nicht effektiv ersetzen kann. Engagement, das durch die Mobilisierung der Informationsquellen und Massenpropaganda entsteht, ist kurzlebig und nicht annähernd so effektiv wie authentische, aufwärts verlaufende Konsensusbildung, auch solange die Propaganda noch Wirkungen zeitigt.[22] In der relevanten Literatur wird im allgemeinen die Gegenposition vertreten, aber kein einziger Beweis erbracht, aufgrund dessen diese höchst bedeutsame Frage geklärt werden könnte.[23]
Der übersteuerte Idealtypus, dessen Charakteristika starke Kontrolle und geringer Konsensus sind, ist annähernd in totalitären Gesellschaften zu finden. Die Strukturen der Konsensusbildung sind typischerweise unzulänglich und gehören hauptsächlich zur informellen Kategorie. Gesellschaftliche Aktion ist zunächst auf Ziele gerichtet, die

---

[22] Während man ursprünglich dachte, daß totalitäre Gesellschaften erfolgreiche »brainwashers« seien, wird heute zunehmend klar, daß sich die »menschliche Natur« vor allem in der UdSSR und Osteuropa und wahrscheinlich auch in China durchsetzt.
[23] »The Active Society«, a. a. O., Kap. XXI.

eine sehr große Handlungsfähigkeit erfordern, sie werden aber zurückgesteckt, weil die Konsensusmechanismen nicht erkennen lassen, wo und wieviel Widerstand in den verschiedenen gesellschaftlichen Subsystemen entsteht, wenn verschiedene soziale Veränderungen in Angriff genommen werden. Es ist ebenfalls typisch, daß häufig die am stärksten provozierende Machtart, nämlich Zwang, angewendet wird. (Obwohl auch häufig normative Machtmittel angewendet werden, wird ihre Effektivität durch »Mischung« mit Machtausübung durch Zwang unterlaufen.[24])

Die Fragen, ob übersteuerte Gesellschaften wandlungsfähig sind und welche Gesellschaftsformen sich daraus ergeben würden, werden häufig diskutiert. Die einen glauben, einen Demokratisierungsprozeß zu erkennen, während die anderen behaupten, daß totalitäre Gesellschaften ultrastabil seien.[25] Mit dieser Dichotomie sind die Möglichkeiten jedoch nicht erschöpft. Eine Demokratisierung ist wohl nicht wahrscheinlich, da die Demokratien selbst nicht mehr hinreichend flexibel sind. Ihre gegenwärtigen Kontroll- und Konsensusmechanismen sind nämlich für das erforderliche höhere Aktivitätsniveau unzureichend. Außerdem gibt es keine demokratische Legitimation und Erfahrung in der Geschichte der meisten zeitgenössischen totalitären Gesellschaften. Andererseits ist die Behauptung, totalitäre Gesellschaften seien nicht wandlungsfähig, angesichts der tiefgreifenden sozialen Veränderungen, die sich in der UdSSR seit 1917 vollzogen haben, kaum aufrechtzuerhalten.

Ein solcher Wandlungsprozeß könnte zu einer aktiven Gesellschaft führen, die bezüglich ihres Kontrollniveaus totalitären Gesellschaften relativ näher käme als Demokratien. Ihre weniger institutionalisierten Strukturen der Konsensusbildung wären den informellen Strukturen totalitärer Gesellschaften ähnlicher als den institutionalisierten der Demokratien. Sie könnte sich, da sie aus sozialen Bewegungen entstanden ist, aufgrund der charismatischen Periode totalitärer Gesellschaften legitimieren. Die größte Veränderung würde darin bestehen, daß Erziehung und ökonomische Maßnahmen gegenüber Gewaltanwendung und Propaganda als Steuerungsmittel in den Vordergrund treten würden. Eine solche Veränderung wäre zwar drastisch, aber nicht so drastisch wie ein Übergang zu einem relativ reinen Ökono-

---

[24] Für eine weiterführende Diskussion des Unterschieds zwischen der Anwendung »reiner« normativer Macht und der Mischformen mit anderen Machtarten siehe: A Comparative Analysis, a. a.O., S. 55 ff.
[25] Die Theorie der Transformation wird entwickelt in Almond, Gabriel: The American People and Foreign Policy. New York, 1960, S. XVI; Die Gegenposition wird vertreten in Mosley, Philip E.: Soviet Foreign Policy since the Twenty-second Party Congress. Modern Age, VI, 1962, 343–352.

mismus, wie er für kapitalistische Demokratien charakteristisch ist. Als ungesteuerte Gesellschaften sind am ehesten kapitalistische Demokratien zu bezeichnen. Sie zeichnen sich vor allen Dingen dadurch aus, daß sie gewöhnlich erst dann wichtige strukturelle Veränderungen vornehmen, wenn entsprechende Maßnahmen bereits »überfällig«[26] sind, also in einer »Krise«, und auch nur dann, wenn ein allgemeiner Konsensus mobilisiert werden kann, bevor Maßnahmen ergriffen werden. Außerdem können diese Maßnahmen den Unterschied zur aktiven Gesellschaft nicht ausgleichen, da sie häufig nur eine Anpassung der konservativeren an die progressiveren gesellschaftlichen Kräfte darstellen. Die Tatsache, daß kapitalistische Demokratien ungesteuerte Gesellschaften sind, läßt sich zum zweiten damit begründen, daß die mächtigeren Subgruppen die gesellschaftlichen Ressourcen für den eigenen Konsum und die eigene Machtentfaltung in Anspruch nehmen, indem sie entweder die hinderlichen sozialen Kontrollmechanismen neutralisieren oder sie in den Dienst der eigenen Interessen stellen. In jedem Fall kann die Gesamtgesellschaft ihre Entwicklung nicht wirksam selbst steuern.

2. Konsensus, Gleichheit und Aktivierung

An dieser Stelle muß ein weiterer Begriff – nämlich der der Gleichheit – eingeführt werden, um die Analyse von Konsensusbildung mit der Untersuchung von Ressourcen und Entfremdung in Beziehung zu setzen. Gleichheit wird hier im Sinne einer linearen Verteilungsstruktur gebraucht. Das heißt, gleich große Bevölkerungsgruppen verfügen über die gleiche Menge an Ressourcen. Der Gleichheitsgrundsatz ist in keiner Gesellschaft völlig verwirklicht, aber es gibt offensichtlich wesentliche Unterschiede im Grad der Ungleichheit. Diese sind wiederum, wenn auch nicht völlig eindeutig, mit Unterschieden im Machtpotential assoziiert. Der Prozeß der Konsensusbildung reflektiert die Machtbeziehungen der Mitglieder eines gesellschaftlichen Systems. Die Politik, auf die man sich einigt, entspricht gewöhnlich eher den Präferenzen der mächtigeren gesellschaftlichen Gruppen. Offensichtlich ziehen es die schwächeren Mitglieder vor, die vorgeschlagene Politik zu unterstützen, wodurch sie sich für ihre Zustimmung immerhin noch einige Konzessionen einhandeln, aus Furcht, daß die Mächtigen ihnen sonst eine Politik aufzwingen, die noch weiter von ihren Präferenzen entfernt ist. Die Stärke der Entfremdung bei den schwächeren Gruppen steht jedoch in Beziehung zu dem Grad der Ungleichheit. Ein Konsensus, der nur geringe Entfremdung

[26] Zu diesem Begriff vgl. »Political Unification«, a. a. O., S. 81–82, 95.

erzeugt, kann nur dann erreicht werden, wenn ein hohes Maß an Gleichheit vorherrscht.

Obwohl unsere These hier nicht näher erläutert werden kann, vertreten wir die Meinung, daß bei kapitalistischen Demokratien ein langfristiger historischer Trend in Richtung auf eine Reduktion der Ungleichheit zwischen den gesellschaftlichen Subsystemen (zum Beispiel Klassen, Regionen) gegeben ist. Bisher hat sich diese Reduktion allerdings nur in Grenzen vollzogen. (Was politische Rechte und Statussymbole betrifft, so zeichnet sich der Trend ziemlich deutlich ab. In bezug auf wirtschaftlichen Wohlstand ist er weniger klar erkennbar.) Sollte ein solcher Trend fortdauern und sich beschleunigen, so würden sich die Demokratien langsam zu aktiven Gesellschaften entwickeln, da ein höheres Konsensusniveau mit weniger entfremdenden Konsequenzen ermöglicht wird und auf gesellschaftliche Probleme schon im Entstehen reagiert werden kann. Die Mobilisierung der schwächeren Kollektive ist einer der wesentlichsten Faktoren, durch die die Entwicklung einer ungesteuerten zu einer aktiven Gesellschaft gefördert wird. Dieser Prozeß wird sowohl durch größere Bildungschancen, durch Veränderungen der Beschäftigungsmöglichkeiten und andere Faktoren, die die etablierten Statusstrukturen aufbrechen, ausgelöst, als auch durch Initiativen von Eliten, vor allem intellektuellen Eliten. Da diese Aussage für unsere Auffassung von gesellschaftlichem Wandel, vor allem für den Übergang westlicher Gesellschaftssysteme in die postmoderne Zeit (die Definition erfolgt später), von großer Wichtigkeit ist, sollten die Prämissen kurz dargelegt werden.

Nach unserer Auffassung wird die Transformation kapitalistischer Demokratien nicht durch den Klassenkampf, sondern durch die Interaktion organisierter Kollektive vorangetrieben. Bei diesen Gruppen muß es sich also nicht unbedingt um Klassen handeln, sondern es können auch ethnische oder regionale Gemeinschaften sein. Die Beziehung zwischen diesen Gruppen muß sich nicht notwendigerweise als offener Konflikt äußern. Es kann sich ebenfalls um Koalitionen, begrenzte Feindschaften usw. handeln. Vor allem sind die Aktionseinheiten nicht die Kollektive per se, sondern der Teil eines Kollektivs, der durch Organisationen mobilisiert wurde. Der Gang der Geschichte wird also nicht durch die Arbeiterklasse als solche, die eine passive Gruppe ist, beeinflußt, sondern durch Gewerkschaften, Arbeiterparteien, soziale Protestbewegungen usw., die jeweils nur einen Teil der Arbeiterklasse mobilisieren. (Das gleiche gilt auch für das Verhältnis der Bürgerrechtsbewegung zur Gesamtheit der amerikanischen Neger, nationaler Unabhängigkeitsbewegungen zu Kolonialvölkern usw.)

Kollektive sind Grundlagen potentieller Macht. Im allgemeinen wird aber nur ein kleiner Teil dieses Potentials für soziale Aktion und sozialen Wandel aktualisiert. Die Fähigkeit jedes Kollektivs, die Strukturen gesellschaftlichen Wandels zu beeinflussen, seine tatsächliche gesellschaftliche Macht also, hängt genauso sehr von seiner Mobilisierungsfähigkeit – das heißt vom Ergebnis des internen Kampfes zwischen aktiven und passiven Kräften – ab wie von der potentiellen Machtbasis des Kollektivs.

Man kann sagen, daß die Mobilisierungsfähigkeit selbst durch die Ressourcenverteilung zwischen den Kollektiven bestimmt ist, daß die mächtigeren Kollektive die Mobilisierungsfähigkeit der schwächeren Einheiten in möglichst engen Grenzen halten. Dies ist zwar eine richtige Beobachtung; es trifft aber ebenfalls zu, daß die Mobilisierung irgendeines Kollektivs die Fähigkeit anderer Kollektive, dieses Kollektiv zu unterdrücken, reduziert. Für jeden Zeitpunkt muß daher nicht nur das Machtpotential eines gesellschaftlichen Aktors, sondern auch sein Mobilisierungspotential untersucht werden, das seine tatsächliche Macht zu diesem Zeitpunkt beeinflußt. Der nächste Schritt der dynamischen Analyse ist ein Vergleich der Veränderungen potentieller und tatsächlicher Macht über einen Zeitraum und die Wirkungen dieser Veränderungen auf die Machtverhältnisse zwischen verschiedenen Aktoren. Eine Untersuchung gesellschaftlichen Wandels, die sich hauptsächlich auf Klassenbeziehungen (wozu Marx tendierte und worin seine Theorie zu einem gewissen Grad von Lenin korrigiert wurde)[27] konzentriert oder sich überhaupt nicht mit der Machtanalyse auseinandersetzt, liefert bestenfalls eine fragmentarische Theorie gesellschaftlichen Wandels.

Was bedeutet das alles für die Transformierung kapitalistischer Demokratie? Die meisten Mitglieder der meisten Gruppen dieser Gesellschaften haben ein formales Recht, an der politischen Willensbildung teilzunehmen. Sie haben verfassungsrechtlich den gleichen politischen Status, der jedoch ihrem sozialen Status keineswegs zu entsprechen braucht. Immer weiteren Schichten wird eine Erziehung zuteil, die eine mobilisierende Wirkung hat.[28] Studentische Gruppen, Akademiker, Beamte, ethnische Minoritäten der Mittelklasse, verfügen über mobilisierende Fähigkeiten und können sie aus historischen Gründen, die hier nicht näher erläutert zu werden brauchen, ausüben und haben innerhalb bestimmter, verschieden bedingter Grenzen eine mobilisierende Wirkung auf schwächere Einheiten. Und da sowohl die schwächeren Gruppen zunehmend mobilisierbar werden,

---

[27] Wolin, Sheldon: Politics and Vision. Boston, 1960, S. 421–424.
[28] Einen Überblick über mehrere Studien, in denen die Korrelation zwischen Ausbildung und politischer Aktivierung untersucht wird, gibt Milbrath, Lester W.: Political Participation. Chicago, 1965, S. 42–54.

als auch die Zahl der Mobilisierer wächst, ergibt sich schließlich verstärkter gesellschaftlicher Einfluß der bislang schwächeren (und unterprivilegierten) Gruppen. Durch die Mobilisierung schwächerer Gruppen, die nur teilweise durch die Gegenmobilisierung der mächtigen Gruppen neutralisiert wird, verändert sich die Gesellschaft in Richtung auf ein höheres Maß an Gleichheit und Aktivität. Ob diese Veränderung früher oder später zu einer Kraftprobe zwischen den mächtigen und den sich mobilisierenden schwächeren Gruppen führt, ob die mobilisierenden Kräfte aufgezehrt werden, oder ob die Weichen für eine aktive Gesellschaft gestellt werden – das heißt, ob tatsächlich eine strukturelle Transformation stattfindet – das sind Fragen, auf die die Theorie der gesellschaftlichen Steuerung zwar hinführt, die sie aber gegenwärtig noch nicht beantworten kann.

Wir können jedoch annehmen, daß zumindest im Moment sowohl die übersteuerten als auch die ungesteuerten Gesellschaften eher zu einer aktiven Gesellschaft tendieren, als daß eine dieser beiden weniger aktiven Gesellschaftstypen dominieren wird. In beiden Gesellschaftstypen scheinen die neuen Instrumente der Kommunikationstechnik und Informationsverarbeitung in dieser Richtung zu wirken. Diese Veränderung kann auch durch die anhaltende Mobilisierung der schwächeren Gruppen kapitalistischer Gesellschaften und durch die zunehmende Pluralisierung totalitärer Gesellschaften unterstützt werden. Die neuen Steuerungsmöglichkeiten, über die die Gesellschaften seit 1945 zunehmend verfügen, vergrößern den Spielraum für gesellschaftliche Optionen und charakterisieren eine Epoche, die man als postmodernes Zeitalter bezeichnen kann. Außerdem ergibt sich für die Makrosoziologie ein zentrales Problem, das hier nicht angesprochen wurde, nämlich das Problem der Veränderung nicht allein der Systemstruktur, sondern der Systemgrenzen. Die Beantwortung der Frage, welche Bedingungen die Entstehung aktiver Gesellschaften und die Transformierung einer anarchischen Welt in ein geordnetes Gemeinwesen fördern oder behindern, erfordert unseres Erachtens eine Makrosoziologie, die umfassender als die vorherrschenden »universellen« Theorien ist. Die Theorie der gesellschaftlichen Steuerung könnte einen systematischen soziologischen Bezugsrahmen für einen solchen Ansatz liefern. Sie könnte auch einen Weg zeigen, der die soziologische Forschung auf diese gesellschaftlichen Veränderungen lenkt.

Übersetzt von Heidi Kesberger.

8 Ein konzeptionelles Modell für die Analyse von Planungsverhalten

Von John Friedmann

Noch bis vor wenigen Jahren beschränkte sich die Diskussion über Planung auf die Betrachtung eines abstrakten Modells vollständiger Rationalität im gesellschaftlichen Entscheidungsprozeß.[1] In der Praxis erwies sich dieses Modell jedoch als unzureichend. Als theoretisches Modell führte es zu keinen fruchtbaren Hypothesen und erlaubte aufgrund seiner logischen Starrheit keine grundsätzlichen Modifizierungen.

Als normatives Modell war es untauglich, da Rationalität in der Realität immer »begrenzt« ist, so daß die Rezepte für Planungsverhalten, die aus dem Modell abgeleitet werden konnten, häufig unbrauchbar waren.[2]

Mit dem neuerwachten Interesse an staatlicher Planung haben Sozialwissenschaftler jedoch begonnen, den tatsächlichen Ablauf des Planungsprozesses zu untersuchen. Ein Teil der Wissenschaftler konzentriert seine Arbeit auf den substantiellen Inhalt staatlicher Pläne und auf die Eigenschaften der angewandten Strategien; ein anderer Teil beschäftigt sich mit dem Verwaltungsapparat, der sich mit zunehmender Planungstätigkeit des Staates herausgebildet hat; andere wiederum befassen sich mit dem Ursprung der Planungstätigkeit in bestimmten Gesellschaften und mit den Gründen, die zur Aufstellung der ersten Pläne führten.[3] Während jedoch die frühen Theore-

---

[1] Eine detaillierte Analyse dieses Modells findet sich bei Edward Banfield, Note on Conceptual Scheme. In: Meyerson, Martin und Edward G. Banfield (Hrsg.): Politics, Planning and the Public Interest: The Case of Public Housing in Chicago. Glencoe, Ill., 1955, S. 303–330 (The Free Press). Auch Jan Tinbergen stützt sich in vielen seiner einflußreichen Werke auf eine erweiterte Form dieses Modells. Tinbergen, Jan: Economic Policy: Principles and Design. Amsterdam, North Holland, 1964. Für eine Kritik der klassischen Entscheidungstheorie vgl. Lindblom, Charles: The Intelligence of Democracy. New York, 1965 (The Free Press).
[2] Zu dem Konzept der »begrenzten Rationalität« vgl. March, James G., und Herbert A. Simon: Organizations. New York, 1958, S. 203–210 (John Wiley).
[3] Vgl. dazu unter anderen Hagen, Everett E.: Planning Economic Development, Homewood, Ill., 1963 (Richard D. Irwin); Hackett, John und Anne-Marie: Economic Planning in France. Cambridge, Mass., 1963 (Harvard University); Kapitel über die Niederlande, Frankreich und Japan in Hickman, Bert G. (Hrsg.): Quantitative Planning of Economic Policy. Washing-

tiker in den Fehler verfielen, die Planungspraxis zu ignorieren, machen die neuen Empiriker genau den entgegengesetzten Fehler: sie betrachten diejenigen Aktivitäten, die mit dem Begriff Planung belegt werden und beschreiben, was sie beobachten. Obwohl auf diese Weise sehr viele Informationen gesammelt werden, kommt es zu unbeabsichtigten Verzerrungen, wenn die zugrunde liegenden Prämissen nicht expliziert werden. Einfache deskriptive Darstellungen eines Gegenstandes, der so starkem Wandel unterworfen ist wie staatliche Planung, hat selbst kaum noch historischen Wert und trägt zweifellos auch nicht wesentlich zur Erweiterung des verifizierbaren Wissens bei, durch das alleine eine solide Basis für eine Theorie der Planung geschaffen werden kann.[4] Die Bedeutung solcher Untersuchungen liegt im wesentlichen in ihrem neuen Ansatz, der die Untersuchung von Planungsprozessen in die empirische Sozialforschung eingereiht hat. In der vorliegenden Arbeit wird versucht, das Mindestmaß an begrifflicher Strukturierung zu schaffen, das für eine auch wissenschaftlichen Kriterien genügende Analyse von Planungsprozessen notwendig ist.[5] Es gibt verschiedene Definitionen für Planung.[6] Hier wird von einem Planungsbegriff ausgegangen, der Planung definiert als die Steuerung von Wandel in einem sozialen System.[7] Genauer ist hiermit ein Prozeß der Selbststeuerung gemeint, der die Förderung unterschiedlichen Wachstums von Subsystemkomponenten (Sektoren),

ton, 1965 (Brookings Institution); Waterston, Albert: Development Planning Lessons of Experience. Baltimore, 1965 (Johns Hopkins University); sowie die Bände der National Planning Series, die von Bertram M. Gross in der Syracuse University Press herausgegeben werden.
[4] Planung war früher wenig mehr als eine Übung in der Logik der Entscheidungsfindung; ihre Neuformulierung auf empirischer Grundlage erfordert detaillierte Beschreibungen und Erklärungen der Planungsphänomene und eine gründliche Auseinandersetzung mit den aus diesen Daten abgeleiteten Verallgemeinerungen.
[5] Als ergänzende Untersuchung der vorliegenden und von fundamentaler Bedeutung für jede Analyse der Planung vgl. Gross, Bertram M.: The Managers of National Economic Change. In: Martin, Roscoe C. (Hrsg.): Public Administration and Democracy: Essays in Honor of Paul H. Appleby. Syracuse, 1965 (Syracuse University).
[6] Zu einigen häufig verwendeten Definitionen vgl. Dror, Yehezkel: The Planning Process: a Facet Design. International Review of Administrative Sciences, Nr. 24 (1963), S. 1–15.
[7] Diese Definition der Planung stimmt mit der etwas allgemeiner gefaßten von Bertram M. Gross überein, der Planung definiert als »Prozesse, durch die nationale Regierungen versuchen, die Steuerung wirtschaftlicher Änderungen größeren Ausmaßes verantwortlich durchzuführen«. Gross, Bertram M.: National Planning: Findings and Fallacies. Public Administration Review, Nr. 25 (1965), S. 264.

die Aktivierung der Transformation von Systemstrukturen (politische, ökonomische, soziale) und die Erhaltung der Systemgrenzen während des Wandlungsprozesses beinhalten kann.[8]
Damit bedeutet Planung die Konfrontation der erwarteten mit der beabsichtigten Leistung (performance), die Durchführung von Kontrollen, um das beabsichtigte Ziel zu erreichen, sollten die Erwartungen nicht erfüllt werden, die Beachtung möglicher Abweichungen von dem vorgesehenen Kurs des Wandels und die Wiederholung dieses Kreislaufs, wenn signifikante Abweichungen festgestellt werden.[9]
Dieser Definition von Planung als eines Systems mit Eigensteuerung kann eine noch allgemeinere hinzugefügt werden, die direkt in die Struktur des Modells hineinführt. Planung kann als rationales Vorgehen betrachtet werden, das durch die Intervention bestimmter Entscheidungsstrukturen und -prozesse auf ein Netzwerk von Aktivitäten Einfluß nimmt. Die Betonung liegt hier auf Intervention und damit auf geplantem Wandel. Diese Intervention geschieht aufgrund eines kognitiven Prozesses.
Die »Einführung« von Planung bedeutet somit insbesondere die Einführung der Möglichkeiten zum Einsatz technischer Intelligenz, um Änderungen herbeizuführen, die sonst nicht stattfinden würden.
Dies ist meines Erachtens von grundlegender Bedeutung. Die Gesellschaft muß Gegenstand ständiger Reflexion bleiben. Das Leben, das mehr oder weniger planlos abläuft, wartet nicht darauf, daß die Planungsträger ihm eine bestimmte Richtung geben. Die Planungsträger müssen auf gesellschaftliche und ökonomische Prozesse mit dem schwachen Instrument ihres Verstandes einwirken (unterstützt durch jede Art praktischer Hilfsmittel, über die sie verfügen), um die Gesellschaft in Richtung der gewünschten Ziele zu lenken. Ein umfassendes Planungsmodell muß deshalb die verschiedenen Konzeptionen von Planung als eine wichtige Kategorie in die Analyse einbeziehen.

---

[8] Der Unterschied zwischen Systemen mit Selbststeuerung und denen, die durch Agenturen gelenkt werden, die sich außerhalb des Systems befinden, ist von theoretischer und praktischer Bedeutung, wird aber hier nicht weiter behandelt.
[9] Diese Beschreibung der Logik der Planung entspricht der von Neil W. Chamberlain in »Private and Public Planning«. New York, 1965 (McGraw Hill). Siehe insbesondere Kapitel 7.

Das Modell

Das Modell, das hier zur Analyse des Planungsverhaltens vorgeschlagen wird, hat drei Charakteristiken:
(s. Bild 1) Erstens gilt es nur für das, was hier geplanter Wandel genannt wird. Andere Typen – wie zum Beispiel Operations Research – werden nicht mit einbezogen. Zweitens stellt das Modell den Versuch dar, zwischen verschiedenen Arten geplanten Wandels zu unterscheiden und die Beziehungen zwischen ihnen aufzuzeigen. Drittens soll das Modell eine Hilfe für empirische Forschung sein. Die Ergebnisse empirischer Forschung werden sicherlich eine Verfeinerung, Mo-

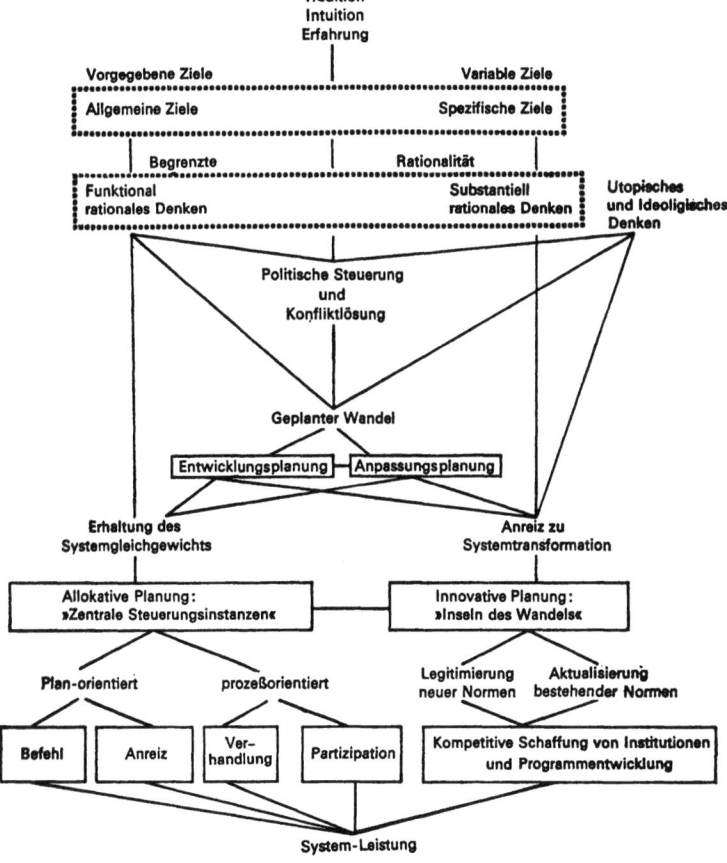

Bild 1. Modell für die Analyse von Planungsverhalten

difizierung und Erweiterung des Modells nötig machen. In dem Modell fehlen ausdrücklich die institutionalisierten Arten der Planung und die explizite Berücksichtigung der Zeitdimension.

Planungsarten

Der Zugang zu dem Modell erschließt sich am leichtesten durch die Betrachtung der beiden wichtigsten Arten geplanten Wandels. Das Unterscheidungskriterium zwischen ihnen ist die relative Autonomie der Planungseinheiten bei der Entscheidungsfindung. In der *Entwicklungsplanung* besteht ein hoher Grad an Autonomie in bezug auf die Zielsetzung und die Wahl der Mittel; in der *Anpassungsplanung* hängen die meisten Entscheidungen hochgradig von den Handlungen externer Akteure ab, die sich außerhalb des Planungssystems befinden. In der Praxis wird die Mehrzahl der Planungsentscheidungen auf einem Kontinuum zwischen vollständiger Autonomie und vollständiger Abhängigkeit gefällt und das Verhalten des Planungssystems wird je nach der Verteilung der Entscheidungsfunktion zwischen den beiden Extremen liegen. So wird zum Beispiel Planung für Städtebau und Stadtentwicklung auf der Ebene der Stadt im allgemeinen mehr Anpassungs- als Entwicklungsplanung sein: sie wird weitgehend auf externe Kräfte Rücksicht nehmen oder sich anpassen müssen, wie etwa Verlagerungen der Standortpräferenzen von über die gesamte Nation verbreiteten Industrien, die die Kommunalbehörde durch ihr Eingreifen nicht wesentlich beeinflussen kann. Im Gegensatz dazu können die staatlichen Behörden bei der Planung für gesamtgesellschaftliche Entwicklung eine größere Zahl der Variablen kontrollieren, die für ihre eigenen Ziele relevant sind, so daß der Staat weitaus unabhängiger ist als irgendeine seiner Kommunalbehörden. Jedoch auch zwischen Staaten gibt es unterschiedliche Grade der Abhängigkeit von externen Kräften; ein kleiner, wirtschaftlich schwacher Staat wie Haiti muß bei der Aufstellung seiner Pläne – wenn überhaupt geplant wird – größere Rücksicht nehmen auf internationale Verhältnisse als die Stadt São Paulo auf Brasilien.

Worin liegen die wesentlichen Unterschiede in dem erwarteten Verhalten zwischen Entwicklungs- und Anpassungsplanung?

Anpassungsplanung

Bei der Anpassungsplanung besteht im allgemeinen die Tendenz, Entscheidungen an übergeordnete Zentren der Entwicklungsplanung weiterzuleiten, die die Entscheidungsparameter der untergeordneten

Entscheidungsinstanzen ändern können. Dabei werden im allgemeinen Planungssysteme auf niederer Ebene zur Erreichung ihrer Ziele auf politische Mittel zurückgreifen. Verhandlungen mit den zentralen Behörden können deshalb mit der gleichen technischen Kompetenz geführt werden, die politische Aktion kann jedoch auch Alternativpläne beinhalten. Da auf der Regierungsseite jede Verhandlung in einem hochkomplexen Wirtschaftssystem im allgemeinen von qualifizierten Experten geführt wird, müssen die konkurrierenden Gruppen in die Verhandlungen zumindest gleich sorgfältig vorbereitet eintreten.[10]
Gleichzeitig kann die allmähliche Erkenntnis der Interdependenzen innerhalb des Systems dazu führen, daß die einzelnen, partikularen Interessen – die alle zu einem gewissen Grad sich adaptiv verhalten – ein gemeinsames oder öffentliches Interesse entdecken. Ein solches Interesse wird, wie die Tätigkeit des Bureau of Economic Research, der Brookings Institution, des Commitee for Economic Development und der National Association in den Vereinigten Staaten deutlich zeigt, die partikularen Interessen allmählich in Richtung auf quasistaatliche politische Planung lenken, obwohl sie nominell private Interessen repräsentieren. Auf diese Weise kann zumindest in technischer Hinsicht Anpassungsplanung in Entwicklungsplanung übergehen, das heißt Subsystem- in Systemplanung.
Und schließlich ist Anpassungsplanung typischerweise opportunistisch. So liegt zum Beispiel der Grund für die häufig festgestellte Instabilität langfristiger Investitionsprogramme für Gemeinden in den USA darin, daß die Städte es sich nicht leisten können, die finanzielle Hilfe von Bund oder Staat zu verlieren, die bei der Finanzierung kommunaler Einrichtungen häufig den entscheidenden Beitrag zur Verfügung stellen. Da die Mittel externer Quellen oft innerhalb kürzester Frist abgerufen werden müssen, an spezifische Leistungs-

---

[10] Ein typisches Beispiel der Alternativplanung ist die große Anzahl staatlicher Planungsbehörden, die in Lateinamerika geschaffen wurden, als bekannt wurde, daß die »Allianz für den Fortschritt« finanzielle Hilfe von der Aufstellung nationaler Pläne abhängig machen würde. Um mit den internationalen Behörden in Washington verhandeln zu können, mußten die Länder Ökonomen entsenden, die auf der Grundlage eines logischen Entwicklungsprogrammes ihre Forderungen vertreten konnten. Dieses Programm wurde dann mit den von der Allianz ausgearbeiteten Plänen für Lateinamerika verglichen, entweder durch das Committee of Nine, der Agency for International Development oder der Interamerican Development Bank. In vielen lateinamerikanischen Ländern ist staatliche Planung heute hauptsächlich ein Mittel, um internationale Unterstützung zu erhalten und nicht ein Instrument zur Lenkung des Einsatzes von Ressourcen in dem Land selbst.

kriterien gebunden sind und im allgemeinen entsprechende Eigenfinanzierung verlangen, werden häufig größere Änderungen an dem Programm vorgenommen, um die plötzlich möglich gewordene externe Finanzierung zu erhalten.[11] In ähnlicher Weise ist die sogenannte staatliche Planung oft auf die Verfügbarkeit von Mitteln und die Erfordernisse internationaler Geldquellen zurückzuführen.

So ist die plötzliche Schaffung staatlicher Planungsbehörden in Lateinamerika als Folge der Forderung der »Allianz für den Fortschritt« zu sehen, als Voraussetzung für finanzielle Hilfe nationale Pläne vorzulegen.

Diese Pläne spiegeln wider, was nach Ansicht der Länder zu einer bestimmten Zeit am ehesten eine finanzielle Unterstützung der Allianz garantieren würde; die Programme tragen nicht notwendigerweise den vordringlichsten inländischen Bedürfnissen Rechnung.

Unterschiedliche Grade von Autonomie und Abhängigkeit in der Entscheidungsfindung spiegeln sich im allgemeinen in einer hierarchischen Organisation der Planungsbehörden wider, die in technischer und politischer Hinsicht in einer mehr oder weniger systematischen Beziehung zueinander stehen; jede Stufe ist mit entsprechenden Funktionen und Entscheidungsbefugnissen ausgestattet. Da jede nächsthöhere Instanz einige der relevanten Bedingungen für Entscheidungen auf allen untergeordneten Stufen ändern kann, und da jede Änderung dieser Art eine Änderung in der Programmplanung bedeutet, hat im allgemeinen die Zielplanung auf höheren Entscheidungsebenen ein größeres Gewicht und die Programmplanung – die Entscheidung über Höhe, Zeitpunkt und Anlageort der Investitionen – auf den untergeordneten Entscheidungsebenen. Mit anderen Worten, die Entwicklungsplanung geht in Zielplanung über, Anpassungsplanung in Programmplanung. In der Realität vermischen sich jedoch die beiden Typen je nach dem Grad von Autonomie und Abhängigkeit, in dem sich der Planungsprozeß vollzieht.

Entwicklungsplanung

In der Entwicklungsplanung gewinnt die Rolle politischer Institutionen als Steuerungs- und Konfliktlösungsinstanzen offensichtlich entscheidende Bedeutung, denn hier werden die grundlegenden politischen Entscheidungen gefällt und die gegensätzlichen Interessen der Anpassungsplaner müssen zu einem Ausgleich gebracht werden. Ent-

---

[11] Brown, W. H., und C. E. Gilbert: Planning Municipal Investment. A Case Study of Philadelphia, 1961, Kap. 8 (Philadelphia: University of Pennsylvania).

wicklungsplanung ist nicht nur eine technische, sondern auch und zum großen Teil eine politische Funktion. Das Verhältnis zwischen Planung und Politik ist deshalb von entscheidender Bedeutung.[12]

Erstens: ein sinnvoller Entscheidungsprozeß erfordert fast ohne Ausnahme sowohl Experten wie Politiker gleichzeitig und in enger Abhängigkeit voneinander. Kein Politiker, der auf die Dienste eines Experten Wert legt, kann es sich leisten, ständig dessen Urteil zu mißachten, noch wird ein Experte, der gehört werden will, sich systematisch den Wünschen seines Auftraggebers widersetzen. Jede Entscheidung wird deshalb zu unterschiedlichen Graden von politischen Interessen beeinflußt sein und muß gleichzeitig technischen Kriterien genügen. Ist eine Entscheidung gefällt, so wird es außerordentlich schwierig, den Einfluß der einzelnen Gruppen voneinander zu trennen, denn die Entscheidung ist eine Synthese von politischem und Expertenurteil. Kommt diese Synthese nicht zustande, so würde das bedeuten, daß die Planungen nicht ausgeführt werden oder die geplanten Maßnahmen, da sie ausschließlich den politischen Standpunkt berücksichtigen, unzureichend sind.[13]

Zweitens: in technischer Hinsicht muß Planung, um erfolgreich zu sein, gewisse, dem politischen Prozeß inhärente Gesetzmäßigkeiten berücksichtigen. Obwohl diese Funktionen der Planung im allgemeinen nicht explizit gemacht werden, sind sie in der Realität dennoch von Bedeutung. Derartige Funktionen können sein: 1. Symbol für Fortschritt, Modernität usw., 2. Mobilisierung externer Ressourcen, 3. Umverteilung des relativen Einflusses oder Gewichtes der Akteure in einer dezentralisierten Machtstruktur (wie etwa die Stärkung der Rolle des Präsidenten, von Technikern, der Industrie usw.), 4. Mittel zur Herbeiführung nationalen Konsenses über Grundwerte, 5. Stimulus für zukunftsgerichtetes Denken und Handeln, 6. Ermutigung zur Aufstellung von Alternativplänen.[14]

---

[12] Eine hervorragende Diskussion der Beziehung von Planung und Politik findet sich bei Altschuler, Alan: The City Planning Progress: A Political Analysis. Ithaca, 1966 (Cornell University). Eine der besten Untersuchungen dieses Problems im nationalen Bereich findet sich in der demnächst erscheinenden Studie von Robert T. Daland, »Brazilian Planning: A Study of Development Politics and Administration«. Chapel Hill, Februar 1966, Manuskript (University of North Carolina).
[13] Pajestka, József: Dialogue Between Planning Experts and Policy Makers in the Process of Plan Formulation. Vortrag vor der International Group for Studies in National Planning, 15.–22. November 1966, Caracas, Venezuela.
[14] Diese und andere Funktionen werden diskutiert in Friedmann, J.: Venezuela: From Doctrine to Dialogue. Syracuse, 1965 (Syracuse University). Vgl. auch Daland, Robert T., a. a. O., Kapitel 6.

So schrieb Anthony Rweyemamu in einer kürzlich erschienenen Analyse der Planungstätigkeit von Tanzania:
»In einer Nation wie Tanzania ist der staatliche Plan ein wichtiger, wenn auch unzureichender Ersatz für die Güter, die uns explizit oder implizit während des Kampfes für die Unabhängigkeit versprochen wurden. In dem Maße, wie der Plan zukünftigen Überfluß verheißt, dient der Plan als einigendes Element einer ansonsten instabilen Gesellschaft ... Deshalb ist auch ein Plan, dessen ökonomische und soziale Zielsetzungen nicht vollständig realisiert werden, in dem Maße erfolgreich, indem durch ihn die Energien des Volkes mobilisiert und nationale Integration und politischer Konsens erzielt werden.«[15]
Diese unterschiedlichen Funktionen der Planung sind häufig nicht nur bedeutsamer als die ausdrücklichen Ziele, für die geplant wird (schnelleres Wirtschaftswachstum, größere Effizienz, bessere Koordination), sondern auch unvereinbar mit diesen Zwecken. Es ist eindeutig, daß diese Funktionen die Rollen der Experten und Politiker beeinflussen und dazu beitragen, den institutionellen Rahmen der Planung zu schaffen.
In jedem System gibt es große Indifferenz-Bereiche, in denen politisches Verhalten möglich ist ohne geplante Intervention. Der relative Einfluß einer technischen Planungsfunktion auf die Lenkung sozialen und wirtschaftlichen Wandels hängt im wesentlichen von fünf Variablen ab: 1. von der Eindeutigkeit der Systemziele, 2. von dem Konsens über diese Ziele, 3. von der relativen Bedeutung, die diesen Zielen von Politikern beigemessen wird, 4. von dem Grad der Abweichung von den erwarteten Systemzielen, und 5. von dem Ausmaß, in dem es für möglich gehalten wird, diese Ziele durch einen technischen, (im Gegensatz zu einem rein politischen) Ansatz zu erreichen. Technische Planung tritt deshalb zeitweilig dann in den Vordergrund, wenn die Ziele eindeutig sind, allgemeiner Konsens über sie besteht und sie für wichtig erachtet werden, wenn in einer derartigen Situation die Systemleistung als signifikant von der Norm abweichend angesehen wird und wenn, unter diesen vorausgesetzten Bedingungen, das Urteil der Experten, verbunden mit Kontrollmechanismen, für effektiver erachtet wird als politische Manipulation. Treffen diese Bedingungen nicht zu, so wird Planung auf eine Randfunktion beschränkt.

---

[15] Zitiert in dem Vorwort von Bertram M. Gross zu Burke, Fred G.: Tanganyika: Preplanning, Syracuse, 1965, S. 19 f. (Syracuse University).

Unterschiedliche Modellvorstellungen von Planung

Jede politische oder planerische Tätigkeit ist in unterschiedlichem Maße von der Modellvorstellung der Planenden beeinflußt, die als rational oder nicht-rational klassifiziert werden kann. Rationales Denken kann weiterhin in begrenzt oder vollständig rational unterschieden werden. Begrenzte Rationalität wiederum kann als funktional oder substantiell rational betrachtet werden. Weit davon entfernt, überflüssige Kategorien für die Analyse von Planungsprozessen zu sein, haben diese Modellvorstellungen entscheidenden Einfluß sowohl auf die vorherrschenden Planungsstile wie auf das tatsächliche Verhalten der Planenden.

Begrenzte Rationalität bezieht sich auf die Tatsache, daß Denken und Handeln, sollen sie rational sein, von Umweltbedingungen abhängen – der gesellschaftliche Kontext der Planung, der das Medium darstellt, in dem und durch das Planungsentscheidungen gefällt werden.[16] Diese Entscheidungsumwelt wird oft in Form sogenannter Planungswiderstände diskutiert, es scheint jedoch vorteilhafter zu sein, von dieser Entscheidungsumwelt als einem Cluster struktureller Bedingungen zu sprechen, unter denen geplant werden muß.[17] In einer Analyse der Planungstätigkeit in Italien unterstreicht La Palombara die kritische Bedeutung der Entscheidungsumwelt. Er schreibt: »Niemand selbst mit der flüchtigsten Kenntnis der italienischen Bürokratie könnte ernsthaft behaupten, sie wäre in ihrer gegenwärtigen Struktur in der Lage, staatliche Intervention in die Wirtschaftssphäre zu unterstützen oder gar Wirtschaftsplanung auf nationaler Ebene zu steuern und zu koordinieren.«[18]

Tatsächlich sind jedoch die Grenzen der Bürokratie nur ein Aspekt der Entscheidungsumwelt, die angemessener etwa durch die folgenden Kategorien beschrieben wird:

1. Anzahl und Verschiedenartigkeit der organisierten Interessen und ihre Macht, Entscheidungen zu beeinflussen;

---

[16] Vgl. zu dem Konzept der »adaptiven« Rationalität auch Friedmann, J.: The Institutional Context. In: Gross, Bertram M. (Hrsg.): Action Under Planning. New York, 1966, Kapitel 2 (McGraw-Hill). Das äquivalente Konzept der begrenzten Rationalität wurde in der Literatur von Herbert Simon eingeführt (vgl. Anmerkung 2). Die Bedeutung von »Kontext« für Planung wird auch von Fred W. Riggs hervorgehoben. Riggs, Fred W.: The Ecology of Development. Bloomington, Indiana, 1964 Comparative Administration Group, American Society for Public Administration, Occasional Papers.

[17] Waterston, Albert, a. a. O., Kapitel 8.

[18] La Palombara, Joseph: Italy: The Politics of Planning. Syracuse, 1966, S. 106 (Syracuse University).

2. das Maß, in dem politische Opposition toleriert oder akzeptiert wird und die Rolle, die ihr zugemessen wird;
3. Abhängigkeit des Wirtschaftssystems von der Privatwirtschaft und den Charakteristiken der Privatunternehmen (Größe, Monopolstellung, usw.) und des Unternehmerverhaltens;
4. Effizienz des relevanten Informationssystems: Speicherkapazität, Verläßlichkeit, Schnelligkeit, Zugang usw.;
5. Struktur und Leistung bürokratischer Institutionen;
6. Bildungsniveau der Bevölkerung und die Größe der Elite mit Universitätsausbildung;
7. Verfügbarkeit relevanter Informationen und ihre Zuverlässigkeit;
8. Voraussagbarkeit von Wandel innerhalb des Systems und von externem Wandel, der die Leistung des Systems beeinflußt.

Begrenzte Rationalität bedeutet somit, daß eine Entscheidung nicht rationaler sein kann, als es die Bedingungen, unter denen sie gefällt wird, zulassen; die Planungsträger können nur hoffen, die den Umständen entsprechend rationalste Entscheidung zu finden. »Solange sich nicht administrative Verbesserungen deutlich am Horizont abzeichnen«, so schreibt Albert Waterston, »müssen die Planungsträger Pläne vorbereiten, die auf die Kapazität des administrativen Apparates Rücksicht nehmen. Das heißt unter anderem, daß komplexe Formen der Planung vermieden werden müssen, wenn die Verwaltung des Landes für sie noch nicht reif ist«.[19] Der Autor hätte seine Feststellung dahingehend erweitern können, alle Bedingungen einzubeziehen, die den gesellschaftlichen Rahmen für Entscheidungen und Handeln bilden.

Das Konzept der begrenzten Rationalität verweist auf die Möglichkeit, unterschiedliche Planungsstile zu identifizieren, die durch die Anpassung institutioneller Strukturen und Planungsverfahren an relativ konstante institutionelle Umwelten determiniert sind. Diese Umwelten und die ihnen angepaßten Planungstypen können auf einige allgemeine Typen reduziert werden. Die Untersuchung der Planungsstile würde deshalb bei der Formulierung von Hypothesen für eine vergleichende Analyse des Planungsverhaltens von Nutzen sein.

Es ist sinnvoll, zwischen zwei Arten begrenzter Rationalität zu unterscheiden. *Funktional rationales Denken* ist rational nur in bezug auf die Mittel; die Ziele werden von den Planungsträgern als vorgegeben angenommen und können mehr oder weniger rational oder in bezug auf gewisse Kriterien sogar irrational sein.[20] Die Ziele müssen jedoch

[19] Waterston, Albert, a. a. O., S. 292.
[20] Die Terminologie zur Beschreibung der zwei Arten der Rationalität ist entnommen aus Mannheim, Karl: Man and Society in an Age of Reconstruction. New York, 1949, S. 51–60 (Harcourt, Brace).

relativ konstant bleiben, da die Entscheidung nicht nur vor, sondern auch nach ihrer Durchführung rational erscheinen muß. Grundsätzlich kann man davon ausgehen, daß ein Ziel um so konstanter ist, je allgemeiner es formuliert ist. Daraus kann man schließen, daß funktionale Rationalität in der Planung im wesentlichen in Verbindung mit konstanten, allgemeinen Zielen angetroffen wird, die auf das System als ganzes zutreffen oder zumindest auf große Teile. So beinhalten die allgemeinen Ziele gesamtgesellschaftlicher Wirtschaftsentwicklung im allgemeinen Werte wie Wachstum, gerechtere Einkommensverteilung und Vollbeschäftigung. Diese Ziele unterliegen verhältnismäßig geringem Wandel in der Zeit, sie weisen jedoch nur in eine allgemeine Richtung. Funktional rationales Denken wird bestrebt sein, die Entwicklung des Systems in diese Richtung zu lenken.

Substantiell-rationales Denken ist rational im Hinblick sowohl auf die Ziele wie auf die Mittel. Das impliziert eindeutig die Möglichkeit, die Ziele während des Handelns aufgrund geänderter Bedingungen oder neuer Informationen zu ändern. Eine häufige Änderung der Ziele dürfte deshalb die Regel sein. Da nur spezifische Ziele auf diese Weise geändert werden können, kann eine hohe Korrelation zwischen substantieller Rationalität und variablen Zielen angenommen werden.

In jedem Planungssystem wird man im allgemeinen auf beide Arten von Rationalität treffen: funktionale Rationalität in Hinblick auf die Systemziele und substantielle Rationalität in Hinblick auf spezifischere Subsystem-Ziele; das bedeutet Konstanz in der allgemeinen Richtung der Planungstätigkeit, Flexibilität in der Detailplanung. So arbeiten zum Beispiel längere Konferenzen mit einer Art »täglichem Plan«; es werden häufig Änderungen an dem täglichen Konferenzablauf vorgenommen, um auch nicht eingeplante Ereignisse berücksichtigen zu können, jedoch wird das Ziel der Konferenz im allgemeinen unverändert bleiben, obwohl das Vorgehen aufreibend und anscheinend planlos ist.

Vollständige Rationalität. Das Modell vollständiger Rationalität, abstrahiert von temporären Zwängen, kann utopisches oder ideologisches Denken genannt werden. Es herrscht, oft mit großen Details, die Vorstellung einer idealen Gesellschaftsordnung, und fast ausschließlich als eines Endzustandes in absolutem Gleichgewicht außerhalb historischer Zeit. Reiner Kommunismus und reiner Kapitalismus sind solche Utopien, wie auch der Ständestaat, nationaler Sozialismus und partizipatorische Demokratie.

Utopisches und ideologisches Denken kann in zweierlei Hinsicht als rational betrachtet werden. Seine Konstrukte sind nicht nur logisch und kohärent, sie sind auch konkrete Abbildungen abstrakter gesellschaftlicher Werte wie Gleichheit, Freiheit und soziale Gerechtigkeit, und es sind im wesentlichen diese Werte, die diese Art des Denkens oft so überzeugend machen.[21] Planung ist eine historische Vorwegnahme eines utopischen oder ideologischen Endzustandes. Landwirtschaftliche Planung in den Vereinigten Staaten zum Beispiel muß vor dem Hintergrund des demokratischen Gedankengutes der Zeit von T. E. Jefferson gesehen werden, eine Analyse der staatlichen Planung in den spanisch sprechenden Ländern Lateinamerikas muß die Philosophie des Ständestaates berücksichtigen, und Planung in Indien steht noch immer unter dem Einfluß von Ghandis Sozialphilosophie. Bedeutsamer ist jedoch, daß die internen Konflikte über spezifische Planungsvorhaben sich gerade um ähnliche philosophische Fragen drehen und nicht um pragmatische Probleme. Die Regelung dieser Konflikte ist im allgemeinen richtungweisend für die Entwicklung eines ganzen Sektors oder sogar der gesamten Nation.[22]

Nicht-rationales Denken. Die Kategorie des nicht-rationalen Denkens umfaßt das, was mit Begriffen wie Tradition, Intuition und Erfahrung umrissen werden kann. Diese Arten des Denkens basieren nicht auf kohärenten, logischen Strukturen, noch auf spezifischer technischer Expertise. Sie sind jedoch der Ursprung der meisten politischen Entscheidungen und spielen deshalb im Planungsprozeß eine außerordentlich große Rolle. Es kann jedoch nicht bezweifelt werden, daß im öffentlichen Entscheidungsprozeß Formen nicht-rationalen Denkens ständig an Bedeutung verloren haben. Messung und Kalkulation verweisen Intuition und Erfahrung in zunehmend begrenzte Bereiche, das Tempo des Wandels macht Tradition als Entscheidungsfaktor sinnlos. Die Folge davon scheint eine Schwächung der politischen Elemente in der Planung zugunsten der Rolle des Technikers zu sein. Es ist noch unklar, wie dieser Trend zu beurteilen ist.

Allokationsplanung

Unter Allokationsplanung versteht man die Aufteilung von Ressourcen auf konkurrierende Ziele.
Das ist fast ausschließlich die Aufgabe staatlicher Planungsinstitu-

---

[21] Meyerson, Martin: Utopian Traditions and the Planning of Cities. Daedalus. Winter 1961, S. 180–193. Der Einfluß utopischen Denkens auf die Wirtschaftsplanung ist jedoch kaum erkannt und sollte Gegenstand einer umfassenden Untersuchung werden.
[22] Kautsky, John H. (Hrsg.): Political Change in Unterdeveloped Countries: Nationalism and Communism. New York, 1962 (John Wiley). Vgl. hierzu auch Friedmann, J.: Intellectuals in Developing Societies. Kyklos, 13 (1960), S. 513–544.

tionen und für viele ist es die einzige Aufgabe, mit der sich Planung befassen sollte. Zu ihrer Definition können vier Charakteristika der Allokationsplanung herangezogen werden.

1. *Vollständigkeit.* Allokationsplanung muß zumindest die folgenden drei Punkte voll berücksichtigen: a) die Interdependenz zwischen allen explizit genannten Systemzielen (oder Subsystemzielen), b) die Interdependenz in dem Einsatz aller verfügbaren Ressourcen des Systems (oder Subsystems), und c) den Einfluß aller externen Variablen auf die Aufstellung von Unterzielen.[23]

Diesen Punkten wird von den Allokationsplanern die größte Bedeutung beigemessen. Sie sind der Auffassung, daß ihr eigentlicher Beitrag im gesellschaftlichen Entscheidungsprozeß im wesentlichen auf ihrer Fähigkeit beruht, eine große Anzahl von Variablen und Zielen zu manipulieren und dadurch zu einem Standpunkt zu gelangen, der notwendigerweise sich mit den Interessen des Systems (oder des Subsystems) als Ganzem deckt, das heißt mit dem öffentlichen Interesse. Ihre enge Verbindung zur Exekutive bestärkt sie in diesem Glauben. Allokationsplaner sind also weit davon entfernt, nur Experten zu sein, die »wertneutral« sind, sondern sie werden oft eine Reihe von Grundwerten als für das Überleben und Funktionieren des Systems von entscheidender Bedeutung verteidigen. Da jedoch das Konzept eines öffentlichen Interesses nur schwierig aufrechterhalten werden kann, besonders in pluralistischen oder nicht integrierten Gesellschaften, wird der Macht der Allokationsplaner oft von den Gruppen Widerstand entgegengesetzt, deren partikulare Interessen durch das Beharren auf öffentlichen Werten bedroht werden, die sich außerhalb des politischen Prozesses gebildet haben.

2. *Systemgleichgewicht.* Das Optimalitätskriterium, die grundlegende Norm für Allokationsplanung, erfordert ein Gleichgewicht zwischen den variablen Komponenten des Planungssystems. Das Modell, mit dem die Allokationsplaner im allgemeinen arbeiten, ist notwendigerweise ein Gleichgewichtsmodell. So darf die geplante Investitionsrate nicht die Investitionskapazität übersteigen; der gesamte Import nicht den erwarteten Export; die Zunahme an Arbeitsplätzen darf nicht niedriger sein als der Zuwachs an Arbeitskräften; die Produktion elektrischer Energie muß den voraussichtlichen Stromverbrauch befriedigen. Das Problem besteht darin, im Wirtschaftssystem die richtigen Größen zu setzen. Die sorgfältig ausgearbeiteten quantitativen Zielsysteme werden im allgemeinen durch Hinweise auf wünschenswerte Änderungen bestehender politischer Maßnahmen ergänzt, die für ihre Realisierung als notwendig erachtet werden.

3. *Synthese.* Weder Punkt 1 noch Punkt 2 können ohne Hilfe eines

---

[23] Tinbergen, Jan, a. a. O., passim.

oder mehrerer synthetischer Wirtschaftsmodelle erreicht werden. Diese Modelle ermöglichen die Analyse der Funktionsweise des Systems unter quasi experimentellen Bedingungen, indem unterschiedliche Bedingungen angenommen und ihre Implikationen untersucht werden. Zu den allgemeinsten Modellen gehören die staatliche Rechnungsführung, Input-Output-Matrizen, Simulationsmodelle und ökonometrische Modelle.[24]
Diese Modelle abstrahieren von dem institutionellen und gesetzlichen Rahmen des Wirtschaftssystems sowie von den Personen, die das System funktionsfähig machen.

4. *Funktionale Rationalität.* Allokationsplanung ist der Versuch, funktional rational vorzugehen, indem die Systemziele als durch einen externen politischen Prozeß bestimmt angesehen werden, der die Planungsträger selbst nur am Rande einbezieht. Planung erscheint deshalb als das Aufzeigen der Implikationen einer Politik, deren Normen außerhalb der Planung gesetzt werden. Ein bekannter Wirtschaftswissenschaftler erklärte kürzlich:
»Es ist jetzt allgemein die Tendenz zu verzeichnen, nicht mehr durch Wirtschaftsanalyse die ›beste‹ Form der Wirtschaftsorganisation oder das beste wirtschaftspolitische Programm zu bestimmen und Ziele zu akzeptieren, die sich durch den politischen Prozeß gebildet haben und von den Regierungen verkündet werden – Vollbeschäftigung, Preisstabilität, schnelleres Wirtschaftswachstum, Beseitigung von Armut und von Notstandsgebieten usw. In den meisten Fällen erscheinen solche Ziele den Wirtschaftswissenschaftlern vernünftig; indem sie jedoch ihre Analyse an einem Punkt beginnen, an dem die Regierung schon über die Ziele beschlossen hat, vermeiden sie ein eigenes Werturteil. Sie können auf Unvereinbarkeiten in den Systemzielen hinweisen, neue Probleme wie steigende Lebenshaltungskosten und gleichzeitige Arbeitslosigkeit aufzeigen, die Wahl unter den Zielen wie auch die Aufstellung der Prioritäten ist jedoch der Regierung überlassen. Im allgemeinen kann ein Katalog von Maßnahmen zur Erreichung der Ziele – sobald über die Prioritäten entschieden ist – vorgeschlagen werden, selbst wenn offen bleiben muß, ob sie die bestmöglichen Maßnahmen darstellen.«[25]
Auf die Unmöglichkeit, von Werten zu abstrahieren, ist schon hingewiesen worden. Trotzdem kann durch die Abwälzung der Last der Wahl zwischen Werten auf den politischen Prozeß Allokationspla-

---

[24] Zur Diskussion der gegenwärtigen Planungsmodelle vgl. Hickmann, Bert G., a. a. O.
[25] Higgins, Benjamin: An Economist's View. In: Phillips, H. M. (Hrsg.): Social Aspects of Economic Development in Latin America. 1963, S. 247 (UNESCO).

nung als eine Aktivität erscheinen, die weitgehend funktional rational und damit scheinbar objektiv zu sein bestrebt ist.

Implementierung

Die mit der Implementierung des Planes beauftragten Institutionen müssen sich ständig der Notwendigkeit bewußt sein, die Maßnahmen optimal durchzuführen und die Ziele des Modells zu realisieren. Die Implementierung ist jedoch nicht ein unabhängiger Schritt, der der Aufstellung des Planes folgt: die Art der Implementierung selbst wird den Charakter des Plans und seine Aufstellung beeinflussen. Aufstellung und Planimplementierung sind eng miteinander verbundene Prozesse, so daß die Struktur des einen in großem Maße den anderen bestimmt. Aus diesem Grunde ist Allokationsplanung entweder planorientiert oder prozeßorientiert.[26]
In Italien, wo staatliche Planung sich noch im Anfangsstadium befindet, steht die Frage der angemessenen Arten der Planimplementierung und damit die Frage nach der gesamten Struktur des Planungssystems im Mittelpunkt der derzeitigen Kontroverse.
»Die Frage der Kontrolle ist von entscheidender Wichtigkeit. Soll der Planung ›Anreiz‹ – oder ›Orientierungsfunktion‹ zukommen, wie teilweise gefordert wird, oder soll Planung ›Zwangscharakter‹ haben? Wenn das letztere der Fall ist, wird der Zwang sich nur auf den öffentlichen Sektor beschränken oder wird er sich auch auf den privaten Sektor erstrecken? Wenn Planung für den öffentlichen Sektor obligatorisch ist, welche Mittel hat die Regierung dann, um die Einhaltung des Plans durch den privaten Sektor zu garantieren? Soll der Plan die gesamte Wirtschaft einbeziehen oder soll er sich auf besonders wichtige Kernbereiche beschränken? Das sind nur einige der Fragen. Obwohl der Plan von 1965 einige vorläufige Antworten zu geben versucht, bleibt dennoch vieles unklar.«[27]
Die Aufstellung eines Entwurfes und die Beachtung seines grundlegenden Zielsystems kann von der politischen Führung eines Landes als so wichtig erachtet werden, daß sie alles daran setzen wird, durch Zwang oder Anreiz die Einhaltung des Planes zu sichern. Bei der imperativen Planung werden Sanktionen angewendet, um die Beachtung eindeutig formulierter Ziele zu erzwingen. Der Plan selbst kann Gesetzeskraft erhalten oder in einer Reihe von Erlassen der Exekutive

---

[26] Die gegenwärtig beste Diskussion der Probleme der Planimplementierung findet sich bei Gross, Bertram M.: Activating National Plans. In: ders. (Hrsg.): Action under Planning, a. a. O. Die in der vorliegenden Arbeit verwendete Terminologie unterscheidet sich jedoch von der von Gross.
[27] La Palombara, Joseph, a. a. O., S. 103.

verkündet werden, um bestimmte Ergebnisse zu erzielen.[28] So ist für Jean Meynaud »ein Plan erst ein Plan, wenn er von zentraler Stelle gelenkt und umfassend ist, spezifische Ziele beinhaltet und in den bestehenden sozio-ökonomischen Kontext direkt eingefügt ist, auch wenn er nur ein geringes Maß an sozialem Wandel antizipiert ... Die staatlichen Instanzen müssen ausdrücklich dafür sorgen, daß die Ergebnisse der Planung den angestrebten Zielen so nahe wie möglich kommen. Das erfordert notwendigerweise einen gewissen Zwang, sogar in einem Land wie Italien, wo die Kräfte der freien Marktwirtschaft anscheinend ein schnelles Wirtschaftswachstum bewirkt haben.«[29]

Anreiz ist eine schwächere Form der Aktivierung, da sie im allgemeinen nicht als Zwang erfahren wird. Die Entscheidungsumwelt der anderen wird so geordnet, daß eine bestimmte Entscheidung möglichen alternativen Entscheidungen vorgezogen wird. Typische Instrumente des Anreizes sind Krediterleichterungen, Zinsbegünstigungen, Subventionen, Wechselkurspolitik, Steuervergünstigungen und Vorzugszölle.

Sowohl Zwang wie Anreiz sind eindeutig planorientiert, da der Plan im allgemeinen als eine bindende und für längere Zeit eingegangene Verpflichtung angesehen wird, die nur in Ausnahmefällen Abweichungen zuläßt. Ist jedoch die Leistung von Subsystemen für die Erreichung systemweiter Ziele von Bedeutung (wobei die Durchführung des Plans zum Beispiel von der Tätigkeit des privaten Wirtschaftssektors abhängt) und die Auferlegung von Sanktionen oder indirekten Kontrollen undurchführbar, werden Allokationsplaner im allgemeinen dem Prozeß größere Bedeutung beimessen als dem Plan. In einem solchen Falle wird die Partizipation der wichtigsten Interessengruppen in die Formulierung des Planes selbst mit eingehen. Dies wird, nach der kürzlich in Frankreich gemachten Erfahrung, indikative Planung genannt.[30]

Nach La Palombara »schließt die Tatsache, daß die Planungsverfahren pluralistische Partizipation gewährleisten, die Vorstellung von Zwang aus«[31].

---

[28] Das Konzept der imperativen Planung wurde von Peter Wiles in einer brillanten Analyse entwickelt: Wiles, Peter: The Political Economy of Communism. Cambridge, Mass., 1962 (Harvard University). Vgl. hierzu auch ders.: Economic Activation, Economic Planning, and the Social Order. In: Gross, Bertram M. (Hrsg.): Action Under Planning, a. a. O., sowie in demselben Band Bauman, Zygmunt: The Limitations of »Perfect Planning«.
[29] La Palombara, Joseph, a. a. O., S. 104.
[30] Eine detaillierte Untersuchung der Planungsaktivitäten in Frankreich findet sich bei John und Anne-Marie Hackett, a. a. O.
[31] La Palombara, Joseph, a. a. O., S. 104.

Es gibt sowohl starke wie schwache Formen prozeß-orientierter Planung. Die ausgeprägte prozeß-orientierte Planung macht ausführlichen Gebrauch von Verhandlungen, Planung erscheint deshalb als ein Prozeß ständiger Aushandlung, wobei zentrale Regierungsbehörden zu den Hauptbeteiligten gehören:
Nach Neil W. Chamberlain gibt es nur wenige politische Maßnahmen, die so »technischer Natur«, so unabhängig von der Reaktion der Gesellschaft sind, daß sie ohne Schwierigkeit durchgeführt werden könnten. Die meisten Fragen, selbst wenn sie nur von geringer Bedeutung sind, bedeuten Diskussion und Kompromiß. Die Ansichten derjenigen, von denen das Funktionieren des Systems abhängt, können nicht völlig ignoriert werden, es sei denn, das System wäre bereit, auf ihre Dienste zu verzichten – und in einem solchen Falle muß es sich mit ihren Nachfolgern arrangieren. Es muß ein System des »bargaining« gefunden werden, das im Hinblick auf die Erfüllung der Systemziele konstruiert werden muß und im Hinblick auf die Erreichung der Systemziele möglichst effizient ist, das heißt in unterschiedlichem Maße Systemziele (individuellen) Subsystem-Zielen opfert.[32]
Die schwächere Form prozeßorientierter Planung hängt hinsichtlich ihrer Durchführung nur von der Partizipation der Hauptakteure in dem Planungsprozeß ab, also derjenigen, die mit der Durchführung betraut werden. Aushandlungen werden auf ein Minimum reduziert und das Planungsdokument selbst wird als weniger bedeutend angesehen als die möglichen Vorteile einer gemeinsamen Diskussion der Ziele, Maßnahmen und Mittel. Dieser Nutzen besteht unter anderem in der Herstellung des Dialoges zwischen konkurrierenden Sektoren, der Schaffung eines breiteren Bewußtseins von nationalen Problemen, der Versorgung der hauptsächlichen Wirtschaftsakteure mit einer gemeinsamen Informationsbasis, der Ermutigung zu sozial verantwortlicheren Entscheidungen, der Reduzierung von Ungewißheit bei der Kalkulation sektoraler Investitionsprogramme usw.
Reine prozeßorientierte Planung würde wahrscheinlich keinen Plan erfordern außer als informelles Diskussionsdokument, in dem der zeitweise Konsens aller betroffenen Gruppen registriert wird. Der reine Fall prozeßorientierter Planung ist jedoch selten; im allgemeinen wird sie auch in starkem Maße Elemente imperativer und indikativer Planung aufweisen, so daß auch einem formal angenommenen Plan inhaltliche Bedeutung zukommt.
Hagen und White schreiben in ihrer Untersuchung der Planungserfahrungen in Frankreich:
Nach der Annahme des Planes sorgte umfangreiche und starke Intervention der Regierung für die Erreichung der Ziele. Oder, mit an-

---

[32] Chamberlain, Neil W., a. a. O., S. 7 f.

deren Worten, die Intervention wurde fortgeführt wie unter den vorhergegangenen Plänen. »Planung in Frankreich«, so sagte M. Pierre Massé, Direktor des Commissariat au Plan, »ist mehr als indikativ, aber weniger als imperativ!« Das ist korrekt, aber wie sehr ist sie dennoch mehr als indikativ, wenn auch sehr viel weniger als imperativ! Und an anderer Stelle sagt Massé in vornehm-zurückhaltender Ausdrucksweise: »Französische Planung ist wesentlich aktiv; sie ... reguliert die Stimuli und Hilfen, die den öffentlichen Instanzen zur Verfügung stehen so, daß die Ziele, die dem privaten Sektor gesetzt sind, erreicht werden.«[33]

Wahl des Planungstyps

Welche Art der Planung dominiert, hängt von der Entscheidungsumwelt und der Dringlichkeit des zu lösenden Problems ab. Sowohl Entwicklungs- wie adaptive Planung kann allokative Planung sein. In der adaptiven Planung sind die Planer im wesentlichen damit befaßt, das Verhalten externer Variablen vorherzusagen und die verfügbaren politischen Instrumente zur Erhaltung des Gleichgewichts des Systems unter dem Einfluß der Änderungen, die das Subsystem tangieren, so gut wie möglich einzusetzen (so werden staatliche Wirtschaftspläne noch nicht mit dem Ziel aufgestellt, die Entwicklungspotentiale gleichzeitig auf nationaler und lokaler Ebene zu optimieren; der Einfluß staatlicher Pläne auf lokaler Ebene ist deshalb weitgehend von Zufallsfaktoren abhängig). Der tatsächliche Umfang allokativer Planung ist unter diesen Bedingungen sehr begrenzt, da Anpassungen an externe Bedingungen vorgenommen, besondere Gelegenheiten ergriffen und Entscheidungen gefällt werden über Fragen von nur zweitrangiger Bedeutung für die Gesellschaft, die deshalb zum politischen Zankapfel werden.[34]
In der Entwicklungsplanung haben die allokativen Planungsträger eine ganz andere Funktion, obwohl sie weiterhin Modelle bauen oder Ziele setzen. Ihre Funktion in diesem Zusammenhang kann am besten in Bezug auf die innovative Planung verstanden werden.

Innovationsplanung

Innovationsplanung erscheint als eine Form sozialen Handelns mit der Absicht, größere Änderungen in einem bestehenden Sozialsystem

---

[33] Hagen, Everett E., und Stephanie F. T. White: Great Britain: Quiet Revolution in Planning. Syracuse, 1966, S. 105 (Syracuse University).
[34] Brown Jr., W. H., und C. E. Gilbert, a. a. O.

hervorzurufen. Nach Neil W. Chamberlain schafft sie »völlig neue Tätigkeitskategorien, die im allgemeinen sehr weite Bereiche umfassen, so daß sie nicht durch inkrementale Fortführung gegenwärtiger Aktivitäten erreicht werden können, sondern nur durch die Initiierung einer neuen Strategie, die dann zu den geplanten Resultaten führt«.[35] Im Gegensatz zur Allokationsplanung ist Innovationsplanung nicht die Voraussetzung für Handeln, sondern eine Fusion oder Synthese von Aktivitäten zur Planaufstellung und Planerfüllung innerhalb eines bestimmten organisatorischen Rahmens. Innovationsplanung kann von der Allokationsplanung anhand von vier Charakteristiken unterschieden werden.[36]
1. Innovationsplanung versucht, neue gesellschaftliche Ziele einzuführen und sie zu legitimieren. Sie konzentriert sich deshalb auf kritische Bereiche, von denen der Anstoß ausgeht. Durch die Konzentration auf nur wenige Variablen ignorieren die Innovationsplaner unweigerlich große Bereiche des gesamten Wertspektrums der Gesellschaft, in die die Innovation eingeführt werden soll. Gleichzeitig werden nur die allgemeinen Folgen berücksichtigt, und zwar wird nur solchen Aufmerksamkeit geschenkt, die mit erwarteten strukturellen Änderungen des Systems in Beziehung stehen. Die Betonung liegt deshalb auf der Steuerung von Wandel durch selektive Beeinflussung der auf das soziale Handeln einwirkenden Faktoren und nicht so sehr auf der Berücksichtigung der vielfachen Konsequenzen alternativer Allokationen.
2. Innovationsplanung befaßt sich auch mit der Übersetzung allgemeiner Wertvorstellungen in neue institutionelle Vereinbarungen und konkrete Handlungsprogramme. Diese schwierige Aufgabe fällt im allgemeinen einer kreativen Minorität zu, die grundsätzlich mit der bestehenden Situation unzufrieden ist. Die Organisation dieser Gruppen, ihre Selbst-Artikulation und ihre Funktionsweise – bis auch sie wiederum in die unvermeidliche Routine verfallen – kann als Teil des innovativen Planungsprozesses aufgefaßt werden.
So schreibt Bertram Gross in seiner Einführung zu Robert Shafers Traktat über Planung in Mexiko in bezug auf das, was er eine »institutionalisierte Kapazität zur Schaffung anderer Institutionen« nennt: »Eine neue institutionelle Infrastruktur war nötig. Es schien sinnvoller, sie in kleinen, unabhängigen Stücken aufzubauen und nicht einen riesigen hierarchisch strukturierten bürokratischen Apparat in einer kleinen Anzahl von Ministerien zusammenzupferchen. Es bot

---

[35] Chamberlain, Neil W., a. a. O., S. 175.
[36] Diese Art der Planung wird ausführlicher diskutiert in Friedmann, J.: Planning for Innovation: The Chilean Case. Journal of the American Institute of Planners, Nr. 32 (Juni 1966), S. 194–203.

bessere Aufstiegsmöglichkeiten für Leute mit Fähigkeit und Ehrgeiz. Dadurch, daß man nicht alles auf eine Karte setzte, war mehr Platz für trial and error, und größere Absicherung gegen Fehlschläge. Die Förderung neuer Institutionen hatte Vorrang vor ihrer Koordination. Dieses Vorgehen hat seine eigenen Gesetzmäßigkeiten. Je mehr Probleme erfolgreich gelöst werden, desto mehr werden gleichzeitig durch die neuen Institutionen geschaffen. Das führt zu verstärktem Druck, die Dinge etwas stärker zu koordinieren ... Das Bestreben, wichtige Fragen zu einem Abschluß zu bringen, führt aber wiederum zu neuer Anstrengung, dezentralisierte Institutionen zu schaffen. Die zentrale Förderung dezentralisierter Institutionen hat wiederum den Vorrang vor zentraler Koordination.«[37]

3. Daraus folgt, daß Innovationsplaner öffentliche Unternehmer sind, die im allgemeinen größeres Interesse daran haben, verfügbare Ressourcen zu mobilisieren, als ihre optimale Allokation unter konkurrierenden Interessen. Sie werden bestrebt sein, die finanziellen und menschlichen Ressourcen auf diejenigen Gebiete umzuleiten, die die größte Aussicht auf signifikante Änderungen im System bieten. Im Gegensatz zur Optimierungsstrategie der Allokationsplaner versuchen die Innovationsplaner ein Maximum an Ressourcen für ihre Projekte zu erhalten, selbst wenn das eine Schwächung der Ziele rivalisierender Institutionen bedeuten würde.

Innovationsplaner sind nur am Rande mit diesen anderen Zielen befaßt; durch die Schwächung anderer Teile des Systems können sie sogar zeitweilig einen Vorteil für sich selbst gewinnen und den Prozeß der Transformation erleichtern.

4. Innovationsplaner haben sich zum Ziel gesetzt, den Prozeß des Wandels und der notwendigen Anpassungen innerhalb des Systems durch die Rückkopplung von Informationen über die tatsächlichen Folgen der Innovation zu lenken, während Allokationsplaner bestrebt sind, die ganze Kette möglicher Folgen inkrementaler Schritte genau vorherzusagen und dann diese Maßnahmen den erwarteten Änderungen anzupassen. Um den Unterschied noch deutlicher zu machen: Innovationsplaner sind in der Regel nicht daran interessiert, schon bestehende Programme schrittweise so zu modifizieren, daß sie den erwarteten Ergebnissen entsprechen. Innovationsplaner konzentrieren sich im wesentlichen auf die direkten und präzise definierten Resultate der geplanten Innovation und sind stärker bestrebt, ein wichtiges Projekt voranzutreiben und geschickt darauf hinzuarbeiten, es in die Gesell-

---

[37] Gross, Bertram M.: The Dynamics of Competitive Planning. Vorwort zu Robert J. Shafer: mexico: Mutual Adjustment Planning. National Planning Series No. 4, Syracuse, 1966, S. XIX (Syracuse University).

schaft einzuführen. Modifizierungen dieses Projektes werden im allgemeinen nur dann vorgenommen, wenn zu seiner Durchsetzung ein politischer Kompromiß unumgänglich war und wenn die Folgen der gesamten politischen Strategie eine Änderung des ursprünglichen Planes wünschenswert erscheinen lassen. Anstelle von Experimenten in einer künstlichen Versuchsanordnung (durch das Aufstellen ökonometrischer Modelle) bevorzugen Innovationsplaner Test-Modelle, bei denen die Brauchbarkeit einer Idee in ihrer Anwendung überprüft werden kann.

Innovationsplanung herrscht besonders in sich schnell wandelnden Sozialsystemen vor, sie ist im eigentlichen Sinne eine Methode, um mit Problemen fertigzuwerden, die sich unter Bedingungen schnellen Wandels ergeben, und wird im allgemeinen das bestehende Gleichgewicht zerstören. Man weiß noch wenig darüber, wie Änderungen größeren Ausmaßes in eine bestehende Gesellschaft eingeführt werden oder wie neue Sozialsysteme entstehen. Es steht aber außer Frage, daß nicht an allen Fronten gleichzeitig der gleiche Fortschritt erzielt werden kann. Der Prozeß ist eher vergleichbar kontinuierlichen großen und kleinen Wellen der Innovation, die von einzelnen Punkten oder innovativen Institutionen ausgehen, von Clarence Thurbers »Inseln der Entwicklung«[38]. Da die Innovationsraten in allen diesen Punkten über längere Perioden nur schwierig aufrechterhalten werden können, kann sich das Gewicht der Innovation häufig verlagern. Die Wellen sind zwar nach wie vor kontinuierlich, die Richtung ändert sich jedoch. Noch schwieriger ist der Versuch, effektive organisatorische Verbindungen zwischen den mit innovativer Planung befaßten Institutionen zu schaffen, obwohl das – sind Änderungen größeren Ausmaßes angestrebt – eine notwendige Voraussetzung für die erfolgreiche Transformation des Systems ist.

Das strategische Problem besteht darin, die kritischen Punkte für die Systemtransformation zu identifizieren und die Innovationsplanung in diesen Punkten zu aktivieren. Unterliegt ein System jedoch schon schnellem Wandel, so verliert dieses strategische Problem zunehmend an Bedeutung, denn das System generiert den Wandel automatisch. Es befindet sich nach Akzin und Dror in einem Prozeß der »high-pressure«-Planung. Bezüglich der Erfahrungen in Israel schreiben sie:

»Der hohe Prozentsatz von unvorhergesagtem Wandel und die zentralen gesellschaftlichen Funktionen der Regierung zwingen die Be-

---

[38] Thurber, Clarence E.: Islands of Development: A Political and Social Approach to Development Administration in Latin America. Vortrag vor der National Conference of the Comparative Administration Group, 17. April 1966.

amtenschaft zu schnellen Entscheidungen. Obwohl fast alle Ministerien mit dringenden Tagesproblemen überlastet sind, werden dynamische Beamte dennoch weiterhin eine verhältnismäßig große Anzahl neuer Projekte und Tätigkeiten in Gang bringen. Der ständige Problemdruck geht auf Kosten systematischer, langfristiger Betrachtungen und fördert nur auf das jeweilige Problem bezogene Planungsentscheidungen.«[39]
Dieser pragmatische Ansatz ist jedoch nach ihrer Meinung »häufig die optimale Strategie. Denn für viele Probleme im wirtschaftlichen, sozialen, politischen und technologischen Bereich ist kein anwendbares Wissen verfügbar. Anstatt sich von Theorien und Empfehlungen, die auf ganz anderen Umständen basieren, fehlleiten zu lassen, sollte man sinnvollerweise pragmatisch vorgehen«.[40]
Bei der »high-pressure«-Planung ist genaue Zielerreichung nicht möglich. Die allgemeinen Ziele werden relativ konstant bleiben und die Allokationsplaner werden deshalb bestrebt sein, das System im Gleichgewicht zu halten und im großen und ganzen die gewünschte Richtung zu verfolgen. Spezifische Ziele können jedoch häufig als Folge geänderter Bedingungen und einer ständigen Überprüfung der Aktivitäten revidiert werden. Innovationsplanung erscheint deshalb als eine konkrete Form substantieller Rationalität.
Innovationsplanung ist typischerweise unkoordiniert und konkurrierend, aus diesem Grunde ist die Zielerreichung auch in funktionalem Sinne nicht möglich. Die Spitze der israelischen Regierung, so schreibt Bertram Gross, »hat gezielt den Institutionen bildenden, Ressourcen erkämpfenden Expansionismus der Organisationen in allen Bereichen der Gesellschaft, in Wissenschaft und Bildung, in der Gewerkschaftsbewegung, politischen Parteien und dem Privatunternehmertum genährt. Das hat zur verstärkten Förderung sektoraler oder Kernbereichs-Planung geführt. Die Folge war Planung unter ständig stärkerem Druck und Planerfüllung durch rivalisierende Institutionen. Unter solchen Bedingungen war eindeutige Koordination durch zentrale Stellen weder durchführbar, wichtig noch wünschenswert.«[41]

Die Rolle der Allokationsplaner in der Innovationsplanung

Jedoch nicht alle Systeme befinden sich in einem Prozeß schneller interner Transformation. Allokationsplanung wird manchmal als eine

---
[39] Akzin, Benjamin, und Yehezkel Dror: Israel: High Pressure Planning. Syracuse, 1966, S. 17 (Syracuse University).
[40] Ebenda, S. 16 f.
[41] In dem Vorwort zu Akzin und Dror, a. a. O., S. 26 f.

Möglichkeit vorangetrieben, schnelleren Wandel zu erzielen, besonders auf wirtschaftlichem Gebiet. Kritische junge Ingenieure und Ökonomen, die danach streben, stagnierende Wirtschaftssysteme in dynamische industrielle Gesellschaften zu transformieren, erachten die Schaffung zentraler Planungsbehörden selbst als einen wesentlichen Akt der Innovationsplanung. In ihren Augen repräsentiert eine zentrale Planungsbehörde ein »permanentes institutionalisiertes Symbol der ständigen Verpflichtung der Regierung« auf das Ziel schnellen Wirtschaftswachstums.[42]
In ihrem Enthusiasmus könnten sie jedoch vergessen, daß ihre umfassenden ökonometrischen Modelle sich ungleichmäßigem Wandel nur schwer anpassen können. Je mehr Allokationsplanung sich auf solche Modelle verläßt, desto konservativer wird sie im allgemeinen sein. Die detaillierte Kenntnis von Interdependenzen macht Experten vorsichtig und läßt sie zögern, radikale Lösungen vorzuschlagen. Allokationsplaner stehen damit vor der grundsätzlichen Alternative: sich entweder mit dem Symbol zufrieden zu geben, das sie geschaffen haben und auf eine schrittweise Bürokratisierung der Planungsfunktion hinzuwirken – und dadurch ehrgeizige Ziele aufzustecken –, oder das Risiko anscheinender Anarchie schnellen Wandels einzugehen und die Allokationsplanung gezielt einzusetzen, um die Hauptanstrengungen auf Schlüsselgebiete zu konzentrieren und damit gleichzeitig Abweichungen vom strategischen Gleichgewicht im Gesamtsystem hinzunehmen. Im letzteren Falle werden die Allokationsplaner nicht nur das Mittel des Zwangs verstärkt einsetzen als eine Form der Planerfüllung, sondern sie werden auch großangelegte innovative Programme ermutigen, um wesentliche Elemente des Planes durchzuführen oder auf neue Probleme zu reagieren, die durch schnellen Wandel entstehen.
In dieser entscheidend wichtigen Beziehung zwischen Allokations- und Innovationsplanung besteht die Rolle der Allokationsplaner darin, neue Arten der Führung zu entwickeln, die Ressourcen in Schwerpunktgebiete oder starkem Wandel unterworfene Bereiche zu lenken, die Kommunikation zwischen den rivalisierenden innovativen Organisationen zu erleichtern, nach Bereichen zu suchen, in denen Übereinstimmung besteht, bei der Lösung inter-institutioneller Konflikte zu helfen, und zwar besonders in bezug auf die Nutzung knapper Ressourcen, und die organisatorischen Verbindungen zwischen den vielen »Inseln der Entwicklung« zu fördern. Im Laufe der Zeit und mit abnehmendem Tempo des Wandels wird die Allokationsplanung tendenziell die Innovationsplanung im Management nicht nur von Organisationen, sondern auch des gesamten Sozialsystems ersetzen.

---

[42] Gross, Bertram M.: Vorwort zu Shafer, Robert J., a. a. O., S. 13.

Daraus ließe sich zum einen die allgemeine Schlußfolgerung ziehen, daß Innovationsplanung zur Erreichung umfassender – im Vergleich zu nur marginalen – Reallokation der Ressourcen erforderlich ist. Sollen die Mittel in radikal unterschiedlicher Weise verwendet werden, so sind neue Institutionen und neue Programme die Voraussetzung. Die zweite Schlußfolgerung bezieht sich auf den Prozeß der Übersetzung abstrakter Werte in spezifische Projekte und programmierte Aktivitäten (Zielreduktion). Im Gegensatz zu der Annahme einiger Theoretiker ist dies kein inhärent logischer Prozeß, sondern er erfordert institutionelle Innovation.

Schlußfolgerungen

Das Modell liefert den Rahmen für eine Analyse der Planung. Warum ist es jedoch überhaupt sinnvoll, eine solche Analyse durchzuführen? Was kann durch eine Analyse des Planungsverhaltens gewonnen werden?
Der erste Grund ist darin zu sehen, daß *die Ergebnisse empirischer Untersuchungen in eine positive Theorie gesteuerten Systemwandels eingeordnet werden können*. Es gibt bereits viele Bausteine für eine solche Theorie; bis jetzt fehlte ein vorläufiger theoretischer Rahmen für die Einordnung der verfügbaren Daten und ihre Ergänzung durch Untersuchungen, die sich mit theoretisch relevanten Fragen befassen und die vielversprechenden Hypothesen testen.
In der vorliegenden Arbeit wurden unter anderem die folgenden Hypothesen aufgestellt:
a) In der Anpassungsplanung besteht die Tendenz, Entscheidungen an übergeordnete Entscheidungszentren der Entwicklungsplanung weiterzuleiten, wo die Entscheidungsparameter der untergeordneten Ebene geändert werden können.
b) Aufstellung und Planimplementierung sind eng miteinander verbundene Prozesse, so daß die Struktur des einen den anderen weitgehend determiniert.
c) Allgemeine, systemweite Ziele werden weniger häufig geändert als die spezifischeren Subsystem-Ziele.
d) Innovationsplanung ist typischerweise unkoordiniert und konkurrierend.
Zweitens ermöglichen *die Ergebnisse empirischer Untersuchungen eine systematische Analyse der Planungspathologien*. Was bewirkt den Zusammenbruch gesteuerten Systemwandels? Unter welchen Bedingungen und aus welchen Gründen ist Planung nicht mehr effektiv? Die Gründe können Variablen sein wie die mangelnde Anpassung der Planung an ihre Entscheidungsumwelt, der Widerstand dieser

Umwelt gegen Wandel, konfligierende Interessen von Experten und Politikern, unzureichende Verteilung der Planungsfunktionen entsprechend ihrer Stellung in der Skala Abhängigkeit/Autonomie, Vernachlässigung entweder der innovativen oder der allokativen Planungsfunktionen, Rigidität der Einstellungen und Verfahren der Planungsträger sowie eine unzulängliche Mischung von planorientierten und prozeßorientierten Formen der Planimplementierung.

Drittens können *die Ergebnisse empirischer Untersuchungen als Ausgangspunkt einer normativen Planungstheorie dienen*. In Kenntnis einer positiven Theorie und der systematischen Kenntnis der Planungspathologien kann eine normative Theorie der Planung formuliert werden, die bestehenden theoretischen Ansätzen überlegen ist. Eine solche Theorie wird als eine Funktion der Entscheidungsumwelt der Planung formuliert werden müssen.

Ausgehend von diesen verschiedenen Zwecken stellt das Modell wichtige Fragen, die als sinnvoller Ansatz jeder Forschung über Planungsverhalten dienen können:

1. Worin besteht die Rolle politischer Institutionen bei der Zielformulierung und der Konfliktlösung in verschiedenen Planungssystemen? (Die Analyse wird nicht nur den sozialen Kontext der Planung spezifizieren, sondern auch klären müssen, ob Planung Entwicklungs- oder Anpassungsplanung ist und wie die Beziehung zwischen allokativer und innovativer Planung ist.)

2. In welcher Beziehung stehen Planungsinstitutionen und -prozesse zu ihrem jeweiligen sozialen Kontext? Können typische Planungsstile identifiziert werden, und zwar insbesondere in bezug auf verschiedene Implementierungsweisen? Wie groß ist die relative Bedeutung von allokativer und innovativer Planung unter unterschiedlichen Umweltbedingungen?

3. Worin besteht der politische Nutzen der Planung unter verschiedenen Systemen und wie wird dieser Nutzen durch das Planungsverhalten beeinflußt?

4. Wie groß ist der Einfluß utopischen und ideologischen Denkens auf die Aufstellung, Implementierung und Substanz der Planungsentscheidungen?

5. Wie verhalten sich Entwicklungs- und adaptive Planung unter verschiedenen Umweltbedingungen zueinander? Unter welchen Bedingungen werden Alternativpläne aufgestellt und wie werden die sich daraus ergebenden Konflikte gelöst? Resultiert ein allgemeines oder öffentliches Interesse aus einem System, in dem die Erstellung von Alternativplänen vorherrscht? Wie sind die Planungsfunktionen auf dem Zentralisations-Dezentralisations-Kontinuum verteilt und wie verhalten sie sich zueinander sowohl horizontal auf jeder Ebene wie auch vertikal bei hierarchisch organisierten Planungsinstanzen?

6. In welcher Beziehung stehen Politiker und Experten (oder Techniker) in verschiedenen Planungssystemen zueinander? Wie beeinflußt diese Beziehung die Effektivität der Planung? Führt Planung unvermeidlich zu einer »Entpolitisierung« der wichtigen Entwicklungsfragen?
7. Wie verhalten sich konkurrierende innovative Planungseinheiten zueinander? Welche Bedingungen bewirken eine größere Koordination unter diesen Einheiten und welche können als »Widerstände gegen Wandel« angesehen werden?
8. Wie sehen sich die Planer selbst und wie werden sie von anderen gesehen und wie beeinflußt diese Selbst- oder Fremdeinschätzung das Planungsverhalten?

Vielleicht ist eine abschließende philosophische Bemerkung gestattet. Wird Planung als ein Versuch der Intervention der Vernunft in die Geschichte gesehen, dann kann eine solche Intervention nicht sofort und direkt vonstatten gehen, sondern muß durch eine Reihe komplexer Strukturen und Prozesse gefiltert werden, um effektiv zu sein. Rationales Handeln erscheint damit als entschieden anti-heroisch. Nicht die großen Köpfe intervenieren, sondern eine Vielzahl individueller Akteure, von denen jeder seine Rolle in einem kollektiven Prozeß spielt, den er nicht voll versteht, da er selbst in ihn involviert ist und nicht den nötigen Abstand hat.

Vernunft hat deshalb, soweit sie sich auf gesellschaftliche Tatbestände bezieht, den Charakter einer »kollektiven Repräsentation« in Durkheims Sinn. Ihr Funktionieren ist abhängig von Strukturen und Kräften, die sie nicht beeinflussen kann.

Übersetzt von Ingrid von Berg und Christine Mussel.

9 Überlegungen zur mittel- und längerfristigen Aufgabenplanung und deren Einfluß auf die Vorbereitung der Haushaltsentscheidungen

Von Reimut Jochimsen

I. Notwendigkeiten und Ziele moderner Planungsprozesse im staatlichen Bereich

1. Die rasche Veränderung der Lebensgewohnheiten und der damit verbundene Wandel der Ansprüche des einzelnen und der Gruppen an das politische und das soziale System und seine Leistungen erhöhen die Ungewißheit der Zukunftsentwicklung. Sie machen die längerfristigen Folgen kurz- und mittelfristiger Planungen immer weniger übersehbar.

Die wissenschaftlich-technischen Systeme zur Erfüllung öffentlicher Aufgaben werden ständig komplexer, ihre Entwicklungszeiträume im zivilen und im militärischen Bereich länger und ihre Kosten größer. Dabei verlagert sich das Schwergewicht der Führungsentscheidungen der Regierungen von der Festlegung, der Erhaltung und dem Ausbau der Gesellschafts- und Wirtschaftsordnung und der Aufrechterhaltung der öffentlichen Sicherheit über die Gewährung öffentlicher Dienste und Dienstleistungen auf die Gestaltung der sozialen, technischen, ökonomischen und kulturellen Beziehungen, die das gesellschaftliche Leben kennzeichnen.

2. In den westlichen Ländern schien nach der großen Desillusion der Weltwirtschaftskrise das quasi automatische, dezentrale Selbstkoordinationssystem des Marktes, diese anonyme Konfliktlösungs- und Kompromißfindungsveranstaltung unter Ausschluß staatlicher Beteiligung, grundsätzlich und total diskreditiert. Es begann die Epoche des Staatsinterventionismus mit deutlich neomerkantilistischen Zügen. Nach Ende des Zweiten Weltkrieges wurde – nicht nur in der Bundesrepublik Deutschland – der Markt, zugleich aber auch die ordnungspolitische Aufgabe, wie unter anderen Walter Eucken sie gelehrt hat, die Wettbewerbsordnung zu veranstalten, also den Markt zu erhalten beziehungsweise zu schaffen, wiederentdeckt. Es wurde aber auch sehr schnell klar, daß für das Überleben dieses Gesellschaftssystems eine Absicherung vor der Wiederholung scharfer Konjunktureinbrüche unerläßlich war. Seitdem dies klar ist, gehört »der Keynes unter dem Arm« zur Standardausrüstung aller sich als modern verstehenden Politiker.

Die vom britischen Ökonomen John Maynard Keynes ausgehende

Makrosteuerung der Wirtschaft durch den Staat – darunter ist vor allem die Beeinflussung der Höhe der großen volkswirtschaftlichen Aggregate Konsum, Investition, Staatsausgaben und Außenbeitrag zu verstehen – ist die systematische Antwort der westlichen Welt auf die Gefahr krisenhafter Wirtschaftsabläufe.

3. Nach dem Zweiten Weltkrieg setzt – insbesondere geführt durch die Wirtschaftswissenschaft – in den westlichen Ländern, auch im Blick auf die weniger entwickelten Länder, eine intensive Beschäftigung mit Wachstumsproblemen ein. Neben der makroökonomischen Stabilisierungstheorie von Keynes wurde nun verstärkt nach den Bestimmungsgründen des mehr Wohlstand ermöglichenden wirtschaftlichen Wachstums gefragt. Die sich daraus entwickelnde ökonomische Wachstumstheorie ist allerdings bisher einerseits zu sehr im Theoretischen verhaftet und ist andererseits zu sehr unter Vernachlässigung staatlicher Aktivitäten beziehungsweise der Rolle des Staates in einer modernen Gesellschaft entwickelt worden.

Immer mehr Anzeichen und empirische Befunde deuten darauf hin, daß zukünftiges wirtschaftliches Wachstum und zukünftiger Wohlstand in noch weitgehend unterschätztem Maße von staatlichen Infrastrukturinvestitionen, das heißt von Investitionen im Bildungs-, Verkehrs-, Gesundheits-, Wohnungs-, Ver- und Entsorgungs-, Energiesektor und dergleichen abhängen.

Für diese Bereiche fehlen aber bis heute eine systematische, handlungsorientierte Theorie und Praxis, die darüber Aufschluß geben, wie diese Aufgaben vom Staat längerfristig geplant und kosten- und nutzenoptimal verwirklicht werden können.

Nachdem die These J. K. Galbraiths vom sozialen Ungleichgewicht zwischen privatem Reichtum und öffentlicher Armut sich im Bewußtsein vieler Menschen immer mehr festsetzt und zu der wachsenden Einsicht führt, daß die schrittweise Reform der Gesellschaft und des Staates notwendig ist, stellt sich auch für den Planer die Frage nach der systematischen Verortung des allgemeinen staatlichen Handelns und insbesondere der staatlichen Reformpolitik. Damit wird das Problem der »Planung der Planung«, das heißt der systematischen Anlage von Planung, Entscheidung und Durchführung staatlicher Aktivitäten, aufgeworfen.

4. In Erweiterung von im Prinzip ähnlichen Schemata, die Gerhard Colm und Richard Musgrave entwickelt haben, möchte ich von fünf Funktionen staatlichen Handelns ausgehen:
- Ordnungsfunktion
- Funktionsfunktion
- Dienstleistungsfunktion
- Redistributionsfunktion
- Entwicklungsfunktion

Unter Ordnungsfunktion verstehe ich alle staatlichen Setzungen rechtlicher, institutioneller und organisatorischer Rahmenbedingungen, innerhalb deren gesellschaftliche und individuelle Sozialprozesse ablaufen sollen.

Die Funktionsfunktion dient nach diesem Schema der Realisierung von Funktionszielen (performance goals), wie etwa Vollbeschäftigung, Zahlungsbilanzausgleich, Preisniveaustabilität und wirtschaftliches Wachstum. Sie bezieht sich auf die Handlungsfähigkeit des Gesellschaftssystems in bezug auf die Gewährleistung bestimmter sozio-ökonomischer Mindeststandards, deren Erfüllung bei gegebenem Ordnungsrahmen Voraussetzung – auf die lange Frist Nebenbedingung – für die erfolgreiche Befolgung der übrigen drei Funktionen ist, die mehr auf Leistungsziele (achievement goals) abstellen.

Unter der Dienstleistungsfunktion verstehe ich die Versorgung der Bürger mit öffentlichen Gütern (insbesondere Infrastrukturleistungen), die aus Rentabilitätsgründen, aus Gründen der langen Ausreifungszeit, der Unteilbarkeit im technischen Sinne, des Phänomens der sprungfixen Kosten, des Phänomens der mangelnden Zurechenbarkeit auf individuelle Nutzungen usw. privatwirtschaftlich nicht angeboten oder nicht individuell nachgefragt werden, die aber für die Sicherung und Verbesserung des Lebensstandards der Bevölkerung unerläßlich sind.

Die Redistributionsfunktion beschäftigt sich mit der Verteilung und Umverteilung von Einkommen, Vermögen, Privilegien und Verfügungsmacht in einer Gesellschaft; ihre Bedeutung hängt einerseits vom Wachstum ab, in dessen Gefolge sie (in gewisser Weise) an Brisanz verlieren mag, andererseits von der Versorgung der Menschen mit öffentlichen Gütern, wobei die reale Verteilung des Wohlstands der Bürger nicht nur vom Realeinkommen, sondern auch in wachsendem Maße von den öffentlichen Diensten, Leistungen und Nutzungen bestimmt wird.

Die Entwicklungsfunktion schließlich bezeichnet alle staatlichen Aktivitäten, die darauf abzielen, die Gesellschaftsordnung und ihre Struktur durch langfristig geplante, strategisch bedeutsame Maßnahmen und Programme sequentiell zu beeinflussen und zu verändern; sie gewinnt ständig an Gewicht, besonders auch in dem Maße, wie die Ordnungs- und die Funktionsfunktion theoretisch und praktisch weitgehend lösbar geworden sind.

Alle fünf Funktionen schlagen sich in den ein- und mehrjährigen Haushaltsplänen nieder. Die einjährige oder auch mehrjährige Haushaltspolitik in Form mittelfristiger Finanzplanungen und ihre Entscheidungsmechanismen reichen aber nicht zur Formulierung, Entscheidung und Durchsetzung differenzierter Teilpolitiken im Rahmen einer Gesamtpolitik aus.

5. Die bisher vorhandenen mittelfristigen Planungen – vor allem die mittelfristigen wirtschaftlichen Zielprojektionen – und die mittelfristigen Finanzplanungen (für die vier- bis fünfjährige Zeitspanne) geben weder eine ausreichende Übersicht über die politischen Intentionen und Implikationen der Programme der Ressorts, noch enthalten sie Kriterien zur zielorientierten Prioritätenbildung oder für einen Bezugsrahmen für die sektoralen Zielsysteme der Gesamtpolitik der Regierung. Die vorhandenen mittelfristigen Planungen erlauben deshalb in der Regel keine Einordnung ihrer Bewertung, ihrer Kosten und ihrer Nutzen in das »framework« der Gesamtpolitik der jeweiligen Regierung; sie sind entweder einseitig auf die ökonomische Entwicklung oder auf den mittelfristigen fiskalischen Prozeß angelegt.
Der sich beschleunigende Wandel der sozialen, technischen, ökonomischen und kulturellen Bedingungen der menschlichen Existenz, aber auch die zunehmende Verflechtung der internationalen Beziehungen, führen zur Forderung nach der längerfristigen systematischen Aufgabenplanung, insbesondere für die Entwicklung der notwendigen öffentlichen Infrastrukturmaßnahmen.
Die wechselseitige Abhängigkeit aller Bereiche der modernen Industriegesellschaft voneinander nimmt zu. Ihre Entwicklung hängt in bisher nicht gekanntem Ausmaß zunehmend vom Umfang und Inhalt der öffentlichen Aktivitäten in den Bereichen der Konjunktur-, Struktur-, Sozial-, Finanz-, Bildungspolitik ab. Die Auflösung oder Aufteilung dieser Aktivitäten in nur isoliert, nicht integral gesehene Bereiche oder Sektoren wird laufend fragwürdiger.
Aus diesen Gründen wird die moderne Politik daran gemessen, ob und inwieweit es ihr gelingt, die Möglichkeiten sinnvoller Zukunftsantizipation in die gegenwärtigen politischen Entscheidungen aufzunehmen und damit ihre Qualität systematisch zu verbessern.
6. Mit der Verabschiedung des Gesetzes zur Förderung der Stabilität und des Wachstums der Wirtschaft vom 8. Juni 1967 (BGBl I, S. 582) ist ein neuer Abschnitt im Verständnis der Staatsaufgaben der Bundesrepublik eingeleitet worden. Die Organe des Bundes und der Länder wurden danach verpflichtet, bei ihren wirtschafts- und finanzpolitischen Maßnahmen die Erfordernisse des gesamtwirtschaftlichen Gleichgewichts zu beachten und im Rahmen der marktwirtschaftlichen Ordnung gleichzeitig zur Stabilität des Preisniveaus, zu einem hohen Beschäftigungsstand und zum außenwirtschaftlichen Gleichgewicht bei stetigem und angemessenem Wirtschaftswachstum beizutragen.
Stetiges Wirtschaftswachstum zum Beispiel läßt sich ohne umfassende technologische Vorausschau, ohne längerfristig angelegte Infrastrukturmaßnahmen etwa im Bereich der Ausbildung, der Wissenschaft oder des Verkehrs und ohne Prognosen über die internationale wirt-

schaftlich-technische Entwicklung kaum sichern, das heißt das tatsächliche Wirtschaftswachstum läßt sich ohne systematische Vorkehrungen kaum stetig erhalten. Damit treten die Zukunftsantizipation und mit ihr die langfristigen politischen Zielfindungen und Zielorientierungen zumindest gleichberechtigt neben die traditionellen ordnungspolitischen und später hinzugetretenen stabilitätspolitischen Aufgaben des Staates.

Das Gesetz zur Förderung der Stabilität und des Wachstums der Wirtschaft verpflichtet die Bundesregierung zusätzlich, der Haushaltswirtschaft unter anderem auf der Grundlage mehrjähriger Investitionsprogramme der Ressorts eine fünfjährige Finanzplanung zugrunde zu legen, in der Umfang und Zusammensetzung der voraussichtlichen Ausgaben und Deckungsmöglichkeiten in ihren Wechselbeziehungen zu der mutmaßlichen Entwicklung des gesamtwirtschaftlichen Leistungsvermögens darzustellen sind.

7. Die für die Formulierung der Gesamtpolitik und die sektoralen Programme notwendigen Informationen lassen sich, wie die Erfahrung mit der bisherigen mittelfristigen Finanzplanung gezeigt hat, nicht mehr allein aus den mittelfristigen Planungen gewinnen. Die mittelfristige Finanzplanung etwa wurde eingeführt, ohne daß die traditionelle Haushaltsplanung wirksam geändert wurde. Dieses Vorgehen hatte zur Folge, daß die Finanzplanung vom eingespielten Planungsapparat des Jahresbudgets »eingeholt« und zu einem vergangenheitsorientierten, ressortpartikularen Planungsverfahren wurde, das als Ergebnis nur jährlich wiederkehrende marginale Veränderungen in der Ausgabenstruktur aufzeigte. Der Finanzplan und seine jährliche Fortschreibung werden jeweils gleichzeitig mit dem Haushaltsplan in der Exekutive erarbeitet. Dadurch entsteht zwangsläufig der Finanzplan aus dem Haushaltsplan, während umgekehrt aus der mittelfristigen Planung Impulse auf die kurzfristige Planung ausgehen sollten. Die mittelfristige Planung muß daher durch eine längerfristige Aufgabenplanung als Analyse sowohl der längerfristigen Folgen der mittelfristigen Planungen als auch der möglichen Veränderungen der Leistungsanforderungen des einzelnen und der Gruppen und der aus ihnen folgenden Korrekturen der Schwerpunkte der Regierungsaktivität beeinflußt werden.

II. Zur Abgrenzung zwischen mittel- und längerfristiger Planung

8. In der BRD begegnet man heute einer kaum noch übersehbaren Fülle von staatlichen Plänen und Programmen. Sie spiegeln die Entwicklung zum modernen Sozialstaat wider, der seine mannigfaltigen Aufgaben ohne umfassende Planung nicht mehr zu erfüllen vermag.

Die bisher vornehmlich mittelfristigen Pläne und Programme der Ressorts wurden jedoch auf der Ebene der Gesamtregierung überwiegend »negativ« koordiniert, das heißt Interessen- und Sachkollisionen wurden ausgemerzt und so blieb eine möglichst einlinige Zuordnung der Problemstellung und Lösungsfindung auf die bestehende Organisation der Aufgabenerledigung beim federführenden Ressort. Die in den Regierungserklärungen und sonstigen Beschlüssen der Regierung enthaltenen politischen Ziele waren wegen der noch fehlenden mittel- und längerfristigen Planung oberhalb der Ressortebene häufig nur wenig operational definiert.

Die seit 1967 bestehende mittelfristige Finanzplanung ist neben dem Instrumentarium zur Globalsteuerung im konjunkturpolitischen Bereich zwar das bisher am weitesten entwickelte Planungs- und Koordinierungsinstrument der Bundesregierung, dient aber als Instrument zur Ordnung der Bundesfinanzen in erster Linie einer insgesamt konsistenten Ausgabenplanung im gesamtfinanziellen Rahmen. Sie ist in ihrem Wesen primär eine in Einnahmen und Ausgaben übereinstimmende, auf gesamtwirtschaftliche Erfordernisse ausgerichtete zahlenmäßige Haushaltsprojektion für mehrere Jahre. Im Vordergrund steht die Ausrichtung der öffentlichen Ausgaben an den geschätzten Einnahmen und an den volkswirtschaftlichen Notwendigkeiten und Möglichkeiten. Da sie aus der nächstjährigen laufenden Haushaltsplanung durch Prolongation des Planungszeitraums entwickelt worden ist, enthält sie eine hundertprozentige, die Ausgaben nach Kapitel, Titel und Positionen detailliert antizipierende Festlegung, deren spätere Realisierung als Erfolg gesehen wird. Eine effizienzsteigernde »Verbesserung« der Bewirtschaftung öffentlicher Mittel ist insofern gegeben, als neue, zusätzliche Aufgaben und Ausgaben stark erschwert worden sind.

9. Seit 1967 wurde immer wieder darauf hingewiesen, daß die mittelfristige Finanzplanung neben der Haushaltsprojektion um eine echte Aufgabenplanung ergänzt werden sollte. Dafür wurde häufig die Übernahme des Planning-Programming-Budgeting-Systems in die Verwaltungspraxis vorgeschlagen. Das gegenwärtige Instrumentarium der mittelfristigen Finanzplanung trägt zwar zum ersten Mal, wenn auch vornehmlich unter volkswirtschaftlichen und finanzpolitischen Aspekten, Elemente einer Zukunftsorientierung der gesamten staatlichen Aktivitäten auf Regierungsebene in sich. Sie verbindet im bundesstaatlichen System auch den Zentralstaat mit den Gliedstaaten und den Selbstverwaltungskörperschaften. Bei ihr steht aber zwangsläufig der mehrjährige gesamtfiskalische budgetäre Ausgleich – nicht dagegen die politische Funktion der Entscheidungen über aufgabenorientierte Prioritäten und Posterioritäten – im Vordergrund. Insgesamt leidet sie bisher unter der die traditionelle Haushaltserstel-

lung bestimmenden Fortschreibung, die Einzelvorhaben bleiben also in der Regel am Vorjahresansatz orientiert, werden fortgeschrieben, wegen des sogenannten »natürlichen Aufwuchses« ein wenig aufgestockt und in der Regel nur verringert, wenn Mittel für dringliches Krisenmanagement freigesetzt werden müssen. Nur sehr zögernd ist so eine Konzentrierung von Finanzmitteln auf einzelne Schwerpunkte, wie etwa das Bildungswesen, möglich.

10. Die Beschränkungen der Planungsaktivitäten auf den mittelfristigen Bereich – und hier insbesondere auf die Finanzplanung und die wirtschaftlichen Zielprojektionen – haben häufig den Versuch der Politik, neue Ziele zu setzen, eher behindert als gefördert. Der Vier- oder Fünf-Jahreszeitraum mittelfristiger Planungen ist, wie die Erfahrung gezeigt hat, vielfach zu kurz, um neue Handlungs- oder Entscheidungsspielräume zu eröffnen. Die im mittelfristigen Bereich entwickelten Programme unterliegen in der Regel der Versuchung zur Extrapolation oder Prolongation bisheriger Tendenzen und mithin allenfalls zu einer inkrementalen Änderung der laufenden Politik. Die langfristigen Folgen der kurz- und mittelfristigen Planungen werden häufig wegen des zu kurzen Planungshorizontes nicht gesehen (»Eisbergeffekt«), erforderliche neue Aufgaben zugleich eher »vertagt« als schrittweise angegangen (Prädominanz der bereits etablierten laufenden Aufgaben).

III. Längerfristige Aufgabenplanung

11. Der mittelfristige Planungshorizont ist in der Bundesrepublik inzwischen zum Teil – so vor allem von der Bildungsplanung, der Planung im Verteidigungsbereich und der Verkehrsplanung – überschritten worden. In diesen Bereichen werden die Planungen auf das Jahrzehnt zwischen 1980 und 1990 ausgedehnt. Diese Planungen sind zunächst nur Nebenbedingungen für die übrigen Bereiche staatlicher Tätigkeiten, prägen aber auch heute schon die Erwartungen in der Öffentlichkeit. Eine solche Entwicklung birgt außerordentliche Gefahren in sich. Sie schließt eine politisch ausgewogene gesamtstaatliche längerfristige Prioritätensetzung aus folgenden Gründen praktisch aus: a) in allen Bereichen, mit Ausnahme der oben genannten, liegen bisher operable Programmplanungen lediglich für die kurze, höchstens die mittlere Frist vor; b) insgesamt können zur Zeit weder die längerfristige Beanspruchung von Ressourcen durch die wichtigsten Bereiche, noch die künftigen politisch-gesellschaftlichen Auswirkungen der längerfristigen Fachplanungen abgeschätzt werden.

12. Zur Verfügung stehen dafür die Perspektiven des Wirtschaftswachstums in der Bundesrepublik bis 1985, die jedoch bisher noch

keine Aussagen über die Beanspruchung oder Zuweisung der Ressourcen für einzelne öffentliche Aufgabenkomplexe beinhalten. Für die Finanzplanung hat man teilweise die Konsequenzen aus der sektoralen Ausweitung der Planungshorizonte der Fachplanungen gezogen, indem man versucht hat, längerfristige Einnahmen- und Ausgabenvorausschätzungen zu erstellen.

Jeder langfristigen Einnahmen- und Ausgabenplanung muß aber eine Aufgabenplanung vorangestellt werden, weil die erstere
- das gesellschaftlich-politische Gewicht der einzelnen Aufgaben nicht deutlich machen kann;
- eine politische Argumentation für die Höhe und Art der Staatseinnahmen nicht liefern kann;
- Anhaltspunkte für eine Gewichtung zwischen den Aufgaben der verschiedenen Ebenen des Staates (EWG, Bund, Länder, Gemeinden) nicht bietet;
- zu einer isolierten Betrachtung und unreflektierten Fortschreibung und damit »Zementierung« bestehender Ausgabenblöcke führen kann.

Im übrigen ist das mit einer solchen monetären Rechnung verbundene Problem, das Preisniveau insgesamt oder für einzelne wichtige Gruppen von Gütern und Diensten etwa für 1975, 1980 oder 1985 zu schätzen, methodisch noch nicht geklärt. Ferner ist jede längerfristige Preisschätzung wegen der damit verbundenen Signalwirkung von höchster politischer Brisanz.

13. Im Rahmen einer längerfristigen Aufgabenplanung für den Staat ist das volkswirtschaftliche Leistungsvermögen (Ressourcenrahmen) nicht ohne weiteres als starr und vorgegeben anzusehen. Unter volkswirtschaftlichem Leistungsvermögen wird dabei verstanden:
Arbeitskräfte und ihre Qualifikation,
Kapitalstock,
Boden,
außenwirtschaftlicher Leistungsaustausch,
technischer und organisatorischer Fortschritt.
Vielmehr ist insbesondere zu untersuchen, inwieweit der Ressourcenrahmen durch die Beseitigung kritischer Kapazitäten (Engpässe) langfristig verändert werden kann.
Ähnliches gilt für Inhalt und Umfang bisher als vorgegeben angesehener staatlicher Aufgaben. Bei Ressourcen und Aufgaben ist zu prüfen, inwieweit sich durch partielle Ausdehnungen, Umstrukturierungen und Umschichtungen neue Spielräume für politisches Handeln ergeben können. Prioritäten implizieren Posterioritäten; Prioritätensetzung erfordert in wachsendem Umfang Posterioritätensetzung. Je mehr sich Regierung und Verwaltung zu einer umfassenden Dienstleistungseinrichtung für die Gesellschaft entwickeln, desto stärker

muß darauf geachtet werden, daß die staatliche Tätigkeit nicht zu »wohlerworbenen Rechten« führt, sondern möglichst als vorübergehende Funktion verstanden wird. In diesem Sinne müssen vorübergehende Staatsausgaben zeitlich befristet werden, auslaufen oder zum Auslaufen gebracht werden können, um die dadurch frei werdenden Ressourcen für notwendige neue Aufgaben bereitstellen zu können. Nach allen Erfahrungen ist dies nur möglich, wenn die staatliche Tätigkeit auf der Grundlage einer längerfristigen Planung der Aufgaben erfolgt. Eine so verstandene Aufgabenplanung ist eine notwendige Ergänzung und Unterstützung der von den Finanzressorts vorzunehmenden Ausgabenvorausschätzungen, schon allein dadurch, daß sie den politischen Handlungsspielraum absteckt und gegebenenfalls auch erweitert.

In der Bundesrepublik ist mit der längerfristigen Aufgabenplanung für den Zeitraum von 1976 bis 1985 begonnen worden. Dieser Zeitraum ist gewählt worden, um Doppelarbeit zu laufenden mittelfristigen Planungen zu vermeiden und um von der Mitte des nächsten Jahrzehnts her Zukunftsaspekte für die gegenwärtig laufenden mittel- und längerfristigen Fachplanungen verfügbar zu machen, indem die realen alternativen Handlungsmöglichkeiten unter politischen, sozio-ökonomischen und kulturellen Gesichtspunkten dargestellt werden.

Dabei besteht Übereinstimmung über den allgemeinen Grundsatz, daß beim Aufbau einer neuen Planung in abgeschlossene oder laufende Planungen nicht eingegriffen werden soll. Dies gilt auch im Verhältnis zwischen der längerfristigen Aufgabenplanung für die Jahre 1976 bis 1985 und den laufenden beziehungsweise abgeschlossenen fachlichen Entwicklungsplanungen im mittel- oder längerfristigen Bereich.

14. Die längerfristige Aufgabenplanung soll so die langfristig zu erwartenden notwendigen Entwicklungen im öffentlichen Bereich aufzeigen. Sie wird langfristige Programme mit einem einheitlichen Planungshorizont, einheitlichen Grundannahmen und mit aufeinander abgestimmten Methoden zu entwickeln haben. Alle öffentlichen Aktivitäten sind im Zuge der langfristigen Aufgabenplanung so anzulegen, daß sie innerhalb des dann vermutlich verfügbar zu machenden öffentlichen Anteils am volkswirtschaftlichen Ressourcenrahmen realisiert werden können. Um dies zu gewährleisten, hat im Zuge der Aufgabenplanung eine laufende gegenseitige Abstimmung zwischen Ressourcenrahmen und geplanten öffentlichen Vorhaben stattzufinden. Eine so verstandene Aufgabenplanung kann nur in mehreren Schritten entwickelt werden. Am Anfang soll eine Gesamtproblemanalyse der öffentlichen Ausgaben für die Jahre 1976 bis 1985 stehen. Sie muß zunächst mit einer Bestandsaufnahme derjenigen

Aufgaben und Ressourcen beginnen, die durch Pläne, Gesetze usw. über den mittelfristigen Bereich hinaus festgelegt sind. Eine solche Bestandsaufnahme sollte eine Auflistung der vorliegenden Programme und ihrer Ansprüche an die volkswirtschaftlichen Ressourcen enthalten. Gemeinsame oder unterschiedliche Zielvorstellungen, Grundannahmen und Methoden der bisherigen, in der Regel mittelfristigen Planungen sollten dabei genauso herausgestellt werden wie die Lücken in der Planung.

In der Lückenanalyse sollte, soweit möglich, versucht werden, diese durch erste programmatische Ansätze oder Vorausschätzungen auszufüllen. Mit Hilfe einer vorläufigen Konsistenzprüfung sollte eine kritische Untersuchung der bisher entwickelten Zielvorstellungen, Programme und Festlegungen einerseits und des alternativen Ressourcenrahmens andererseits erreicht werden. Eine konsistente und kohärente Planung wird sich nur dann ergeben können, wenn die bisherigen Zielvorstellungen, die sich in den derzeitigen Planungen und Festlegungen niedergeschlagen haben, in einem Prozeß des »Infragestellens« aufeinander abgestimmt werden.

15. Jede längerfristige Planung ist zum Scheitern verurteilt, wenn mit ihr eine detaillierte Gesamtkonzeption für alle Bereiche staatlicher Aktivitäten angestrebt wird. Daher stellt sich auch auf dieser Ebene der Betrachtung die Frage, inwieweit die Planungen detailliert erfolgen sollen. Je höher der Detaillierungsgrad, desto größer allerdings die Gefahr, daß fehlgesteuert, übersteuert und damit fehlinvestiert wird. Aus diesen Gründen stellt sich die weder theoretisch behandelte noch praktisch gesehene Frage nach den strategischen Scharnieren zwischen der Makroebene, das heißt der Ebene der Rahmenplanung, und der Mikroebene, auf der Detailplanungen erfolgen. Diese strategischen Scharniere, die eigentlichen Strukturparameter zwischen Makro und Mikro, zwischen Rahmen und Detail, müssen so gewählt werden, daß bei einem Minimum von Einzelsteuerung durch die zentrale Ebene ein Maximum an dezentraler Selbststeuerung durch Detailplanung und sequentielle Detailausfüllung bei gleichzeitiger Beachtung der Rahmenüberlegungen möglich bleibt (vgl.: VI Exkurs: Bildungsplanung – ein relevantes Beispiel).

16. Die Frage nach den Strukturparametern, den Bindegliedern zwischen Makro- und Mikrorahmen, läßt sich wohl nur dadurch lösen, daß Informationen aus dem längerfristigen Zeitraum in den mittelfristigen Bereich hereingeholt werden. Um solche Strukturparameter sinnvoll zukunftsorientiert bestimmen zu können, muß man den Blick auf die längerfristigen Entwicklungstendenzen in der Gesellschaft richten. Durch Steuerung dieser Entwicklungstendenzen, indem man also Strukturparameter der gesellschaftlichen Entwicklung politisch auslotet und sie in den mittelfristigen Bereich der politischen

Planung eingibt, kann der Staat in zunehmendem Maße seiner immer stärker in den Vordergrund tretenden Entwicklungsfunktion nachkommen.

17. Hierbei sollte man sich auf bestimmte, in der Regel große ressourcenbeanspruchende Schwerpunkte künftiger staatlicher Aktivitäten konzentrieren. Die Bestimmung der Aufgabenschwerpunkte sollte sich nicht nach bestehenden organisatorischen Abgrenzungen richten, sondern möglichst unter funktionalen Gesichtspunkten der Gesamtpolitik angestrebt werden, die dann bei der Organisation der Aufgabenplanung zu beachten wären.

Nach der Bestandsaufnahme und der Lückenanalyse sollten für die einzelnen Handlungsschwerpunkte alternative Programme (jeweils in sich optimierte größere, mittlere und kleinere Lösungen) entwickelt werden, die sowohl die technischen Entwicklungen als auch die individuellen und ökonomisch-gesellschaftlichen Bedürfnisse berücksichtigen und die zu erwartende Beanspruchung der personellen und finanziellen Ressourcen aufzeigen.

Da die finanziellen, sachlichen und personellen Kapazitäten zur Bewältigung alternativer öffentlicher Aufgaben zu jeder Zeit nur begrenzt verfügbar sind, kommt der längerfristigen Ressourcenplanung ähnlich große Bedeutung für die längerfristige Aufgabenplanung zu, wie die Bestimmung der Zielsetzungen und die Prioritätenplanung. Zwischen der Ressourcenplanung, bei der für verschiedene Aufgabenbereiche alternative Anteile am Bruttosozialprodukt vorläufig vorgegeben werden sollen, und der Zielplanung muß im Rahmen des Prozesses der Aufgabenplanung eine ständige Rückkoppelung erfolgen. Ziel jeder langfristigen Aufgabenplanung muß es sein, die vorliegenden und die neu zu entwickelnden Planungen und die laufend überprüften Projektionen des volkswirtschaftlichen Ressourcenrahmens sowie der Finanzierungsstruktur kontinuierlich aufeinander abzustimmen. Diese Abstimmung wird unter Berücksichtigung der sich wandelnden gesellschaftspolitischen Zielvorstellungen zu erfolgen haben.

18. Die Erkenntnis, daß explizite Ziel-, Programm- und Entwicklungskonzeptionen in der Haushalts- und Finanzplanung weithin noch fehlen, ist so neu nicht. Es gibt ja bereits Ansätze, die Haushalts- und Finanzplanung stärker in Richtung auf eine Aufgabenorientierung auszubauen und sie analytisch zu verbessern.

So ist es überwiegend internationalen Initiativen zu verdanken, daß neben der institutionellen Gliederung (Ministerialprinzip) eine funktionale Gliederung nach Aufgabenbereichen (Funktionenprinzip) und eine ökonomische Gliederung nach der Systematik des Staatskontos der volkswirtschaftlichen Gesamtrechnung (ökonomisches Gliederungsprinzip) eingeführt wurde. Die analytische Aussagekraft ist da-

durch zweifelsfrei erhöht worden. Die tatsächlichen Probleme der Ziel-, Programm- und Entwicklungsorientierung sind allerdings damit einer Lösung noch nicht nähergeführt worden, wenngleich die analytischen Darstellungs- und Evaluierungsmöglichkeiten gestiegen sind.
Man wird sich die Frage vorlegen müssen, ob dieses mit Hilfe eines Ausbaus der Instrumente der Haushalts- und Finanzplanung, etwa in Richtung auf das PPB-System, denkbar ist.
Die Haushaltsplanung mit ihrer Einnahme- und Ausgabeorientierung einerseits und ihrer Bewirtschaftungsorientierung andererseits ist systematisch wohl eher dem betriebswirtschaftlichen Instrument der Ablaufsteuerung zuzurechnen, also vom Ansatz her Mikrosteuerungsinstrument, das der effizienten Bewirtschaftung knapper Mittel en detail dient, nicht aber der gesamtpolitischen Prioritäten- und Posterioritätensetzung.
Der Nachweis, daß es mit dem PPB-System gelingt, die Scharniere zwischen notwendiger, auf Effizienz gerichteter Mikroplanung der Aufgabenwahrnehmung und gesamtpolitisch abgestimmter Festlegung des Makrorahmens der Aufgaben zu finden, ist bisher nicht geführt worden.

IV. Zum Verhältnis von Ziel- und Ressourcenplanung in der Aufgabenplanung

19. Ein befriedigendes Planungssystem muß gegenüber seiner Umwelt zwei Funktionen erfüllen: einerseits muß es in der Lage sein, die in das System eingehenden und zur Verfügung stehenden Mittel, die stets knapp sind, so zu steuern, daß die Reproduktion realisiert werden kann und daß Wachstum und gestalteter Wandel möglich sind. Andererseits müssen die Ergebnisse des Systems den gesellschaftspolitischen Erfordernissen entsprechen und den gesteckten Zielen möglichst nahekommen.
Gemeinhin werden diese beiden Funktionen isoliert betrachtet. Die erste Funktion läßt sich als »Ressourcenplanung« bezeichnen. Man versteht darunter ein Vorgehen, bei dem für eine bestimmte Zeitspanne die verfügbaren Mittel nachprüfbar kosten- und nutzenoptimal verteilt werden. Die Verteilung wird so vorgenommen, daß sie den Erfordernissen des gewünschten wirtschaftlichen Wachstums bei einer bestimmten konjunkturellen Lage entspricht und möglichst zugleich als »gerecht« empfunden wird.
Aufgabenplanung wird vielfach demgegenüber als Planung von Zielen verstanden. Sie versucht, neue Aufgaben und die Weiterführung alter Aufgaben (sowie die Intensität der Weiterführung) auf der

Grundlage unterschiedlicher Planungshorizonte festzulegen, diese Aufgaben zu Programmen zu verdichten und zu quantifizieren. Hierbei werden gleichzeitig bestehende staatliche Aktivitäten auf ihre heutige gesellschaftspolitische Wünschbarkeit geprüft.

20. Aus einer solchen Sicht heraus könnte die Forderung nach einer institutionellen Trennung dieser »Planungsarten« etwa nach Problemstellung, Zeitspanne und Zuständigkeit erhoben werden, insbesondere, weil bei steigender Differenzierung beide Funktionen gewisse Eigenständigkeiten, Besonderheiten und Eigengesetzlichkeiten entwickeln. Es ließe sich hieraus schließen, daß die Aufgabenplanung längerfristiger als die Ressourcenplanung angelegt sein müßte und sich mit »globaleren« Aussagen bescheiden könnte. Die Ressourcenplanung hingegen müsse konkrete Aussagen für die nächste Zeit enthalten. Auf einen einfachen Nenner gebracht bedeutet dies eine Trennung der Planenden in »good guys«, das sind Aufgabenplaner, die von einem mehr utopisch-futurologischen Hintergrund her konzeptionelle Skizzen entwickeln und die Prioritäten setzen, und in »bad guys«, das sind die Finanz- oder Ressourcenplaner, die alle schönen Pläne dadurch zunichte machen oder verstümmeln, daß sie nicht genügend Mittel bereitstellen können, die Ansätze – häufig pauschal und linear – kürzen, also Posterioritäten setzen und durchsetzen müssen. Gegen eine Trennung gesellschaftspolitischer Planung in Zielplanung und Mittelplanung sprechen viele Argumente. Die kreativen Denker einerseits, die bodenständigen Realisten andererseits; hier die Progressiven mit den Entwürfen für eine Welt von morgen, dort die konservativen Pragmatiker; dadurch zeichnet sich eine höchst gefährliche Arbeitsteilung ab, die die Notwendigkeit des Krisenmanagements verstärkt, indem heute die Krisen von morgen angelegt werden.

21. Hinter der Forderung nach einer Trennung verbirgt sich aber auch eine bestimmte entscheidungstheoretische Sicht. Diese Vorstellung, die sich etwa bei Max Weber findet, geht davon aus, daß sich eine rationale Politik in zwei Schritten vollziehen muß, erstens der Zieldefinition und zweitens der Realisierung der Ziele mit den zur Verfügung stehenden Mitteln. Notwendige Bedingung für eine solide Anlage der politischen Planung und Entscheidung ist, daß sich bei politischem Handeln Ziele und Mittel eindeutig trennen lassen. Eine solche Auffassung läßt sich nicht aufrechterhalten. Ist der Aufbau eines konsistenten Zielsystems (hierarchischer Aufbau von Haupt- und Nebenzielen) wegen der Problematik der Nebenwirkungen sich ausschließender, sich ergänzender, neutraler Ziele und dergleichen kaum zu bewältigen, so scheitert jeder Versuch, a priori oder im konkreten Einzelfall festzulegen, was ausschließlich Mittel und was ausschließlich Ziele sind. Der Zielcharakter von Mitteln und der Mittel-

charakter von Zielen ist aber evident. Es zeigt sich zudem, daß durch die Zuordnung bestimmter Mittel im Hinblick auf die Realisierung eines Zieles dieses Ziel eine Umdeutung, ja sogar eine Umkehrung erfahren kann. Bereits die Zuordnung bestimmter Mittel aus einem Mittelbündel zu einem bestimmten Ziel ist ohne Kenntnis und Offenlegung des jeweiligen Zielcharakters des jeweiligen Mittels nicht möglich. Diese Einsicht führt zu dem Ergebnis, daß im politischen Raum nicht Entscheidungen zum einen zwischen Zielen und zum anderen zwischen Mitteln zu fällen sind, sondern daß die Entscheidungen zwischen alternativen Ziel-Mittel-Relationen (»Handlungsalternativen«) zu suchen sind. Nicht Zielalternativen oder Mittelalternativen, sondern Handlungsalternativen geben Raum für Optionen, müssen zur Disposition der Entscheidenden stehen. Die hieraus für ein politisches Planungssystem zu ziehende Konsequenz ist die, daß Ziel- und Mittelaspekte gleichzeitig oder zumindest in engem Zusammenhang gesehen und behandelt werden müssen. Zielplanung und Ressourcenplanung müssen institutionell und organisatorisch so verbunden werden, daß eine ständige Vor- und Rückkopplung (Iteration) zwischen beiden gewährleistet ist. Zielplanung muß also immer gleichzeitig Mittelplanung und Mittelplanung immer gleichzeitig Zielplanung sein; es ist anzumerken, daß auch jede ressourcenorientierte Finanzplanung implizit immer Zielplanung ist, da eine »zielneutrale« Mittelzuweisung nicht denkbar ist.

22. Auf dem Hintergrund dieser Überlegungen ist die Frage der Nutzbarmachung der Ergebnisse der längerfristigen Aufgabenplanung für den politischen Entscheidungsprozeß zu behandeln. Unmittelbare Auswirkungen auf die mittelfristige Planung, insbesondere die mittelfristige Finanzplanung und Haushaltsgestaltung, lassen sich aus der länger- und mittelfristigen Aufgabenplanung ziehen, wenn es gelingt, durch sie eine ausreichend operable Definition der Leistungsziele für die gegenwärtigen und künftigen Handlungsschwerpunkte und innerhalb der Handlungsschwerpunkte für die Programmziele zu erreichen.

Die mittelfristige Finanzplanung wird dann in größerem Umfang mit Plafondierungen arbeiten können, die aus funktionalen Programmvorstellungen abgeleitet werden. Auf der Grundlage solcher Grobplafonds sollen auch im mittelfristigen Bereich programmbezogene Fachplanungen der Ressorts entwickelt werden, deren Programmdefinition und -ausfüllung vom Kabinett auf die Konsistenz mit dem Gesamtregierungsprogramm zu überprüfen ist. Eine zentrale Aufgabe ist es dabei, den sogenannten »festliegenden Bedarf« auf seine Zielgerechtigkeit und Übereinstimmung mit den bei der früheren Programmformulierung festgelegten Zielwerten vorzunehmen. Auf der Ebene des Gesamtkabinetts kann vor allem für die sogenannten laufenden Programme eine Überprüfung auf ihre Übereinstimmung mit dem Aktionsprogramm der jeweiligen Regierung im mittelfristigen Bereich erfolgen. Ein auf diese Weise stärker dynamisiertes Verfahren der mittelfristigen Finanzplanung hat in erster Linie das Ziel, von statischen Bedarfsermittlungen oder -schätzungen wegzukommen und die »falsche Genauigkeit« einliniger »Versorgungsgrade«, wie sie den Bereich der mittelfristigen Planung bisher weitgehend beherrschen, zu vermeiden. Es bietet zudem die Chance, das jährliche Budget auch aus der mittelfristigen Planung zu begründen und nicht allein wie bisher umgekehrt die mittelfristige Planung aus dem nächsten Haushalt. Längerfristige Aufgabenplanung, mittelfristige Programmplanung und jährliche Haushaltsplanung können auf diese Weise zu einem nicht notwendigerweise institutionell, aber doch funktional integrierten Planungssystem zusammenwachsen.

V. Zur Rolle der Kosten-Nutzen-Analyse und des PPBS

23. Im Bereich der kurz- und mittelfristigen Planung gibt es einige Versuche, die geschilderten Mängel zu beheben. Noch herrscht unter Experten große Zurückhaltung gegenüber der weitverbreiteten Hoffnung, wenigstens einen Teil, vor allem die Probleme der Bewertung und der damit zusammenhängenden Prioritätenbestimmung durch Kosten-Nutzen-Analysen oder durch die weiterentwickelte Form des systemanalytisch angelegten PPBS lösen zu können. Jeder systemanalytisch angelegte Programmierungsansatz – und mag er noch so viele Programmelemente enthalten – kommt an dem Problem der Zielvorgabe nicht vorbei. Immer dann, wenn mit diesen Programmierungssystemen mehr gewonnen werden soll als eine Übersicht über die sich auf gleiche oder vergleichbare Bereiche beziehenden staatlichen Aktivitäten, über die Intentionen der einzelnen Programme, ihren Bezug zu den gegenwärtigen Schwerpunkten der Gesamtpolitik, über die durch sie verursachten Kosten oder über den Stand der Zielerfüllung in bezug auf die Programmdefinition, scheitern sie an den geringen Möglichkeiten plausibler Bewertungsschemata oder an Zuständigkeitsfragen. Politisch gefährlich werden aber solche Bemühungen dann, wenn geglaubt wird, in der Systemanalyse mit Hilfe mathematischer Modelle den normativen Gehalt der Zielvorgaben ersetzen zu können und an einem zwischen irgendwelchen Bruttoströmen saldierten Netto-Ertrag den Wert eines bestimmten Programms für das gesamte System ablesen zu können. Die Regierungspraxis der Bundesrepublik hat sowohl gegenüber der Kosten-Nutzen-Analyse als auch gegenüber der Programmbudgetierung

bisher Zurückhaltung geübt. Demgegenüber formuliert § 6 des Haushaltsgrundsätzegesetzes von 1969 immerhin, daß »für geeignete Maßnahmen von erheblicher finanzieller Bedeutung Nutzen-Kosten-Untersuchungen anzustellen sind«. Also immer wo es paßt; und wo es paßt, das weiß man noch nicht so genau.

24. In der Wissenschaft und in Teilen der Administration haben hochgespannte Erwartungen zum PPB-System in anderen Ländern einer erheblichen Ernüchterung Platz machen müssen. Die Überfrachtung der Methode der Programmbudgetierung mit systemanalytischen und kybernetischen Ansätzen und die Verbindung mit häufig sehr simplifizierten Input-Output-Modellen haben vor allem die Methode zum Teil diskreditiert. Das PPB-System ist ein Versuch zur systematischen Verbesserung der Grundlagen für die Entscheidungsfindung. Soweit wie möglich sollen die Kosten und Konsequenzen der wichtigsten Entscheidungen explizit gemacht werden. Das PPB-System ist pragmatische Frucht aus dem mehr als fünfzigjährigen Bemühen, die Budgetierungstechniken, das kontrollierende und bewirtschaftende Rechnungswesen und die Analysemethoden sowohl in der öffentlichen Verwaltung wie im privaten Sektor zu verbessern.

Das PPB-System dient der Analyse von Entscheidungsalternativen in fest begrenzten Teilbereichen der Politik. Solange es pragmatisch gesehen wird, kann es eine echte Entscheidungshilfe bieten, vor allem dann, wenn es dazu verwendet wird, in der mittelfristigen Finanzplanung den Zwang zur Programmdefinition zu verstärken. Von großem Nutzen könnte es ferner bei der Effektivitätskontrolle laufender Programme sein.

Während PPBS und Kosten-Nutzen-Analysen in erster Linie Methoden zur Problemanalyse und -definition der öffentlichen Aufgabenerfüllung auf der Ebene der Mikrostruktur sind, zielt die längerfristige Aufgabenplanung auf die simultane Erfassung der Makrostruktur des Aufgabenrahmens ab. Es ist durchaus denkbar, daß zunächst parallel, später miteinander verzahnt, mikroanalytische Programmdefinition und -bewertung durch Nutzen-Kosten-Analyse und PPBS neben der Absteckung des gesamtpolitischen Aufgabenrahmens vorgenommen wird. Danach können aus dem Aufgabenrahmen Programmzuschnitte definiert werden, die entsprechend mikroanalytisch aufgefüllt werden und aus ihrer kritischen Überprüfung die Chance bieten, bei der Fortschreibung des Aufgabenrahmens mit systematisch aufbereitetem Material zur Verfügung zu stehen.

VI. Exkurs: Bildungsplanung - ein relevantes Beispiel

25. Die Problematik der Verknüpfung von aufgabenorientierter Makrorahmenplanung und damit verknüpfter Mikrostruktur der funktionalen, also ressortweisen Programmgestaltung und -erfüllung wird im folgenden am aktuellen Beispiel der längerfristigen Bildungsplanung in der Bundesrepublik, bei der sich die Frage des richtigen methodischen Vorgehens zur Zeit besonders eindringlich stellt, weiter vertieft. Die Bildungspolitik in der Bundesrepublik, aber auch in anderen Ländern, steht vor dem folgenden Dilemma: einerseits ist der Bildungspolitik die höchste politische Priorität eingeräumt und der Gedanke der Bildungsplanung allgemein akzeptiert worden, andererseits erschweren unzureichende Statistiken, bruchstückhafte sozialwissenschaftliche Erkenntnisse über das soziale und ökonomische Subsystem Bildungswesen und über die vielfältigen Verknüpfungen mit anderen gesellschaftlichen Bereichen, geringe Planerkapazität, das Fehlen ausgefeilter Konzeptionen und - trotz erheblicher Steigerungsraten - noch immer nicht ausreichende finanzielle Mittel einen pädagogischen, ökonomischen und gesellschaftspolitischen Erfordernissen sowie nicht zuletzt internationalen Standards entsprechenden Ausbau sowie eine qualitative strukturelle Reform des Bildungswesens.

Die erforderliche Konkretisierung der Ziele der Bildungspolitik und die Auswahl und Bewertung adäquater Instrumente zu ihrer Realisierung setzen eine gründliche, systematische, auf analytischer, experimenteller und prognostischer Basis gewonnene Durchleuchtung des gesellschaftlichen Subsystems Bildungswesen voraus. Eine Durchleuchtung von Vergangenheit und Zukunft ist auf dem Hintergrund dieses Anspruchs aufgrund des vorher aufgezeigten Dilemmas in keiner Weise möglich. Selbst wenn alles dieses bekannt wäre. bleibt die immanente Schwierigkeit jeder Planung, von einem bestimmten, begrenzten und vor allem in seiner Zukunftsentwicklung nicht eindeutig prognostizierbaren Stand des Wissens im weitesten Sinne auszugehen, das sich fortwährend ändert und weiter ändern wird.

26. Längerfristige Bildungsplanung in der Bundesrepublik kann daher nur Planung bei hoher Ungewißheit sein. Es muß daher die Maxime gelten: so viele planerische Festlegungen wie notwendig (»notwendig« im wahrsten Sinne des Wortes), so viel planerische Flexibilität und Innovation wie möglich.

27. Je detaillierter trotz Ungewißheit Planungen für das Bildungswesen erfolgen, je stärker also die geplanten personellen, sachlichen und finanziellen Größen vertikal und horizontal untergliedert und festgelegt werden, desto häufiger müssen Annahmen über die zukünftige Struktur des Bildungswesens und den zukünftigen Einsatz

von Ressourcen im Detail erfolgen. Konkret bedeutet dieses, daß bis ins einzelne der Bildungsinstitutionen reichend Vorstellungen über Übertrittsquoten, Schüler/Lehrer-Relationen, die Lehrkörperstruktur, das Verhältnis von lehrendem und forschendem Personal, die Relation zwischen Verwaltungspersonal und übrigem Personal, die technische (oder besser die bildungspolitische) Lebensdauer von Gebäuden, die durchschnittliche Beanspruchung von Gebäudeflächen für verschiedene Personenkategorien (Schüler, Studenten, Lehrer, Forscher), die Fachbereichs- und Institutsstruktur in Hochschulen, die Versorgung von Hochschulen mit zentralen Einrichtungen, die Verwaltungsstruktur im Bildungswesen, die Ausstattung der Bildungseinrichtungen mit beweglichem Vermögen, die durchschnittliche technische oder bildungspolitische Lebensdauer des beweglichen Vermögens, die zukünftigen Gehälter für einzelne Personenkategorien gemäß der Personalstruktur, die zukünftigen Baukosten, die Kosten für bewegliches Vermögen, die Ausgaben für Ausbildungsförderung usw. entwickelt werden müssen. Damit wird eine Optimierung des Mikrorahmens, das heißt der Detailstruktur, durch die optimale Zuordnung von Ressourcen zu Kostenarten, Kostenträgern und Kostenstellen bereits vorweggenommen. Dieses Optimierungsproblem stellt sich aber immer wieder neu aufgrund sich wandelnder Rahmenbedingungen und kann nicht in einem Wurf für die nächsten 15 Jahre abschließend gelöst werden. So ist zur Zeit die Veränderung der demographischen Entwicklung (»Pillenknick«) und ihr Einfluß auf die zukünftigen Anforderungen an das Bildungswesen noch nicht absehbar.

28. Besonders gefährlich wird dieses Vorgehen, wenn es sich des sogenannten Richtwertverfahrens bedient. Dieses Verfahren normiert für die Einheit einer Gesamtheit, etwa Schüler oder Lehrer, bestimmte Werte, die die ressourcenmäßige Versorgung dieser Einheit in Zukunft ausdrücken sollen (etwa Flächenrichtwert, Kostenrichtwert pro Flächenrichtwert, Personalkostenrichtwert). Multipliziert man den Richtwert mit der Summe der Einheiten, um die Gesamtbeanspruchung zu berechnen, so wird implizit eine lineare Funktion unterstellt. Konkret heißt das etwa, daß unabhängig von unterschiedlichen Gesamtmengen immer der gleiche Richtwert zu unterstellen ist (konstante Durchschnittskosten). Eine Kostendegression, etwa durch eine optimale Zentralisation von Bildungseinrichtungen oder durch neue Technologien, wird mithin – zumindest in der Rechnung – ausgeschlossen. Da die Richtwerte aufgrund von Zahlen der Vergangenheit und damit der vorhandenen Technologie ermittelt werden, bedeutet dieses Vorgehen, daß etwaiger »Schlendrian der Vergangenheit« in die Zukunft fortgeschrieben wird. So werden leicht sehr hohe, die Bildungsreform gefährdende finanzielle Größen aus-

gewiesen. Darüber hinaus wird den Interessenten des Status quo ein scheinbares Sachargument gegen Reformen geliefert.

29. Die längerfristige Planung sollte sich weithin darauf beschränken, den Makrorahmen der Zielfindung zu bestimmen und die Bandbreite der möglichen zukünftigen Ressourcenzuweisung auszuloten. Die integrierte Ziel- und Ressourcenplanung sollte dabei im wesentlichen alternative, grob bestimmte, makro-ökonomische Orientierungsdaten für mögliche längerfristige Entwicklungen im Bildungsbereich unter alternativen Annahmen bezüglich des Wachstums des Sozialprodukts, der Veränderung des öffentlichen Anteils am Sozialprodukt und des Anteils für Bildung und Wissenschaft am öffentlichen Anteil aufzeigen. Die alternativen Anteile für Bildung und Wissenschaft können – den Konventionen der volkswirtschaftlichen Gesamtrechnung folgend – weiter in die volkswirtschaftlichen Aggregate des öffentlichen Verbrauchs und der öffentlichen Investitionen aufgespalten werden; damit würde durch eine Mehrzahl von Alternativen die Bandbreite der möglichen Entwicklungen des Bildungswesens im Hinblick auf die Verwendung des Bruttosozialprodukts aufgezeigt.

30. Die Bandbreite kann in der Planung noch weiter eingeengt werden, indem ein »Zielsektor« ausgewiesen wird, dessen bildungspolitischem Inhalt höchster Vorrang eingeräumt werden soll. Die über den Zielsektor hinausgehenden Bereiche der Bandbreite ermöglichen u. a., daß bei im Zeitpunkt der Planerstellung noch nicht absehbaren, aber später eintretenden Entwicklungen oder bei einer Änderung der politischen Prioritätenskala der Zielsektor durch Planrevisionen nach oben oder unten verschoben werden kann. Dieses Verfahren, das von der Feinstruktur der Zuweisung zukünftiger Personen-, Sach- und Finanzmittel in antizipierten Haushaltsansätzen bewußt abstrahiert, schließt den Nachteil aus, daß Detailfestlegungen etwa von Zielwerten oder von Richtwerten, jetzt mit zementierender Wirkung für die weitere Zukunft erfolgen. Damit sind der Entwicklungspfad und der ressourcenmäßige Makrorahmen für das Bildungswesen grob vorgezeichnet.

Eine flexible Anpassung und Entwicklung der Mikrorelationen des Bildungswesens an sich ändernde pädagogisch-didaktische, technologische, gesellschaftliche und soziale Anforderungen während des Prognosezeitraums bleibt dadurch möglich. Die grobe Vorgabe in Form einer Bandbreite dürfte sogar ein Anreizinstrument darstellen, möglichst viele zusätzliche Zielsetzungen innerhalb der Bandbreite durch wirtschaftlichen Einsatz der Mittel zu realisieren.

31. Weitgehend offen sind allerdings noch die Fragen, zu welchem Zeitpunkt der Brückenschlag zwischen Makro- und Mikrorahmen spätestens vorgenommen werden muß, wann er frühestens vorgenommen werden kann und wie er optimal zu wählen ist. Das ist die Frage

nach den strategischen Scharnieren zwischen beiden Ebenen. Ich möchte dieses an einem Beispiel erläutern. Wenn heute die Standortentscheidung zum Bau einer neuen Hochschule fällt, genügt es dann, im Rahmenplan Standort, Zahl der Studenten nach der Aufbauphase und Zeitraum der Verwirklichung festzulegen, oder muß mehr vorgegeben werden? Die flächenmäßige Größe, Ausstattung und vielleicht auch die dabei anfallenden Kosten eines Laborplatzes für den Pharmazie-Studenten des Jahres 1985 kann man heute sicher nicht vorgeben; dann werden wohl auch andere, heute noch nicht absehbare Ausbildungsmethoden möglich werden. Was muß hier und jetzt, was kann, aber auch: was darf nicht vorgegeben werden?

Es erscheint sinnvoll, diese Weichenstellung im wesentlichen beim Überführen der längerfristigen (Rahmen-) in die mittelfristigen (Handlungs-)planungen, die detailliert nach Durchführungsebenen aufzustellen sind, vorzunehmen. Die Programmdefinition (das heißt Bestimmung der Mikrostruktur en détail) kann nicht für die lange Frist und nach Durchführungsebenen, sondern erst für die mittlere Frist der nächsten vier bis fünf Jahre entwickelt werden. Mit steigender Nähe zum kommenden Haushaltsjahr muß die Konkretheit der Planungen zunehmen, und zwar auf der Grundlage der Makrorahmenplanungen einerseits und der Evaluierung der bereits durchgeführten Programme sowie der unmittelbar oder mittelbar zu erwartenden oder zu organisierenden Innovationen andererseits.

10 Moderne kapitalistische Planung: das französische Modell

Von Stephen Cohen

- - -

Demokratie als unmittelbare Partizipation

»Die einhellige Befürwortung staatlicher Planung in Frankreich kann daher lediglich Fassade sein; denn was für die einen Abschluß einer Entwicklung ist, ist für andere erst deren Beginn« (Gilbert Mathieu in »Le Monde« vom 2. März 1962).

Die französische Linke hatte von jeher staatliche Wirtschaftsplanung als Heilmittel gegen wirtschaftliche Stagnation, politische Krisen und soziale Ungerechtigkeit gefordert. Die Planungsgegner kamen in Frankreich immer von rechts, insbesondere aus den Reihen der Privatwirtschaft. Eine zwanzigjährige Planungserfahrung hat jedoch die traditionellen Positionen beider Richtungen wesentlich gewandelt. Viele – vor allem aus den Kreisen der Wirtschaft –, die früher einer Planung reserviert gegenüberstanden, sind heute von der Notwendigkeit eines Plans überzeugt. Nicht nur, weil er ihnen – im Namen nationaler Interessen – öffentliche Mittel zu niedrigen Zinssätzen und Steuervergünstigungen verspricht, sondern auch, weil er »dem Rhythmus der Produktionsentwicklung eine Orientierung gibt, ihn organisiert und bestimmt« (Albin Chalendon), indem er die wirtschaftliche Zukunft des Landes öffentlich aufzeigt.

Die Gewerkschaften und die Linke im weiteren Sinne waren als traditionelle Befürworter des Plans von dessen Wirkung von Anfang an überzeugt; doch erwarteten sie sich andere Planungsergebnisse, nämlich eine klare und mutige Entscheidung für die wirtschaftliche Zukunft des Landes und eine gerechtere Verteilung der Früchte wirtschaftlichen Wachstums. Auf diesen Erwartungen bestehen sie weiterhin! Während also heute die große Mehrheit der Privatwirtschaft den Plan in höchsten Tönen lobt, sind einige der ursprünglichen Protagonisten zu heftigen Kritikern der Planifikation[1] geworden.

Die ständig wachsende Kritik am Plan kommt nunmehr – abgesehen von dem ständigen Klagelied, daß das freie Unternehmertum bedroht sei – eher von links. Zwar spricht die französische Linke nicht mit einer Stimme und stützt sich auch nicht auf ein einziges Programm, doch in den Vorschlägen für eine grundlegende Planungsreform, die von zahlreichen linken Vertretern geäußert werden, manifestieren sich

---

[1] Gilbert Mathieu, ›Le Monde‹ vom 2. März 1962, S. 17.

drei grundlegende Forderungen. Diese können für den Anfang als gemeinsamer Nenner und Bezugspunkt für eine spätere, genauere Differenzierung dienen. Diese drei Forderungen lauten: 1. der Plan sollte demokratischer, 2. normativer und 3. imperativer sein.[2] Verläuft der Planungsprozeß erst demokratischer, dann wird alles übrige folgen, so die Überlegung. Ein demokratisches Planungsverfahren wird der Nation nicht nur die bewußte Entscheidung für die Richtung der ökonomischen Entwicklung gestatten, sondern sie sogar dazu verpflichten. Ein demokratischer Plan wird daher zwangsläufig normativer. »Normativ« heißt für die Linke, daß der Plan Ausdruck weitreichender Entscheidungen für die Richtung der Entwicklung sein muß. Die Linke argumentiert, daß die bisherige Planifikation nur um Effizienz und Wachstum besorgt gewesen sei, nicht aber ernstlich versucht habe, den Kurs der ökonomischen Entwicklung zu ändern.[3] Ein normativer Plan, der nicht lediglich die gegenwärtigen Trends fortschreibt, wäre aber ohne Mechanismen, die die Realisierung der angestrebten Entwicklung garantieren können, bedeutungslos. Die Linke glaubt daher, daß ein demokratischer Plan zwangsläufig normativer und imperativer sein werde.

Die Demokratisierung der Planifikation

»Mangelnde Demokratie ist für die Linke der Hauptanlaß zur Klage.«[4]
Die Linke sieht im Plan, »cette grande affaire de la France«, wie de Gaulle ihn bezeichnete,[5] das Produkt einer kleinen homogenen Gruppe von Wirtschaftsvertretern und »hauts fonctionnaires«, an des-

---

[2] Vgl. ›Le Monde‹ vom 2., 3. und 6. März 1962; ferner Aufsätze und Symposien über demokratische Planung in: Cahiers de la République, Ausgaben vom Dezember 1961, Januar und Februar 1962 und Juni 1962, in: Cahiers Reconstruction, Dez. 1961, Juni 1962 und Mai 1963, und in: Cahiers du Centre d'Etudes Socialistes, Nr. 8–19 und 25–26.
[3] Auch für die Planer stellt die bewußte Festlegung der Entwicklungsrichtung eine der wesentlichen Planungsaufgaben dar (siehe etwa Massé, P.: French Affairs, S. 19 f.). Wenn man einmal von Massés etwas euphemistischer Ausdrucksweise absieht, so lautet sein Urteil – kaum anders als das der Linken –, daß der Plan keine Neubestimmung des wirtschaftlichen Wachstums zu leisten vermochte. Der Plankommissar bezeichnet die ›Ansätze‹ im Rahmen des IV. Plans, sich nicht nur mit der Wachstumsrate, sondern auch mit dem qualitativen Aspekt wirtschaftlicher Entwicklung zu befassen, als »zaghaft« (S. 19).
[4] Gilbert Mathieu, ›Le Monde‹ vom 2. März 1962, S. 17.
[5] Rede vom 8. Mai 1961.

sen Erstellung weder das Parlament noch die Linke echt beteiligt waren.
Sie besteht auf zwei grundlegenden Reformen für die Demokratisierung der Planung: erstens müsse eine breite und effektive, unmittelbare Partizipation in jedem Stadium des Planungsprozesses realisiert werden und zweitens müsse die Planung vom Parlament kontrolliert werden.

– – –

Gewerkschaften und Partizipation: eine Skizzierung der traditionellen Positionen

Wie in der Politik nie von Grund auf neu begonnen werden kann, so unterliegt auch die Einstellung der Gewerkschaften zum Plan ihrer Tradition.
Die französischen Gewerkschaftler sind traditionell Fundamentalisten, das heißt sie verkünden und vertreten eine Position fundamentaler Opposition zum kapitalistischen System einschließlich dem, was sie als neokapitalistisches System bezeichnen. Die Gewerkschaften verstehen sich selbst als Arm der Arbeiterklasse im Kampf mit der herrschenden Bourgeoisie und nicht als Interessengruppe, die die bürgerliche Gesellschaft in ihren Grundstrukturen akzeptiert und lediglich um ein größeres Stück vom gesellschaftlichen Kuchen kämpft. Sie sehen ihre Funktion darin, die grundsätzliche Legitimität der kapitalistischen Gesellschaftsordnung in Frage zu stellen und diese Gesellschaftsordnung – sei sie neokapitalistisch oder kapitalistisch in ihrer traditionellen Erscheinung – durch eine fundamental andere, sozialistische Gesellschaft abzulösen.[6]
Die Frage des Reformismus – die Partizipation in den Institutionen des kapitalistischen Systems in der Hoffnung, dieses von innen heraus allmählich zu verändern – wird zur wichtigsten strategischen Frage, vor die sich die Gewerkschaftsbewegung gestellt sieht und an welcher die Meinungen auseinandergehen. Durch eine reformistische Politik würde man, so sagen die einen, wegen der äußerst vagen Chance, grundlegende Systemänderungen zu bewirken, ungeheure und dro-

---

[6] Vgl. Declercq, G.: Démocratie nouvelle et syndicalisme moderne. La NEF, April–Juni 1961; CGT: Le plan: mythes et réalités. In: Le Peuple, Supplément, Nr. 643; Juillard, J.: La CFTC devant son avenir. In: Esprit, Sept. 1963; Gorz, André: Stratégie ouvrière et néocapitalisme. 32. Kongreß der CFTC; ›Manifeste aux travailleurs de France‹; Lasserre: Syndicalisme, Teil II, III und V; Ehrmann: Organized Business in France, S. 103–123, 420–460; Lorwin: French Labour, S. 29–46.

hende Gefahren riskieren. Sie sei eine mörderische Illusion. Für andere ist der Reformismus die einzige Alternative zur Sterilität fundamentaler Opposition.

Die Gefahren reformistischer Partizipation

Die Gefahr reformistischer Politik ist in erster Linie ein Verlust an Freiheit. Während der Außenseiter radikal und total in seiner Oppositionshaltung und Verurteilung des Systems sein kann, denn er beansprucht keine Mitwirkung bei politischen Entscheidungen, hat der Reformist diese Freiheit nicht. Seine konstruktive Partizipation impliziert, daß er die Legitimität des kapitalistischen Systems anerkennt. Denn wie wäre es möglich, einen fundamental-oppositionellen Standpunkt zu einem Regime und seiner Politik zu beziehen, wenn man mit diesem Regime kooperiert und an der Formulierung seiner Politik teilhat? Wie wäre es möglich, einen Streik gegen eine Lohn- und Preispolitik der Regierung zu führen, an der man selbst mitgearbeitet hat? Konstruktiv an der Entwicklung des Plans oder in der Leitung eines Unternehmens mitzuwirken, bedeutet, am Inhalt dieses Plans oder an der Leitung des betreffenden Unternehmens Anteil zu haben und für beide verantwortlich zu sein.
Die fundamentalen Systemgegner fürchten diese Teilhabe. Sie fürchten vor allem einen Verlust ideologischer Reinheit, falls das Bündnis allzu lange dauert. Wenn sie sich erst einmal auf Mitarbeit eingelassen haben, könnten sie über dem langen reformistischen Marsch ihre ursprünglichen Ziele aus den Augen verlieren. Sie könnten sich korrumpieren, sich mit kleinen Gewinnen abspeisen lassen oder vom System, das sie ursprünglich zerstören wollten, selbst gefangen werden. Die reformistische Partizipation »riskiert«, mit den Worten eines CFDT-Sekretärs, »daß die Führung der Arbeiterklasse in das System integriert wird«[7]. Die Gewerkschaften fürchten im Grunde, daß eine reformistische Politik den Antagonismus der Klassen entschärft und somit das Klassenbewußtsein und die Solidarität innerhalb der Arbeiterklasse schwächt. Diese Folge könnte katastrophal sein und den Triumph des Neokapitalismus bedeuten. Die Gewerkschaften fürchten, daß mit einer Schwächung der Feindschaft zwischen den Klassen und des Klassenbewußtseins der Arbeiterklasse die Illusion individueller Aufwärtsmobilität, die im neokapitalistischen System so leicht Nahrung findet, dazu führt, daß der Anspruch auf eine Veränderung der

[7] Vgl. Declercq, G., a. a. O., S. 97; ferner CGT: Le plan: mythes et réalités, in dem die führenden Vertreter der CGT ihre Standpunkte mit Nachdruck vertreten.

Gesellschaft nach marxistischen Grundsätzen abbröckelt und die kollektive Aktion der Klasse als Medium der Veränderung untauglich wird. Die Illusion individueller Aktion könnte das Klassenbewußtsein abschwächen, das doch gerade das Fundament ist, auf dem das langfristige Gewerkschaftsprogramm für die Veränderung der Gesellschaft aufbaut. Es ist Motor und Basis aller Stärke, die die Gewerkschaften besessen haben und noch besitzen. Jede Schwächung des Klassenbewußtseins, so fürchten die Arbeitervertreter, würde ihre traditionelle Macht, als militanter Arm der Arbeiterklasse gegen die kapitalistische Gesellschaftsordnung zu kämpfen, untergraben.[8] Alles in allem sehen sie in der reformistischen Partizipation eine Falle, die mit der Chance lockt, die kapitalistische Gesellschaftsordnung erträglicher zu machen; doch ist der Reformist einmal in die Falle gegangen, muß er feststellen, daß sein anfängliches Ziel der totalen Veränderung der kapitalistischen Gesellschaft in eine fundamental andere, sozialistische unerreicht geblieben ist. Die kapitalistische Gesellschaftsordnung bleibt weiter bestehen. Der Reformist hat die Arbeiterklasse für die Illusion einer kampflosen Veränderung und einige Brotkrumen verkauft.

Neokapitalismus und Reformismus

Trotzdem hat die reformistische Partizipation ihre Anhänger in der Führung der Arbeiterklasse.
Zwar ist sie keine Alternative für die revolutionäre Gewerkschaftstradition. Dafür ist sie aber für diejenigen attraktiv, die mit dieser Tradition zu brechen wünschen. Wenn ein Teil der französischen Gewerkschaften sich zum Reformismus bekennt, so reflektiert diese Haltung Enttäuschung darüber, daß die traditionelle Haltung versagt hat.[9] Die Berechtigung traditioneller Position fundamentaler Ausein-

---

[8] Dazu als Beispiel die Reaktion der CGT auf den IV. Plan: »Der Plan ist ein erneuter Versuch, die Arbeiterklasse in die Falle der Kollaboration mit der herrschenden Klasse zu locken. Wir sagen nein! Nein Danke!... Keinesfalls wird die CGT einen solchen ›Plan‹ billigen, geschweige denn unterstützen. Keine Gewerkschaft, die diesen Namen verdient, könnte angesichts eines derart bedrohlichen Unternehmens für die Arbeiterklasse einen anderen Standort beziehen ... Nicht durch Kollaboration hat die Arbeiterklasse bisher Fortschritte erzielt, sondern durch Klassenkampf und Einigkeit in ihren Reihen!« CGT: Le plan: mythes et réalités, S. 13 f.; ferner Magniadas, J.: Economie et politique. Juli 1965, S. 31, und Heurteault, C.: Planifier n'est pas socialiser. In: Partisans, Nr. 18, Dez. 1964 und Jan. 1965.
[9] Vgl. Lorwin: French Labour, S. 29–46; zum kurzen geschichtlichen Überblick über den Reformismus als traditionelle Oppositionshaltung gegenüber

andersetzung wird zwar nicht verneint, doch ihre Wirksamkeit wird bezweifelt.
Die reformistischen Tendenzen haben sich besonders nach dem Krieg zu einer aktiven und potentiell dominanten Einflußgröße innerhalb der Gewerkschaftsbewegung entwickelt. Zeitlich zumindest besteht ein Zusammenhang mit dem Übergang des traditionellen französischen Kapitalismus in den Neokapitalismus.[10]
Mit »Neokapitalismus« bezeichnen die Linken die sich im Plan manifestierende politische Ökonomie: »Kapitalismus«, weil der private Profit weiterhin Triebfeder der Wirtschaft bleibt und »Neo«, weil die Linke die Bedeutung solcher neuen Ziele wie Vollbeschäftigung, stetiges Wirtschaftswachstum und neue Entwicklungen, wie Zusammenschlüsse zu riesigen Konzernen, erkennt.[11] Diese Veränderungen haben dem Kapitalismus zum Überleben verholfen. Für die Linke sind sie das Resultat einer zentralen Innovation in der ökonomischen Organisation: der außerordentlich erweiterten Rolle des Staates. Diese Rolle besteht nach dieser Interpretation in der Bereitstellung der Bedingungen für Vollbeschäftigung, Stabilität und Wachstum und in der Förderung ökonomischer Aktivitäten, die die französische Wirtschaft auf den Weltmärkten konkurrenzfähig machen soll. Da die französische Wirtschaft kapitalistisch ist, fungiert der Staat zunehmend als Vorkämpfer des französischen Kapitalismus, manchmal unabhängig von, manchmal zusammen mit dynamischen Teilen des privatwirtschaftlichen Sektors, wenn es darum geht, ökonomische Lösungen und Strategien zu finden, welche die Privatwirtschaft allein zu entwik-

---

der traditionell revolutionären Hauptströmung der Gewerkschaftsbewebung siehe insbesondere S. 43–46. Diese Haltung ist so tief in der Gewerkschaftsbewegung verwurzelt und hat sich im Laufe der Jahre in der vielfältigsten Weise geäußert, daß man sie als Standort einer oppositionellen Minderheit, als traditionell anti-traditionelle Position innerhalb der Gewerkschaftsbewegung – vergleichbar derjenigen der Reformdemokraten in New York – bezeichnen kann.

[10] Als Beispiel für Reformismus als Reaktion auf die neokapitalistische Situation siehe Gonin, Marcel: La planification comme processus de décision, Cahiers de la fondation Nationale des Sciences Politiques, Nr. 140. Paris, 1965, S. 89 f.

[11] Vgl. z. B. Gorz, André: Stratégie ouvrière et néocapitalisme. Paris, 1962; CGT: Le plan: mythes et réalités, S. 1–14; Lebrun, P.: Cahiers de la République, Juni 1962, S. 463 f.; Declercq: Démocratie nouvelle, S. 95 bis 105; Juillard, J.: La CFTC devant son avenir. In: Esprit, Sept. 1963, S. 292–295; Mallet, Serge: La nouvelle classe ouvrière. Paris, 1963; Mandel, Ernest: The Economics of Neo-Capitalism. In: The Socialist Register. London, 1964; Hatzfield et Freyssinet: L'emploi en France, Kap. 3, und Manifeste aux travailleurs de France, 32. Kongreß der CFTC.

keln nicht in der Lage gewesen wäre. Der Staat hat, kurz gesagt, weitere Verantwortungen für die Lenkung der Wirtschaft übernommen. Die Planifikation fügt sich nahtlos in diese Analyse: man sieht, wie Ministerialbeamte und Vertreter der Wirtschaft gemeinsam den Kurs der Wirtschaft bestimmen. Die privatwirtschaftlichen Entscheidungsträger, die zwar grundsätzlich ihre Autonomie und ihre Profite behalten, werden durch gewisse Mechanismen und Anreize von der Regierung zu Entscheidungen veranlaßt, die im Einklang mit der gesamtwirtschaftlichen Entwicklung stehen. Wieweit die Regierung gesamtwirtschaftliche Überlegungen, besonders in den dynamischen Wirtschaftszweigen oder Exportindustrien, durchsetzt und durchzusetzen vermag, ist schwer zu beurteilen, und die Meinungen der Analytiker der Linken gehen in diesem Punkt auseinander; (in einigen Kreisen werden die Planer völlig als Marionetten der Großkonzerne gesehen, in anderen dagegen wird dem Staat ein großes Maß an Einfluß auf die privatwirtschaftlichen Entscheidungen zugebilligt)[12].

Bis zu diesem Punkt stimmt diese Analyse des Neokapitalismus und der französischen Planungspraxis mit den Fakten überein, und die meisten Thesen finden auch außerhalb der Linken Zustimmung.[13] Die Meinungen der Linken und der Mitte gehen erst dort auseinander, wo die Implikationen dieser Analyse angesprochen werden. Die Vertreter einer expansiven Wirtschaft argumentieren gemeinsam mit den Planern, die ihre Erfolge abstützen, daß derartige wirtschaftliche Aktivitäten dem Gemeinwohl dienten und daß die Entwicklung des neuen französischen Kapitalismus auf lange Sicht den Interessen aller zugute komme.[14] Die Linke und die Gewerkschaften sind anderer Meinung. Für sie bleibt der Kapitalismus weiterhin eine Gesellschaftsordnung der Ausbeutung, dessen Profitstreben nicht den Interessen der Arbeiterklasse dient, mag er durch staatliche Interventionen auch rationaler erscheinen.[15] Daher läßt sich mangelnde Planungsbeteiligung der Gewerkschaften auch nicht mit ungenügender technischer Qualifikation oder fehlender gesellschaftlicher Inte-

---

[12] Vgl. z. B. Declercq: Démocratie nouvelle oder La CFTC et le IVe plan. In: Formation, Supplément Nr. 47, Nov./Dez. 1962, mit Le plan: mythes et réalités oder Magniadas: Economie et politique.
[13] Vgl. z. B. Shonfield: Modern Capitalism, als ähnliche Analyse aus einer entschieden nicht-linken Position heraus.
[14] Vgl. z. B. Chalendon, A.: Une troisième voie, l'economie concertée. In: Jeune Patron, Dez. 1960; Armand, Louis, und Michel Drancourt: Plaidoyer pour l'avenir. Paris, 1961; ›Le Monde‹ vom 4. Juli 1964, S. 15; Jeune Patron‹, Nr. 162, Feb. 1963, S. 17–21; ›Patrice et Progrès‹, Dez. 1961.
[15] Vgl. z. B. Heurteault: Planifier n'est pas socialiser, S. 21; Magniadas: Economie et politique; Gorz: Stratégie ouvrière et néocapitalisme.

gration erklären. Vielmehr wollen die französischen Gewerkschaften mehr oder weniger gar keine – jedenfalls keine »konstruktive« – Planungsbeteiligung, da sie durch ihre Mitwirkung ein ökonomisches System sanktionieren würden, das die französische Linke und die Gewerkschaften von Grund auf ablehnen. Demokratie im Planungsprozeß kann nach Ansicht der Linken so lange nicht verwirklicht werden, wie die Großkonzerne zusammen mit der staatlichen Verwaltung ein Entscheidungsmonopol ausüben, dessen Ziel es ist, die Privatwirtschaft davon zu überzeugen, daß eine gesamtwirtschaftliche Perspektive auf lange Sicht größere Profite ermöglicht.»Demokratie« bedeutet für die Linke Umverteilung wirtschaftlicher Macht, das heißt den wirksamen Angriff der Arbeiterorganisationen auf das vom Staat und den großen Konzernen ausgeübte Entscheidungsmonopol. Planung könne nur dann demokratisch sein, wenn die Arbeiter über ihre gewerkschaftlichen Vertreter genügend Macht im Planungsprozeß innehätten, um den Interessen der Arbeiterklasse zur Geltung zu verhelfen. Da die Gewerkschaften mit anderen Worten bei der gegenwärtigen Planungspraxis keinen echten Einfluß auf den Entscheidungsprozeß haben, wird ihre Präsenz in Planungsgremien bestenfalls als dekorativ, viel eher aber als kompromittierend angesehen.[16]

Derartige allgemeine Bemerkungen können nur eine Einleitung zu der Frage sein, wie die Gewerkschaften und die Linke zur Planung stehen. Die Linke bildet weder organisatorisch noch politisch eine Einheit, wie es die Differenzen zwischen Kommunisten, Linkssozialisten (gegenwärtig zum großen Teil in der PSU) und den Sozialdemokraten der SFIO deutlich machen. Die französische Gewerkschaftsbewegung bildet organisatorisch ebenfalls keine Einheit, sie vereinigt in sich vielmehr ein ganzes Spektrum unterschiedlicher politischer Haltungen. Der größte gewerkschaftliche Zusammenschluß, die CGT, ist dem östlichen Weltgewerkschaftsbund (WFTU) angeschlossen und eng mit der Kommunistischen Partei Frankreichs verbunden.[17] Die

---

[16] Vgl. Gorz: Stratégie ouvrière et néocapitalisme; Magniadas: Economie et politique; CGT: La plan: mythes et réalités; Ducaroy, G.: Socialisme et planification. In: Les Cahiers du Centre d'Edtudes Socialistes, Nr. 25 und 26 vom 1. und 15. März 1963; Declercq: Rapport au Congrès de la CFTC. In: Formation, 14. April 1959; Descamps, E.: Socialisme et planification. In: Les Cahiers du Centre d'Etudes Socialistes, Nr. 18 und 19, 1962; ebenso Artikel in der gleichen Reihe, Nr. 1 vom 15. Juli 1962; ferner Heurteault: Planifier n'est pas socialiser; und Barjonet: Un plan, pourquoi faire?

[17] Die Existenz einer tatsächlichen Verbindung zwischen Kommunistischer Partei und CGT macht allzuoft weitere Erkundungen hinsichtlich ihrer inneren Organisation und ihrer Entscheidungsstrukturen vergeblich. Der Generalsekretär der CGT sowie sieben der 14 nationalen Sekretäre waren

zweitgrößte Vereinigung, die CFDT (Confédération Française Démocratique du Travail) und frühere CFTC, ist, soweit man dies ihrer Verfassung und ihren jüngsten politischen Erklärungen entnehmen darf, sozialistisch. Sie gehört jedoch der westlichen Internationalen Vereinigung freier Gewerkschaften (ICFTU)[18] an. Der dritte große gewerkschaftliche Zusammenschluß, ebenfalls der ICFTU angegliedert, die CGT-Force Ouvrière, ist wesentlich kleiner als die beiden anderen und entwickelte sich 1947 aus einem während des Kalten Krieges entstandenen Ableger der CGT.[19]
Die organisatorische und politische Uneinheitlichkeit der Linken und der Gewerkschaften förderte eine ebenfalls uneinheitliche Reaktion auf die staatliche Planung. Eine solche Tendenz wurde durch die Art und Weise, wie Planung zum Problem wurde und sich entwickelte,

1966 jedenfalls ohne Zweifel Mitglieder der Kommunistischen Partei, die übrigen sieben Sekretäre hingegen nicht. Drei von ihnen, LeBrun, Duhamel und Schaeffer, waren erklärtermaßen Mitglieder der PSU (LeBrun schied allerdings 1966 aus der CGT aus). Während zwar reichlich viele und echte Auseinandersetzungen innerhalb der CGT stattfinden, werden die wichtigen Entscheidungen im allgemeinen nach dem Willen der Kommunisten innerhalb der Führungselite getroffen. Vgl. dazu Cohen: Modern Capitalist Planning: The French Model. Cambridge, Mass., 1969, S. 362, wo der Werdegang LeBruns und Organisation und Entscheidungsprozesse der CGT diskutiert werden. Ferner Lasserre: Syndicalisme, Teil IV, Abschnitt III und Lorwin: French Labour, zur Beschreibung der drei gewerkschaftlichen Zusammenschlüsse.

[18] 1964, nach langen Jahren der Auseinandersetzung »säkularisierte« sich die CFTC und nannte sich fortan CFDT. Sie strich die konfessionellen Bezüge in ihrem Programm und bezog ausdrücklicher linke Positionen. Dieser Umschwung vollzog sich jedoch nicht ohne Widerstand. Auf jener Konferenz im Jahre 1964 spaltete sich eine Minderheit von 10 % unter dem Bergarbeiterführer Santy und Jacques Tessier in eine eigene Vereinigung ab, die sowohl den konfessionellen Bezug als auch den alten Namen CFTC beibehielt. Die neue CFDT zeigt Anzeichen einer Linksorientierung, PSU-Mitglieder steigen in die Führungselite auf und es gibt Anzeichen für gemeinsame Aktionen mit der CGT (in diesem Zusammenhang wurde in der Tat im Januar 1966 ein vorläufiges Abkommen zwischen den beiden Zentralen über gewisse gemeinschaftliche Aktionsziele unterzeichnet). Vgl. Maurice, M.: L'evolution de la CFTC. In: Sociologie du Travail, Jan.-März 1965; Poulain, J. C.: La transformation de la CFTC en CFDT. In: Economie et Politique, März 1965; und Levard, G.: CFTC - CFDT. In: Formation, Sept.-Okt. 1965.

[19] Die CGT-FO steht der traditionellen Sozialistischen Partei nahe. Ihr Einfluß auf die Arbeiterbewegung ist – sowohl auf der organisatorischen als auch auf der ideologischen Ebene – geringer als derjenige der CGT oder der CFDT. Vgl. Lorwin: French Labour; Granick: European Executive, S. 187-202; sowie Lassere: Syndicalisme, Teil III, Abschnitt III.

zweifellos noch gestärkt. Der Rahmen wurde durch die »économie concertée« gesetzt. Anfangs ging es bei der Planifikation darum, die Vorhaben der ökonomischen Entscheidungsträger so zu beeinflussen, daß sie mit der globalen Wirtschaftspolitik in Einklang standen. Planung war zu jenem Zeitpunkt eine Angelegenheit zwischen der Ministerialbürokratie und der Privatwirtschaft, und Planungsanstöße kamen aus diesem Kreis. Die Gewerkschaften konnten lediglich reagieren. Sie hatten keinen Zutritt zum entscheidenden inneren Kreis der Vertreter aus Wirtschaft und Bürokratie; es konnte und wurde im wesentlichen ohne die Gewerkschaften geplant. Angesichts dieser Konstellation hatten diese keine andere Möglichkeit, als einen insgesamt ablehnenden Standpunkt zur Planung zu beziehen oder die Dinge so, wie sie waren, zu akzeptieren. Wenn sie sich für letzteres entschieden, konnten sie nicht hoffen, in irgendeiner Weise entscheidenden Einfluß auf die wichtigen Planungsgremien zu gewinnen; denn es bestand für diese kein Grund, den Gewerkschaften mehr als Höflichkeit entgegenzubringen, solange sich die politische Situation nicht grundlegend änderte oder solange keine ausgesprochene Notwendigkeit bestand, sich der Mitarbeit der Gewerkschaften bei der Planung zu versichern.[20] Daher war die Frage, ob teilnehmen oder nicht, für die Gewerkschaften nur schwer zu beantworten. Es schien, daß in keinem Fall besonders viel gewonnen werden konnte. Einerseits war es wichtig zu erwägen, ob eine Partizipation Voraussetzung war, um die ökonomischen Interessen der Gewerkschaftsmitglieder zu verteidigen. Andererseits mußte man überlegen, inwieweit und in welcher Form eine gewerkschaftliche Beteiligung die Arbeiterschaft kompromittieren und somit ein Arrangement legitimieren würde, das in den Augen der meisten Gewerkschafter nur den Kapitalinteressen nützte. Der kritische Punkt ist jedenfalls, daß gesellschaftliche Kräfte, welche die Linke und die Gewerkschaften als Feinde betrachteten, eine Situation geschaffen hatten, auf die die Gewerkschaften nur noch reagieren konnten. Es ist nicht erstaunlich, daß aus diesem Dilemma heraus eine ganze Reihe unterschiedlicher Strategien entstanden.

Die Strategien der Gewerkschaften

Drei grundlegende gewerkschaftliche Strategien hinsichtlich der Planifikation und der politischen Ökonomie, für die der Plan zum Sym-

---

[20] In dem Maße wie Preisplanung notwendiger wird, kann sich diese Situation allerdings ändern. Die Mitarbeit der Gewerkschaften dürfte dann für den Planungserfolg wesentlich sein. Die Implikationen dieser Entwicklung für die Gewerkschaften – und für die Demokratisierung des Planungsprozesses – werden weiter unten behandelt.

bol wurde, lassen sich unterscheiden: eine vorbehaltlose Partizipation, fundamentale Opposition und die Strategie einer Partizipation als Mittel zum Kampf.

Die vorbehaltlose Partizipation

Befürworter des Plans betonen häufig, daß die Planifikation »l'affaire de tous« sei. Derartige Rhetorik hört man besonders aus den Reihen derjenigen, die behaupten, der Erfolg des französischen Kapitalismus liege auch im Interesse des französischen Arbeiters. Einer der intelligenteren Verteidiger der Planifikation, Albin Chalendon, drückt dies folgendermaßen aus:
»Ideologien, denen man noch gestern anhing, schwinden eine nach der anderen dahin. Von jetzt an werden wir von Fakten regiert ... Frankreich sieht sich heute und in Zukunft immer mehr in eine westliche Wirtschaft integriert. Es steht im Wettbewerb mit Nationen, die auf eine längere industrielle Entwicklung zurückblicken. Wir müssen uns dieser Konfrontation stellen, wenn wir im Rennen um die Prosperität weiterhin an der Spitze bleiben wollen. Dieser Forderung müssen sich alle anderen Überlegungen unterordnen.«[21]
Hier spricht natürlich ein Technokrat. Wenn er sagt, »von jetzt an werden wir von Fakten regiert«, so impliziert diese Feststellung, daß radikale Politik und eine radikale Auslegung des Klassenkampfes Luxus seien, den wir uns nicht länger leisten können. Vorrangig sei der Erfolg der französischen Wirtschaft, und das heißt gleichzeitig, der Erfolg im Rahmen des Kapitalismus. Folgten die Gewerkschaften dieser Ansicht, so würden sie die Permanenz des französischen Kapitalismus nicht in Frage stellen und den Status einer Interessengruppe innerhalb einer kapitalistischen Gesellschaft einnehmen. Sie würden gleichzeitig die herrschende ökonomische Machtverteilung als unabänderlich akzeptieren. Die Initiative zum Handeln bliebe weiterhin auf seiten der großen Wirtschaftsunternehmen, deren Entscheidungen der Staat durch Institutionen wie den Plan lediglich rationaler und sozial erträglicher machen würde. Wie eine konstruktive Partizipation unter diesen Umständen aussehen könnte, hat ein anderer Technokrat, diesmal aus den Reihen der Gewerkschaften, beschrieben:
»Wenngleich es für die Gewerkschaften schwierig sein dürfte, ent-

---

[21] Albin Chalendon in Le Monde vom 4. Juli 1964, S. 15; vgl. ferner seine Aufsätze in Jeune Patron, Dez. 1960, und in Nouvelle Frontière, Juli 1963. Siehe auch Bauchet: Economic Planning, S. 233–249; Präsident de Gaulles Rede vom 8. Mai 1961; Armand, Louis: Plaidoyer pour l'avenir. Paris, 1961; Fourastié, Jean: La planification economique en France. Paris, 1963.

scheidend bei der Frage, was und wie zu produzieren sei, mitzuwirken, könnten sie doch sachdienlichen Rat bei Arbeiterproblemen und bei der Regionalisierung und Lokalisierung wirtschaftlicher Aktivitäten erteilen.«[22] Eine gewerkschaftliche Partizipation unter solchen Bedingungen würde auf eine völlige Hinnahme des Systems hinauslaufen. Dennoch hat eine »konstruktive Partizipation« ihre Befürworter innerhalb der Gewerkschaftsbewegung. Ihre Rechtfertigung ist einfach und eindeutig. Sie sieht die Hauptaufgabe der Gewerkschaften darin, die Arbeiterinteressen *innerhalb* der herrschenden kapitalistischen Gesellschaft zu schützen. Mit den Worten Roger Jacques: »Weil ihr wesentlicher Zweck die Verteidigung der Arbeiterinteressen ist, folgt daraus für sie (nämlich die Gewerkschaft) zwangsläufig die Notwendigkeit zur Partizipation und im gewissen Maße zur Integration.«[23] Die traditionell ablehnende Haltung habe sich also als erfolglos erwiesen, denn der Kapitalismus werde weder von selbst noch durch Aktionen der Linken zusammenbrechen; die fundamentale Opposition der Gewerkschaften konnte weder das Anwachsen des Systems verhindern noch es empfindlich in seiner Sicherheit bedrohen. Diese Haltung habe der Linken lediglich Möglichkeiten, auf diesen Wachstumsprozeß einzuwirken, abgeschnitten. Sie sei weniger eine Strategie der Herausforderung als letzten Endes eine Strategie der Absage. Doch der Schutz und die Förderung unmittelbarer Arbeiterinteressen verlangten eine Partizipation der Gewerkschaften in den ökonomischen Entscheidungszentren. Durch die fundamentale Ablehnung konnte auch kapitalistische Planung nicht verhindert werden; sie habe lediglich dazu geführt, daß die Linke und die Gewerkschaften

---

[22] Delors, Jacques (Conseiller pour les affaires sociales au comm. du plan): Planification et réalités syndicales. In: Droit social, Februar 1965, S. 157. Ferner Bloch-Lainé, F.: Economie concertée de démocratie. In: Les Cahiers de la République, Nr. 46, Juli 1962, wo eine ähnliche Darstellung gegeben wird. Ebenso Cohen: Modern Capitalist Planning: The French Model. Cambridge, Mass., 1969, S. 220–228, wo die Partizipation der Gewerkschaften im Hinblick auf die Planungsinstitutionen erörtert wird.
[23] Jacques, R.: Pour une approche syndicale au plan, S. 38. Die vollkommenste Ausprägung dieser Position stellen natürlich die US-Gewerkschaften dar. Auch in Frankreich findet diese Position Anhänger, wenngleich angesichts des traditionellen Radikalismus der französischen Gewerkschaften und der noch radikaleren Tradition ihrer öffentlichen Proklamationen nur wenige Gewerkschaftler diese Haltung öffentlich zu vertreten wagen. Eine vorbehaltlose Partizipation wird de facto zwar vertreten, doch ist diese Haltung bei weitem nicht die vorherrschende. Vgl. Lasserre: Syndicalisme, Teil III, Abschnitt 2, zur Beschreibung einer Gruppe von Vertretern dieser Richtung.

von den Planungsentscheidungen ausgeschlossen wurden. Aus allen diesen Gründen ist für die Partizipationsvertreter die Möglichkeit, Frankreichs ökonomische Entwicklung für die Arbeiterklasse erträglicher zu machen, selbst wenn die entscheidenden ökonomischen Fragen den großen Konzernen vorbehalten bleiben, besser als nichts. Sie willigen – wenn auch nicht allzu frohen Herzens – ein, den Preis der Tolerierung des permanenten Kapitalismus zu zahlen, und sie können sich sogar eine allmähliche Transformation des Systems vorstellen, die vielleicht von Kräften außerhalb des Klassenkampfes getragen wird.

Bedingungslose (fundamentale) Opposition

In diesem Spektrum steht der »konstruktiven Partizipation« natürlich am anderen Ende die Position »bedingungsloser Opposition« gegenüber. Die Führung der CGT (mit Ausnahme einer Minderheit, auf die ich noch eingehen werde) und die kommunistische Partei vertreten diese Haltung mit Entschiedenheit. Planung ist aus dieser Sicht Teil der Nachkriegsoffensive des »staatsmonopolistischen Kapitalismus«. Sie verfolge unter anderem den Zweck, die Klassenkollaboration voranzutreiben, um auf diese Weise die Arbeiterklasse ihrer Kampfkraft zu berauben.[24] Planungspartizipation könne daher nicht einfach als Chance verstanden werden, für die Arbeiterklasse einige Vorteile zu sichern, die ihr andernfalls entgingen, »konstruktive Partizipation« sei vielmehr eine echte Falle. Denn aus der Tatsache, daß die Planifikation ebenso gut ohne die Beteiligung der Gewerkschaften stattfinden kann und die Gewerkschaften keine strategische Machtposition innehaben, die sie im Planungsprozeß ausspielen können, folgert der radikale Planungsgegner, daß die Gewerkschaften jedes Zugeständnis seitens der Planer und Wirtschaftsvertreter mit ihrer Freiheit bezahlen müssen, die Arbeiterinteressen wie bisher zu verteidigen. Daher könnten die Gewerkschaften durch eine wie auch immer geartete wirkliche »Partizipation« gegen lebenswichtige gewerkschaftliche Freiheiten nur geringe Vorteile einhandeln. Der Verlust solcher Freiheiten würde den Gegnern der Arbeiterklasse weit größere Macht geben, Löhne und Arbeitsbedingungen zu manipulieren und die ökonomische Entwicklung in ihrem Sinne zu bestimmen. Was die Reformen angeht, die die Gewerkschaften erreichen würden, so kommentiert ein CGT-Funktionär, Jean Magniadas, wie folgt:

[24] Vgl. zum Beispiel CGT: Le plan: mythes et réalités; Magniadas, J.: Economie et politique, Juli 1965; und Le Monde vom 4./5. Juni 1961, S. 11.

»Diese Reformen sind natürlich... die kleine Münze, die sie den Gewerkschaften zu ›offerieren‹ gedenken und die sie an die Akzeptierung oder zumindest die Aufstellung eines allgemeinen Rahmens für die Zusammenarbeit der Klassen knüpfen, worunter auch die Schaffung der geeigneten Institutionen zur Begrenzung gewerkschaftlichen Handelns fällt...«[25]

Aus dieser Sicht können die Arbeiterinteressen am besten durch Aktionen außerhalb der Planungsgremien, durch gewerkschaftlichen Kampf und politische Organisation wahrgenommen werden. Bedingungslose Opposition hat den Vorzug, diese beiden Formen des Klassenkampfs nicht aufs Spiel zu setzen, so daß die Initiative in gewerkschaftlichen und politischen Kämpfen bei der Führung der Arbeiterklasse bleibt. Der Kern dieses linken Standpunktes läßt sich mit den Worten André Heurteaults zusammenfassen:

»... Wenn wir in einem kapitalistischen Regime, einem Regime der Ausbeutung, an der Realisierung des kapitalistischen Plans mitwirken sollen, so heißt das im Grunde genommen, wir sollen an der Ausbeutung der Arbeiter mitwirken.«[26]

Bedingungslose Opposition muß nicht notwendigerweise jegliche CGT-Beteiligung am Plan ausschließen, obschon dies bei den früheren Plänen der Fall war. Vom IV. Plan an wurden CGT-Vertreter in die verschiedenen Planungskommissionen entsandt, allerdings lediglich als *Beobachter* und nicht, um *aktiv mitzuentscheiden*. Wie André Barjonet, bis zum Mai 1968 Sekretär der Wirtschaftsabteilung der CGT, in einer Debatte über die Einheit der Gewerkschaften bemerkte:

»Insofern der Plan keine Farce ist, wie wir in der Vergangenheit gern glauben wollten, sondern ein Entwicklungsstadium, das der Kapitalismus heute durchschreiten muß, gibt uns unsere Präsenz zumindest die Möglichkeit zu wissen, was vor sich geht.«[27]

Ein *Beobachter* nimmt offensichtlich nicht an der aktiven Planung teil. (Nach Barjonets Erfahrungen in der Stahlkommission des Plans stellte sich aktive Mitwirkung als in jeder Hinsicht unmöglich heraus; denn die Vertreter der Stahlindustrie »machen die Planung«, wie er es ausdrückt. »Sie sind die einzigen, die über die Geheimnisse des Geschäfts, wie über Investitionspolitik, Finanzierung und all diese Dinge Bescheid wissen. Dort – nämlich in der Kommission – merkt man, daß derjenige, der die Produktionsmittel in der Hand hat, die eigentlichen

---

[25] Magniadas, J.: Economie et politique, Juli 1965, S. 31.
[26] Heurteault, André: Planifier n'est pas socialiser. In: Partisans, Nr. 18, Dez. 1964 und Jan. 1965, S. 21.
[27] Barjonet, André: The Triple Foil of the Unions. In: International Socialist Journal, Nr. 18, Dez. 1966, S. 571.

Hebel der Macht hält«[28]). Ein *Partizipierender* übernimmt dagegen wenigstens nach außen hin Verantwortung für den Inhalt des Plans.
Die Unterscheidung in Beobachter und Partizipierende ist sehr subtil. In der Praxis scheint sie manchmal in dem Maße zu schwinden, wie die selbstproklamierte Beobachterrolle in den Augen einiger zur de-facto-Beteiligung ohne Wirkung und Verantwortung degeneriert. Das gleiche gilt für die wichtigere Unterscheidung in »bedingungslose Opposition« und »bedingungslose Absage«. Auch dieser Unterschied wird leicht unscharf, worauf sich der Hauptpunkt der radikalen Kritik an der Haltung der bedingungslosen Opposition gründet. Die beiden großen Vertreter dieser Richtung, die CGT und die Kommunistische Partei, sehen sich heute von seiten der Linken starken Angriffen ausgesetzt.
Diese linken Kritiker argumentieren, daß sich aus einer Position bedingungsloser Opposition heraus keine taugliche Strategie entwickeln lasse, um gegen die zunehmende Dominanz des Neokapitalismus anzugehen.
Allzu leicht führe eine derartige Haltung in einen Zustand der Untätigkeit, geben sie zu bedenken. Der Standpunkt bedingungsloser Opposition vermittle einen machtvollen, zuweilen quasi automatisch ablaufenden Mechanismus, mit dessen Hilfe sich die Gefahren jeder denkbaren Handlung demonstrieren lassen, ohne daß die Rolle des reinen Revolutionärs aufgegeben werden müßte. Aus dieser Position heraus lasse sich jede Aktion, ausgenommen die erfolgreiche Revolution selbst, als kurzsichtiger oder gar böswilliger, reformistischer Ausverkauf der Arbeiterklasse brandmarken, wenn sie nicht gleich als ein pubertärer Akt der Auflehnung abgetan wird.
Das Resultat bedingungsloser Opposition könne schließlich sein, daß die Möglichkeit, eine dynamische revolutionäre Bewegung zu schaffen, vertan wird, dadurch daß revolutionäres Bewußtsein, revolutionäre Begeisterung und Rhetorik (und mit ihr die lebenswichtige Bildung einer »Gemeinde«[29] durch Untätigkeit erstickt wird, was de facto

---

[28] Ebenda, S. 571.
[29] Man darf den enormen positiven Einfluß dieser Gemeinschaftsidentifikation auf die französische Arbeiterklasse keinesfalls unterschätzen. Hier liegt einer der Hauptgründe, weswegen die französische Arbeiterklasse nicht den gleichen Weg wie die amerikanische eingeschlagen hat, nämlich den Weg individueller, privatistischer Forderungen. Im Ergebnis ist der französischen Arbeiterklasse daher Isolation, Vereinsamung, Entfremdung und Angst weithin erspart geblieben, die unter einem Großteil der amerikanischen Arbeiter zu erschreckender Brutalisierung und – wie in diesem Jahr der Wallace-Kampagne – zu einem verzweifelten Flirt mit dem Faschis-

den Status quo stützt. Wenn man diesem Bild noch die alten und rigiden Organisationsstrukturen der Kommunistischen Partei und der CGT hinzufügt (Stalinistische Strukturen, wie ihre Kritiker behaupten, und alt, sowohl was ihre Positionsinhaber wie ihr tatsächliches Alter betrifft), so wird der Wunsch der Linken nach einer anderen Position verständlich, einer Position, die in die Aktion mündet. Nicht in einen Ausverkauf oder in die reformistische Aktion vorbehaltloser Partizipation, sondern in positive, revolutionäre Aktion.

Partizipation als Mittel zum Kampf

Die radikale Antwort auf die Sterilität fundamentaler Opposition lautet »Partizipation als Mittel zum Kampf«. In ihr verkörpert sich eine Strategie punktueller revolutionärer Aktionen oder »nicht-reformistischer Reformen«[30].
Gewerkschaftliche Strategien dieser Provenienz haben mit der traditionellen Linken das Ziel der Ablösung des Kapitalismus durch eine grundverschiedene, sozialistische Gesellschaft gemeinsam. Sie sind nicht reformistisch, sie sind in radikalem Sinne revisionistisch.
Sie gehen von der Grundprämisse aus, daß sich der Kapitalismus zum Neokapitalismus gewandelt hat, weswegen die traditionelle Strategie der Linken, die auf eine Herausforderung des kapitalistischen Systems zielt, unter den veränderten gesellschaftlichen Bedingungen ihre Schlagkraft verloren hat.[31] Die Vertreter dieser »kämpferischen« Partizipation argumentieren, daß die Revolte gegen die Gesellschaft im Neokapitalismus »ihre natürliche Grundlage verloren hat«... denn »Armut kann nicht länger die Basis für den Kampf um den Sozialismus sein«[32]. In Armut und Elend gefangene Arbeiter »sind

mus geführt haben, welcher als apolitische Reaktion isolierter Arbeiter zu verstehen ist, die nicht in der Lage sind, sozialen Bedrohungen ihr Klassenbewußtsein entgegenzusetzen.
[30] Diese Strategie ist im wesentlichen italienischer Herkunft. Sie wurde von der KPI und italienischen Sozialisten des linken Flügels wie Vittorio Foa und Lelio Basso entwickelt. Die klarste Darlegung dieser Strategie zusammen mit einem Anwendungsbeispiel auf französische Verhältnisse findet sich bei Gorz, André: Stratégie ouvrière et néocapitalisme. Paris/Seuil, 1964, neuerdings in einer Übersetzung durch Martin Nicolaus unter dem Titel ›Strategy for Labour‹, Boston, 1967 (Beacon Press), auch in englischer Sprache vorliegend. (Vgl. auch A. Gorz' jüngste Aufsatzreihe ›Le socialisme difficile‹, Paris/Seuil, 1968.) In der anschließenden kurzen Darstellung dieser Strategie folge ich ohne wesentliche Abweichungen A. Gorz, den ich in größtmöglichem Maße direkt zu Wort kommen lassen werde.
[31] Vgl. ›Strategie for Labour‹, S. 3–10.
[32] Ebenda, S. 3.

praktisch nur die Nachhut«[33], und während es weiterhin notwendig ist, die Befriedigung ihrer unmittelbaren Bedürfnisse zu fordern,» wird durch diesen Kampf nicht mehr die Gesellschaftsordnung als ganze radikal in Frage gestellt«[34].
Der traditionellen Linken wird von dieser Seite der Vorwurf gemacht, sie verkenne dieses essentielle Faktum der modernen Politik, das heißt die Tatsache, daß die Verelendungstheorie obsolet sei. Die Unerträglichkeit des Konsumentendaseins der heutigen Arbeiter – ihre Armut – könne nicht länger als revolutionäre Kraft wirken, und Kämpfe auf dem Hintergrund der Verelendungstheorie, Kämpfe für höhere Löhne, würden weder das kapitalistische System in Gefahr bringen noch in der Arbeiterklasse das Bewußtsein für die Notwendigkeit einer sozialistischen Alternative wecken.[35]
Die traditionelle Prämisse der absoluten und unmittelbaren Unerträglichkeit der gesellschaftlichen Zustände gestatte es der Linken, »eine Strategie progressiver Machtnahme und aktiver Eingriffe in die Widersprüche des Kapitalismus aufzugeben.... Die für den Kapitalismus vorausgesagte Auswegslosigkeit wird schließlich zur Sackgasse des revolutionären Verzögerungsspiels«[36].
Die Linke steht heute vor dem grundlegenden Problem, erstens, »die Bedürfnisse zu benennen, aus denen heraus die Notwendigkeit für eine sozialistische Gesellschaft erwächst, nachdem das Argument der Dringlichkeit – um akute Armut zu beseitigen – seine Schärfe verloren hat; darauf aufbauend »eine Strategie zu erarbeiten, die zu dem Bewußtsein führt, daß eine radikale Veränderung der Gesellschaft erforderlich ist«[37], um schließlich diesen Prozeß radikaler Veränderung in Gang zu setzen.
Partizipation als Mittel zum Kampf will diese Probleme mit Hilfe einer Strategie partieller, doch revolutionärer Reformen angehen, die antikapitalistische Keile in die wenig faßbaren, nichtsdestoweniger realen Widersprüche des Neokapitalismus treiben sollen. Ein Musterbeispiel solcher punktueller, revolutionärer Reformen ist ein erfolgreicher Streik in Italien, in dem Arbeiter sich das Recht erkämpften zu produzieren, was sie selbst zu produzieren wünschten – nämlich Traktoren für die umliegenden Dörfer statt luxuriöser Automobile, wie es vom Management angeordnet gewesen war[38]. Solche »Zwischen«-Ziele machen die entscheidenden, qualitativ unerträglichen

---

[33] Ebenda, S. 4.
[34] Ebenda, S. 4.
[35] Ebenda, S. 20–33.
[36] Ebenda, S. 23.
[37] Ebenda, S. 4.
[38] Ebenda, S. 59 und 73.

Zustände des Neokapitalismus bewußt. Sie demonstrieren außerdem, daß sozialistische Alternativen erstrebenswert und erreichbar sind und sie errichten schließlich autonome Machtbasen der Arbeiterklasse, antikapitalistische Musterbeispiele, die das System nicht wieder absorbieren kann.
»Diese ergänzenden Zwischenziele sind notwendig«, wie André Gorz es formuliert, »um die Unerträglichkeit des kapitalistischen Systems spürbar zu machen; denn diese Unerträglichkeit ist heute nicht mehr absolut, sondern sie ist relativ geworden. Diese Zwischenziele müssen *positiv* sein, das heißt sie müssen die Dringlichkeit der qualitativen Bedürfnisse, die die neokapitalistische Ideologie vernachlässigt oder unterdrückt, offenlegen; sie müssen diese Bedürfnisse bewußt machen, indem sie die Möglichkeit und die positiven Bedingungen ihrer Befriedigung demonstrieren.«[39]
Die Strategie der Partizipation als Mittel des Kampfs, die auf allen Ebenen und in allen Bereichen der Gesellschaft ansetzt, statt wie die traditionelle Strategie aufmerksam den richtigen Zeitpunkt für eine Revolution auf einen Schlag abzupassen, führt zu einer aktiven Rolle der Linken in den Fabriken, in den Universitäten und in der Planifikation.
Die Rolle der Gewerkschaften in der Planung besteht aus dieser Sicht in einer aktiven Beteiligung am Planungsprozeß, da auf diese Weise die Interessen der Arbeiterklasse am besten wahrgenommen werden könnten. Der Zweck einer solchen Mitwirkung sollte sich nicht im »Betteln um Almosen« erschöpfen, sondern darin bestehen, die Planifikation und die politische Ökonomie, die sie symbolisiert, Schritt für Schritt als kapitalistisch und den wahren Interessen der französischen Arbeiterklasse durch und durch feindlich gesonnen zu offenbaren. Mit anderen Worten, eine solche herausfordernde Partizipation unterscheidet sich von einer vorbehaltlosen Planungsbeteiligung durch ihr Ziel, den Planungsprozeß zugleich als Kampfplatz und als Lernprozeß zu benutzen, um das politische Bewußtsein wie das Klassenbewußtsein der Arbeiter zu entwickeln. Sie setzt sich von der Position fundamentaler Opposition durch die Überzeugung ab, daß eine Gegenoffensive, welche Planung als Operationsbasis benutzt, taktisch gesehen eine vernünftige Reaktion auf die kapitalistische Offensive in Form der Planifikation ist.[40]

---

[39] Ebenda, S. 4.
[40] Ebenda, passim; außerdem 32. Kongresse der CFTC: Manifeste aux travailleurs de France; LeBrun, Pierre: Questions actuelles du syndicalisme. Paris, 1965; ›Pour un front des travailleurs‹, Paris/Juilliard, 1963; ›France-Observateur‹ vom 12. Nov. 1964; und die auf den folgenden Seiten zitierten Arbeiten.

In ihrem Verständnis dieser Partizipationsstrategie ist sich die Linke – wie auch in anderen Fragen – keineswegs einig. Trotzdem zeichnen sich die zahlreichen Varianten dieser Position durch einige Gemeinsamkeiten aus. Sie betonen zum Beispiel alle, die Gewerkschaften könnten Einfluß darauf nehmen, daß Pläne weit mehr an den Belangen der Gesellschaft ausgerichtet werden, daß sie im Planungsprozeß öffentlich auf die kollektiven Bedürfnisse und Güter hinweisen, die Planungsinhalte nach Möglichkeit ändern, schlimmstenfalls aber Unterlassungen aufdecken können, falls sich wesentliche Änderungen als unmöglich erweisen sollten. Sie fordern allgemein, daß Planungsvorhaben von einem viel weiteren gesellschaftlichen Nutzenbegriff ausgehen müssen und nicht nach Profitmaßstäben geplant werden dürfen.

Insbesondere weisen sie neben den üblichen kollektiven Gütern und Zielen, wie Vollbeschäftigung, Schulen, Krankenhäuser, Straßen, soziale Sicherheit oder Freizeiteinrichtungen, auch auf weniger klar zutageliegende kollektive Probleme hin, wie Umverteilung der Einkommen, regionale Unterentwicklung, Umstrukturierung unproduktiver Wirtschaftszweige, Umschulung der in solchen Industrien Beschäftigten und ähnliches.[41]

Öffentlichen Druck auf die Planer auszuüben, damit die Pläne derart erweitert werden, ist nur eine Taktik innerhalb der umfassenderen Strategie kämpferischer Partizipation. Selbst die gemäßigtste sozialdemokratische Gruppe setzt sich höhere Ziele bei ihrer Planungsbeteiligung. J. Piette sieht das vorrangige Ziel als »la remise en question du mécanisme de la production«[42]. Ein Plan, der lediglich zur »Reduzierung von Unsicherheit«, zur Stärkung der Marktwirtschaft dient, sagt Piette, sei nicht akzeptabel. »Unsere positive Partizipation ... verlangt gleichzeitig strukturelles Handeln, das auf die Veränderung der privaten Aneignung der Produktionsmittel abzielt.«[43] Ähnlich stellte die CFTC bereits 1961 auf ihrem Kongreß fest: »Die CFTC widersetzt sich dem modernen Kapitalismus – mit welcher Form der Planung auch immer er sich als sozialistische Wirtschaft tarnt ... die ökonomische Ausrichtung der CFTS ist sozialistisch, was gegenwärtig für den Plan nicht zutrifft.«[44]

---

[41] Vgl. Le Monde‹ vom 24. Nov. 1964, S. 18; ›France-Observateur‹ vom 1. Okt. 1964, S. 4; ›La CFTC et le IVe plan‹. In: Formation, Supplément Nr. 47 vom Nov./Dez. 1962 sowie unten S. 355–360.
[42] Piette, Jacques: Socialisme et planification. In: La Revue Socialiste, Nr. 185, Juli 1965, S. 155.
[43] Ebenda, S. 156.
[44] ›Manifeste aux travailleurs de France‹, 32. Kongreß der CFTC; ferner ›Le Monde‹ vom 4./5. Juli 1961, S. 11.

Die Ziele der Partizipation als Mittel zum Kampf hinsichtlich der Veränderungen der Planungsinhalte sind eindeutig in einem Gegenplan artikuliert, der während der Parlamentsdebatte über den V. Plan bekannt gemacht wurde. Zunächst soll dieser Gegenplan eingehend untersucht werden, weil er einmal die Alternativen der Vertreter einer Partizipation als Mittel zum Kampf für die Planinhalte so klar formuliert. Zum anderen, weil er das bisher weitestgehende Beispiel der Auswirkungen einer im Plan institutionalisierten politischen Diskussion darstellt.

— — —

Der Gegenplan

Die dem Gegenplan zugrundeliegende Idee war, dem Planungskartell aus Big Business und Ministerial-Bürokratie die politische Initiative in der Planungsdebatte dadurch aus der Hand zu nehmen, daß man einen zusammenhängenden Alternativplan für die wirtschaftliche Entwicklung präsentierte. Ein echter Alternativplan ist ein wichtiger erster Schritt zur Politisierung der Planung. Die wahre Natur eines Plans, das heißt die Rangfolge der Prioritäten, die er verkörpert, kann nur dadurch aufgedeckt werden, daß die technokratische Planungsmystik zerstört wird und der Nation eine echte Wahl zwischen alternativen Plänen gegeben wird, Plänen, die allen technischen Kriterien genügen, jedoch jeweils andere Rangfolgen von Prioritäten beinhalten. Der Gegenplan sollte der Linken ein Mittel in die Hand geben, die Bedingungen, oder zumindest einige der Bedingungen sowohl der öffentlichen Planungsdebatte wie die der Diskussion über die grundsätzlichere Frage der allgemeinen ökonomischen Orientierung zu setzen. Zum ersten Mal hätten die Planer, die Bürokraten und die Wirtschaftsvertreter auf eine linke Planungsinitiative zu antworten. Der Gegenplan würde, anders ausgedrückt, zwar nicht bereits die entscheidende, politische Veränderung einleiten, die für eine demokratische Planung Voraussetzung ist, er würde aber nichtsdestoweniger ein taktisches Mittel sein, um die wahre Natur des offiziellen Plans offenzulegen; indem er Alternativen zur Diskussion stellt, würde er eine differenziertere ökonomische Betrachtungsweise fördern, das politische Bewußtsein der französischen Arbeiter aufrütteln und auf diese Weise die entscheidende politische Wende näher bringen.
Doch noch weiteren Zwecken sollte der Gegenplan dienen. Er sollte Fundament für die Einheit der Linken, sowohl der politischen Gruppen wie der Gewerkschaften sein, der Ansatz eines gemeinsamen Programms, das nicht nur für die unmittelbare politische Zukunft von Nutzen wäre (denn Einheit war angesichts der kommenden Präsident-

schafts- und Parlamentswahlen erstrebenswert), sondern das der Linken den Weg für neue Strategien im Kampf gegen den Neokapitalismus weisen könnte.[45]
Der Gegenplan war das Produkt der französischen Neuen Linken (nicht zu verwechseln mit der amerikanischen Neuen Linken) und fügte sich als solches in die taktischen Vorstellungen des revisionistischen Marxismus, der von Theoretikern der Neuen Linken, wie André Gorz, vertreten wird. Um Gorz zu zitieren: »Mobilisierung mit dem Ziel der Machtnahme und der Errichtung des Sozialismus ... muß über mobilisierende Zwischenziele vermittelt werden: durch den Kampf um Teilziele, welche tiefen Bedürfnissen entsprechen und die kapitalistischen Strukturen herausfordern...«[46]

- - -

Parlament und Plan

Während der Vierten Republik fand die Planifikation überwiegend ohne Beteiligung des Parlaments statt, zum Teil weil dieses überhaupt nicht in den Planungsprozeß einbezogen wurde, was beim I. und III. Plan der Fall war, oder weil es erst zu einem Zeitpunkt eingeschaltet wurde, in dem eine solche Beteiligung bedeutungslos war (das heißt nachdem der Plan bereits länger als zwei Jahre in Kraft war), wie im Fall des II. Plans.[47] Diese Zurückhaltung vor öffentlicher parlamentarischer Erörterung, die die Vierte Republik kennzeichnete, wird teilweise verständlich, wenn man die chronische Instabilität der damaligen Regierungen in Betracht zieht; der Bestand einer Regierung hing zu einem guten Teil von ihrem Geschick ab, parlamentarische Auseinandersetzungen um folgenreiche Problemkomplexe zu vermeiden.
Außerdem sah die Regierung keine Veranlassung, das Parlament stärker an der Planung zu beteiligen. Das Parlament selbst unternahm keine ernsthaften Anstrengungen, aktiv am Planungsprozeß mitzuwirken. Die Planer, das Finanzministerium und die privatwirtschaftlichen Konzerne bemühten sich ihrerseits nicht, das Parlament an der Planung zu interessieren.
In den Anfängen der Planifikation sahen die Planer und das Finanz-

---

[45] Vgl. ›Esquisse d'un autre plan‹, France-Observateur vom 12. November 1964; ebenso Ausgabe vom 1. Okt. 1964; ›Le contre plan PSU‹, Tribune du Parti Socialiste Unifé, 28. Nov. 1964.
[46] Gorz: ›Stratégie ouvrière er néocapitalisme, S. 16 (S. 11 d. amerik. Ausg.).
[47] Vgl. Cohen: Modern Capitalist Planning, a. a.O., S. 58 ff.

ministerium ihre Hauptaufgabe darin, die französische Wirtschaft zu expandieren und auf dem Weltmarkt konkurrenzfähig zu machen, ein Ziel, das nur über die Entwicklung der französischen Industrie und über eine Veränderung der Denkgewohnheiten der wirtschaftlichen Entscheidungsträger erreicht werden konnte. Veränderungen, die (notfalls und wo dies möglich war) sogar erzwungen werden mußten. Wenn man den Vorrang von Investitionen, von Umstrukturierung und Veränderung der Denkgewohnheiten in der Großindustrie nicht in Zweifel zog und davon ausging, daß dieser Prozeß innerhalb der »économie concertée« vorangetrieben werden konnte, so mußte eine öffentliche, politische Auseinandersetzung im Parlament als Luxus erscheinen, der auf der Prioritätenliste der Planer ziemlich weit unten angesiedelt war. Außerdem konnte eine ernsthafte Einbeziehung des Parlaments in die Planung nur potentiellen Konfliktstoff mit sich bringen.

Diese Situation änderte sich etwas in der Fünften Republik. Frühzeitige Anstrengungen, die Planung im ökonomischen und bürokratischen Entscheidungsprozeß zu verankern, waren erfolgreich gewesen. Nachdem Planung institutionalisiert worden war, war zwar das Wirtschaftswachstum gestiegen – es ist allerdings fraglich, ob Planung ursächlich daran beteiligt war – doch die ökonomische Machtverteilung war grundsätzlich unverändert geblieben. Daher waren die Führungskräfte in den Wachstumsindustrien und fortschrittliche Beamte im Finanzministerium mehr und mehr mit dem Verlauf der Planung zufrieden und räumten der Planifikation in Wirtschaft und Verwaltung einen immer höheren Rang ein. Aus eben diesen Gründen verstärkten sich die Forderungen nach mehr Demokratie in der Planung.

Außerdem war Planung wegen ihrer integrativen Funktion – denn sie vereinigte sämtliche Unternehmen des Landes in der Planung der Zukunft der Nation – verbunden mit dem Mythos der Technologie, der sie umgab, und der Aussicht auf Prosperität, von großem Reiz für die Gaullistische Regierung, die eine massive Kampagne zur Popularisierung der Planung begann. Ein Mittel (unter anderen), die Popularität des Plans zu stärken – und zugleich den Regierungsvorstellungen eines konstruktiven und harmonischen Verhältnisses zu Gesellschaft und Wirtschaft Nachdruck zu verleihen – sah die Gaullistische Regierung darin, den Plan im Parlament diskutieren und sanktionieren zu lassen.

Dieses Mittel bot sich in der seit Beginn der Gaullistischen Republik veränderten politischen Situation geradezu an. Die politischen Barrieren, die eine echte parlamentarische Auseinandersetzung in der Vierten Republik nicht zuließen, waren aus dem Weg geräumt, nachdem die Gaullistische Partei seit 1962 über eine parlamentarische

Mehrheit verfügte, die eine Gaullistische Regierung unterstützen und einen Gaullistischen Plan billigen würde.[48]
Schließlich stellte sich Anfang der 60er Jahre allmählich heraus, daß die Probleme, mit denen sich eine erfolgreiche Planrealisierung auseinanderzusetzen hatte, nicht mehr im Rahmen der »économie concertée« zu lösen waren und daß der Kreis der Beteiligten erweitert werden mußte. Insbesondere wegen des Gemeinsamen Marktes wurde Preisstabilität zu einem unabdingbaren Erfordernis. Doch Preisstabilität konnte nur über eine Einkommenspolitik erreicht werden, die wiederum nur dann ihre Wirkung entfalten konnte, wenn weit mehr gesellschaftliche Kräfte aktiv an der Planung teilnahmen, als die Modernisierungs- und Expansionsprogramme der »économie concertée« vorsahen.
Diese Verbindung aus ökonomischer Notwendigkeit und politischer Überlegung veranlaßte die Regierung, den Versuch zu wagen, das Parlament stärker in die Planung einzubeziehen.
So wurde der IV. Plan, wenn auch ohne großes Aufsehen, im Parlament diskutiert, ehe er in Kraft trat.[49] Im Jahre 1964 schließlich wurde das Parlament zur Entscheidung über die kritischen Fragen (»grandes options«) des V. Plans aufgerufen, der sich noch in Vorbereitung befand. Planungskommissar Massé legte den parlamentarischen Gremien einen vorläufigen Entwurf des neuen Plans vor, der an den kritischen Punkten Alternativen für die künftige Wirtschaftsentwicklung enthielt. Ob es sich hier um einen ernsthaften Versuch handelte oder nicht (nur eine einzige Reihe von Alternativen, die von den Planern und von der Regierung bevorzugt wurden, war im Detail ausgearbeitet[50]), jedenfalls wurde mit diesem Versuch ein Anfang gemacht, die Diskussion über den Plan zu erweitern. Ein Jahr später, 1965, wurde der fertige V. Plan von denselben parlamentarischen Gremien erörtert und gebilligt.[51]
Kritiker, für die sich die breitere Behandlung des Plans im Parlament

---

[48] Darüber hinaus versprachen Neuregelungen der parlamentarischen Debatte, daß eventuelle, trotz Regierungsmehrheit auftretende, geringfügige Behinderungen aus dem Weg geräumt würden. S. Art. 44 der Verfassung der V. Republik sowie Cohen: Modern Capitalist Planning, a. a. O., S. 217.
[49] Vgl. J. O. ›Débats parlamentaires‹; Assemblée Nationale, 21., 23., 25., 30. Mai 1962 und 7., 8., 15., 21., 22., 23. Juni 1962; Sénat, 4., 5., 6., 7., 10., 12. und 13. Juli 1962.
[50] Vgl. ›Projet de rapport sur les principales options du Ve plan‹, J. O. ›Lois et décrets, 24. Dez. 1964; die Debatten in der Nationalversammlung vom 24., 25. und 26. Nov. 1964, Senatsdebatten vom 7. und 8. Dez. und J. O. ›Avis et rapports du Conseil Economique et Social‹, 13. Nov. 1964.
[51] Vgl. die Debatten in der Nationalversammlung vom 3., 4., 5. und 19. Nov. 1965 sowie die Senatsdebatten vom 17. und 19. Nov. 1965.

als Antwort auf das Demokratieproblem darstellte, sahen sich angesichts der Erfahrung der Fünften Republik getäuscht. Die Auseinandersetzung fand statt (der V. Plan wurde sogar zweimal vom Senat zurückgewiesen).[52] Doch für die Regierungsmehrheit war dies bloß eine aus formalen Gründen notwendige Schein-Debatte. Die parlamentarischen Debatten mögen durchaus einen Lernprozeß eingeleitet haben, indem sie die Planungsproblematik dem Bewußtsein der Öffentlichkeit näherrückten, doch die Tatsache, daß die Regierung ihre Pläne ohne Abstriche durchsetzen konnte, mußte jegliche Illusion einer aktiven Planungsbeteiligung des Parlaments zunichte machen. Derartige Überlegungen sind jedoch zweitrangig. Die realen Probleme liegen auf ganz anderer Ebene.

Was ist denn überhaupt erreicht, wenn ein Plan im Parlament erörtert und gebilligt wird, selbst wenn man einmal davon ausgeht, daß die Einflußlosigkeit des Parlaments während der Fünften Republik eine Ausnahme war? Liegt die Bedeutung etwa darin, daß die Gesellschaft irgendwie an den Plan gebunden ist? Leider besagt dies konkret nur wenig. Denn ob der Plan befolgt wird oder nicht, hängt nicht von seiner Behandlung im Parlament ab, sondern von der jeweils spezifischen ökonomischen Machtkonstellation. Die ökonomischen Entscheidungsträger, insbesondere die Manager der großen Konzerne, werden sich so lange an den Plan halten, wie dieser mit ihren Interessen in Einklang steht. Ob der Plan vom Parlament verabschiedet wurde oder nicht, dürfte also auf die Entscheidungen der Privatwirtschaft wenig Einfluß haben. Ja, selbst die Regierung fühlt sich nicht unbedingt an einen vom Parlament verabschiedeten Plan gebunden. Der II. Plan, den das Parlament erst verabschiedete, als er schon mehr als zwei Jahre in Kraft war, wurde von den Regierungen, die während seiner vierjährigen Laufzeit kamen und gingen, weitgehend nicht beachtet. Der III. Plan, der überhaupt nicht über das Parlament lief, wurde von Anfang an nicht befolgt; der IV. Plan, der vor Inkrafttreten das Parlament passierte, war bereits nach der Hälfte seiner Laufzeit Makulatur und wurde durch Giscard d'Estaings Stabilisierungsplan ersetzt.

Wenn wir aber von den großen Wirtschaftskonzernen und von der Regierung als denjenigen, die den Plan aufgestellt haben, nicht erwarten können, daß sie sich an einen parlamentarisch verabschiedeten Plan gebunden fühlen, was können wir dann von Gruppen erwarten, die nur geringen Einfluß auf die Aufstellung des Plans haben und ebensowenig von ihm erhoffen können, das heißt von der Arbeiterschaft und den kleinen Unternehmen? Wir wollen damit ausdrücken, daß angesichts der gegebenen ökonomischen Machtvertei-

---

[52] Vgl. die Senatsdebatten vom 17. und 19. Nov. 1965.

lung eine Behandlung und Verabschiedung im Parlament nur eine symbolische Funktion haben kann.
Eine konkrete Mitwirkung des Parlaments, das heißt eine parlamentarische Planungsbeteiligung, die zu einer Verhaltensänderung der Wirtschaftssubjekte führt, setzt eine grundlegende Umverteilung ökonomischer Macht voraus. Planungsbeteiligung bedeutet entweder, daß das Parlament Entscheidungen auf Gebieten fällt, die die Inhaber ökonomischer Macht bislang als ihren angestammten Einflußbereich betrachtet hatten, oder substantiell überhaupt nichts. Da der Linken diese Zusammenhänge bekannt sind, rückt sie bei der Diskussion über die Demokratisierung von Planung die Konsequenzen solcher Demokratisierung, das heißt die Diskussion über normativere und imperativere Pläne, in den Vordergrund. Aus dem gleichen Grund besteht sie auf einer Demokratisierung der Planung, weil ein demokratischer Plan das zur Folge hat, was die Linke meint, wenn sie Demokratie sagt: eine Umverteilung ökonomischer Macht.
Auf die Frage nach dem Verhältnis zwischen Planung und Demokratie sind eine Reihe von Antworten möglich, je nachdem, wessen Planungsvorstellung man akzeptiert. Für die gegenwärtigen Inhaber ökonomischer Macht – in den privaten Konzernen, den öffentlichen Unternehmen, im Finanzministerium und in den Planungsgremien – bedeutet Demokratisierung der Planung soviel wie die wichtigsten Gruppen in der französischen Politik und Gesellschaft davon zu überzeugen, daß die Planung in ihrer heutigen Form zu unterstützen sei. Hinter dieser Auffassung steht natürlich der Anspruch, daß Planung, wie sie heute organisiert ist, die optimale Leistungsfähigkeit der französischen Wirtschaft ermöglichen könne und insofern im Interesse aller Franzosen liege. Diese Auffassung von Demokratie impliziert die konservative Vorstellung, daß das Problem der Demokratie darin bestehe, die Bürger davon zu überzeugen, daß die bestehende ökonomische Machtkonstellation legitim sei und aktiv unterstützt werden müsse, das heißt, wenn alle an den geplanten Kapitalismus glaubten, dann sei dieser auch demokratisch.
So unsinnig, wie diese Auffassung auf den ersten Blick scheinen mag, ist sie jedoch nicht. Denn könnte man die gesellschaftlichen Schlüsselgruppen davon überzeugen, daß die gegenwärtig betriebene Planung ihren Interessen entspricht, und könnte man sie veranlassen, den gegenwärtigen Planungsprozeß aktiv zu unterstützen, so wären zahlreiche Probleme der Wirtschaft und Planung viel eher einer Lösung zugänglich als dies heute der Fall ist. Wenn sich außerdem niemand imstande sieht, die Legitimität der herrschenden ökonomischen Macht in Frage zu stellen, kann man von einer solchen ökonomischen Macht sagen, sie habe die Unterstützung des Volkes und gründe sich auf eine demokratische Basis. Doch Frankreich ist nicht Amerika, und eine

solche Auffasssung von Demokratie bleibt in Frankreich nicht unwidersprochen. Zahlreiche gesellschaftliche Schlüsselgruppen, meist aus den Reihen der politischen Linken, vertreten, wie wir sahen, eine wesentlich anspruchsvollere Auffassung von Demokratie und Planung, eine Auffassung, nach der ökonomische Entscheidungen, die sich der Rechenschaftspflicht entziehen, ganz gleich, ob sie von der Leitung der großen Konzerne oder von den »Technokraten« des gegenwärtigen Planungskartells getroffen werden, illegitim und undemokratisch sind.

Das entscheidende Demokratiekriterium für die Linke (und man sollte nicht vergessen, daß diese Linke einen wesentlichen Teil der französischen Gesellschaft ausmacht) ist die Frage, wieweit die entscheidenden Zentren ökonomischer Macht vom Volk kontrolliert werden. So gesehen ist Planung nicht schon dann demokratisch, wenn die Entscheidungsprozesse, wie sie heute organisiert sind, öffentliche Zustimmung finden, so die Auffassung der Mitte (der modernen Ministerial-Beamten und progressiven Wirtschaftsvertreter, die den augenblicklichen Zustand bestimmen), sondern Demokratisierung vollzieht sich über eine reale Umverteilung der ökonomischen Macht, was zugleich in vielen Punkten die grundsätzliche Infragestellung derjenigen mit einschließt, die heute die zentralen ökonomischen Entscheidungen treffen.

Die Aussichten auf demokratische Planung

Man mag sich in der Frage, was Demokratie in der Planung bedeutet, auf die Seite der Linken oder auf den Standpunkt der Mitte stellen, wichtig ist, dabei im Auge zu behalten, daß sich in der echten Auseinandersetzung zwischen den verschiedenen Vorstellungen von Demokratie die Zukunft der Planung in Frankreich entscheiden wird. Welchen Verlauf diese Auseinandersetzung nehmen wird, ist schwer vorauszusehen. Dies wird sich aber maßgeblich an zwei Faktoren entscheiden, einmal an der Notwendigkeit einer erweiterten Partizipation, vor die sich eine Planung der bisherigen Konzeption gestellt sehen mag – eine Notwendigkeit, die der Linken wohl a priori mehr Ansatzpunkte für ihre Forderungen geben dürfte –, und zum anderen an der politischen Machtposition und der Haltung der Linken selbst, woraus sich bestimmen wird, welche Forderungen gestellt werden. Unter Berücksichtigung dieser beiden Faktoren können mögliche Alternativen zukünftigen Planens aufgezeigt werden.
Dem Verständnis ihrer Verfasser nach steht die Planifikation an der »Front«, wo sie neue Probleme aufgreift, sich neuen Herausforderungen stellt und neue Chancen wahrnimmt, zu deren Bewältigung und

Realisierung sie dann die ökonomischen Ressourcen mobilisiert und organisiert. Kurz, die Wirtschaftstätigkeit vollzieht sich unter ihrer Führung.
Seit ihren Anfängen im Jahre 1946 bis in die frühen 60er Jahre stand die Planungstätigkeit unter dem Zeichen der unumgänglichen Notwendigkeit, die industrielle Basis Frankreichs zu modernisieren und zu rationalisieren. Alle anderen Probleme – wie Inflation, Einkommensverteilung, soziale Fragen oder Regionalstrukturprobleme – mußten hinter dieses Ziel zurücktreten.
Man schuf zu diesem Zweck die »économie concertée«, eine Partnerschaft zwischen modernen Ministerialbürokraten und gleichgesinnten Vertretern der Wirtschaft. Dieses Instrument erwies sich in der Tat bisher als geeignet, die gesetzten Ziele ohne aktive Einbeziehung anderer Gruppen zu realisieren. Deshalb wurde mit dem Plan auch kein ernsthafter Versuch unternommen, die bequemen Grenzen der »économie concertée« zu verlassen. Doch wenn die Planifikation auch in Zukunft aktuell bleiben und der Plan seine hart erkämpfte Orientierungsfunktion weiterhin aufrechterhalten soll, dann sind Änderungen unvermeidlich.
Denn die wichtigen ökonomischen Probleme, Herausforderungen und Möglichkeiten, auf die es heute ankommt, werden nicht länger durch die Notwendigkeit bestimmt, die Industriezentren zu modernisieren, zu rationalisieren und zu expandieren, und der Ort für die Führungsfunktion der Planifikation ist nicht mehr in erster Linie innerhalb der »économie concertée« zu suchen.
Die Planer haben die Notwendigkeit einer Veränderung erkannt. In zahlreichen Reden, Abhandlungen und Berichten weisen sie auf zwei bisher in der Planifikation vernachlässigte Bereiche hin, die fortan vorrangige Beachtung genießen sollen: Sozialinvestitionen und Preisstabilität.[53] Diese beiden Ziele können – anders als industrielle Modernisierungs- und Expansionsprogramme – nicht im Rahmen der partnerschaftlichen Zusammenarbeit von Bürokratie und Großkapital, im Rahmen der »économie concertée« realisiert werden; dazu bedarf es der aktiven Beteiligung weiterer gesellschaftlicher Gruppen.
Kommissar Pierre Massés Äußerungen legen ein beredtes Zeugnis davon ab, daß man erkannt hat, wie notwendig es ist, »die Nachfrage auf die kollektiven Dienstleistungsinvestitionen umzuleiten ..., auf Ausgaben für Kultur, Gesundheit, Bildung, Wohnungsbau und kommunale Einrichtungen ... statt dem übermäßigen Wachstum der Konsumgüterindustrie Vorrang einzuräumen«[54]. Trotzdem bleiben diese

---

[53] Ein dritter Bereich, die regionale Entwicklung, muß, wie bereits erwähnt, im Rahmen dieser Arbeit unberücksichtigt bleiben.
[54] Massé: French Affairs, S. 19.

gesellschaftlichen Ziele indikativ und in weiter Ferne, wie der V. Plan zeigt. Dagegen ist durch den Gemeinsamen Markt Preisstabilität zu einem dringenden Erfordernis geworden, und es zeigt sich, daß die bisherige Wachstums- und Inflationsstrategie im Rahmen des Plans nicht länger funktioniert. Expansion darf sich heute nicht mehr auf Kosten der Preisstabilität vollziehen. Doch von den zahlreichen Möglichkeiten, Preisstabilität zu erreichen, stehen dem Plan lediglich die Instrumente einer Lohn- und Preispolitik zu Gebote. Eine bewußt geplante Entspannung des Arbeitsmarktes, jedes Konzept einer Wachstumsverringerung, jede Stop-go-Politik ist eine politische Unmöglichkeit für eine Planungspolitik, wenn auch nicht für die Regierung. Die veränderten Bedingungen angesichts einer Öffnung der wirtschaftlichen Grenzen, die in einem Plan heute berücksichtigt werden müssen, zwingt die Planer, die Instrumente einer Einkommenspolitik zum Kernstück des Plans zu machen. Die im V. Plan vorgesehenen Reformen – ausgewogenes Wirtschaftswachstum, Einbeziehung einer Einkommenspolitik – zeigen die Entschlossenheit der Planer, das Problem der Preisstabilität in den Griff zu bekommen. Doch leider läßt sich eine Lohn- und Preispolitik nicht so ohne weiteres verfügen, es sei denn, man zöge eine dirigistische Lenkung des Arbeitsmarktes in Betracht.

Wenn die zentralen Planungszwecke bisher auch ohne eine breite Partizipation gesellschaftlicher Kräfte – insbesondere der Gewerkschaften – erreicht wurden, so trat mit der Entstehung des Gemeinsamen Marktes hier eine Wende ein. Heute ist eine wirksame Einkommenspolitik für die effektive Planrealisierung unabdingbar. Für eine wirksame Einkommenspolitik wiederum ist aber die aktive Mitarbeit der Gewerkschaften eine der wesentlichsten Voraussetzungen. Ohne Zweifel wird man versuchen, den Kreis der Planungsbeteiligten zu erweitern. Es besteht jedoch weithin Unsicherheit darüber, wie dieser Versuch aussehen soll. Vergleichsweise leicht sind Pläne vorstellbar, die – obwohl sie von einem großen Kreis von Beteiligten ausgearbeitet werden – irrelevant sind und hinsichtlich einer effektiven Einkommenspolitik versagen. Weit schwieriger ist es, die Demokratisierung effektiver Planung zu konzipieren. Die wesentliche Überlegung dabei ist: wieweit glaubt die Wirtschaft, das heißt glauben die gegenwärtigen Inhaber der wirtschaftlichen Macht, ohne effektive Planung und effektive Einkommenspolitik nicht mehr auszukommen. Wenn auch die Vertreter der Wirtschaft – nicht nur die Planer – zu der Überzeugung kommen, daß sie eine Einkommenspolitik auch dann brauchen, wenn diese mit echten Konzessionen verbunden ist, dann könnte sich die Planung und mit ihr die Verteilung ökonomischer Macht radikal ändern.

Unter dieser Voraussetzung lautet die entscheidende Frage: welche

Bedingungen können die Gewerkschaften für ihre Mitwirkung stellen? Darauf gibt es unter anderen folgende Antworten:

A. Ein Reformmodell

In entscheidendem Maße wird es auf Frankreichs Stellung auf dem Weltmarkt ankommen. Wenn die Situation keinen radikalen Wandel in der Stabilitätspolitik – also keine wirkungsvolle Einkommenspolitik – erfordert, dann wird den Planern weiterhin ein gewisser Handlungsspielraum bleiben. In diesem Fall könnte die Zukunft folgendermaßen aussehen: der Planungsprozeß wird im großen und ganzen wie bisher verlaufen. Hauptakteure werden weiterhin die großen Konzerne und Technokraten der staatlichen Bürokratie sein. Das Zentrum ökonomischer Machtausübung würde sich nicht wesentlich verschieben: die »économie concertée« würde weiterhin mehr oder weniger reibungslos funktionieren. Daneben wird man auch alle übrigen Mittel einsetzen, mit deren Hilfe Preisstabilität, ohne nennenswerte Machtkonzessionen an einen weiteren Kreis sozialer Kräfte, erzielt werden kann. Außerdem dürfte die Notwendigkeit einer Einkommenspolitik ständig betont und auch experimentell erprobt werden, das heißt man wird eine Kampagne starten, um das französische Volk – einschließlich der Linken und wenn möglich auch der Gewerkschaften – davon zu überzeugen, daß die Mitwirkung am Zustandekommen einer Einkommenspolitik und am aggregierten Plan als deren Ausdruck ohne ökonomische Machtverschiebungen wünschenswert ist. Die Appelle werden von Konzessionen begleitet sein, die die herrschende ökonomische Machtverteilung nicht antasten. (Ein Beispiel für eine derartige Konzession stellt der von der Regierung Pompidou erarbeitete »Gewinnbeteiligungs«-Plan dar. Derartige »Partizipations«-Modelle dürften in Zukunft noch verbessert werden.) Weiten Spielraum werden die Planer auch in der Forderung kollektiver »sozialer« Ziele, wie Bildung und Wohnungen, haben, deren Realisierung von den Linken gefordert und von den progressiveren Vertretern der Herrschenden erstrebt wird und die für die Gesellschaft eminent wichtig sind. Ziele, die jedoch nicht an den Grundfesten der ökonomischen Machtstrukturen rütteln.
Sofern also Frankreichs Stellung auf dem Weltmarkt dem nicht entgegensteht, wird die Planifikation eine ernsthafte Konfrontation mit den Gewerkschaften in der Einkommenspolitik vermeiden können, hoffend, daß die Arbeiterbewegung mit Hilfe einer wohlüberlegten Mischung aus Propaganda, Bestechung und Fortschritt ohne nennenswerten Machtverlust für die Herrschenden schließlich dazu gebracht

werden kann, daß sie in den Planungsprozeß heutiger Prägung einwilligt und eine echte Einkommenspolitik unterstützt. Die eben skizzierte hypothetische Planungssituation wäre eine Bestätigung des Demokratiebegriffs, wie ihn die Mitte vertritt – im wesentlichen die gesellschaftliche Ratifizierung der herrschenden ökonomischen Machtkonstellation.

B. Ein Konfrontationsmodell

Es wäre aber auch möglich, daß Frankreichs ökonomische Situation eine funktionierende Einkommenspolitik unabdingbar erfordert.[55] In diesem Fall würden sich die gegenwärtigen Vertreter ökonomischer Macht den Gewerkschaften und der Linken in einer echten Bargaining-Situation gegenübergestellt sehen.
Die Gewerkschaften könnten unter diesen Umständen substantielle Konzessionen als Gegenleistung für ihre Unterstützung fordern. Welche Forderungen sie stellen würden, hinge natürlich davon ab, welchen Stellenwert für sie eine Umverteilung der ökonomischen Macht in Frankreich besitzt. Unterstellt man, daß ihre politische Rhetorik ernst gemeint ist ebenso wie die Forderung nach Änderungen im Planungs- und ökonomischen Entscheidungsprozeß als Weg zur Realisierung einer Demokratie, wie die Linke sie versteht, dann würde sich folgende interessante Situation ergeben: bei einer realen Bedrohung ihrer ökonomischen Machtposition dürften die großen Wirtschaftskonzerne wahrscheinlich in starkem Maße versucht sein, die Planifikation und das Instrumentarium einer Einkommenspolitik überhaupt aufzugeben und ihre Ziele auf anderen Wegen zu erreichen suchen – vielleicht würden sie eine Minderung der Wachstumsrate als Preis für die Beibehaltung ihrer Macht in Kauf nehmen. Andererseits ist es nur schwer vorstellbar, daß eine derartige Bedrohung allein aus den Erfordernissen einer Politik der Preisstabilität heraus erwachsen sollte. Ein wesentlicher, genereller politischer Machtzuwachs der Linken müßte die Bargaining-Situation der Gewerkschaften in einer Konfrontation mit der Macht von Staat und Kapital untermauern.
Es ließen sich noch weitere Alternativen extremer Art aufzeigen, die jedoch sämtlich unwahrscheinlich sind, solange sich in Frankreichs

---

[55] Über den Grad der Dringlichkeit einer Einkommenspolitik werden die gegenwärtigen Inhaber ökonomischer und politischer Macht befinden. Das relevanteste Beurteilungskriterium wird dabei sein, wie hoch sie den Expansionsverlust infolge einer fehlenden effektiven Einkommenspolitik einschätzen und wie sie diese Expansion im Vergleich zu den Kosten einer Einkommenspolitik bewerten.

Politik und Wirtschaft keine grundlegenden Änderungen abzeichnen. Nur eine substantielle Machtverschiebung könnte die Planifikation im Sinne der Linken demokratisieren. Andererseits wäre es auch vorstellbar, daß die Gewerkschaften Maßnahmen einer Einkommenspolitik erzwungenermaßen akzeptierten. Doch im Vergleich zu diesen Möglichkeiten sind die beiden oben skizzierten weit realistischer, wobei die erstere, die Möglichkeit des Reformismus, die wahrscheinlichste sein dürfte.

Die Zukunft der französischen Planifikation wird sich an der Frage einer keineswegs nur abstrakt verstandenen Demokratie entscheiden. Dabei wird die Gestalt der Planung Frankreichs, der französischen Gesellschaft und Politik, davon abhängen, welcher Demokratiebegriff sich durchsetzt.

Planung begann in Frankreich mit den Zielen der Technokraten aus staatlicher Bürokratie und Privatwirtschaft, dem Versuch, Frankreichs Wirtschaft zu rationalisieren, zu modernisieren und zu expandieren. Sie muß heute um die Ziele der demokratischen Linken erweitert werden, wonach Planung der gesamten Gesellschaft dienen soll und wonach sich der Planungsprozeß in den demokratischen Institutionen des Landes vollziehen soll, damit auf diesem Wege über die Richtung der gesellschaftlichen Entwicklung entschieden werde. Die ersten Ziele wurden realisiert, letztere jedoch vertagt.

Übersetzt von Christine Mussel.

11 Regulierung und Programmierung der kapitalistischen Wirtschaft: Wesen, Methoden und Widersprüche

Von L. Alter

Die Erforschung des modernen Kapitalismus erfordert die Analyse der neuen Erscheinungen, die in den letzten Jahrzehnten im Verlauf der Entwicklung seiner Wirtschaft aufgetreten sind. Dies ist erforderlich für die Erklärung der konkreten Formen, in denen die vom Marxismus-Leninismus entdeckten allgemeinen Gesetzmäßigkeiten der Entwicklung des Kapitalismus in unserer Epoche auftreten, und für die Ausarbeitung einer wissenschaftlich begründeten Linie im wirtschaftlichen Wettbewerb zwischen dem Weltsystem des Sozialismus und dem Kapitalismus sowie der Strategie und Taktik der internationalen Arbeiterbewegung und kommunistischen Bewegung.

Im Mechanismus des staatsmonopolistischen Kapitalismus kommt der staatlichen Regulierung der Wirtschaft große Bedeutung zu. W. I. Lenin stellte bereits am Ende des 19. Jahrhunderts fest: ». . . Die maschinelle Großindustrie fordert im Unterschied zu den vorangegangenen Stadien gebieterisch eine planmäßige Regulierung und gesellschaftliche Kontrolle der Produktion.«[1] Das kapitalistische Eigentum an den Produktionsmitteln legt der Verwirklichung dieser herangereiften Notwendigkeit, nämlich der planmäßigen Regulierung der gesellschaftlichen Produktion, Hindernisse in den Weg. Aber die unerbittlichen Erfordernisse der Entwicklung der Produktivkräfte brechen sich letztlich Bahn, auch wenn dies in den durch die Natur des Kapitalismus hervorgebrachten antagonistischen Formen vor sich geht.

Mit der Zunahme der Konzentration der kapitalistischen Produktion und ihrer Vergesellschaftung sowie mit dem Auftreten und der Entwicklung neuer Formen des kapitalistischen Eigentums, nämlich des monopolistischen und des staatsmonopolistischen Eigentums, entstehen bestimmte Elemente der Planmäßigkeit. Bei der Analyse der neuen Erscheinungen in der Entwicklung des monopolistischen Kapitalismus kam W. I. Lenin zu dem Schluß, daß ein »direktes Hinüberwachsen des Kapitalismus in seine höchste planmäßige Form«[2] vorliegt. Der staatsmonopolistische Kapitalismus ist eben diese »planmäßige Form« des Kapitalismus.

Gleichzeitig schrieb W. I. Lenin, daß die Planmäßigkeit, die unter den Bedingungen des Kapitalismus entsteht und in der staatlichen

---

[1] Lenin, W. I.: Werke, Bd. 3. Berlin, 1956, S. 561.
[2] Lenin, W. I.: Werke, Bd. 24. Berlin, 1959, S. 299.

Regulierung der Wirtschaft ihren Ausdruck findet, dessen ausbeuterische Natur nicht verändert, denn die »Einführung der Planmäßigkeit befreit die Arbeiter nicht davon, Sklaven zu sein, die Kapitalisten aber streichen ihre Profite ›planmäßiger‹ ein«[3]. Unter den Bedingungen der antagonistischen Widersprüche des Kapitalismus bestehen die Elemente der Planmäßigkeit hierbei nebeneinander und verflechten sich mit der Anarchie der Produktion und mit dem Wirken der Gesetze des spontanen Marktes. Der Kapitalismus ist nach wie vor nicht in der Lage, die planmäßige Entwicklung der Volkswirtschaft als einheitliches Ganzes im Interesse des Wohlstands aller Mitglieder der Gesellschaft zu gewährleisten, wie dies im Sozialismus der Fall ist.

Das keynesianistische ökonomische Modell

Die staatsmonopolistische Regulierung der kapitalistischen Wirtschaft ist eine qualitativ neue Erscheinung im Vergleich zu den Methoden der staatlichen Einmischung in das wirtschaftliche Leben, die unter den Bedingungen des vormonopolistischen und auch in den ersten Stadien des monopolistischen Kapitalismus zur Anwendung gelangen, und zwar erstens, weil sie nicht episodischen sondern beständigen Charakter hat, und zweitens, weil sie bestrebt ist, durch ihren Einfluß nicht einzelne ökonomische Prozesse, sondern die kapitalistische Reproduktion in ihrer Gesamtheit zu erfassen.
Die Notwendigkeit einer solchen Regulierung ist durch drei Hauptgründe bedingt: durch den gesellschaftlichen Charakter der Produktion, die immer gebieterischer den Übergang zur planmäßigen Wirtschaftsführung verlangt; durch die Verschärfung der inneren Widersprüche des Kapitalismus, was die Gefahr neuer Krisen in sich birgt und dazu zwingt, zu den sogenannten antizyklischen Maßnahmen der staatsmonopolistischen Regulierung systematisch Zuflucht zu nehmen; und durch den wirtschaftlichen Wettbewerb der beiden Systeme, der die Probleme des langanhaltenden Wirtschaftswachstums und seiner Stimulierung in den Vordergrund rückt. In einer Reihe von kapitalistischen Ländern ergeben sich die spezifischen Bedürfnisse zur staatlichen Regulierung auch aus der Militarisierung der Wirtschaft, die, wie die Geschichte gezeigt hat, den Übergang zum staatsmonopolistischen Kapitalismus beschleunigt.
In den verschiedenen kapitalistischen Ländern entstehen Systeme der staatsmonopolistischen Regulierung, die sich in den konkreten Formen und Methoden voneinander unterscheiden. Trotzdem gibt es all-

---

[3] Lenin, W. I.: Werke, Bd. 24. Berlin, 1959, S. 299.

gemeine Züge und Tendenzen. Wenn man die gesamte Periode des Entstehens und der Entwicklung des staatsmonopolistischen Kapitalismus in den Ländern Westeuropas und Nordamerikas betrachtet, so kann man mehrere Etappen der Herausbildung von Methoden der staatlichen Einmischung in die Wirtschaft unterscheiden. Vor allem ist die rüstungsmonopolistische Regulierung in der Periode des ersten Weltkriegs zu nennen, die in Deutschland am vollkommensten in Erscheinung trat; für die Monopole sehr profitable Aufträge und Käufe, Einführung der Arbeitspflicht, Preisregulierung, staatliche Verteilung der Rohstoffressourcen und Rationierung der Lebensmittelversorgung – ein System also, das Lenin als Zuchthaus für die Arbeiter bezeichnet hat.

Die folgende Etappe bezieht sich auf die Periode der Jahre 1919-1933 und der »großen Depression« in den dreißiger Jahren. Dies war der erste und im allgemeinen ein erfolgloser Versuch der »Antikrisenregulierung« mit Hilfe der Finanz-, Kredit- und Geldpolitik sowie der Organisierung öffentlicher Arbeiten, um eine gewisse Verringerung der Arbeitslosigkeit herbeizuführen. Nicht zufällig bemühten sich gerade zu dieser Zeit die bürgerlichen Regierungen und besonders die bürgerliche Wirtschaftswissenschaft in verstärktem Maße um effektive Mittel der Antikrisenregulierung. Im Jahre 1936 erschien das Buch des englischen Ökonomen J. M. Keynes »Allgemeine Theorie der Beschäftigung, des Zinses und des Geldes«, das eine Widerspiegelung der Entwicklung des staatsmonopolistischen Kapitalismus in der bürgerlichen politischen Ökonomie war und eine umfassende Theorie der wirtschaftlichen Regulierung darstellte. Im Unterschied zu den meisten vorangegangenen Richtungen der bürgerlichen politischen Ökonomie lehnte Keynes das Prinzip der automatischen Selbstregulierung der kapitalistischen Wirtschaft (»Saysches Gesetz«) ab, weil er zu dem Schluß gekommen war, daß die spontane Entwicklung zwangsläufig zu einem Mangel an effektiver Nachfrage und zur Arbeitslosigkeit führt. Keynes hielt es für erforderlich, eine systematische staatliche Regulierung einzuführen, um diese Mängel des Kapitalismus zu überwinden.

Die Grundlage des Regulierungsprogrammes von Keynes bildet sein ökonomisches Modell. In diesem Modell spielen solche spezifischen keynesianistischen Kategorien wie »Sparneigung« (Anteil des Sparens am Einkommenszuwachs), »Verzicht auf Liquidität« (quantitativ ausgedrückt durch den Zins) und »Grenzleistungsfähigkeit des Kapitals« (Ertrag des letzten Investitionszuwachses) die Rolle von unabhängigen Veränderlichen. Das Modell sieht die Möglichkeit vor, mit Hilfe dieser unabhängigen Veränderlichen auf das Nationaleinkommen, den Verbrauch, die effektive Nachfrage und die Beschäftigung einzuwirken. Der Mechanismus der ökonomischen Regulierung muß nach

Keynes darin bestehen, daß der Staat einen niedrigeren Zinssatz unterstützt (insbesondere durch eine »maßvolle« Inflation), dies durch die Zunahme der Gewinne (der Grenzleistungsfähigkeit des Kapitals) unterstützt und dadurch die Investitionen stimuliert. Dies muß seinerseits zu einer Zunahme des Nationaleinkommens, der Beschäftigung und der effektiven Nachfrage (nach Konsumgütern und Investitionsgütern) führen.
Dieses Modell besitzt eine reale Bedeutung, da durch die Maßnahmen der Kredit- und Geldpolitik tatsächlich in bestimmter Weise auf die Dynamik der Investitionen und über sie auch auf einige andere ökonomische Größen Einfluß genommen werden kann. Aber der prinzipielle Mangel des keynesianistischen Modells besteht darin, daß sich sein Autor auf die äußeren Funktionalbeziehungen der ökonomischen Prozesse beschränkt, ohne in das Wesen der ökonomischen Gesetze und sozialen Beziehungen einzudringen. Deshalb trägt die empfohlene Regulierung einen oberflächlichen, palliativen Charakter.
Erstens sind die unabhängigen Veränderlichen des keynesianistischen Modells durchaus keine unabhängigen Größen, da die Ersparnisse, der Zins und die Profitrate nur die äußerlichen Ergebnisse der inneren Prozesse und der Struktur der Produktion und Reproduktion sind: der Mehrwertrate, der Rate der Akkumulation und ihrer Effektivität, der organischen Zusammensetzung des Kapitals, die Verteilung und Verwendung des Nationaleinkommens, des Tempos der erweiterten Reproduktion usw. Das Modell von Keynes gibt aber keine Möglichkeit, diese inneren Prozesse zu steuern.
Zweitens haben die Methoden der kapitalistischen Regulierung einen innerlich widersprüchlichen Charakter; dies ergibt sich aus der Klassennatur dieser Regulierung. So wird in dem keynesianistischen Modell vorgeschlagen, die »Voll«beschäftigung sei nur bei Reduzierung des Lohns der Arbeiter auf das Niveau des sogenannten »Grenzprodukts« oder auch des »Grenzeinkommens« zu erreichen. Tatsächlich aber bedeutet eine solche Lohnsenkung eine erhebliche Verringerung der effektiven Nachfrage und damit Überproduktion sowie Rückgang der Investitionen des Niveaus der Beschäftigung.
Die ganze Methode und das Programm von Keynes sind letzten Endes gegen die Interessen der Werktätigen gerichtet und verfolgen ein Ziel, nämlich den Kapitalismus zu retten. Seymour Harris sieht in Keynes das »Bollwerk gegen den Kommunismus und den Retter unseres freiheitlichen Systems«[4].
Das klassische keynesianistische Programm der ökonomischen Regulierung stützt sich vorwiegend auf die Förderung der Privatinvesti-

---

[4] Harris, Seymour E., John Maynard Keynes: Economist and Policy Maker, New York, 1955, S. IX-X (rückübersetzt – d. Ü.).

tionen. Hierfür gelangen in den meisten Ländern auf dem Gebiet der Finanzpolitik entsprechende Systeme der Gewinnbesteuerung, Steuervergünstigungen und Stützungen für Unternehmer und Gesellschaften zur Anwendung, die die Investitionen je nach den Konjunkturbedingungen fördern oder hemmen. In Schweden zum Beispiel werden bis zu 40 Prozent des Gewinns von Gesellschaften von Steuern befreit; ferner wird ein Teil der Steuerbeträge bei der Zentralbank reserviert und zur Verhinderung zyklischer Schwankungen in Form zusätzlicher Investitionen verwendet. In den USA, England, der BRD, Frankreich und Schweden wird auch die Kredit- und Geldpolitik im Interesse der antizyklischen Regulierung weitgehend angewendet, und zwar in Gestalt der Offen-Markt-Politik, des Manövrierens mit dem Diskont- und Zinssatz, der Regulierung der Reservedeckung der Einlagen, der Festsetzung von Limits für die Diskontierung von Wechseln usw. Die Praxis hat gezeigt, daß derartige Maßnahmen der Finanz- sowie Kredit- und Geldpolitik geeignet sind, die Dynamik der Investitionen zu beeinflussen. Es ist aber auch klar geworden, daß die entscheidenden anregenden Motive der Gesellschaften für die Durchführung von Investitionen nicht durch diese Maßnahmen bestimmt werden, sondern durch die Lage der wirtschaftlichen Konjunktur und durch die konkreten Konkurrenzbedingungen, das heißt durch mächtigere Faktoren der Bewegung des kapitalistischen Zyklus. Wie der englische Forscher Maddison feststellt, »bleiben die Schwankungen im Investitionsvolumen und im Umfang der Waren- und Materialvorräte die schwierigsten Bereiche der Regulierung der inneren Nachfrage«[5].

Neue Methoden

Im Verlauf der Entwicklung der staatsmonopolistischen Regulierung, besonders in den fünfziger Jahren, gelangt neben aktiveren Methoden der Förderung von Privatinvestitionen die Praxis eigener staatlicher Ausgaben und Investitionen auf der Grundlage einer riesigen Aufblähung der Haushalte immer umfassender zur Anwendung. Die staatlichen Ausgaben, die Bestellungen und Käufe von Waren und Dienstleistungen, direkte Rüstungsausgaben, verschiedene Stützungen und Transferzahlungen, den Zinsendienst der Staatsschulden und die Akkumulation von Fonds einschließen, betrugen 1957 in den USA 25,4 % des Bruttonationalprodukts, in England 29,3 %, in Frankreich 32,4 %, in der BRD 31,9 %, in Holland 29,4 %, in Schweden

---

[5] Maddison, A.: Ekonomiceskoe razvitie v stranach Zapada. Moskau, 1967, S. 192.

29,7 % und in Österreich 30,4 %. Das starke Anwachsen der ökonomischen Rolle des bürgerlichen Staates und die Verstärkung seiner regulierenden Funktion in der Wirtschaft werden durch den hohen Anteil der staatlichen Ausgaben am Nationalprodukt widergespiegelt.
Entsprechend der keynesianistischen Konzeption schaffen die staatlichen Ausgaben eine zusätzliche Nachfrage, wodurch Produktion und Beschäftigung gefördert werden. Wenn sich im Jahre 1929 die staatlichen Käufe von Waren und Dienstleistungen in den USA insgesamt auf nur 10,2 % des Bruttonationalprodukts beliefen, so stiegen sie in den fünfziger Jahren um 20 % und mehr an.
Unter entsprechenden Bedingungen kann eine solche Nachfrage den Zeitpunkt des Eintritts einer Wirtschaftskrise hinauszögern oder den Ausweg aus ihr beschleunigen, wie dies beispielsweise während der Krise von 1953-1954 der Fall war, als die staatlichen Käufe 21 % betrugen. Die staatlichen Ausgaben verändern auch in bedeutendem Maße die Struktur der Nachfrage; dabei steigt vor allem die Möglichkeit des Absatzes von Rüstungsproduktion und von Waren der hier kooperierenden Zweige, von denen viele ein Produkt und gleichzeitig Träger des technischen Fortschritts der Gegenwart sind. Eine solche Veränderung der Struktur der Nachfrage gibt der Fertigung neuer Produktionsarten einen zusätzlichen Auftrieb.
Die staatlichen Ausgaben und die Finanzpolitik werden weitgehend ausgenutzt für die sogenannte antizyklische Regulierung: für die Dämpfung der Investitionen in Zeiten von Booms (zur Verhütung von Überproduktion) und für ihre Anreizung in der Zeit von Krisen, Flauten und Depressionen (um den Ausweg aus der Krise zu beschleunigen). Wie einer der neuesten Theoretiker der Antikrisen-Regulierung feststellt, müssen hierbei die folgenden »Regeln der Finanzpolitik« beachtet werden.

»Vor allem sind wir in einer Periode großer Arbeitslosigkeit an einer Anhebung des Niveaus der Gesamtnachfrage auf das Niveau der Vollbeschäftigung interessiert. Dies kann geschehen: a) durch Erhöhung der staatlichen Käufe von Waren und Dienstleistungen in der Wirtschaft, b) durch Erhöhung der Transferzahlungen der Regierung, c) durch Verringerung der Steuern oder durch eine Kombination dieser Aktionen ... In einer Periode inflationären Aufschwungs besteht unsere Aufgabe darin, das Niveau der Gesamtnachfrage zu verringern und die überschüssige Nachfrage in der Wirtschaft zu reduzieren. Dies kann geschehen: a) durch Erhöhung der Steuern, b) durch Verringerung der staatlichen Ausgaben für Waren und Dienstleistungen, c) durch Verringerung der Transferzahlungen oder durch Kombination dieser Methoden ...

Wenn ein hohes und annehmbares Niveau der Beschäftigung und der Produktion erreicht ist, so müssen wir versuchen, ein befriedigendes Wachstumstempo der Wirtschaft zu sichern, damit ständige Vollbeschäftigung und Preisstabilität erhalten bleiben.«[6]

Ferner wurden einige »Regeln der Kreditpolitik« erarbeitet, insbesondere zur Verbilligung des Kredits in Perioden von Flauten und seiner Verteuerung in einer Zeit von Booms, um die Investitionen in den entsprechenden Phasen des Zyklus zu stimulieren beziehungsweise zu hemmen.

Obwohl diese Maßnahmen der Finanz- und Kreditregulierung zeitweilig einige positive Ergebnisse zeitigen, zeichnen sie sich durch eine tiefgreifende innere Widersprüchlichkeit aus, die ihre Wirksamkeit erheblich einschränkt. Der Effekt der Politik der staatlichen Ausgaben ist in entscheidendem Maße von den Quellen für ihre Finanzierung und von ihrer Richtung abhängig. Im Kapitalismus bilden die Steuern und unter ihnen die von der Bevölkerung erhobenen Steuern den absolut überwiegenden Teil der Einnahmen des Staatshaushalts. So erhielt der Haushalt der USA im Finanzjahr 1965/66 von den 100 Mrd. Einnahmen 51,4 Mrd. in Form der persönlichen Einkommensteuer, 9,2 Mrd. aus Akzisen und 29,7 Mrd. aus Gesellschaftssteuern. Von den 10 279 Mill. Pfund Sterling des Haushalts in England im Finanzjahr 1966/67 waren 9371 Mill. Steuern, davon 4991 Mill. direkte Steuern (darunter insgesamt nur etwa 1 Mrd. Pfund Sterling Gesellschaftssteuern) und 3536 Mill. Zölle und Akzisen. Die Steuern der Bevölkerung bedeuten eine direkte Verringerung ihrer Kaufkraft; das Anwachsen der staatlichen Ausgaben aus dieser Quelle bedeutet nicht so sehr eine Zunahme, als vielmehr eine Veränderung der Struktur der Gesamtnachfrage. Die staatlichen Ausgaben können nur dann die Gesamtnachfrage erhöhen, wenn ihre Hauptquelle Gesellschaftssteuern sind, die die ungenutzte Akkumulation der Gesellschaften in Bewegung setzen.

Auch von der Richtung der staatlichen Ausgaben ist viel abhängig: sie können zur Gesundung der Wirtschaft führen, wenn sie für die Erweiterung der Sozialversicherung, das Bildungswesen, das Gesundheitswesen und die Erhöhung der kaufkräftigen Nachfrage der Werktätigen verwendet werden. In Wirklichkeit aber werden die staatlichen Ausgaben hauptsächlich für militärische Zwecke und für die Stützung der Monopole verwendet (vornehmlich ebenfalls in Zusammenhang mit Rüstungsaufträgen). So ist im Regierungsentwurf des Haushalts der USA für das Finanzjahr 1967/68 vorgesehen, von der

---

[6] Keiser, Norman F.: Macroeconomics, Fiscal Policy and Economic Growth. New York, 1964, S. 135 ff. (rückübersetzt – d. Ü.).

gesamten Ausgabensumme von 135 Mrd. Dollar 75,5 Mrd. (oder etwa 56 % des Gesamthaushalts) allein für direkte Rüstungsausgaben zu verwenden.
Die angeführten »Regeln« der Finanz- und Kreditpolitik, nämlich Erhöhung der staatlichen Ausgaben sowie Senkung der Steuern und Zinssätze in Zeiten von Flauten, Verringerung der Ausgaben sowie Erhöhung der Steuern und Zinsen in Zeiten des Aufschwungs, sehen zumindest in den Flauten praktisch ein Haushaltsdefizit vor. Deshalb hat die neokeynesianistische Theorie der »Defizitfinanzierung« und die sogenannte »Staatsschuldphilosophie«, die gegen das »traditionelle Vorurteil des Haushaltsgleichgewichts« gerichtet sind, in der bürgerlichen Wirtschaftswissenschaft Verbreitung gefunden. Aber jede langdauernde Defizitfinanzierung ist ein solches Palliativ, das die Widersprüche der kapitalistischen Wirtschaft nicht abbaut, sondern lediglich eine Zeitlang unterdrückt. Das Haushaltsdefizit muß so oder anders gedeckt werden; dies ist aber nur mit Hilfe von neuen Steuern, einer zusätzlichen Emission, die die Inflation verstärkt, und der Erhöhung der staatlichen Anleihen möglich (letztere ist mit einem Anwachsen der Zahlungen von Anleihezinsen verbunden, wodurch wiederum eine Steuererhöhung notwendig wird). Somit führt die Defizitfinanzierung das Land in eine Art von Teufelskreis und hat letzten Endes die Einschränkung der Kaufkraft der Bevölkerung und der Verringerung der effektiven Nachfrage statt ihrer Erhöhung zur Folge.
Diese Widersprüche der Defizitfinanzierung führen zu den Versuchen, ein »zyklisches Haushaltsgleichgewicht« und ein »automatisches Kompensationssystem« zu schaffen, damit die Haushaltsdefizite bei einer Flaute durch die Überschüsse in der Zeit eines Booms im Rahmen des ökonomischen Zyklus ausgeglichen werden können. Aber auch in Perioden des Aufstiegs erreichen das Haushaltsdefizit und die Staatsschuld eine gewaltige Größe, da sie durch die Methoden der Finanzpolitik selbst in erheblichem Maße unterstützt und verlängert werden. Dies ist am Beispiel der USA zu ersehen, wo das Finanzjahr 1965/66 mit einem Defizit von 2,3 Mrd. Dollar und einer Zunahme der Staatsschuld auf 320 Mrd. Dollar endete. Im vergangenen Jahr hat der Kongreß der USA das zulässige Limit der Staatsschuld wiederum angehoben, und zwar auf 336 Mrd. Dollar. All dies beweist, daß die Maßnahmen der staatlichen Regulierung die Stabilität der kapitalistischen Wirtschaft ungenügend sichern und sie letzten Endes sogar schwächen. Das bedeutet ferner, daß die Konzeption der sogenannten »eingebauten Stabilisatoren« sich praktisch nicht bewährt hat, der zufolge das Steuersystem und das System der Transferzahlungen (Arbeitslosengeld, Zahlungen für die Sozialversicherung usw.) es angeblich ermöglichen, die Stabilität der Wirtschaft durch eine

automatische Minderung der Schwankungen der Geldeinnahmen aufrechtzuerhalten. Wie einer der Erforscher dieses Problems, Sh. Maisel, anerkannt hat, »sind automatische Stabilisatoren nützlich, aber sie verfügen nicht über eine ausreichende Kraft, um die Stabilität der Wirtschaft zu garantieren. Abzüge vom laufenden Einkommen können die Inflation nicht aufhalten. Der Zuwachs kann die Schrumpfung des Marktes verringern, aber keine Stabilität garantieren.«[7]
Diese Folgerung wird auch durch die Erfahrung bestätigt: »Automatische Stabilisatoren sind bei elastischen und kurzfristigen Deformationen der Wirtschaft nach unten von Nutzen, aber sie sind ungeeignet, eine wirkliche Flaute zum Stillstand zu bringen.«[8]
Die Weiterentwicklung der Methoden der staatsmonopolistischen Regulierung der Wirtschaft vollzieht sich auf dem Wege der Abschwächung des Rechnens mit automatischen Stabilisatoren und der Verstärkung der aktiven Maßnahmen zur Einmischung in die ökonomischen Prozesse. Zu letzteren gehören folgende: erstens die beschleunigte Amortisation, die dazu beiträgt, Gewinne zu verschleiern, und gleichzeitig die Einführung technischer Neuerungen vor Ablauf der Frist des moralischen Verschleißes des arbeitenden fixen Kapitals stimuliert; zweitens die Vergrößerung der Steuervergünstigungen für Gesellschaften in Gestalt von Steuernachlässen bei Investititionen, wie dies in den USA als Ergebnis der Steuerreform im Februar 1964 der Fall war; drittens die Verbilligung des langfristigen Kredits im Vergleich zum kurzfristigen Kredit zur Stimulierung langfristiger Privatinvestitionen; viertens die Veränderung der Struktur der staatlichen Investitionen, das heißt Zunahme der staatlichen Investitionen in neuen Zweigen, in der wissenschaftlichen Forschung und in der Kaderausbildung, um den technischen Fortschritt zu beschleunigen und die Gesellschaften von dem Risiko zu befreien, das mit derartigen Investitionen verbunden ist.
Aber auch eine solche Regulierung erweist sich unter den Bedingungen der wachsenden inneren Widersprüche der kapitalistischen Wirtschaft als unstabil (besonders in den USA in Zusammenhang mit dem Krieg in Vietnam und mit der Zunahme der Rüstungsausgaben). Die durch die Reform von 1964 vorgesehene Steuersenkung wurde nicht völlig verwirklicht. Anfang 1966 wurden die Akzisen wiederum angehoben und wurde die anstehende Senkung der Einkommensteuer ausgesetzt. Im September des gleichen Jahres wurde die Abschaffung des siebenprozentigen Steuernachlasses für Investitionen und der kürzlich angenommenen neuen Vorschriften für die beschleunigte Amortisa-

---

[7] Maisel, Sherman J.: Fluctuations, Growth and Forecasting. New York, 1957, S. 434 (rückübers. – d. Ü.).

[8] Keiser, N. F.: a. a. O., S. 377 (rückübers. – d. Ü.).

tion bekanntgegeben. Somit hat der langanhaltende wirtschaftliche Boom, wie aus den »Regeln« hervorgeht, das Bestreben hervorgerufen, neue Investitionen zu unterdrücken. Aber Anfang 1967 wurde die Tendenz zu einer Flaute festgestellt; in diesem Zusammenhang wurde die Frage aufgeworfen, ob es möglich sei, die kürzlich abgeschafften Steuervergünstigungen für Investitionen von Gesellschaften wieder einzuführen und die Amortisationsfristen neuerdings zu verkürzen. Gleichzeitig hiermit ist vorgesehen, die Steuern der Bevölkerung zu erhöhen sowie die Haushaltszuweisungen für das Gesundheitswesen, das Bildungswesen und die soziale Fürsorge zu verringern, um die Last der bevorstehenden Flaute, wenn sie eintreten wird, von vornherein auf die Werktätigen abzuwälzen. Diese Schwankungen in der Wirtschaftspolitik zeigen, daß nicht so sehr der Zyklus dem Einfluß der staatlichen Regulierung unterliegt, als vielmehr die Regulierung selbst den Druck der spontanen Prozesse des kapitalistischen Zyklus wiederspiegelt.

Die kapitalistische Programmierung

In der Nachkriegszeit hat eine neue Form der staatsmonopolistischen Einflußnahme auf die Wirtschaft, die von den bürgerlichen Ökonomen häufig als »Planung« bezeichnet wird, sich entwickelt und in einer Reihe von kapitalistischen Ländern weite Verbreitung gefunden. In Wirklichkeit ist dies nur eine entwickeltere und kompliziertere Form der staatsmonopolistischen Regulierung. Ihre Besonderheit besteht darin, daß dies nicht nur ein konjunkturelle, antizyklische, sondern auch eine langfristige zielgerichtete Regulierung ist. Sie bleibt aber eine Regulierung, weil sie sich auf indirekte Methoden der Einwirkung auf die ökonomischen Prozesse beschränkt. Gleichzeitig bedeutet diese neue Form der Regulierung – die Programmierung der kapitalistischen Wirtschaft – ein höheres Niveau der Entwicklung des staatsmonopolistischen Kapitalismus und der Vergesellschaftung der kapitalistischen Produktion sowie das Auftreten neuer Möglichkeiten der staatlichen Einflußnahme auf den Reproduktionsprozeß.

Die ökonomische Programmierung in den kapitalistischen Ländern umfaßt in entwickelter Form alle Grundelemente der ihr vorangehenden Methoden der staatsmonopolistischen Regulierung und geht eigentlich nicht über ihren Rahmen hinaus, obwohl sie sich durch eine Reihe neuer Formen und Methoden der staatlichen Einwirkung auf die Entwicklung der kapitalistischen Wirtschaft auszeichnet. Die kapitalistische Programmierung umfaßt genau wie die anderen Systeme der staatsmonopolistischen Regulierung die antizyklische Politik, die

Politik auf dem Gebiet der Ausnutzung der Ressourcen, die Stimulierung der Privatinvestitionen und der Preise sowie die Unterstützung der wirtschaftlichen Aktivität mit Hilfe der Haushalts- und Kreditpolitik und des Systems der staatlichen Aufträge, Käufe und Prioritäten. Aber die ökonomische Programmierung umfaßt auch eine Reihe wesentlich neuer Momente: die Aufgabe der Erhöhung des Tempos eines langdauernden Wirtschaftswachstums, die Stimulierung bestimmter struktureller Fortschritte, die Ausarbeitung von Programmen der wirtschaftlichen Entwicklung (kurzfristig, mittelfristig und langfristig) usw.

Als direkte Fortsetzung und Entwicklung der staatsmonopolistischen Regulierung stützt sich die kapitalistische Programmierung auch auf die Methodologie und Praxis der Ausarbeitung ökonomischer Prognosen, denen eine aktivere Rolle beigemessen wird, sofern sie mit der laufenden und der langfristigen Regulierung verknüpft werden. Wenn die Prognosen in der Vergangenheit vorwiegend konjunkturellen Charakter trugen (»Harvard-Barometer«) und hauptsächlich für die Anwendung von Präventivmaßnahmen der Antikrisen-Regulierung verwendet wurden, so wird im gegenwärtigen Stadium den langfristigen Prognosen besondere Aufmerksamkeit geschenkt; mit Hilfe dieser Prognosen werden Maßnahmen der zielgerichteten strukturellen Regulierung ausgearbeitet. Auf diese Weise werden unter den Bedingungen des modernen staatsmonopolistischen Kapitalismus die ökonomischen Prognosen mit der langfristigen Regulierung der Wirtschaft verknüpft.

Die Programmierung umfaßt die ökonomische Prognose, aber sie reduziert sich nicht auf sie. Wie J. Tinbergen und H. Bos feststellten, »unterscheidet sich die Planung von der reinen Prognostizierung vor allem dadurch, daß sie auf der Annahme basiert, man könnte auf die zukünftige Richtung der Produktion und auch andere ökonomische Veränderliche einwirken; die Planung setzt sich das Ziel, die am meisten wünschenswerte Richtung zu zeigen. Aber das, was diese Richtung bestimmt, richtet sich in vieler Beziehung nach den gestellten Zielen und den zu ihrer Erreichung angewendeten Methoden.«[9] Dieser Auffassung entspricht auch die offizielle Konzeption der französischen Planung: »Die Planung, die sich von der Voraussicht prinzipiell unterscheidet, sieht die zielgerichtete und entschlossene Einwirkung auf die ökonomischen Erscheinungen vor. Unter Zugrundelegung der von der Voraussicht gelieferten Materialien legt sie die Ziele fest und sichert sie ihre Verwirklichung, wobei sie in diesem oder jenem Maße auf den Verlauf der Entwicklung der Wirtschaft unmittelbar Einfluß

[9] Tinbergen, J., Ch. Bos.: Matematičeskie modeli ekonomičeskogo rosta. Moskau, 1967, S. 19.

nimmt.¹⁰ Somit gibt es in der ökonomischen Programmierung drei Elemente: die ökonomischen Prognosen, die Aufstellung volkswirtschaftlicher Aufgaben und das System der Maßnahmen zu ihrer Realisierung. Die staatliche Programmierung kann als Gesamtheit der ökonomischen Prognostizierung mit einer langfristigen zielgerichteten Regulierung definiert werden.

Eine solche Programmierung wird meist als »indikative Planung« bezeichnet, das heißt als System der für das Privatkapital unverbindlichen Empfehlungen und Methoden der indirekten Einflußnahme über den Markt- sowie Finanz- und Kreditmechanismus mit dem Ziel, die kapitalistischen Unternehmen dazu anzuregen, die Produktion in Übereinstimmung mit diesen Empfehlungen zu entwickeln. Dennoch ist sie effektiver als die laufende Regulierung, da sie sich auf die langfristige Prognose stützt, und gleichzeitig ist sie eine aktivere Form im Vergleich zur gewöhnlichen Prognose, da sie diese mit der Lösung bestimmter Aufgaben und mit der Einmischung in die ökonomischen Prozesse verbindet, wenn auch mit indirekten Methoden.

Die Programmierung, die die allgemeinen Interessen der Bourgeoisie in ihrer Gesamtheit vertritt, tritt manchmal sogar in Widerspruch zu den Interessen der einzelnen Monopole bis zur teilweisen Einschränkung ihrer Aktionen (beispielsweise auf dem Gebiet der Preise). Die Doppelnatur und Widersprüchlichkeit der staatsmonopolistischen Programmierung verwandelt diese in eine Arena des Kampfes zwischen den reaktionären und den fortschrittlichen Kräften, die ihr die Alternative der demokratischen Programmierung gegenüberstellen.

Bei der kapitalistischen Programmierung treten die konjunkturelle und strukturelle Einwirkung und dementsprechend die kurzfristigen, mittelfristigen und langfristigen Programme in verschiedenen Verbindungen in Erscheinung. Das Überwiegen der konjunkturellen und kurzfristigen Programmierung ist – wenn auch Elemente der mittelfristigen Programmierung hineinspielen – für die Niederlande, Schweden und Norwegen charakteristisch. Hierbei werden in den Niederlanden die vom Zentralen Planungsbüro aufzustellenden jährlichen Wirtschaftsprogramme mit den Jahreshaushalten und in den letzten Jahren mit den mittelfristigen Experimentalprognosen für 5 Jahre koordiniert. In Schweden bilden die jährlichen »nationalen Wirtschaftshaushalte«, in denen die Prognose mit der Politik der Investitionsreserven verknüpft wird, die Grundlage der Programmierung. In Norwegen tritt sie in Gestalt von Programmen der Investitionsregulierung mit den Methoden der Haushalts-, Kredit- und Geldpolitik sowie der Preispolitik in Erscheinung.

---

¹⁰ »Notes et études documéntaires«, Nr. 2846, 30. 12. 1961, S. 4 (rückübers. – d. Ü.).

Die strukturelle und mittelfristige Programmierung gelangt in Frankreich und in den letzten Jahren in England und Japan sowie in mehreren anderen Ländern zur Anwendung. In Frankreich, wo es seit 1947 das Generalkommissariat für Planung gibt, wurden binnen 15 Jahren vier mittelfristige Pläne ausgearbeitet und im Jahre 1965 wurde ein Fünfjahrplan für die Jahre 1966 bis 1970 angenommen. In England, wo die Programmierung später als in Holland und Frankreich begann, hat der speziell hierfür geschaffene Nationalrat für wirtschaftliche Entwicklung bei der konservativen Regierung einen mittelfristigen Plan für die Jahre 1961 bis 1966 und bei der Labourregierung einen solchen für die Jahre 1964 bis 1970 veröffentlicht. In Japan, wo die Aufstellung von Planentwürfen bereits im Jahre 1948 begann, hat die Verwaltung für Wirtschaftsplanung im Jahre 1958 einen »neuen langfristigen Wirtschaftsplan (1958-1962)«, im Jahre 1960 einen »Plan für die Verdoppelung des Nationaleinkommens (1961-1970)« und in den Jahren 1963 bis 1964 einen »zwischenzeitlichen Wirtschaftsplan Japans (1964-1968)« ausgearbeitet. In Italien gab es das »Vanoni-Programm« für die Jahre 1955 bis 1964; augenblicklich besteht ein neues Nationalprogramm für die Jahre 1965 bis 1969.

In den USA und der BRD gibt es eine derartige Programmierung noch nicht. Hier gelangt aber das System der staatsmonopolistischen Regulierung in den verschiedenen Formen zur Anwendung und es gibt speziell hierfür eingesetzte staatliche Konsultativorgane: in den USA ist dies der entsprechend dem Gesetz über die Beschäftigung im Jahre 1946 gebildete Rat der Wirtschaftsberater des Präsidenten, der die jährlichen Wirtschaftsberichte mit Prognosen und praktischen Empfehlungen für Regulierungsmaßnahmen im bevorstehenden Jahr vorbereitet; in der BRD ist es der im Jahre 1963 gebildete Sachverständigenrat, der Übersichten über die Tendenzen der laufenden wirtschaftlichen Entwicklung herausgibt. Daneben hat (besonders in den USA) die Ausarbeitung nicht nur von Jahresprognosen, sondern auch von mittelfristigen und langfristigen Prognosen eine weitgehende Entwicklung erfahren, obwohl die Praxis der Regulierung bis jetzt hauptsächlich mit kurzfristigen Prognosen verbunden ist. Somit stehen die herrschenden monopolistischen Kreise der USA und der BRD der »Planung« vom Typ der französischen und niederländischen noch ablehnend gegenüber; aber sie unterstützen andere Formen der staatsmonopolistischen Regulierung, die ihren wirtschaftlichen und politischen Interessen entspricht.

Die staatsmonopolistischen Programme bringen die Interessen und die Politik der kapitalistischen Monopole zum Ausdruck und sind im allgemeinen Pläne für den Angriff auf den Lebensstandard der Werktätigen. Dem entspricht die sogenannte »Einkommenspolitik«, die

über diese Programme in Frankreich, England, Niederlande, Italien und anderen Ländern betrieben wird und in der Umverteilung des Nationaleinkommens zugunsten der Kapitalisten für die Stimulierung der Investitionen auf Kosten des Lohns und der anderen Arbeitseinkünfte besteht. Die Vertreter der Werktätigen enthüllen konsequent den Klassencharakter dieser Programmierung.
Der fünfte französische Plan zum Beispiel beschränkt erheblich den jahresdurchschnittlichen Lohnzuwachs in den Jahren 1966 bis 1970 auf ein Niveau von 3,3 % gegenüber 5,3 % in den Vorjahren trotz des systematischen Preisanstiegs; gleichzeitig aber sieht er einen höheren Gewinnzuwachs als den Nationaleinkommenszuwachs vor, also eine weitere Verringerung des Anteils der Werktätigen am Nationaleinkommen.[11] Kennzeichnend ist auch, daß der Anteil des persönlichen Verbrauchs am Bruttonationalprodukt von 69,7 % im Jahre 1965 auf 68 % im Jahre 1970 zurückgeht.[12] Wie die fortschrittlichen Kräfte feststellten, bringen die ökonomischen Festlegungen des fünften Planes »die allgemeinen Interessen der monopolistischen Großbourgeoisie zum Ausdruck« und sie haben die Aufgabe, »die Ausbeutungsrate der Arbeiterklasse im nationalen Maßstab zu erhöhen«[13].
Mit Hilfe der Programmierung gelingt es den Monopolen, ihre Ziele zu erreichen, das heißt die Gewinne und die Konzentration der Produktion zu erhöhen und die Ausbeutung zu verstärken. Was die Durchführung der in den Programmen vorgesehenen Strukturveränderungen und die Erreichung des vorgesehenen Produktionsniveaus betrifft, so sind diese nicht so sehr von den Plänen selbst abhängig, als von der Richtigkeit der Prognosen, obwohl nicht bestritten werden darf, daß die staatlichen Investitionen sowohl auf die Struktur als auch auf das Tempo der wirtschaftlichen Entwicklung einen Einfluß haben. Die Realisierung der Programme wird einerseits durch die Natur der kapitalistischen Wirtschaft selbst, die nicht geplant werden kann, und andererseits durch die eigennützige Politik der Monopole eingeschränkt, die die vollständige und effektive Ausnutzung auch der verhältnismäßig beschränkten Möglichkeiten einer planmäßigen Regulierung der Wirtschaft im Interesse der Gesellschaft verhindern, welche unter den Bedingungen des staatsmonopolistischen Kapitalismus entstehen. Infolgedessen bleiben viele Plankennziffern unerreicht, so wie es bei dem vierten französischen Plan der Fall war und wie es jetzt mit dem englischen Plan geschieht.

[11] »Cinquiéme plan de développement économique et social (1966 bis 1970)«. Tome 1. Paris, 1965.
[12] Ebenda, S. 165.
[13] Fabre, J.: Le capitalisme monopoliste d'état, politique économique et planification »Economie et politique«, No. 143–144, S. 142 ff. (rückübers.)

Methodologische Fragen der Programmierung

Unter der inneren Widersprüchlichkeit und der Beschränktheit der kapitalistischen Programmierung leidet auch ihre Methodologie, die letzten Endes die Gesamtheit der Methoden der ökonomischen Prognostizierung unter Berücksichtigung der möglichen Ergebnisse der regulierenden Maßnahmen des Staates darstellt.[14] Bei den ökonomischen Prognosen, auf denen die Praxis der Programmierung beruht, gelangen drei Hauptmethoden zur Anwendung: die Befragungen von Firmen und Expertenschätzungen von Wirtschaftseinrichtungen und -fachleuten, die Extrapolation dynamischer Reihen und der Aufbau ökonomischer Modelle. In mehreren Fällen werden diese Methoden in verschiedenen Kombinationen vereint. In den Prognosen des Generalkommissariats für Planung Frankreichs und des Zentralen Planungsbüros der Niederlande werden die zweite und die dritte Methode angewandt. Der Nationalrat für wirtschaftliche Entwicklung Englands hat bei der Vorbereitung des Nationalplans für die Jahre 1964 bis 1970 die detailliert ausgearbeitete Technik der Firmenbefragung angewendet. Aber die Zuverlässigkeit jeder dieser Methoden ist durch die Bedingungen der kapitalistischen Wirtschaft beschränkt, und zwar die Methode der Befragungen – durch die privatwirtschaftlichen Interessen der kapitalistischen Firmen, die Extrapolation – durch die Ungleichmäßigkeit der wirtschaftlichen Entwicklung und die ökonometrische Methode – durch die Instabilität der Koeffizienten der Verbindung zwischen den ökonomischen Größen der spontanen und antagonistischen Wirtschaft. Das Ignorieren dieser Spezifik der kapitalistischen Wirtschaft ist der prinzipielle Mangel der ganzen Theorie und Praxis der Prognostizierung und der auf ihr beruhenden Programmierung in den kapitalistischen Ländern.

Am wenigsten zuverlässig sind die Prognosen der Prozesse, die durch die Spontaneität des kapitalistischen unmittelbar bedingt sind: Käufe, Verkäufe, Preise und Privatinvestitionen. Eine reale Grundlage haben die Prognosen, die mit der Entwicklung des staatlichen Sektors und mit den staatlichen Investitionen verbunden sind; aber auch sie sind beschränkt durch die Abhängigkeit von der Herrschaft des Privateigentums in der kapitalistischen Produktion. Unterschiedlich ist auch der Grad der Zuverlässigkeit der zusammengefaßten Prognosen für die Volkswirtschaft und für die Zweige. Die Zweigprognosen sind zuverlässiger, weil sie auf der richtigeren Ausgangsinformation über die Entwicklungsperspektiven der Technik und Technologie in dem betreffenden Zweig beruhen. So zeichnen sich die Prognosen des Edison-

---

[14] »Economic Planning in Europe«. U. N., Geneva, 1965, Chapter III, S. 1–32.

Instituts durch eine bedeutende Genauigkeit aus (nach der Prognose von 1961 wurde der individuelle Verbrauch an elektrischer Energie im Jahre 1965 auf 280 Mrd. kW/h geschätzt; tatsächlich erreichte er 279,8 Mrd. kW/h; die Schätzung des Verbrauchs von Einheitsbrennstoff durch die Wärmekraftwerke betrug 363,5 Mill. t, während es tatsächlich 362,6 Mill. t waren). Die zusammengefaßten Prognosen, auch die Jahresprognosen, bestätigen sich in geringerem Maße. Die englische Prognose für 1970 wird praktisch nicht mehr verwirklicht werden, da das Volumen der Industrieproduktion im Jahre 1965 nur um 3 % und im Jahre 1966 um 1,5 % anstieg, während ein jahresdurchschnittliches Tempo von 4,5 % prognostiziert worden war. Natürlich gibt es auch realere Prognosen. Die schwedische Prognose des Bruttosozialprodukts für die Jahre 1960 bis 1963 hatte einen Index von 113,2 vorgesehen; tatsächlich betrug der Index 113,4 (allerdings bei einer anderen Struktur).

Bei der Prognostizierung und Programmierung mit ökonometrischen Methoden gelangen verschiedene Typen von Modellen zur Anwendung. Dazu gehören:

- aggressive makroökonomische Modelle, die die dynamischen Abhängigkeiten der volkswirtschaftlichen Hauptgrößen Bruttonationalprodukt, Nationaleinkommen, Akkumulations- und Konsumtionsfonds, Arbeitskräfteressourcen, Außenhandel usw. bestimmen (Modelle des Typs von Harrod/Domar);
- Zwei- und Dreisektorenmodelle, die es ermöglichen, größere Prognosen für Strukturveränderungen aufzustellen, – Beziehungen zwischen der Produktion von Produktionsmitteln und Konsumtionsmitteln, zwischen Industrie und Landwirtschaft, zwischen Inlandproduktion und Außenhandel (Modelle des Typs von Tinbergen/Bos, R. Frisch, S. Issimuri u. a.);
- Mehrsektorenmodelle, die auf der Kombinierung von vereinigten makroökonomischen Modellen mit »Input-Output«- Verflechtungstabellen und die Beziehungen zwischen den Sektoren sowie die Abhängigkeiten der zwischen Nachfrage und dem gesellschaftlichen Produkt durch Koeffizienten der direkten und vollständigen Kosten aufdecken;

Modelle der zwischengebietlichen Beziehungen mit Bilanzgleichungen der Produktion und des Verbrauchs von Waren in ökonomisch miteinander verbundenen Gebieten (J. Tinbergen).

Aus den neuesten Modellen muß das Brooklyner ökonometrische Mehrfaktorenmodell (J. Duesenberry, G. Fromm, L. Klein) und das System der Modelle für England hervorgehoben werden, das an der Universität Cambridge unter der Leitung von R. Stone ausgearbeitet wurde.

Für die Aufstellung eines realen ökonomischen Programms mit Hilfe dieser Modelle ist es notwendig, genügend zuverlässige technische Koeffizienten und Zeitmesser zu verwenden, das heißt Kennziffern, die die größere oder geringere Geschwindigkeit der einen Prozesse im Vergleich zu anderen angeben. Aber die Ausarbeitung und Bestimmung dieser und jener Modelle für die Perspektive ist die Hauptschwierigkeit der langfristigen Prognostizierung unter den Bedingungen der kapitalistischen Wirtschaft, deren spontane Entwicklung die Stabilität der Koeffizienten der Beziehung zwischen den Größen, die in das Modell einbezogen werden, und zwischen den Wirtschaftssektoren zwangsläufig verletzt. Einer aktiven Einflußnahme seitens des Staates werden diese Koeffizienten der Beziehung jedoch praktisch nicht unterzogen, wodurch die Möglichkeit der Regulierung und Programmierung der kapitalistischen Wirtschaft erheblich eingeschränkt wird. Letzten Endes sind auch die Prognosen, obwohl bei ihnen ein komplizierter analytischer Apparat zur Anwendung gelangt, für die Programmierung eine äußerst unzuverlässige Grundlage.

So beruht die französische Prognose für 1970[15] auf der Kombination von Expertenschätzungen mit einem erweiterten Verflechtungsmodell. Ausgangspunkt dieser Prognose ist die Bestimmung des Bruttonationalprodukts und seines Wachstumstempos (des »wünschenswerten« und des »erreichbaren« Wachstumstempos). Gleichzeitig hiermit wird die Struktur der Endnachfrage bestimmt. Mit Hilfe der Matrix der technischen Koeffizienten für die Zweige erfolgte der Übergang von der Struktur der Endnachfrage zur Produktion der Zweige und zur Produktionsstruktur. Die Zweigprognosen wurden für die Bestimmung des Bedarfs an Kapital und Arbeit unter Berücksichtigung der Koeffizienten der Kapitalintensität und der Prognose der Steigerung der Arbeitsproduktivität verwendet. Aber die technischen Koeffizienten und die Koeffizienten der Kapitalintensität wurden auf der Grundlage der vorangegangenen Tendenz berechnet (Methode der Extrapolation), wodurch die Prognose die erforderliche Stichhaltigkeit verliert. Als ein schwaches Glied der Prognose erwiesen sich auch ihre Ausgangsdefinitionen des »wünschenswerten« und des »erreichbaren« Tempos, weil sie vor der Begründung der anderen wichtigsten Kennziffern festgesetzt werden. Wie auch in allen anderen Prognosen, wird in der französischen Prognose den spezifischen Widersprüchen der kapitalistischen Reproduktion nicht die nötige Bedeutung beigemessen, wird die Unvermeidlichkeit von Wirtschaftskrisen ignoriert und dadurch die Realität der Prognose selbst erheblich gemindert.

Somit sind die in der Praxis der kapitalistischen Programmierung zur Anwendung gelangenden Modelle von einem bestimmten analyti-

---

[15] »Europe's Future in Figures«. V. I., Amsterdam, 1962, S. 74 ff.

schen Interesse, doch spiegeln sie die Beschränktheit der bürgerlichen Methodologie wider und stößt ihre Anwendung auf die tiefgehenden Widersprüche des kapitalistischen Wirtschaftssystems.

Die Entstehung und die Entwicklung der staatsmonopolistischen Regulierung spiegeln die wachsenden Widersprüche zwischen der Herrschaft des kapitalistischen Eigentums und der durch die Entwicklung der Produktivkräfte hervorgerufenen Vergesellschaftung der Produktion wider. Der Marxismus-Leninismus sieht in der staatsmonopolistischen Programmierung eine der im Rahmen des Kapitalismus heranreifenden Voraussetzungen für den revolutionären Übergang der Gesellschaft zum Sozialismus und zu einer wirklichen Planung der Volkswirtschaft.

Das Anwachsen des gesellschaftlichen Charakters der Produktion und die auf dieser Grundlage entstandenen objektiven Bedingungen für die ökonomische Programmierung schaffen die reale Möglichkeit für eine demokratische Alternative zur kapitalistischen Programmierung und für die praktische Verwirklichung von Programmen, die geeignet sind, die Kräfte der Monopole einzuschränken, den Lebensstandard der Werktätigen anzuheben und die Last der Verluste aus der Anarchie der Produktion, den Disproportionen und Krisen auf die Gesellschaften selbst zu verlagern. Der Kampf für eine solche demokratische Programmierung ist eine der neuen Formen des Klassenkampfes und allgemeindemokratischen Kampfes gegen das monopolistische Kapital; er trägt dazu bei, die ökonomischen Interessen und Rechte der Werktätigen zu verteidigen, und bereitet die Massen auf die Lösung der grundlegenden Aufgaben des Kampfes für den Sozialismus vor. Gleichzeitig ist die demokratische Alternative nur eines der Kettenglieder im Kampf für eine sozialistische Alternative zur kapitalistischen Programmierung, die in Form der Planung der Volkswirtschaft nur auf der Grundlage der Erringung der Staatsmacht durch die Arbeiterklasse und der Sanktionierung des sozialistischen Eigentums an den Produktionsmitteln verwirklicht werden kann.

Quellennachweis

1. Bettelheim, Charles: Ökonomischer Kalkül und Eigentumsformen. Zur Theorie der Übergangsgesellschaft. Berlin, 1970. Seite 12–32; 116–121; 125–129; 133–145 (Wagenbach-Verlag).

2. Richta, Radovan, und Kollektiv: Politische Ökonomie im 20. Jahrhundert. Frankfurt, 1971. Seite 27–52 (Makol-Verlag).

3. Lange, Oskar: Politische Ökonomie, Band I. Frankfurt, 1970. Seite 214–220 (Europäische Verlagsanstalt).

4. Esser, Josef: Gesellschaftsplanung in der DDR. Originalbeitrag.

5. Lindner, Walter: Aufbau des Sozialismus oder kapitalistische Restauration? Zur Analyse der Wirtschaftsreformen in der DDR und der CSSR. Erlangen, 1971. Seite 17–33; 73–82 (Politladen-GmbH).

6. Neumann, Philipp: Der Sozialismus als eigenständige Gesellschaftsformation. Zur Kritik der politischen Ökonomie des Sozialismus und ihrer Anwendung in der DDR. Aus: Kursbuch Nr. 23, 1971. Seite 110–133.

7. Etzioni, Amitai: Toward A Theory of Societal Guidance. Aus: American Journal of Sociology, Band 73, 1967/68. Seite 173–187.

8. Friedmann, John: A Conceptual Model for the Analysis of Planning Behavior. Aus: Administrative Science Quarterly, Band 12, 1967/68. Seite 225–252.

9. Jochimsen, Reimut: Überlegungen zur mittel- und längerfristigen Aufgabenplanung und deren Einfluß auf die Vorbereitung der Haushaltsentscheidungen. Manuskriptdruck. Bonn, 1971.

10. Cohen, Stephen: Modern Capitalist Planning: The French Model. Cambridge/Mass., 1969. Seite 191–193; 199–215; 228–237 (MIT-Press).

11. Alter, L.: Regulierung und Programmierung der kapitalistischen Wirtschaft: Wesen, Methoden und Widersprüche. Aus: Marxismus Digest, Heft 1, 1970. Seite 1–15. Original in: Weltwirtschaft und Internationale Beziehungen, 1/1968, Moskau.

Bauwelt Fundamente

1 Ulrich Conrads, Programme und Manifeste zur Architektur des 20. Jahrhunderts · 180 Seiten, 27 Bilder

2 Le Corbusier, Ausblick auf eine Architektur · 216 Seiten

3 Werner Hegemann, Das steinerne Berlin · Geschichte der größten Mietskasernenstadt der Welt · 344 Seiten, 100 Bilder (vergriffen)

4 Jane Jacobs, Tod und Leben großer amerikanischer Städte · 221 Seiten

5 Sherman Paul, Louis H. Sullivan · Ein amerikanischer Architekt und Denker · 164 Seiten

6 L. Hilberseimer, Entfaltung einer Planungsidee · 140 Seiten

7 H. L. C. Jaffé, De Stijl 1917–1931 · Der niederländische Beitrag zur modernen Kunst · 272 Seiten

8 Bruno Taut, Frühlicht – Eine Folge für die Verwirklichung des neuen Baugedankens · 224 Seiten, 240 Bilder

9 Jürgen Pahl, Die Stadt im Aufbruch der perspektivischen Welt · 176 Seiten, 86 Bilder

10 Adolf Behne, Der moderne Zweckbau · 132 Seiten, 95 Bilder

11 Julius Posener, Anfänge des Funktionalismus · Von Arts and Crafts zum Deutschen Werkbund · 232 Seiten, 52 Bilder

12 Le Corbusier, Feststellungen zu Architektur und Städtebau · 248 Seiten, 230 teils farbige Bilder

13 Hermann Mattern, Gras darf nicht mehr wachsen · 12 Kapitel über den Verbrauch der Landschaft · 184 Seiten, 40 Bilder

14 El Lissitzky, Rußland: Architektur für eine Weltrevolution · 208 Seiten, 116 Bilder

15 Christian Norberg-Schulz, Logik der Baukunst · 308 Seiten, 118 Bilder

16 Kevin Lynch, Das Bild der Stadt · 216 Seiten, 140 Bilder

17 Günter Günschel, Große Konstrukteure 1 · Freyssinet – Maillart – Dischinger – Finsterwalder · 276 Seiten, 172 Bilder

19 Anna Teut, Architektur im Dritten Reich 1933–1945 · 392 Seiten, 56 Bilder

20 Erich Schild, Zwischen Glaspalast und Palais des Illusions · Form und Konstruktion im 19. Jahrhundert · 224 Seiten, 157 Bilder

21 Ebenezer Howard, Gartenstädte von morgen · Ein Buch und seine Geschichte · 198 Seiten, 35 Bilder

22 Cornelius Gurlitt, Zur Befreiung der Baukunst · Ziele und Taten deutscher Architekten im 19. Jahrhundert · 166 Seiten, 19 Bilder

23 James M. Fitch, Vier Jahrhunderte Bauen in USA · 330 Seiten, 247 Bilder

24 »Die Form« – Stimme des Deutschen Werkbundes 1925–1934 · 360 Seiten, 34 Bilder

25 Frank Lloyd Wright, Humane Architektur · 274 Seiten, 54 Bilder

26 Herbert J. Gans, Die Levittowner · Soziographie einer »Schlafstadt« · 368 Seiten

27 Über die Umwelt der arbeitenden Klasse · Aus den Schriften von Friedrich Engels · 238 Seiten, 23 Bilder

28 Philippe Boudon, Die Siedlung Pessac – 40 Jahre Wohnen à Le Corbusier · Sozio-architektonische Studie · 180 Seiten, 70 Bilder

29 Leonardo Benevolo, Die sozialen Ursprünge des modernen Städtebaus · Lehren von gestern – Forderungen für morgen · 172 Seiten, 72 Bilder

30 Erving Goffman, Verhalten in sozialen Situationen · Strukturen und Regeln der Interaktion im öffentlichen Raum · 228 Seiten

31 John V. Lindsay, Städte brauchen mehr als Geld · New Yorks Mayor über seinen Kampf für eine bewohnbare Stadt · 180 Seiten

32 Mechthild Schumpp, Stadtbau-Utopien und Gesellschaft · Der Bedeutungswandel utopischer Stadtmodelle unter sozialem Aspekt · 208 Seiten, 55 Bilder

33 Renato De Fusco, Architektur als Massenmedium · Anmerkungen zu einer Semiotik der gebauten Formen · 180 Seiten, 38 Bilder

34 Planung und Information · Materialien zur Planungsforschung, herausgegeben von Gerhard Fehl, Mark Fester, Nikolaus Kuhnert · 320 Seiten, ca. 20 Bilder

37 Gesellschaftsplanung in kapitalistischen und sozialistischen Systemen · 11 Beiträge, herausgegeben von Josef Esser, Frieder Naschold und Werner Väth · 311 Seiten

38 Großstadt-Politik · Texte zur Analyse und Kritik lokaler Demokratie, herausgegeben von Rolf-Richard Grauhan · 276 Seiten

Bertelsmann Fachverlag

Bei Fragen zur Produktsicherheit wenden Sie sich bitte an:
If you have any questions regarding product safety,
please contact:

Birkhäuser Verlag GmbH
Im Westfeld 8
4055 Basel, Schweiz
productsafety@degruyterbrill.com